交通强国新时代城市综合交通智能化体系建设系列丛书
中国交通运输部"智能车路协同关键技术及装备行业研发中心"项目
（编号：交科技函〔2017〕832号）资助出版

智能车路协同管控可视化推演平台

关金平　罗瑞发　刘咏平　万　玉　关志超　主　编
蔡福春　胡　斌　李彬亮　郑晏群　副主编

电子工业出版社
Publishing House of Electronics Industry
北京·BEIJING

内 容 简 介

本书主要介绍了智能车路协同管控可视化推演平台的概念、技术路线、理论方法、关键技术、体系架构设计与应用实践等，为智能网联汽车及其用户、管理及服务机构提供了车辆运行、交通设施、交通管理与控制等实现可视化推演动态场景的城市级平台建设理论方法，展现了高度信息共享、高实时云计算、大数据分析研判、信息安全等数字化转型的合力与动能，以支撑中国路线的智能网联汽车与智能网联设施融合发展。

本书可供交通运输工程、交通规划与管理、交通管理与控制、交通信息工程、智能交通等领域的技术人员参考，可作为相关专业硕士、博士研究生的学习参考教材，还可作为政府部门、科研机构、行业企业及专业工程技术人员的参考资料。

未经许可，不得以任何方式复制或抄袭本书之部分或全部内容。
版权所有，侵权必究。

图书在版编目（CIP）数据

智能车路协同管控可视化推演平台 / 关金平等主编. —北京：电子工业出版社，2022.4
（交通强国新时代城市综合交通智能化体系建设系列丛书）
ISBN 978-7-121-43177-7

Ⅰ．①智… Ⅱ．①关… Ⅲ．①智能通信网－应用－交通控制－研究 Ⅳ．①U491.5-39

中国版本图书馆 CIP 数据核字（2022）第 047276 号

责任编辑：王　群　　文字编辑：赵　娜
印　　刷：北京市大天乐投资管理有限公司
装　　订：北京市大天乐投资管理有限公司
出版发行：电子工业出版社
　　　　　北京市海淀区万寿路 173 信箱　　邮编：100036
开　　本：787×1092　1/16　印张：24.5　字数：549 千字
版　　次：2022 年 4 月第 1 版
印　　次：2022 年 4 月第 1 次印刷
定　　价：200.00 元

凡所购买电子工业出版社图书有缺损问题，请向购买书店调换。若书店售缺，请与本社发行部联系，联系及邮购电话：（010）88254888，88258888。
质量投诉请发邮件至 zlts@phei.com.cn，盗版侵权举报请发邮件至 dbqq@phei.com.cn。
本书咨询联系方式：xuqw@phei.com.cn。

作者简介

关金平 麻省理工学院智能交通实验室（MIT ITS Lab）研究员（智能车路协同、未来交通全息感知与数字孪生解析、客货智能主体建模与仿真等研究方向），麻省理工学院时代实验室（MIT Age Lab）博士后（城市规划与交通出行行为政策、老龄交通与长寿经济、自动驾驶汽车影响等研究方向），中国科学院博士后（大数据、云计算、边缘计算、深度学习等研究方向），中国同济大学与美国加利福尼亚大学伯克利分校联合培养博士（交通运输规划与管理专业，交通模型体系、交通行为与政策、交通大数据研究等研究方向）。

本科毕业于中山大学经济地理与城乡区域规划专业；直博保研到同济大学与美国加利福尼亚大学伯克利分校联合培养博士，博士导师分别是：同济大学原副校长、交通运输工程学科首席科学家杨东援教授，美国加利福尼亚大学伯克利分校工学院土木与环境工程系交通研究中心主任、2009 美国布什总统奖青年科学家 Joan Walker 教授，对第一主流模型——离散选择模型做出突出贡献的 2000 年诺贝尔经济学奖获得者、国际交通模型名师 Daniel McFadden 教授；博士后导师是美国麻省理工学院工学院土木与环境工程系 MIT ITS Lab 主任、对第二主流模型——基于活动的出行模型做出突出贡献的 2005 年国际交通出行行为研究终身成就奖、2007 年世界运输研究学会朱尔斯·杜布伊奖、2011 年 IEEE 交通科学突出贡献奖、2017 年运筹学和交通科学罗伯特·赫尔曼终身成就奖获得者国际交通模型名师 Moshe Ben-Akiva 教授。

在美国加利福尼亚大学伯克利分校联合培养博士（3 年）、麻省理工学院时代实验室博士后、麻省理工学院智能交通实验室研究员（5 年）、哈佛大学交通行为学与心理学系研究员的四阶段科研工作中，取得了以下重要科研成果。

1. 提出新交通模式下城市交通建模仿真流程再造方法

智能网联汽车（Intelligent Connected Vehicles, ICV）、出行即服务（Mobility as a Service, MaaS）、自动按需出行（Automatic Mobility on Demand, AMOD）、智能车路协同系统（Intelligent Vehicle Infrastructure Cooperative System, IVICS）等自动、共享、按需、集成的新交通模式供给侧变化影响城市交通分析与出行预测，需要构建城市级基于活动的出行模型，由小规模测试到全网络运行的近期、中期、远期多智能主体系统（Multi-Agent System, MAS）支撑一体化决策的交通模型体系，创建交通建模仿真再造新流程方法。

2. 提出长寿经济与动态可达性、服务设施吸引力建模仿真技术

全球进入人口老龄化周期，通过开展多维度、多视角、多层次、多模式交通动态可达性与服务设施吸引力的分析研判，运用离散选择模型方法，探讨人口老龄化趋势及老龄群体对新技术、出行、储蓄、住房、健康、死亡等认知的交通系统模型，关注长寿经济及老龄群体出行行为、无人驾驶对交通出行和城市空间结构影响等问题，提出大数据环境交通出行兴趣点动态可达性、服务设施吸引力基于潜在变量高阶段离散选择模型的交通建模与仿真技术。

3. 解决特大城市交通建模仿真实证决策推演手段问题

在中国快速城市化进程、美国等发达国家郊区化、逆城市化进程的不同特征背景下，城市交通系统及其面临的挑战因城市和国家而异，关注全球城市的多样性，研究了差异化的全球各类城市交通出行创新问题。采用64个城市指标信息中的9个主导因素：地铁、快速公交（BRT）、共享自行车、发展、人口、可持续性、拥堵、蔓延和网络密度；基于识别因子把全球的城市划分为12种类型。通过交通建模仿真，探讨了不同交通模式和交通网络下城市出行及供需关系，使用场景分析来衡量颠覆性新技术在每个原型城市中的潜在影响。经过对新加坡等全世界13个大城市的研究，取得的城市交通建模仿真成果最终实证测试结果涵盖了出行者本身（公众）、城市交通系统（政府）、出行服务提供商（行业、企业）三个层次的综合指标体系，使城市总体出行效率提高了35%以上。这些研究在美国等国家已经完成。

主持麻省理工学院与哈佛大学合作科研项目，麻省理工学院与福特联盟技术攻关项目，参加美国联邦公路管理局（Federal Highway Administration）探索性高级研究计划项目，参加美国国家科学基金会（National Science Foundation）常规面上项目，主持美国国家科学基金会教职人员早期职业发展项目（Faculty Early Career Development Program，类似中国的国家自然科学基金优青项目）及美国加利福尼亚大学伯克利分校等7个国家、地区联合国际合作项目，参加中国科学院战略性先导科技专项，参加科技部国家重点基础研究发展计划（973计划）项目，参加国家自然科学基金委员会面上项目，参加科技部国家科技支撑计划重点项目，主持住房和城乡建设部科技计划项目9项，发表SCI等论文43篇，并受邀在顶级国际会议宣讲论文26次，出版专著2部，获授权发明专利1项，拥有PCT 6项，获省部级一等奖2项、二等奖2项。获2018年麻省理工学院卓越多元化贡献奖1项，担任中国交通运输部"智能车路协同关键技术与装备行业研发中心"学术委员会副主任。

作者简介

罗瑞发 同济大学交通运输工程学院电子与信息专业智能车路协同研究方向工学博士，高级工程师。深圳市金溢科技股份有限公司（股票代码 002869）董事长兼总裁，深圳市智慧交通车联网工程技术研究开发中心主任，广东省交通车联网工程技术研究中心主任，交通运输部智能车路协同关键技术与装备行业研发中心主任。2019 年国家第四批"万人计划"入选人员，科技创业领军人才，2016 年深圳市地方领军人才，2017 年深圳市南山区领航人才。华南理工大学客座教授，深圳技术大学客座教授。

主持过的项目：主要参加国家"十三五"重大专项计划项目"综合交通与智能交通"配套应用示范 1 项，主持编写了国家标准《电子收费专用短程通信第一部分：物理层》（GB/T 20851—2007）等，主持国务院部署的全国高速公路 ETC 系统产品生产与建设工程，总量占全国的 60%，主持交通运输部科技计划项目 10 项，主持浙江省多义性识别系统技术研究和产品研发项目 1 项。

发明专利申请情况：《一种 ETC 电子标签的发行方法》，荣获国家专利发明优秀奖，第一发明人；《用于在智能交通系统中进行收费认证的系统和方法》，荣获国家发明专利优秀奖，第一发明人；《二义性路径识别系统中车载单元与路侧基站通信的方法》，荣获国家发明专利优秀奖，第一发明人；《通过移动终端向 OBU 充值的方法及系统、移动终端和 OBU》，荣获国家发明专利优秀奖，第二发明人；《一种客运站安全管理系统及方法》，第三发明人，等等。

获奖情况：2008 年中国标准创新贡献奖三等奖；2009 年中国公路学会科学技术奖特等奖；2009 年中国公路学会科学技术奖二等奖；2018 年中国智能交通协会科学技术奖二等奖；2018 年度投资者关系管理金牛奖；2018 年交通运输行业重点科研平台创新平台奖（交通运输部）。

学术研究：在国家进入交通强国建设、快速城市化进程、经济社会转型变革、智能车路协同创新发展的新时期，前瞻性地提出了"从 ETC 到 V2X"的理念，带领深圳市金溢科技股份有限公司攻关智慧网联、智能交通前沿技术及产品，并牵头成立交通运输部智能车路协同关键技术与装备行业研发中心，涵盖从关键技术研发、产品生产、系统集成到运行服务的产业全链条，为推动中国智能交通产业发展做出了重要贡献。

作者简介

关志超 同济大学交通运输工程、交通运输规划与管理、交通信息工程与智能车路协同研究方向工学博士,教授级高级工程师;深圳市综合交通运行指挥中心总工程师,深圳市交通控制与仿真工程中心主任,广东省智能车路协同管理与控制工程中心主任,交通运输部智能车路协同关键技术及装备行业研发中心执行主任;国务院科技专家委员会专家、国家奖励办评审专家、国家863现代交通领域专家、国家重大专项计划专家、国家国际间合作专项专家、交通运输部信息化专家、工业和信息化部产业化专家、中国智能交通协会常务理事/城市交通领域专家、中国勘察设计协会专家、中国电信集团公司行业专家,深圳市智能交通行业领军人才、菁英人才、学科带头人、享受政府特殊津贴专家;清华大学、同济大学、武汉大学、哈尔滨工业大学(深圳)、深圳大学等高校兼职教授,中国科学院深圳先进技术研究院特聘研究员。

主持智能交通领域1000万元以上科研计划与系统工程项目40余项,其中,国家"十一五"科技支撑计划配套项目1项;住房和城乡建设部、交通运输部、科学技术部、工业和信息化部、海关总署、国防科工委等科技计划项目28项。在国内外核心期刊上发表论文70余篇,在国际学术会议上宣讲论文30余次,出版专著7部,参编高等学校交通信息工程系列教材20部,获国家级和省部级奖项16项、深圳科技创新奖8项。

在深圳城市交通与区域交通领域取得重要科研成就,引入新一代信息技术与人工智能技术;主持创建"深圳市综合交通运行指挥中心"交通大数据云平台。创建城市交通在线仿真可视化推演平台体系:①面向政府部门构建的交通规划、建设、管理一体化决策支持可视化在线推演平台——平台即服务(PaaS)。②面向交通运输行业创建的管理与控制业务技术支持系统集成——软件即服务(SaaS)。③基于人本需求的近期、中期、远期心理库存构建的公众出行交通信息服务平台——出行即服务(MaaS)。④构建实时动态分布式与共享式城市交通数据库群分析挖掘技术中台、业务中台、数据中台、人工智能中台数据并汇聚到大数据云计算平台。基于数字孪生交通大数据平台体系构建城市交通设施及服务(IaaS)环境。创建交通规划设计、建设评价、运行管控等辅助决策支持分析研判理论方法。⑤引入智能交通技术与人工智能技术,采用城市交通大脑运行监测、动态模型、在线仿真、管控评价等技术手段,将传统交通系统封闭的、静态的、历史的决策支持技术提升到新交通系统开放的、动态的、数字化的转型模式,形成心力、体力、能力聚合一体的跨周期发展与逆周期优化的理论方法。⑥在2000年开始创建城市交通智能化决策支持流程再造新方法,拉开深圳开放、动态、在线交通大数据云平台决策支持序幕,历时20年,政府投资1亿元创建深圳"城市交通仿真体系"并取得了重大经济效益和社会效益,在30多年的交通规划、建设、管理一体化决策支持上为政府节约资金超过1000亿元。

作 者 简 介

刘咏平 博士，深圳市金溢科技股份有限公司副董事长，高级工程师，智能交通系统、电子收费、车路协同装备等领域技术专家；作为项目负责人和主要完成者，曾先后承担国家重点研发计划，以及科学技术部、工业和信息化部、交通运输部、广东省重大专项项目 21 项，是国内 5.8GHz 电子收费系统关键技术——专用短程通信的开创者，ETC 国家标准《电子收费 专用短程通信》的主要完成者，国内首批自主研发的 V2X 产品的项目负责人。拥有车路协同、路径识别、自由流电子收费系统等行业专利 24 项，发表论文 8 篇。先后获得国家标准创新贡献奖三等奖 1 项，中国智能交通协会科学技术二等奖 1 项，中国公路学会科学技术奖特等奖、二等奖各 1 项。相关成果应用于全国高速公路电子收费系统，创造经济效益超过 50 亿元。

前　言

FOREWORD

国家"十二五""863 计划"现代交通领域的主题项目"智能车路协同关键技术研究"是与交通行业营运监管及产业化应用试点示范单位联合共建的。企业牵头单位是深圳市金溢科技股份有限公司（股票代码 002869），该公司是麻省理工学院智能交通实验室的战略合作伙伴和麻省理工学院的 AVI 智能网联汽车产业联盟成员；联合单位包括交通运输部公路科学研究院（国家 ITS 工程技术中心依托单位）、广东省交通集团有限公司、清华大学、同济大学、北京汽车研究总院有限公司，五家单位共同构成的产、学、研联合体在智能车路协同领域已经取得了重大科研技术突破，实现了产品工程化、成果产业化。

该项目以服务国家智能车路协同重大战略任务和重点工程实施为目标，组织具有较强研究开发综合实力的产、学、研科研开发实体，主要包括：运用先进的新一代信息技术和人工智能等实施车车、车路实时信息交互，并在动态交通信息采集与融合的精准感知基础上，实现营运车辆主动安全控制和道路协同管理的精确分析，从而加速自动驾驶技术发展，提升交通安全水平和通行效率的精细管理与精心服务。

该项目积极开展四个方向领域的研发内容：高精度定位导航、智能辅助驾驶及系统开发、车车/车路信息交互技术与装备、基于车路协同的主动安全技术与装备。围绕研发目标自行确立的其他研发内容：多模式通信技术、状态感知技术、异构数据融合技术、车路协同管控技术、信息安全技术等，在此基础上实践智能车载系统、智能路侧系统、车与车/车与路/车与人/车与指挥中心实时信息交互和协同管控、车路协同系统集成和仿真测试。

在研发体系架构设计上突出重点、亮点，提出纵横交织的体系架构。纵向三个层面的一体化重点包括：国家层面的营运车辆智能车路协同一体化；区域层面的粤港澳大湾区、深圳都市圈营运车辆智能车路协同一体化；深圳市层面的营运车辆智能车路协同一体化。横向四个亮点包括：基于交通大数据、云计算信息源池的业务中台、技术中台、AI 中台、数据中台智能车路协同研发环境；突出行业营运车辆在特殊需求

智能车路协同管控 可视化推演平台

下的区域交通智能车路协同理论方法研发，如大型活动引起局部交通集聚、恶劣天气产生交通影响、局部突发事件产生的路网瓶颈、长假前后期的交通方向性集结等环境的智能车路协同研发；城市交通内部早晚高峰时段的智能车路协同管控研发；跨区域信息共享与联动处置智能车路协同可视化推演服务研发。

建设的主要任务包括：第一，面向国家数字化转型等重大战略任务和重点工程建设需求，开展关键技术攻关和实测实验研究；第二，以国内国际双循环市场为导向，研判行业、产业发展态势及需求，开展具有重要应用价值的智能车路协同科技成果的工程化和系统集成，研究重大装备样机及关键部件；第三，推动技术转移和扩散，持续不断地为规模化生产提供成熟的先进技术、工艺及其技术产品和装备；第四，积极开展国际交流合作，为企业应用国际先进技术、制定和采用国际标准、推动国际技术转移扩散等提供支撑服务；第五，提供工程技术验证和咨询服务，研究产业技术标准；第六，为行业培养工程技术研究与管理方面的高层次人才。

计划在三年建设周期内，完成近期指标：在深圳市城市交通与广东省区域交通领域构建"营运车辆主动安全控制和道路协同管理平台"；在深圳中心城市的出租车、公交车、集装箱货运车辆、危险品运输车辆等营运车辆上实现智能车路协同试点示范；在广东省区域交通的广深高速公路网络搭建智能车路协同试验环境，在城际客运、货运营运车辆上实现智能车路协同试点示范；在全国范围营运车辆上实现智能车路协同信息共享、协同处置、测试环境、标准化试点示范。计划利用六年建设发展周期，实现中期目标：在全国范围内搭建"营运车辆主动安全控制和道路协同管理平台"；深圳中心城市交通的营运车辆实现智能车路协同；建设广东省区域交通的"智慧高速公路网络"，实现营运车辆智能车路协同；全国范围营运车辆实现国家交通控制网智能车路协同应用推广。计划利用十年建设发展周期，实现远期目标：在国内外智能车路协同领域，创建成"智能车路协同管控国家工程研究中心"。开展人-智慧出行服务 MaaS+环境-智能车路协同平台组合路线、车-智能网联汽车 V2X+环境-智能车路协同平台组合路线、路-智能网联设施 I2X+环境-智能车路协同平台组合路线"三位一体"的智能车路协同管控可视化推演平台体系建设，总体达到国际先进水平，在部分领域达到国际领先水平。

《智能车路协同管控可视化推演平台》一书，是中国交通运输部"智能车路协同关键技术及装备行业研发中心"建设的核心成果和经验总结。通过本书的科学论述，高水平地展现了世界范围、中国范围、粤港澳大湾区、深圳都市圈、深圳市五个层面的智能车路协同管控规划、建设与发展的可视化推演平台环境顶层设计，推介了当前国内外智能车路协同管控领域取得的重大成就，本书的研究成果为进一步建设和提升成为"智能车路协同管理与控制国家工程研究中心"奠定了坚实基础。本书在编写过程中，得到了清华大学自动化系系统工程研究所所长张毅教授、博导，同济大学智能交通运输系统 ITS 研究中心主任杨晓光教授、博导，北京航空航天大学交通科学与工程学院副院长鲁光泉教授、博导，深圳榕亨实业集团有限公司总经理陈乙周教授级高级工程师，深圳市海量科技有限公司董事长胡剑平博士等的精心指导与热情支持，在此一并致谢。

编　者

2020 年 10 月于深圳湾畔

目录

第1章 智能车路协同管控平台概述 / 1

1.1 智能车路协同管控平台创建背景 / 1
    1.1.1 建设交通强国是新时期的重大战略决策 / 1
    1.1.2 我国由交通大国向交通强国跨越 / 7
    1.1.3 智能网联汽车创新发展机遇 / 9
    1.1.4 智能车路协同支撑数字化转型 / 13

1.2 科学技术领域与交通新基建 / 17
    1.2.1 智能车路协同管控与学科领域 / 17
    1.2.2 智能车路协同创新交通新基建 / 20
    1.2.3 智能车路协同可视化推演机理 / 25
    1.2.4 智能车路协同管控数字化大脑 / 29

1.3 国内外智能车路协同技术 / 38
    1.3.1 美国智能车路协同技术 / 38
    1.3.2 日本智能车路协同技术 / 41
    1.3.3 欧盟智能车路协同技术 / 43
    1.3.4 中国智能车路协同技术 / 44

1.4 项目研究内容、技术路线及技术指标 / 47
    1.4.1 智能车路协同方向 / 47
    1.4.2 项目研究主要内容 / 50
    1.4.3 总体研究技术路线 / 52
    1.4.4 项目研究技术指标 / 52

第 2 章　智能车路协同管控平台理论方法 / 55

2.1　中国智能网联汽车创新路线 / 55
    2.1.1　聪明的车+智慧的路 / 55
    2.1.2　智能汽车的发展路径与重点 / 62

2.2　智能网联汽车管控技术 / 66
    2.2.1　智能网联汽车管控技术简介 / 66
    2.2.2　智能网联汽车管控技术组成 / 67
    2.2.3　智能网联汽车管控方法 / 70
    2.2.4　智能网联汽车管控解决方案 / 72
    2.2.5　智能网联汽车人机交互系统 / 75
    2.2.6　智能网联汽车应用服务模式 / 78

2.3　城市交通智能车路协同管控场景 / 81
    2.3.1　城市交通智能车路协同实现功能 / 82
    2.3.2　城市交通智能车路协同应用方式 / 82

2.4　区域交通智能车路协同管控场景 / 86
    2.4.1　区域交通智能车路协同实现功能 / 86
    2.4.2　区域交通智能车路协同应用方式 / 88

第 3 章　智能车路协同管控平台关键技术 / 91

3.1　高精度地图与定位导航技术 / 91
    3.1.1　智能车路协同高精度地图解析 / 91
    3.1.2　高精度定位与街景匹配方法 / 101
    3.1.3　高精度地图定位与导航服务 / 105
    3.1.4　智能网联汽车高精度地图标准 / 109

3.2　行人与智能网联汽车行为管控技术 / 116
    3.2.1　行人与智能网联汽车行为关联 / 116
    3.2.2　行人与智能网联汽车行为分析 / 118
    3.2.3　行人与智能网联汽车行为博弈 / 121

3.2.4　行人与智能网联汽车行为突破 / 122

3.3　车与车信息交互技术 / 124
 3.3.1　车与车协同避撞系统 / 124
 3.3.2　车车交互交叉口冲突辨识与避撞 / 126
 3.3.3　车车交互跟随危险辨识与避撞 / 129
 3.3.4　换道危险和盲区危险辨识与预警 / 131

3.4　车与路信息交互技术 / 134
 3.4.1　智能车路协同交叉口的离线控制 / 134
 3.4.2　车路协同交叉口实时自适应优化 / 135
 3.4.3　车路协同车速引导交通建模求解 / 136
 3.4.4　车路协同交通运行控制集成设计 / 137

3.5　智能车路协同仿真与测试技术 / 139
 3.5.1　智能车路协同仿真测试平台构建 / 139
 3.5.2　智能车路协同管控系统交通仿真 / 146
 3.5.3　信息交互式仿真及仿真测试验证 / 148
 3.5.4　智能车路协同仿真测试未来发展 / 150

3.6　智能车路协同主动安全技术 / 153
 3.6.1　车路协同交叉口事故主动预防 / 153
 3.6.2　车车交互换道辨识/预警/辅助决策 / 160
 3.6.3　危险与人车间辨识/预警/辅助控制 / 160
 3.6.4　公路施工区与道路驾驶盲区警示 / 161

3.7　智能车路协同交互通信与装备技术 / 162
 3.7.1　车内通信与异构网络融合 / 162
 3.7.2　车车通信与车路通信模式 / 164
 3.7.3　智能车路协同系统的 OBU / 165
 3.7.4　智能车路协同系统的 RSU / 165

3.8　人车意图智能融合驾驶技术 / 166
 3.8.1　平行系统与平行驾驶 / 166
 3.8.2　平行学习、平行感知、平行区块链及驾驶员意图理解 / 168
 3.8.3　人车意图协同决策与控制 / 172
 3.8.4　人车协同平行测试与验证 / 173

第4章 智能车路协同管控平台体系架构 / 175

- 4.1 智能车路协同管控平台架构 / 175
  - 4.1.1 智能网联汽车软件及系统 / 176
  - 4.1.2 智能网联汽车硬件及系统 / 194
  - 4.1.3 智能车路协同端、边、云计算 / 204
  - 4.1.4 智能车路协同大数据孪生 / 214
- 4.2 智能车路协同耦合机理与群体控制 / 227
  - 4.2.1 智能车路协同管控体系内部耦合机理 / 230
  - 4.2.2 智能控制视角自动驾驶设计实践 / 237
  - 4.2.3 智能车路协同管控体系外部群体控制 / 243
  - 4.2.4 智能车路协同管控人-车-路-网-云要素 / 251

第5章 智能车路协同管控平台应用实践 / 257

- 5.1 智能车路协同管控技术分析研判 / 257
  - 5.1.1 智能网联汽车最优路径规划算法 / 258
  - 5.1.2 智能网联汽车国外测试安全保障 / 260
  - 5.1.3 国外自动驾驶发展及对中国的启示 / 268
  - 5.1.4 中国智能网联汽车测试设计试验 / 272
  - 5.1.5 深圳智能网联汽车测试试点示范 / 277
- 5.2 智能车路协同管控系统建设实践 / 286
  - 5.2.1 深圳市中心区域智能车路协同管控 / 286
  - 5.2.2 深圳市主干路新洲路智能车路协同 / 302
  - 5.2.3 新国际会展中心智能网联公交管控 / 314
  - 5.2.4 城市交通智能车路协同管控试点 / 319
  - 5.2.5 区域交通智能车路协同管控示范 / 336

第6章 智能车路协同管控平台特性 / 351

6.1 技术创新特性 / 351
    6.1.1 交通系统研究理论方法 / 351
    6.1.2 交通系统组织管控氛围 / 351
    6.1.3 交通系统研究边界划分 / 352
    6.1.4 交通系统研究问题视角 / 352
    6.1.5 智能车路协同管控平台内部 / 353
    6.1.6 智能车路协同管控平台外部 / 356
6.2 社会经济效益特性 / 358
    6.2.1 单体要素耦合机理与协同优化方法 / 358
    6.2.2 群体智能控制理论与测试验证评估 / 359

第7章 智能车路协同管控平台产业化发展 / 361

7.1 智能车路协同产业化成果 / 361
    7.1.1 智能车路协同管控平台内部成果 / 362
    7.1.2 智能车路协同管控平台外部成果 / 363
7.2 产业化前景 / 365
    7.2.1 智能车路协同管控平台市场服务 / 365
    7.2.2 智能车路协同管控平台技术服务 / 369

参考文献 / 371

第1章

智能车路协同管控平台概述

1.1 智能车路协同管控平台创建背景

当前，中国进入交通强国建设、快速城市化进程、经济社会转型变革、智能车路协同创新发展的新时期，新的交通模式生态环境正在形成，传统交通管理与控制理论方法面临挑战。在自动驾驶技术发展战略上，全球呈现两条技术路线：一条是由美国主导的单车感知自动驾驶方案；另一条是由中国引领的网联感知自动驾驶方案。两者的主要区别是：单车感知不依赖外界环境的额外传感单元部署，主要依靠车辆的自身装配感知系统进行车身周围环境信息的获取；网联感知需要借助在路侧安装的额外的传感、通信单元，以实现降低车身感知、计算能力的技术与成本需求，拓展车辆的感知范围和精度。我们依托中国交通运输部"智能车路协同关键技术及装备行业研发中心"项目（交科技函〔2017〕832号）等科研与产业化应用试点示范，开展了智能车路协同管控可视化推演平台（以下简称"智能车路协同管控平台"）的研究与系统建设，构建智能车路协同管控领域的核心技术体系，其关键技术研究、系统建设与应用实践一体化的创新理念如图1-1所示。

1.1.1 建设交通强国是新时期的重大战略决策

2019年9月，党中央、国务院印发了《交通强国建设纲要》（以下简称《纲要》）。建设交通强国是以习近平同志为核心的党中央立足国情、着眼全局、面向未来做出的重大决策，是新时期做好交通工作的总抓手。《纲要》作为建设交通强国的顶层设计和系统谋划，掀开了新时期交通管理与控制科学发展的新篇章。

智能车路协同管控 可视化推演平台

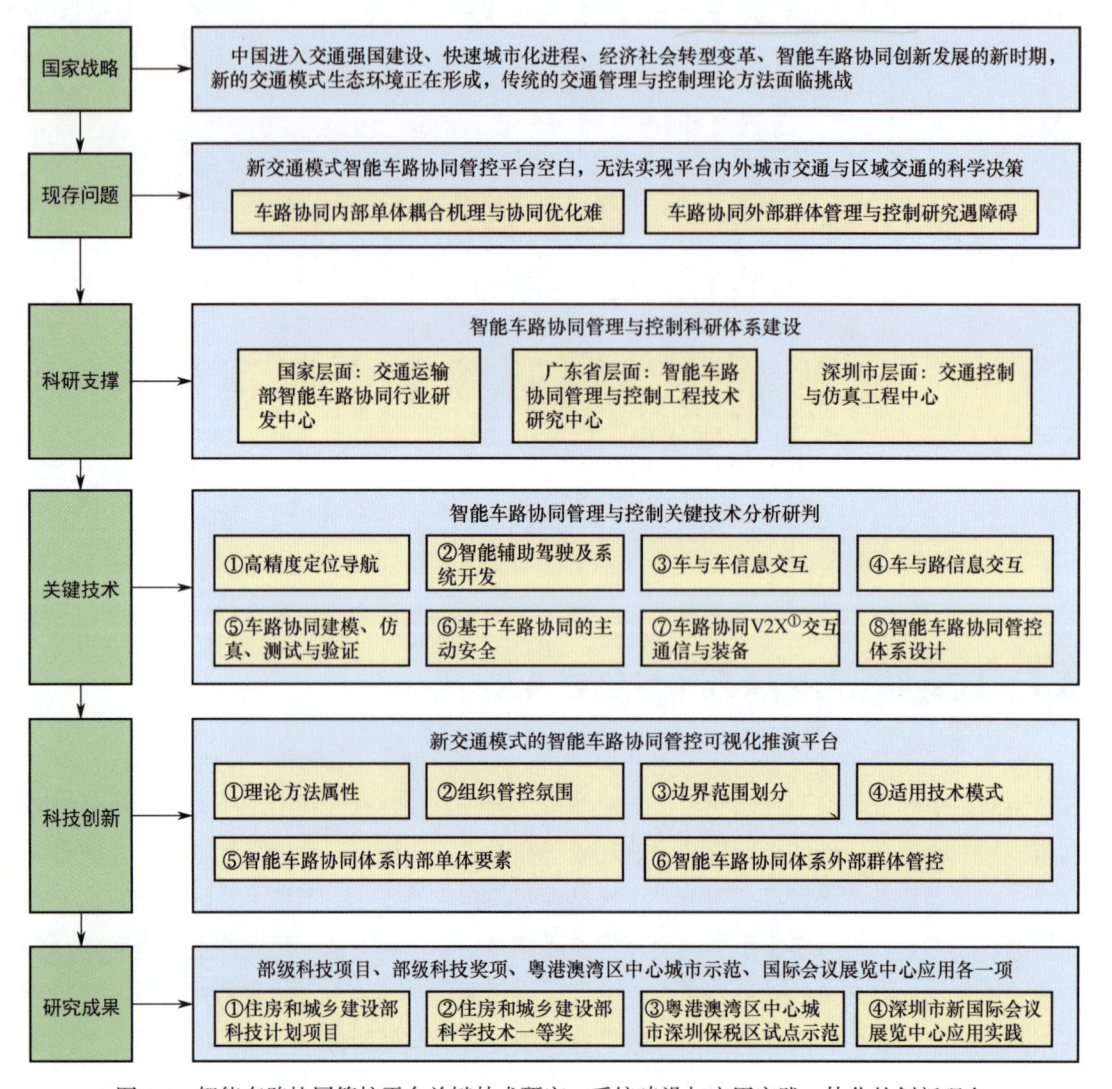

国家战略	中国进入交通强国建设、快速城市化进程、经济社会转型变革、智能车路协同创新发展的新时期，新的交通模式生态环境正在形成，传统的交通管理与控制理论方法面临挑战
现存问题	新交通模式智能车路协同管控平台空白，无法实现平台内外城市交通与区域交通的科学决策 车路协同内部单体耦合机理与协同优化难　　车路协同外部群体管理与控制研究遇障碍
科研支撑	智能车路协同管理与控制科研体系建设 国家层面：交通运输部智能车路协同行业研发中心　　广东省层面：智能车路协同管理与控制工程技术研究中心　　深圳市层面：交通控制与仿真工程中心
关键技术	智能车路协同管理与控制关键技术分析研判 ①高精度定位导航　②智能辅助驾驶及系统开发　③车与车信息交互　④车与路信息交互 ⑤车路协同建模、仿真、测试与验证　⑥基于车路协同的主动安全　⑦车路协同V2X①交互通信与装备　⑧智能车路协同管控体系设计
科技创新	新交通模式的智能车路协同管控可视化推演平台 ①理论方法属性　②组织管控氛围　③边界范围划分　④适用技术模式 ⑤智能车路协同体系内部单体要素　　⑥智能车路协同体系外部群体管控
研究成果	部级科技项目、部级科技奖项、粤港澳湾区中心城市示范、国际会议展览中心应用各一项 ①住房和城乡建设部科技计划项目　②住房和城乡建设部科学技术一等奖　③粤港澳湾区中心城市深圳保税区试点示范　④深圳市新国际会议展览中心应用实践

图 1-1　智能车路协同管控平台关键技术研究、系统建设与应用实践一体化的创新理念

1949 年 10 月 1 日中华人民共和国成立至今，我国交通运输业经历了从"瓶颈制约"到"初步缓解"再到"基本适应"的发展历程，当前又开启了"创新引领"战略，并取得了历史性的丰硕成就。

1.《纲要》明确了交通强国建设的总目标

《纲要》提出的总目标是"人民满意、保障有力、世界前列"。

① 人民满意。"人民满意"是交通强国建设的根本宗旨，强调坚持以人民为中心的发展思想，建设人民满意的交通体系。

---

① V2X即车载单元与其他设备通信（Vehicle to Everything）。

②保障有力。"保障有力"是交通强国建设的基本定位，强调为国家重大战略实施、现代化经济体系构建和社会主义现代化强国建设提供支撑。

③世界前列。"世界前列"是交通强国建设的必然要求，强调全面实现交通现代化，交通综合实力和国际竞争力位于世界前列。

2.《纲要》确定了九大重点任务

《纲要》确定了基础设施布局完善、立体互联，交通装备先进适用、完备可控，运输服务便捷舒适、经济高效，科技创新富有活力、智慧引领，安全保障完善可靠、反应快速，绿色发展节约集约、低碳环保，开放合作面向全球、互利共赢，人才队伍精良专业、创新奉献，完善治理体系、提升治理能力九大重点任务。

① 基础设施布局完善、立体互联。提出建设现代化高质量综合立体交通网络，构建便捷、顺畅的城市（群）交通网，形成广覆盖的农村交通基础设施网，构筑多层级、一体化的综合交通枢纽体系。

② 交通装备先进适用、完备可控。提出加强新型载运工具研发和特种装备研发，推进装备技术升级。

③ 运输服务便捷舒适、经济高效。提出推进出行服务快速化、便捷化，打造绿色高效的现代物流系统，加速新业态、新模式发展。

④ 科技创新富有活力、智慧引领。提出强化前沿关键科技研发，大力发展智慧交通，推动新技术与交通行业深度融合，完善科技创新机制。

⑤ 安全保障完善可靠、反应快速。强调提升本质安全水平，推进精品建造和精细管理，完善交通安全生产体系，强化交通应急救援保障能力。

⑥ 绿色发展节约集约、低碳环保。强调促进资源节约集约利用，强化节能减排和污染防治，强化交通生态环境保护修复。

⑦ 开放合作面向全球、互利共赢。提出构建互联互通、面向全球的交通网络，加大对外开放力度，深化交通国际合作，积极推动全球交通治理体系建设与变革。

⑧ 人才队伍精良专业、创新奉献。提出培育高水平交通科技人才梯队，打造素质优良的交通劳动者大军，建设高素质、专业化交通干部队伍。

⑨ 完善治理体系、提升治理能力。强调深化行业改革开放，优化营商环境，健全市场治理规则，健全公共决策机制体制。

3.《纲要》提出了三方面的保障措施

《纲要》提出了加强党的领导、加强资金保障、加强实施管理三方面的保障措施。

① 加强党的领导。充分发挥党总揽全局、协调各方的作用，建立统筹协调的交通强国建设实施工作机制。

②加强资金保障。深化交通投融资改革，完善政府主导、分级负责、多元筹资、风险可控的资金保障和运行管理体制。鼓励采用多元化市场融资方式，拓宽融资渠道。

③加强实施管理。科学制定配套政策和配置公共资源，加强交通强国建设与自然资源、环保、财税、金融、投资、产业、贸易等政策协同。部署若干重大工程、重大项目，合理规划交通强国建设进程。鼓励有条件的地方、企业在交通强国建设中先行先试。

4.《纲要》提出了"一张网"与一体化未来交通发展的方向

《纲要》提出了功能划分的"三网归一"、轨道交通的"四轨合一"、智慧交通的"四网融一"、各种交通方式的一体化融合、构筑一体化交通枢纽体系、健全一体化发展体制机制的六大发展方向。

①功能划分的"三网归一"。从公众出行的角度看，交通本身就是"一张网"。《纲要》提出要建设现代化高质量综合立体交通网络，从功能上划分，这张网包括骨干线、普通干线和支线，分别对应《纲要》中提到的快速网、干线网和基础网。其中快速网主要承担快速化、高品质的运输服务功能，是综合立体交通网中的骨干线，以高速铁路、高速公路和民用航空为主体；干线网主要承担运行效率较高、服务能力较强的运输服务功能，是综合立体交通网中的普通干线，以普速铁路、普通国省道、港口、航道、油气管道为主体；基础网主要承担广覆盖、深通达的普遍服务功能，提供交通运输基本公共服务，是综合立体交通网中的支线，以农村公路、支线铁路、支线航道为主体。上述分工清晰又紧密衔接的"三网"有机结合"归一"，形成了功能完善的高质量综合交通网。

②轨道交通的"四轨合一"。自中国有轨道交通以来，铁路与轨道交通就浑然一体、密不可分。《纲要》提出建设城市群一体化交通网，推进干线铁路、城际铁路、市域（郊）铁路、城市轨道交通融合发展。轨道交通的"四轨合一"体现了铁路及轨道交通方式"一张图"的发展要求，也是从轨道交通方式上对其功能层面的"融合"，要求构建与功能定位相协调的轨道交通线网层次。随着我国铁路网络的完善和人民出行特征的变化，高铁转换城铁、高铁转换地铁、市域（郊）铁路转换城区轨道交通等的联运需求逐步增加，将来在规划、建设、管理、运营、票价等多方面都有融合需求，尤其在换乘换装的枢纽节点上体现得更加明显。此外，《纲要》还提出强化城市轨道交通与其他交通方式衔接，加强公路与城市道路衔接，这些都充分体现了交通"一张网"自身发展的规律性要求。

③智慧交通的"四网融一"。智慧交通是未来交通系统发展的方向。《纲要》提出大力发展智慧交通，推进数据资源赋能交通发展，加速交通基础设施网、运输服务网、能源网与信息网络"四网"融合发展。上述"四张网"各自都有体系，多年来相对独立发展，也取得了巨大成绩，但缺乏融合的问题制约着交通系统的发展，是我国交通"软实力"不足的一个集中体现。随着交通科技的发展，大数据、互（物）联网、人工智能、区块链、超

级计算等新技术与交通行业的深度融合，必将推动交通网、运输网、能源网和信息网的"四网融一"，进而大幅提升交通运输的供给能力和服务水平，使人民享有智慧的、美好的交通服务。

④ 各种交通方式的一体化融合。各种交通方式的一体化融合是交通发展到一定阶段的必然要求。《纲要》提出推动交通由各种交通方式相对独立发展向更加注重一体化融合发展转变，从交通基础设施的角度要求"一张蓝图绘到底"，从运输服务层面要求"零距离换乘换装"、一体化衔接、多式联运等，这是提升人民满意度和以人民为中心的实践体现。《纲要》提出推进城乡客运服务一体化，旨在打破城乡客运"二元化"管理体制和运行机制，促进城乡客运资源共享，从而最大限度地满足群众的便捷出行需求。《纲要》提出要推广跨方式快速换装转运标准化设施设备，形成统一的多式联运标准和规则，这是有效降低物流成本和促进现代物流发展的重要举措。

⑤ 构筑一体化交通枢纽体系。交通枢纽（城市）站场的一体化衔接直接体现了交通系统的便捷、高效性要求。《纲要》提出打造具有全球竞争力的国际海港枢纽、航空枢纽和邮政快递核心枢纽，建设一批全国性、区域性交通枢纽，推进综合交通枢纽一体化规划建设。这里至少体现了三个层次：一是构建国际性、全国性、区域性枢纽城市体系；二是从物理意义上在交通枢纽场站的便捷换乘换装；三是设施设备标准和信息平台（系统）的高效对接。通过硬的设施设备和软的系统集成的互联互通，构筑多层级、一体化的综合交通枢纽体系指日可待。

⑥ 健全一体化发展体制机制。健全交通一体化发展的体制机制一直以来是行业发展面临的难题，迫切需要在规划、建设、管理等重要领域和关键环节予以改革或理顺，以推进交通运输治理体系和治理能力的现代化。《纲要》在深化行业改革的任务中明确提出深化铁路、公路、航道、空域管理体制改革，建立健全适应综合交通一体化发展的体制机制。现阶段，各种交通方式都有了较大发展，随着城市群交通、都市圈交通、交通新业态和新交通模式等数字化转型热点问题的出现，未来只有解决好交通运输管理体制改革问题，处理好政府和市场的关系，推进"多规合一"，推动运输结构优化等，才能释放新时期交通发展的磅礴动力，从而推动交通强国建设和我国经济社会的进一步发展。

5. 依据《纲要》确立第一批交通强国建设试点省市

2019年10月，交通运输部确定河北雄安新区、辽宁省、江苏省、浙江省、山东省、河南省、湖北省、湖南省、广西壮族自治区、重庆市、贵州省、新疆维吾尔自治区、深圳市为第一批交通强国建设试点。

交通强国建设试点工作将坚持点面结合、探索创新，近远结合、滚动实施，因地制宜、分类推进，多方联合、共同实施的原则，围绕设施、技术、管理、服务四大领域，分地区、分主题、分批次地开展22项试点任务。试点地区将在交通基础设施高质量发展、综合交通一体化枢纽、智能交通、科技安全、交通运输现代市场体系建设、交通运输制度体系创新、绿色交通、现代物流等方面先行先试。用1~2年取得试点任务的阶段性成果,用3~5年取得相对完善的系统性成果,培育若干在交通强国建设中具有引领示范作用的试点项目,形成一批可复制、可推广的先进经验和典型成果,出台一批政策规划、标准规范等,进一步完善体制机制,培养一批高素质、专业化的交通人才,在交通强国建设试点领域实现障碍率先突破。

在智能交通方面,《纲要》将交通智能化作为强国战略的重要目标之一,其发展目标分成两个阶段:第一阶段是,到2035年基本建成交通强国,其中智能、平安、绿色、共享交通发展水平明显提高;第二阶段是,到2050年全面建成人民满意、保障有力、世界前列的交通强国,其中达到世界前列的主要领域包括基础设施、技术装备、科技创新能力、智能化与绿色交通等。智能交通系统(Intelligent Transport System,ITS)是贯穿交通运输整体的技术体系,覆盖交通基础设施、载运工具、交通用户和应用环境,它所包括的内容有出行服务、先进交通管理、先进公交管理、电子收费、营运车辆管理、先进车辆控制与安全、智能物流、自动公路、应急管理等。智能交通系统涉及的高新技术体系包括新一代信息和通信技术、人工智能技术、自动化控制技术、新型载运工具等,为构建以智能车路协同为核心支撑的新一代智能交通系统体系结构奠定基础。

① 在交通装备先进适用、完备可控方面,为先进车辆控制与安全自动公路、先进交通管理指明了方向。

② 在运输服务便捷舒适、经济高效方面,为先进公交管理、营运管理、出行信息服务指明了方向。

③ 正在打造的绿色高效的现代物流系统,也是智能交通系统的重要组成部分。

④ 在出行即服务(Mobility-as-a-Service,MaaS)领域,《纲要》将MaaS明确了。

⑤ 在科技创新、智慧引领方面,提到了营运服务、综合协同管控技术、船岸协同技术、应急搜救等,这些都纳入了交通管理与控制体系。

⑥ 在智能交通的科研和建设中,特别强调了各种交通要素的集成和协同。提出构建泛在先进的交通信息基础设施,构建综合交通大数据信息中心体系,深化交通公共服务和电子政务发展,推进北斗卫星导航系统应用等。

在第一批交通强国建设试点中,深圳市面对建设交通强国战略目标的要求,智能交通系统将切实发挥建设粤港澳湾区、深圳都市圈和中国特色社会主义先行示范区"双区驱动"的利好叠加优势,对标最高、最好、最优,率先探索完善数据管理和安全保护机制,加快大数据、人工智能、5G、区块链等先进技术的深度应用,推动技术融合、业务融合、数据融合,实现跨层级、跨地域、跨系统、跨部门、跨业务、跨学科的协同管理和服务;打开数字世界新空间，增强数字经济新动能，拓展数字生活新内涵，努力建设具有世界一流水平的新交通模式的国际标杆城市、"创新之都"，用数据为交通治理体系和治理能力现代化赋能，更好地满足人民对美好生活的向往；城市交通全面形成"一图全面感知、一号走遍深圳、一键可知全局、一体运行联动、一站创新创业、一屏智享生活"新交通模式数字化转型的心力、体力、能力，实现双区共振的交通现代化应用场景。

1.1.2 我国由交通大国向交通强国跨越

自动驾驶技术掀起了一场交通系统的革命，智能车路协同引发了交通工程的历史性变革，推动着交通管理与控制学科向科学化、精细化、前瞻性、创新性发展。实现了交通系统跨域关联、全息感知与数据融合，交通载运工具与交通基础设施多基协同、交互操作，交通运输模式创新与智慧MaaS，新型智能化基础设施建设与智能运行维护等技术创新实践。智能网联汽车V2X与智能网联设施I2X[①]中国路线强调"聪明的车+智慧的路"和"强大的网"需要紧密结合，迫切需要智能车路协同管控平台支撑智能网联汽车与智能网联设施一体化发展。

我国的交通运输业已经进入交通大国的历史性大发展时期，并为经济社会做出了巨大贡献。目前我国交通运输基础设施规模、客货运输总量均位居世界前列，科技创新取得突破，交通治理得到改革，交通安全水平大幅提升，国际影响力逐步增强，我国已是名副其实的交通大国。

改革开放40多年来，我国社会经历了快速机动化发展进程，多项道路交通指标在全球位居前列。据不完全统计，截至2020年年底，中国铁路营运里程已达14.6万千米，位居世界第一；中国公路通车总里程已达519.81万千米，高速公路通车里程16.10万千米，位居世界第一；中国内河航道通航里程已达12.77万千米，位居世界第一；中国港口万吨级以上泊位数量已达2592个，位居世界第一；城市轨道交通运营里程已达7354.7千米，位居世界第一，等等。

2020年是中华人民共和国成立71周年，是全面建成小康社会成果元年，也是《纲要》印发实施之年，各项目标任务圆满完成，为推动经济社会平稳发展、全面建成小康社会提供了坚强的交通运输保障。

1. 交通基础设施

① 铁路。2020年年底，全国铁路营运里程14.6万千米，比上年增长5.3%。全国铁路路网密度152.3千米/万 km^2，比上年增加6.8千米/万 km^2。

② 公路。2020年年底，全国公路总里程519.81万千米，比上年增加18.56万千米。公

[①] I2X即基础设施与其他设备的通信（Infrastructure to Everything）。

路密度 54.15 千米/百 km²，比上年增加 1.94 千米/百 km²。公路养护里程 514.40 万千米，占公路总里程的 99.0%。

③水路。2020 年年底，全国内河航道通航里程 12.77 万千米，比上年增加 387 千米。等级航道里程 6.73 万千米，占总里程的 52.7%，比上年提高了 0.2 个百分点；三级及以上航道里程 1.44 万千米，占总里程的 11.3%，比上年提高了 0.4 个百分点。

2020 年年底，全国港口拥有生产用码头泊位 22142 个，比上年减少 751 个；拥有万吨级及以上泊位 2592 个，比上年增加 72 个。

④民航。2020 年年底，共有颁证民用航空机场 241 个，比上年增加 3 个，其中定期航班通航机场 240 个，定期航班通航城市 237 个；旅客吞吐量达到 100 万人次以上的通航机场有 85 个，比上年减少 21 个；旅客吞吐量达到 1000 万人次以上的通航机场有 27 个，比上年减少了 12 个；年货邮吞吐量达到 10000 吨以上的有 59 个，与上年持平。

2. 运输装备

①公路。2020 年年底，全国拥有公路营运汽车 1171.54 万辆；拥有载客汽车 61.26 万辆，共计 1840.89 万客位。

2020 年年底，拥有载货汽车 1110.28 万辆，共计 15784.17 万吨位。

②水路。2020 年年底，全国拥有水上运输船舶 12.68 万艘，比上年下降 3.6%；净载重量 27060.16 万吨，比上年增长 5.4%；载客量 85.99 万客位，比上年下降 2.9%；集装箱箱位 293.03 万标准箱，比上年增长 30.9%。

③城市客运。2020 年年底，全国拥有公共汽电车 70.44 万辆，比上年增长 1.6%；拥有轨道交通配属车辆 49424 辆，比上年增长 20.6%；拥有巡游出租汽车 139.40 万辆，比上年增长 0.2%；拥有城市客运轮渡船舶 194 艘，比上年下降 13.4%。

3. 运输服务

2020 年，完成营业性客运量 96.65 亿人，比上年下降 45.1%，完成旅客周转量 19251.43 亿人千米，比上年下降 45.5%；完成营业性货运量 464.40 亿吨，比上年下降 0.5%，完成货物周转量 196760.92 亿吨千米，比上年下降 1.0%。

①铁路。2020 年年底，全国铁路完成旅客发送量 22.03 亿人，比上年下降 39.8%，完成旅客周转量 8266.19 亿人千米，比上年下降 43.8%；完成货物总发送量 45.52 亿吨，比上年增长 3.2%；完成货物总周转量 30514.46 亿吨千米，比上年增长 1.0%。

②公路。2020 年年底，全国公路完成营业性客运量 68.94 亿人，比上年下降 47.0%；完成旅客周转量 4641.01 亿人千米，比上年下降 47.6%；完成营业性货运量 342.64 亿吨，比上年下降 0.3%，完成货物周转量 60171.85 亿吨千米，比上年增长 0.9%。

③水路。2020 年年底，全国水路完成客运量 1.50 亿人，比上年下降 45.2%，完成旅客

周转量 32.99 亿人千米，比上年下降 58.0%；完成货运量 76.16 亿吨，比上年下降 3.3%，完成货物周转量 105834.44 亿吨千米，比上年下降 2.5%。

④ 民航。2020 年年底，全国民航完成旅客运输量 4.18 亿人，比上年下降 36.7%，完成旅客周转量 6311.25 亿人千米，比上年下降 46.1%；完成货邮运输量 676.6 万吨，比上年下降 10.2%；完成货邮周转量 240.18 亿吨千米，比上年下降 8.7%。

⑤ 邮政。2020 年年底，全国邮政完成邮政行业业务总量 21053.2 亿元，比上年增长 29.7%。

⑥ 城市客运。2020 年年底，全国拥有公共汽电车运营线路 70643 条，比上年增加 4913 条，运营线路总长度 148.21 万千米，比上年增加 14.60 万千米；拥有轨道交通运营线路 226 条，比上年增加 36 条，拥有轨道交通运营里程 7354.7 千米，比上年增加 1182.5 千米。

4. 交通固定资产投资

2020 年完成交通固定资产投资 34752 亿元，比上年增长 7.1%。

① 铁路。2020 年完成铁路固定资产投资 7819 亿元。

② 公路。2020 年完成公路建设投资 24312 亿元，比上年增长 10.4%。

③ 水路。2020 年完成水运建设投资 1330 亿元，比上年增长 17.0%。其中，内河建设完成投资 704 亿元，比上年增长 14.8%；沿海建设完成投资 626 亿元，比上年增长 19.5%。

④ 民航。2020 年完成民航建设固定资产投资 1050 亿元，比上年增长 8.3%。

对比世界先进的交通强国，我国交通运输在技术装备、服务质量、效率成本、安全水平、国际竞争力和影响力等方面还存在较大的差距，特别是在交通运输体系信息化、智能化、智慧化建设方面差距比较明显。与党的十九大提出的发展目标和高质量发展总体要求相比，我国交通运输仍然存在发展不平衡、不充分等突出问题，不能很好地满足人民群众日益增长的多样化、个性化、品质化的交通出行要求，尚不能适应建设社会主义现代化强国的需要。实现从交通大国走向交通强国的伟大目标，是新时期的重要使命，是建设社会主义现代化强国的基础和前提。交通运输在强国建设中将扮演重要角色，从世界强国发展历程看，强大的交通是国家强大的基本前提，通达全球的交通运输体系是国家综合国力的体现，也是国家在全球经济格局、全球治理体系中的影响力和话语权的重要影响因素。交通运输在支撑经济发展和社会进步方面具有基础性、服务性、战略性、引领性作用，可为降低成本、提高效率、优化产业布局、实现资源优化配置奠定基础。通过实现智慧出行、现代物流一体化发展，支撑门到门、个性化、多样性、高品质服务，增强居民出行体验感和获得感。

1.1.3 智能网联汽车创新发展机遇

2020 年 2 月，国家发展和改革委员会（以下简称国家发展改革委）、中央网络安全和信息化委员会办公室、科学技术部（以下简称科技部）、工业和信息化部（以下简称工信部）、公安部、财政部、自然资源部、住房和城乡建设部（以下简称住建部）、交通运输部、商务部、国家市场监督管理总局11个国家部委联合出台了《智能汽车创新发展战略》（以下简称《战略》）。作为一个标志性事件，该《战略》的推出，意味着车联网产业在中国将面临高速发展的重大机遇。具体内容主要表现在：

① 智能网联汽车成为汽车业应对严峻挑战的突破口之一。
② 汽车电子产业发展获得智能、网联、安全新契机。
③ 智能车路协同核心之一的智慧道路建设将呈现爆发式增长。
④ 汽车产业新商业模式和数据开放模式成为重要方向。
⑤ 以智能车路协同为核心的新一代智能交通系统体系建立。
⑥ 智能车路协同环境的城市交通与区域交通管控新模式形成。

1. 智能网联汽车成为汽车业应对严峻挑战的突破口之一

1）智能汽车发展态势

中国汽车产业面临严峻挑战，受2020年新型冠状病毒肺炎（以下简称新冠肺炎）疫情的影响叠加经济下行周期，2020年中国乘用车市场产量在1999.4万辆，同比2019年的21.36万辆，下降6%。除新能源汽车成为中国汽车产业实现弯道超车的重大机遇外，智能网联汽车赋予中国汽车产业另一个机遇，可能让中国汽车产业实现变道超车。传统汽车必将演进为智能汽车，搭载先进传感器等装置，运用人工智能等新技术，具有自动驾驶功能，逐步成为智能移动空间和应用终端的新一代汽车。未来，汽车将实现三大转变：

① 从机械产品向电子信息智能产品转变。
② 从单纯交通运输工具向人类第三空间转变。
③ 从单一汽车产业向多产业（汽车产业、电子产业、互联网产业、信息通信产业、交通产业等）融合转变。

尤其在多产业融合方面，将利用中国在互联网、信息通信（5G、北斗卫星定位导航）等领域积累的优势，以及交通强国国家战略指引下的交通产业大发展契机，推动中国汽车产业进一步发展，这将成为汽车业应对严峻挑战的突破口之一。

2）智能汽车发展目标

《战略》提出，到2025年实现：

① 汽车前装市场和后装市场的智能网联渗透率快速提升。
② 实现有条件自动驾驶的智能汽车达到规模化生产。
③ 实现高度自动驾驶的智能汽车在特定环境下市场化应用。
④ 展望2035—2050年，中国标准智能汽车体系全面建成，更加完善；安全、高效、绿

色、文明的智能汽车强国愿景逐步实现,智能汽车充分满足人民日益增长的美好生活的需要。

2. 汽车电子产业发展获得智能、网联、安全新契机

汽车电子技术是用来改善和提高汽车性能的最有效的技术手段之一,可以分为电子控制系统和车载电子装置两大类,其中电子控制系统主要包括动力控制系统、底盘与安全控制、车身电子等。汽车电子产品所占汽车制造成本的比例平均将达到30%甚至50%以上。2020年中国汽车电子市场规模逼近9000亿元。汽车电子产品中的大量核心技术来自海外,智能、网联、安全的汽车电子产品国产化是新契机。未来智能化、网联化、安全化不仅作用在车载电子装置上,用于提高汽车附加值,也将作用在电子控制系统上,直接影响汽车的整车性能、安全性和舒适性。为此,《战略》提出:

① 突破关键基础技术。开展复杂系统体系架构、复杂环境感知、智能决策控制、人机交互及人机共驾、车路交互、网络安全等基础前瞻技术研发,重点突破新型电子电气架构、多元传感信息融合感知、新型智能终端、智能计算平台、车用无线通信网络、高精度时空基准服务和智能汽车基础地图、云控基础平台等共性交叉技术。

② 增强产业核心竞争力。推进车载高精度传感器、车规级芯片、智能操作系统、车载智能终端、智能计算平台等产品的研发与产业化,建设智能汽车关键零部件产业集群;加快智能化系统的推广应用,培育具有国际竞争力的智能汽车品牌。

③ 推动新技术转化应用。开展军民联合攻关,加快北斗卫星定位导航系统、高分辨率对地观测系统在智能汽车相关领域的应用,促进车辆电子控制、高性能芯片、激光/毫米波雷达、微机电系统、惯性导航系统等自主知识产权军用技术的转化应用,加强自动驾驶系统、云控基础平台等在国防军工领域的开放应用。

④ 提升网络安全防护能力。搭建多层纵深防御、软硬件结合的安全防护体系,加强车载芯片、操作系统、应用软件等安全可靠性设计,开展车载信息系统、服务平台及关键电子零部件安全监测,强化远程软件更新、监控服务等安全管理。实施统一身份权限认证管理。建立北斗系统抗干扰和防欺骗安全防护体系。按照国家网络安全等级保护相关标准规范,建设智能汽车网络安全态势感知平台,提升应急处置能力。

3. 智能车路协同核心之一的智慧道路建设将呈现爆发式增长

智能汽车产业发展不仅是汽车及汽车电子技术的发展,更是"人-车-路-云"系统的协同发展,尤其是智慧道路建设,将呈现爆发式增长。主要体现在智能网联城市级规模应用及智慧化道路基础设施建设两大方面。《战略》提出,到2025年,车用无线通信网络(LTE-V2X等)实现区域覆盖,新一代车用无线通信网络(5G-V2X)在部分城市、高速公路逐步应用,高精度时空基准服务网络实现全覆盖。其中城市级智能网联应用将成为新型智慧城市建设的重要内容之一。

智能车路协同管控 可视化推演平台

《战略》指出，在应用示范试点方面，开展特定区域智能汽车测试运行及示范应用，验证车辆环境感知准确率、场景定位精度、决策控制合理性、系统容错及故障处理能力，以及智能汽车基础地图服务能力、"人-车-路-云"系统协同性等。推动有条件的地方开展城市级智能汽车大规模、综合性应用试点，支持优势地区创建国家车联网先导区。在智慧化道路基础设施建设方面，制定智能交通发展规划，建设智慧道路及新一代国家交通控制网。分阶段、分区域推进道路基础设施的信息化、智能化和标准化建设。结合5G商用部署，推动5G和车联网协同建设。统一通信接口和协议，推动道路基础设施、智能汽车、运营服务、交通安全管理系统、交通管理指挥系统等的信息互联互通。具体将建设：

① 广泛覆盖的车用无线通信网络。开展车用无线通信专用频谱使用许可研究，快速推进车用无线通信网络建设。统筹公众移动通信网部署，在重点地区、重点路段建立新一代车用无线通信网络，提供超低时延、超高可靠性、超大带宽的无线通信和边缘计算服务。在桥梁、隧道、停车场等交通设施部署窄带物联网，建立信息数据库和多维监控设施。

② 形成覆盖全国的车用高精度时空基准服务能力。充分利用已有北斗卫星定位导航系统基准站网，推动全国统一的高精度时空基准服务能力建设。加强导航系统和通信系统融合，建设多源导航平台。推动北斗通信服务和移动通信双网互通，建立车用应急系统。完善辅助北斗卫星导航系统，提供快速辅助定位服务。

③ 建设覆盖全国路网的道路交通地理信息系统。开放标准统一的智能汽车基础地图，建立完善包含路网信息的道路交通地理信息系统，提供实时动态数据服务。制作并优化智能汽车基础地图信息库模型与结构。推动建立智能汽车基础地图数据和卫星遥感影像数据共享机制。构建道路交通地理信息系统快速动态更新和在线服务体系。

④ 建设国家智能汽车大数据云控基础平台。充分利用现有设施和数据资源，统筹建设智能汽车大数据云控基础平台。重点开发建设逻辑协同、物理分散的云计算中心，标准统一、开放共享的基础数据中心，风险可控、安全可靠的云控基础软件，逐步实现车辆、基础设施、交通环境等领域的基础数据融合应用。

4. 汽车产业新商业模式和数据开放模式成为重要方向

汽车产业发展需要创新的商业模式和数据开放模式，尤其是汽车产业与金融保险、出行服务等行业的深度融合，以及解决好汽车产业涉及的数据所有权、使用权、经营权问题，将可能探索出崭新的市场空间。为此，《战略》明确：

① 创新产业发展形态。积极培育道路智能设施、高精度时空基准服务和智能汽车基础地图、车联网、网络安全、智能出行等新业态。加强智能汽车复杂使用场景的大数据应用，重点在数据增值、出行服务、金融保险等领域培育新商业模式。优先在封闭区域探索开展智能汽车出行服务。

②加强数据安全监督管理。建立覆盖智能汽车数据全生命周期的安全管理机制，明确相关主体的数据安全保护责任和具体要求。实行重要数据分类分级管理，确保用户信息、车辆信息、测绘地理信息等数据安全可控。完善数据安全管理制度，加强监督检查，开展数据风险、数据出境安全等的评估。

5. 以智能车路协同为核心的新一代智能交通系统体系建立

发展智能汽车离不开数字化、网络化、智能化、协同化的新型道路基础设施的支持。《战略》把"构建先进完备的智能汽车基础设施体系"作为一项重要的战略任务，进行了系统阐述和专门部署。

①推进智能化道路基础设施规划建设。状态全面感知、信息高效处理的智能化道路基础设施，是交通物理世界向数字世界转变的核心数据来源。围绕推进智能化道路基础设施规划建设，《战略》一是积极推进智能交通、智慧道路及新一代国家交通控制网等的规划建设，逐步满足智能汽车环境感知和决策系统的需求；二是结合信息接入发布与车辆运行安全管控等，分阶段、分区域推进道路基础设施的信息化、智能化和标准化建设，逐步形成多维监测、精准管控的服务能力，结合 5G 商用部署，加强 5G 与车联网协同，加快智能化道路基础设施的升级或新建；三是在智能化道路基础设施建设过程中注重统一通信接口和协议，推动道路基础设施、智能汽车、运营服务、交通安全管理系统、交通管理指挥系统等信息互联互通，促进路网资源的协同优化利用。

②建设广泛覆盖的车用无线通信网络。车用无线通信网络能够将"人-车-路-云"交通要素有机联系在一起。围绕车用无线通信网络建设，《战略》一方面充分发挥我国信息通信技术与网络基础优势，统筹公众移动通信网部署，快速提升 LTE-V2X 车用无线通信网络的区域覆盖，并在部分城市、高速公路逐步建设 5G-V2X 新一代车用无线通信网络，提供超低时延、超高可靠性、超大带宽的无线通信服务；另一方面，在桥梁、隧道、停车场等交通设施部署窄带物联网，建立信息数据库和多维监控设施，利用其覆盖范围广、功耗小、成本低等特点，对交通设施的使用状态和周边环境状态进行全方位实时监测。此外，《战略》在强化网络连接能力的同时，还加强了先进计算资源布局、统筹部署边缘计算等服务能力。

1.1.4 智能车路协同支撑数字化转型

智能车路协同作为智能网联汽车与智能网联设施的最终目标，是当今国际智能交通领域的前沿技术和必然发展趋势，是提高效率、优化能耗、降低排放的有效手段，将从根本上改变传统道路交通的发展模式，构建新一代智能交通体系，促进"新基建+交通"数字化转型的心力、体力、能力的形成与双区共振。

智能车路协同管控 可视化推演平台

1. 新一代智能交通系统的核心基础

智能车路协同管控平台的设计与建设，使交通参与者、运载工具、道路基础设施及车路协同管理与控制的信息获取与交互手段、内容、范围产生了重大变革，进而将引发交通安全保障、道路智能化管理、高效出行服务等深层次的革命，使交通更安全，出行更畅通。这将给交通运输行业的供给侧结构性改革和需求侧创新性管理带来一场前所未有的重大变革。在智能网联与非智能网联、无人驾驶与有人驾驶混合的新交通模式中，网联化和智能化的发展改变了交通系统内部诸元素的耦合关系。随着自动驾驶和智能网联技术的逐渐成熟，传统人工驾驶车辆、网联人工驾驶车辆、非网联自动驾驶车辆和网联自动驾驶车辆之间的混合运行交通模式将成为常态。深入开展新交通模式的智能车路协同管控平台理论方法和测试验证研究，将对解决复杂的混合交通车辆群体管控优化协同问题起到重要的支撑作用，该研究在国内外具有较高的技术水平。

智能交通技术和车联网的发展，为智能车路协同管控带来了很多重要的发展机遇。例如，云计算、大数据、移动互联等技术的发展，使我们在高精度定位、精细化信息服务和新一代传感网络构建等方面，都有了更加可靠的技术保证。发达国家基本建立了智能车路协同系统的体系框架，定义了一系列应用场景，开展了一些试验和应用，但智能车路协同系统的某些核心技术仍处于研究和试验阶段，制约了系统的应用。国内外智能车路协同技术的发展趋势如下：

① 构建智能车路协同系统体系框架。智能车路协同系统的发展方向是由特例实验走向场景应用和制定通信协议标准。伴随着智能网联汽车技术路线的确定，我国将构建"聪明的车+智慧的路"与"强大的网"一体化技术标准体系。

② 建立开放的智能车路通信平台。将从单一通信方式向多种通信手段互补与融合的方向发展。由于这些通信技术各有优缺点，单一的通信方式很难满足车路通信需求，因此需要建立一种兼容多种通信方式的通信平台。

③ 智能网联汽车的车载单元向多功能一体化集成转变。由单项服务向集成服务转变，从单目标控制向多目标控制集成转变。例如，把电子不停车收费（Electronic Toll Collection，ETC）系统和北斗导航系统集成到一个系统里，形成多功能一体化车载单元，集成的车载终端装置能够提供路桥收费、信息发布、信息采集等多种服务。

④ 构建高速公路的安全管理与控制信息服务走廊。通过车车、车路信息交互，在高速公路沿线构建安全管理与控制信息服务走廊。例如，在车辆进入主线以前，利用该走廊将主线交通运行状况和安全信息发布给驾驶员，从而避免在高速公路汇流区发生交通事故。

⑤ 融合多通道信息采集感知技术。单一传感器无法满足信息实时采集的需求，必须结合多传感器信息采集技术，通过多种信息的融合，提高路网交通状态实时检测精度。

⑥ 城市交通与区域交通的全路网实现交通协调控制。交通信号协调控制、实时路径诱导、公交优先控制等城市交通管控技术手段不断提升，需要根据人的本体需求，基于近期、中期、远期的心理库存，建立智慧 MaaS 服务体系，引入数字孪生与交通大数据分析研判技术，构建城市交通与区域交通的智能车路协同管控数据中台、业务中台。

2019 年 10 月第 26 届智能交通世界大会对智能互联和自动驾驶车辆、众包和大数据分析、可持续发展的智慧城市、客货携手多模式运输、驾驶员和弱势群体安全、政策标准与协调规范、创新定价与出行需求管理、信息安全与数据保护等当今世界智能交通领域关注度最高的热点开展了研讨。纵观 2015 年以来各届智能交通世界大会发出的信息，在以下五大领域给我们带来了启示：

① 交通基础设施智能化和数字化。
② 交通互联车辆和自动化交通。
③ 智慧城市与智慧出行。
④ 通信技术的应用。
⑤ 数据与信息安全。

基于智能车路协同的核心技术支撑，开展新一代智能交通系统顶层设计，实现一个发展环境（交通大数据云计算平台），创造两个支撑（智能化交通基础设施、标准和技术），建设三个系统（智能化运输服务系统、智能化运行管理系统、智能化决策支持系统）势在必行。

2. 智能车路协同支撑数字化转型的合力形成与双区共振

2020 年 5 月，国家发展和改革委发布"数字化转型伙伴行动"倡议，提出政府和社会各界联合起来，共同构建"政府引导-平台赋能-龙头引领-机构支撑-多元服务"的联合推进机制，以带动中小微企业数字化转型为重点，在更大范围、更深程度上推行普惠性"上云用数赋智"服务，提升转型服务供给能力，加快打造数字化企业，构建数字化产业链，培育数字化生态，形成"数字引领、抗击疫情、携手创新、普惠共赢"的数字化生态共同体，支撑经济高质量发展。

数字化转型是建立在数字化转换、数字化升级基础上，进一步触及核心业务，以新建一种商业模式为目标的高层次转型。数字化转型表明，只有企业对其业务进行系统性、彻底的（或重大的、完全的）重新定义——对组织活动、流程、业务模式和员工能力等方方面面进行重新定义，才可能实现创新创业成功。

① 建立行业级的交通"数据体系"。"新基建"将进一步推进交通"业务数字化"的步伐，实现人、车、路、环境不同对象在不同时间、不同空间的数据化。数据是对现实的客观记录，记录要转成可理解的、有意义的信息，信息通过模型转成可研判的知识，知识

智能车路协同管控 可视化推演平台

基于场景形成可以选择的决策方案，科学有效的方案将变成交通大脑服务的智慧。只有建立"数据—信息—知识—智慧"的完整链条，才能构建面向行业的整体数据脉络。同时，从管理角度看，还要建立行业数据仓库、数据资产目录、指标体系、行业标准库及共享资源库等功能实体，构建一整套数据运营管理的闭环方法。"数据即连接"，一个完整的数据体系可以形成一个强大的"数据中台"，通过数据拉通内部不同业务条块，形成数据生产力，构建一个基于数据的新业务生产关系，这是"新基建+交通"的核心数字化基础设施之一。

② 建立交通的"数字化管理体系"。交通是公共基础设施，帮助交通管理部门做好交通治理，服务好经济发展是其核心目标。过去因为业务发展需要，交通部门建设了大量"烟囱式"的垂直信息系统、基础设施，每个单一信息系统解决的是一个部门的需求，是一个部门所管辖职能的"信息化实体"。这些建立在不同空间的信息化实体，由于是各部门"私有"的、没有共享意识的，因此无法有效进行网络连接，发挥不了网络协同效应。虽然大家意识到了这些问题，但无力解决，或者说解决的代价很大，因为很多都是管理问题，是组织架构的天然缺陷导致的必然结果。在数字化转型时代，我们学会了用新的多元视角观察这个世界，将物理世界和数字世界进行分离，我们认识到物理世界的不足，同时认可数字世界的存在，意识到数字世界的开放、连接、协同属性。在组织中建设一个业务中台，可以在数字世界帮我们弥补一部分组织架构的缺陷。通过将与交通业务管理相关的工程技术、业务应用、辅助工具沉淀到业务中台，形成一个个数字化职能单元，在数字世界完成网络化协同，提升跨部门交通管理协作的效率（易于协作）和专业水平（云上赋能），这是"新基建+交通"的另一个核心数字化基础设施，是一种管理上的新型生产关系（两个世界内部协作、两个世界之间协作）。

③ 树立新的交通"基建思维"。"新基建"天然具备数字化特性，而数字化建设是一种与传统基建不同的建设思维。纵观多年来交通领域的信息化发展，"重硬件轻软件、重外场轻内场、重建设轻迭代、重管理轻服务"，实际上对持续性及软件的重视不够，而解决这些问题才是提升效能的真正抓手。传统的信息化建设思路需要做出调整，要树立长期的、迭代的思维，用"传统基建的态度+互联网的平台思维"，从信息化向数字化建设认识转变。用"传统基建的态度"去建设，坚持长期建设，滚动规划，不断迭代；用"互联网的平台思维"开拓业务，重视基于云上的跨业务协作，适应移动化、分布化的工作协作需要，形成一个组织内部可持续的云，用云连接各方。同时，也要重视运维，好的运维是持续和高质量地提供服务的保障。只有从战略上重视数字化建设，才能从根本上让其发挥作用，提升交通行业的整体治理能力。

1.2 科学技术领域与交通新基建

1.2.1 智能车路协同管控与学科领域

智能网联汽车又称智能汽车、自动驾驶汽车等,是车联网与智能车的有机联合。它通过搭载先进的车载传感器、控制器、执行器等装置,并融合现代通信与网络技术,实现车与人、车、路、平台等智能网联化信息交换共享,实现安全、舒适、节能、高效行驶,最终可替代人操纵新一代汽车。

智能车路协同是智能交通系统的最新发展方向。智能车路协同采用无线通信和新一代互联网技术,将交通系统四要素——出行者(人)、运载工具(车)、交通设施(路)、管控平台(环境)——有机结合起来,形成人、车、路、环境一体化的交通协同管控体系;全方位实施车与车(V2V)、车与路(V2I)、车与人(V2P)、车与网(V2N)、车与中心(V2C)等智能网联汽车V2X和智能网联设施I2X的实时信息交互,并在全时空动态交通信息采集与融合处理的基础上,开展车辆主动安全控制和道路协同管理,充分实现人、车、路、环境要素有效协同,保证交通安全,提高通行效率,减少城市污染,从而形成安全、高效和环保的道路交通系统。

1. 智能车路协同管控平台的研究内容

智能车路协同管控平台的研究内容是面对智能网联汽车的迅速发展,受智能网联汽车影响的城市交通和区域交通的新交通模式管控技术。新一代智能交通系统以智能车路协同为核心支撑,引入新一代信息技术和人工智能技术,将其和交通管理与控制学科相结合,构建跨学科、复合型、多学科融合交叉式科研体系,基于智能交通系统的人、车、路、环境四要素的需求,完成人-智慧MaaS、车-智能网联汽车V2X、路-智能网联设施I2X、环境-智能车路协同管控平台"四位一体"的完整智能交通体系结构的设计与建设。

交通管理与控制是交通运输工程学科的主要研究对象之一,其内容涉及交通立法、法律性/行政性的管理措施、工程技术性的管理工具和手段、信号控制技术等,这些内容也是城市交通实际工作中的各种"交通综合治理"措施。其中,交通管理是对道路上的行车、停车、行人、道路使用等情况开展执法管理,并用交通工程技术措施对交通运行状态进行改善的交通治理的统称;交通控制是指依靠交通执法者或信号控制设施,根据交通变化特性来指挥车辆和行人的通行。现代化交通管理与控制的目的,除保障交通安全、疏导交通、提高现有设施通车效率的传统目外,更着重采取智能车路协同技术和各种交通需求管理措施来减少道路上的车辆出行总量,缓解交通拥挤,保障交通安全,并降低汽车交通对环境的污染。进入智慧 MaaS、智能网联汽车 V2X、智能网联设施 I2X、智能车路协同的智能交通系统体系建设新时代，构建智能车路协同管理与控制体系的应用与实践不断展开。

智能车路协同管控平台项目是国家自然科学基金、国家"973"计划、国家科技支撑计划、国家"863"计划、住建部科技计划、广东省科技计划、深圳市科技计划及面向市场的横向科研服务等研究项目经过多年的深耕积累，以面向智能车路协同管理与控制体系构建的辐射及延伸理论方法为基础；在智能车路协同管理与控制体系内部，从解决"车路协同系统要素耦合机理与协同优化方法"入手，在智能车路协同管理与控制体系外部，从解决"车路协同环境下车辆群体智能控制理论与测试验证"入手，形成智能车路协同管理与控制体系内外一体化科研模式，开展智能车路协同管理与控制领域关键技术、核心问题、成果转化、产业化推广等研究，创建跨学科、复合型、产学研相结合的科研模式，形成智能车路协同管理与控制的全息感知、动态建模、在线仿真、管控评价四个层次的"区域交通与城市交通大脑"应用服务的科研与产业化示范。

2. 智能车路协同管控发展策略

1）全国加快车路协同基础设施建设与应用示范发展策略

① 车路协同通信终端产品及网络初步具备商用状态。国内蜂窝车联网 C-V2X 具备芯片、模组、终端等全产业链优势，可支持车路协同应用。支持 V2X 的通信终端已实现商用，布设于各示范区和公开测试道路。5G 具备大带宽、多连接、低时延等通信能力，将在高速路、城市道路、关键路段、交叉口等地，面向不同的应用业务需求，提供不同的服务。

② 道路基础设施的智能化与数字化升级为车路协同部署奠定基础。中国 ETC 门架系统将按照未来的路侧智能站部署，可加装车路协同设备。2019 年，交通运输部在全国 14 万千米的高速公路上建设了 25000 个 ETC 门架，按照未来的智能交通系统基站部署，具备供电、网络、后台数据管理系统等基础条件，网络层、应用层开放，将为协同式智能交通系统、自动驾驶服务探索新的车路协同应用。车路协同云控平台开始试点运行，支撑未来车路一体化控制，提供"车-路-云"深度融合的标准化数据协议，打造智能网联汽车的云端智能与群体智能。

③ 全面开展不同场景车路协同应用研究与示范。城区场景内，车路协同精准公交进入准商用阶段，可打通端到端交通管理系统，提升城市快速公交系统（Bus Rapid Transit，BRT）运营效率，交通管理部门对红绿灯进行优化控制，实现 BRT 绿波通行，提升到站准点率与运营效率。高速车路协同（V2X）系统将应用于安全管控、效率提升、收费、信息服务等方面，可有效增强高速安全管控和提升效率，对高速公路自动驾驶车辆及非自动驾驶车辆进行指挥调度。

2）解决车路协同基础设施建设中存在的诸多问题

① 多种网络融合组网，存在覆盖连续性问题。尽管中国通信网络覆盖率位居世界前列，但没有一家通信网络运营公司可以实现全地域无缝覆盖。进行车路协同时，需要解决通信的跨网络、跨运营商的问题，以实现可靠、连续的车路协同服务。只有将V2X信息用于车辆控制，才可保证行驶安全。

② 车路协同面临更复杂的安全责任和法律问题。有人驾驶的车辆行驶安全责任由驾驶员和保有人承担，自动驾驶则将责任承担者扩展至车辆（系统）生产商，车路协同又将责任承担者进一步扩大到基础设施运营商、通信运营商等。所有参与方都被纳入责任体系，交通事故责任划分边界更加复杂。

③ 互联互通标准体系有待进一步建立和完善。基于LTE的车联网通信（LTE-V2X）国家标准体系尚未建立。LTE-V2X相关空口、网络层、消息层和安全性等核心技术标准已制定完成。为了推动LTE-V2X标准在汽车、交通、公安行业的应用，我国正在推进将相关行业标准转升为国家标准，便于跨行业采用。云平台的互联互通标准化工作尚未开展，云控基础设施支撑自动驾驶、智能交通等综合需求，涉及行业多个垂直生态，对应多个政府部门、多家公司的多个云平台。目前，各个平台实现互联互通需要巨大的沟通与开发成本，数据交互存在较大壁垒，影响了车路协同基础设施的建设。

④ 数据采集与隐私保护存在监管缺陷与漏洞。《中华人民共和国网络安全法》对数据采集及隐私保护有明确规定："网络运营者收集、使用个人信息，应当经被收集者同意"，同时"未经被收集者同意，网络运营者不得向他人提供个人信息。但是，经过处理无法识别特定个人且不能复原的除外"。但在实际工作中，大量信息未经被收集者同意即被采集，也未进行匿名处理即被传播。由于缺乏独立的数据保护法和保护机构，个人信息存在监管漏洞。司法或保护机构在处理侵权行为时也遭遇难题：一是被收集者存在"集体行动难题"，这让司法程序的启动变得艰难；二是侵权的取证与赔偿困难，使维权工作开展不畅。

⑤ 交通基础设施面临安全运营与管理挑战。车路协同基础设施运营涉及不同企业建设、维护与管理工作，跨终端、跨平台的特性给运营安全带来了极大的挑战。一方面，交通基础设施之间需要通过身份认证、密钥等手段互联互通、安全接入；另一方面，信息安全、隐私保护、应用运营安全等方面需要专有通信网络进行保障。

3）车路协同基础设施建设需要多产业协同推动科研策略

① 开展车路协同责任分配、安全优先等研究。协同产业界各参与方和法律界开展跨界研究工作。厘清车路协同车辆制造商、车辆拥有者、系统供应商、运营服务提供商等各责任方的责任边界，并配套相关数据溯源、行为监控体制，为法律制定及产业落地做好铺垫。建立车路协同自动驾驶方面的伦理道德准则，让企业在设计系统算法时有凭可依，系统决

策更加透明，减少消费者对智能网联汽车的忧虑。同时，伦理道德准则也是自动驾驶法律法规体系的关键组成部分，是法律法规建设的重要依据。

② 促进云控基础平台标准化互联互通研究工作。开展云平台的标准化研究工作，进行不同云控基础设施间互联互通、交互数据类型等标准的制定，推动构建物理分散、逻辑与标准统一、共享开放的云控基础设施体系。

③ 推动行业隐私权保护原则研究。推动行业建立诸多隐私权保护标准和原则，有效填补法律空白，使其成为事实上的隐私保护规范。一方面，推动行业企业采纳并遵守行业的隐私保护规范，完成相关标准化工作；另一方面，确定自动驾驶企业在隐私保护方面的权利和义务，达到法律规定的确定性与透明性要求。

④ 加快跨终端、跨平台的基础设施安全问题研究。在目前 LTE-V2X 通信安全认证及标准制定的基础上，加快车路协同基础设施的安全问题研究。建立跨企业、跨终端、跨平台的网络安全防护，针对汽车安全、网络安全、信息安全、系统安全等专项研究，为车路协同自动驾驶中人、车、路、云等环节提供全方位的安全保护。

1.2.2 智能车路协同创新交通新基建

2019 年 7 月，交通运输部印发了《数字交通发展规划纲要》，提出我国数字交通发展要以数据为关键要素，赋能交通运输及关联产业，推动模式、业态、产品、服务等联动创新，提升出行和物流服务品质，让数字红利惠及人民。要坚持世界眼光、国际标准、中国特色，以试点为重要手段，通过典型引路，逐步形成数字交通发展的中国经验和中国方案。

1. 数字交通的技术理念

数字交通是将实时采集的交通数据纳入建立的交通模型体系，实现对交通体系的虚拟数字映射，通过大数据分析、人工智能和交通仿真技术生成交通优化方案并对方案进行评价。数字交通的本质是数据闭环赋能体系，通过数据全域标识、状态精准感知、数据实时分析、模型科学决策、智能精准执行，实现交通的模拟、监控、诊断、预测和控制，解决交通规划、设计、建设、管理、服务闭环过程中的复杂性和不确定性问题，全面提高交通资源配置效率和安全运转状态，实现智慧交通的内生发展动力。

在交通数字化转型进程中，采用数字交通部署和应用十大平台，这十大平台是指交通运行监测平台、交通规划设计平台、智能交通管理平台、交通信息服务平台、智能公共交通调度平台、智能停车管理平台、智能车路协同管控平台、MaaS 平台、现代物流服务平台和交通仿真评价可视化推演平台。

2. 数字交通的分析研究

1）数字交通的分析认知

交通智能体系的发展，经历了交通信息化、交通智能化、交通智慧化三个阶段。数字交通是智慧交通的组成部分，数字孪生交通（平行交通或虚拟交通）是真实物理交通的数字影射。数字孪生交通通过交通仿真或"交通大脑"，对物理交通的状态进行预测，对物理交通优化方案进行评价，从而提高决策的科学性。数字交通是在交通累积数据从量变到质变，感知建模、人工智能等信息技术取得重大突破的背景下，进行智慧交通建设的一条新兴技术路径，是交通智能化、运营可持续化的前沿模式，也是一个吸引高端智力资源共同参与、从局部应用到全局优化、持续迭代更新的创新平台。

2）数字交通的基本特征

数字交通的特征为精准映射、虚实交互、软件定义、智能干预。

① 精准映射。数字孪生交通通过空天、地面、地下等各层面的传感器布设，实现对城市道路等交通基础设施的全面数字化建模，以及对城市运行状态的充分感知、动态监测，形成虚拟交通在信息维度上对实体交通的精准信息表达和映射。

② 虚实交互。在数字孪生交通中，交通实体空间可观察各类轨迹，在交通虚拟空间可搜索各类信息。交通规划、建设、管理及居民出行等交通活动在虚拟空间得到了极大的扩充，虚实融合、虚实协同将推进未来交通发展新模式。

③ 软件定义。数字孪生交通针对物理环境建立相对应的虚拟交通模型，并以软件的方式模拟交通人、车、路在真实环境下的行为，通过云端和边缘计算，使用软件来指引和操控城市的交通信号控制、交通运行调度、道路交通管理、公交线路优化等。

④ 智能干预。通过在数字孪生交通上规划设计、建模仿真等，将交通可能产生的拥堵、安全等问题进行智能预警，并提供合理、可行的对策建议，以未来视角智能干预交通原有发展轨迹和运行，进而指引和优化实体交通的规划、建设、管理一体化服务供给，赋予城市交通生活智慧。

3. 数字交通的发展政策与目标

我国数字交通发展坚持以下几个政策：

① 创新引领，数据赋能。以数据为关键要素，赋能交通运输及关联产业，推动模式、业态、产品、服务等联动创新，提升公众出行和物流服务品质，让数字红利惠及人民，增强人民获得感。

② 共建共享，融合发展。充分发挥统筹规划、协同推进的制度优势，推动政企、行业、部省间协同发力。发挥市场主体作用，科学配置各类资源要素，构建跨界融合、共创共享的数字交通产业生态。以数据链促进多种运输方式高效衔接，促进政企间数据双向转化运用。

③防范风险，保障安全。兼顾创新发展和安全发展，防范、化解数字化转型带来的信息安全风险，提升网络安全和数据安全保障能力，保障公共安全和国家利益。

④勇于探索，试点先行。坚持世界眼光、国际标准、中国特色，以开放包容的态度适应技术发展趋势，以试点为重要手段，汇聚技术、智力、产业等资源，通过典型引路，逐步形成数字交通发展的"中国经验"和"中国方案"。

我国数字交通发展的目标：

①第一阶段发展目标。到2025年，交通运输基础设施和运载装备全要素、全周期的数字化升级迈出新步伐，数字化采集体系和网络化传输体系基本形成。交通运输成为北斗卫星定位导航系统的民用主行业，5G等公网和新一代卫星通信系统初步实现行业应用。交通运输大数据应用水平大幅提升，出行信息服务全程覆盖，物流服务平台化和一体化进入新阶段，行业治理和公共服务能力显著提升。交通与汽车、电子、软件、通信、互联网服务等产业深度融合，新业态和新技术应用水平保持国际先进水平。

②第二阶段发展目标。到2035年，交通基础设施完成全要素、全周期数字化，天地一体的交通控制网基本形成，按需获取的即时出行服务广泛应用。我国成为数字交通领域国际标准的主要制订者或参与者，数字交通产业整体竞争能力全球领先。

4. 构建交通数字化的全息感知体系

①推动交通基础设施全要素、全周期数字化。推动交通基础设施规划、设计、建造、养护、运行管理等全要素、全周期数字化。构建覆盖全国的高精度交通地理信息平台，完善交通工程等要素信息，实现对物理设施的三维数字化呈现，支撑全天候复杂交通场景下自动驾驶、大件运输等专业导航应用。针对重大交通基础设施工程，实现基础设施全生命周期健康性能监测，推广应用基于物联网的工程质量控制技术。

②布局重要节点的全方位交通感知网络。推动铁路、公路、水路领域的重点路段、航段，以及隧道、桥梁、互通枢纽、船闸等重要节点的交通感知网络覆盖。推动交通感知网络与交通基础设施同步规划建设，深化高速公路ETC门架等路侧智能终端应用，建立云端互联的感知网络，让"全设施"具备多维监测、智能网联、精准管控、协同服务能力。注重众包、手机信令等社会数据融合应用。构建载运工具、基础设施、通行环境互联的交通控制网基础云平台。加快北斗卫星定位导航系统在自由流收费、自动驾驶、车路协同、海上搜救、港口自动化作业和集疏运调度等领域的应用。

③推动载运工具、作业装备智能化。鼓励具备多维感知、高精度定位、智能网联功能的终端设备应用，提升载运工具远程监测、故障诊断、风险预警、优化控制等能力。推动自动驾驶与车路协同技术研发，开展专用测试场地建设。鼓励物流园区、港口、铁路和机场货运站广泛应用物联网、自动驾驶等技术。推广自动化立体仓库、引导运输车、智能输

送分拣和装卸设备的规模应用。推动自动驾驶船舶、自动化码头和堆场发展，加强港航物流与上下游企业信息共享和业务协同。

5. 构建网络化的传输体系

推动交通运输基础设施与信息基础设施一体化建设，促进交通专网与"天网""公网"深度融合，推进车联网、5G、卫星通信信息网络等的部署应用，完善全国高速公路通信网络，形成多网融合的交通信息通信网络，提供广覆盖、低时延、高可靠性、大带宽的网络通信服务。

6. 构建智能化的应用体系

① 打造数字化出行助手。促进交通、旅游等各类信息充分开放共享、融合发展。鼓励平台型企业深化多源数据融合，整合线上和线下资源，鼓励各类交通运输客票系统充分开放接入，打造数字化出行助手，为旅客提供"门到门"的全程出行定制服务。倡导 MaaS 理念，以数据衔接出行需求服务资源，使出行成为一种按需获取的即时服务，让出行更简单。打造旅客出行与公务商务、购物消费、休闲娱乐相互渗透的"智能移动空间"，为旅客带来全新出行体验。推动"互联网+"便捷交通发展，鼓励和规范发展定制公交、智能停车、智能公交、汽车维修、网络预约出租车、互联网租赁自行车、小微型客车分时租赁等城市出行服务新业态。

② 推动物流全程数字化。大力发展"互联网+"高效物流新模式、新业态，加快实现物流活动全过程的数字化，推进铁路、公路、水路等领域的货运单证电子化和共享互认，提供全程可监测、可追溯的"一站式"物流服务。鼓励各类企业加快物流信息平台差异化发展，推进城市物流配送全链条信息共享，完善农村物流末端信息网络。依托各类信息平台，加强各部门之间物流相关管理信息的互认，构建综合交通运输物流数据资源开放共享体制机制。

③ 推动行业治理现代化。完善国家综合交通运输信息平台，提高决策支持、安全应急、指挥调度、监管执法、政务服务、节能环保等领域的大数据运用水平，实现精确分析、精准管控、精细管理和精心服务。完善资源目录与信息资源管理体系，实现行业信息资源的汇聚融合，提升信息资源共享交换和开放服务能力。建立大数据支撑的决策与规划体系，推动部门间、政企间多源数据融合，提升交通运输决策分析水平。采用数据化、全景式展现方式，提升综合交通运输运行监测预警、舆情监测、安全风险分析研判、调度指挥、节能环保在线监测等支撑能力。进一步推进交通运输领域"互联网+政务服务"，实现政务服务同一事项、同一标准、同一编码。延长网上办事链条，推动政务服务向"两微一端"（微博、微信和新闻客户端）等延伸拓展。加快完善运政、路政、海事等政务信息系统，推进

交通运输综合执法、治超联网等系统建设，提高执法装备智能化水平，推进在线识别和非现场执法。

7. 培育产业生态体系

聚焦基础设施和载运工具数字化的关键环节与核心技术，鼓励优势企业整合电子、软件、通信、卫星、装备制造、信息服务等领域资源，构建强强联合、优势互补、高效适配的协同创新体系。加强测试、检测、认证综合能力建设，促进新技术成果转化。加快北斗卫星定位导航系统、卫星通信、高分辨率对地观测等技术的行业应用。鼓励建立协同创新产业联盟，积极开展产业化应用示范，促进各类主体合作，打造具有国际竞争力的产业生态体系。

8. 健全网络和数据安全体系

贯彻落实《中华人民共和国网络安全法》及国家关于数据安全的要求，落实各级交通运输管理部门及相关机构的网络安全职责，健全信息通报、监测预警、应急处置、预案管理等工作机制，建立专家库与决策支持系统。落实网络安全等级保护制度，确保各级安全防护合规达标。加强网络安全与信息系统同步建设，提高交通运输关键信息基础设施和重要信息系统的网络安全防护能力。推进重要信息系统国产密码应用、重要软硬件设备国产化应用。加强对交通数据全生命周期的管控，保护国家秘密、商业秘密和个人隐私。完善适应新技术发展的行业网络安全标准。

9. 完善标准规范体系

加快完善面向数字交通应用的交通基础设施工程建设标准，推动信息基础设施与交通基础设施同步规划、同步设计、同步建设、同步运维。按照交通运输信息化标准规范体系，持续完善相关标准。加快自动驾驶国家标准和行业标准体系建设，完善生产制造、测试评价、网络安全、数据共享、运行使用等方面的标准。推动建立跨行业、跨领域、跨部门数字交通标准协同发展机制，发挥企业在标准研究方面的作用，积极参与国际标准制/修订的协调、交流与合作。

10. 完善支撑保障体系

①营造发展环境。探索有利于数字交通创新发展的行业监管模式，推动完善相关法律法规体系，在规范发展、安全发展的前提下，营造有利于创新发展的政策环境。积极推进企业间、政企间的数据资源融合应用，鼓励市场主体提供丰富的数字交通服务，激发创新活力和潜在价值，提供更好的服务体验。

②多渠道筹措资金。发挥中央财政资金的引导作用，加大对创新试点的支持力度，强

化过程指导，加强绩效评估。国家各级交通运输主管部门积极争取财政资金、专项资金等支持数字交通建设。探索政府和社会资本合作模式。

③ 促进创新应用。坚持试点先行，带动全面发展，围绕"一带一路"建设、京津冀协同发展、长江经济带发展、粤港澳大湾区发展、长江三角洲区域一体化发展等国家重要区域发展战略，开展区域性数字交通综合试点。系统地、全方位地开展数字交通发展配套政策研究。在保障国家安全、维护国家利益的前提下，促进资源跨境流动，实现引资、引智、引技相结合。

④ 加强人才支持。建立跨领域、多层次人才培养体系，提升行业数字化思维和应用能力。建立多层次专家库与决策支持系统，发挥高端智库、院校等机构的智力支持作用，鼓励建立产、学、研、金的对接平台。

1.2.3　智能车路协同可视化推演机理

智能车路协同可视化是利用计算机图形学和图像处理技术，将智能车路协同管控数据转换成图形或图像在屏幕上显示出来，再进行交互处理的理论、方法和技术。它涉及计算机图形学、图像处理、计算机视觉、计算机辅助设计等多个领域，是研究数据表示、数据处理、决策分析等一系列问题的综合技术，其核心就是交通大数据的可视化。

目前，正在飞速发展的虚拟现实技术也是以图形、图像的智能车路协同可视化技术为依托的。可视化技术最早运用于计算机科学中，并形成了可视化技术的一个重要分支——科学计算可视化。科学计算可视化能够把科学数据（包括测量获得的数值、图像或计算中涉及的、产生的数字信息）变为直观的、以图形图像信息表示的、随时间和空间变化的物理现象或物理量，呈现在研究者面前，使他们能够观察、模拟和计算。

近几年，计算机图形学的发展使三维表现技术得以形成，这些三维表现技术使人们能够再现三维世界中的物体，能够用三维形体来表示复杂的交通管控信息，这些技术就是智能车路协同可视化技术。可视化技术使人们能够在三维图形世界直接对具有形体的信息进行操作，与计算机直接交流。这种技术把人和机器的力量以一种直觉而自然的方式加以统一，这种革命性的变化将极大地提高人们的交通出行效率。智能车路协同可视化技术赋予人们一种仿真的、三维的、能够实时交互的能力，这样人们可以在三维图形世界用以前不可想象的手段来获取交通信息，或者发挥自己的创造性思维。智能车路协同管控可视化仿真系统交互形式丰富，具有仿真效果好、开发流程快、用户真实感强、易于掌握等优点，在交通管理与控制领域的运行监测、动态建模、在线仿真、管控评价等方面，以及在交通规划与管理领域的场站设计、路网改造、运维培训、规划展示等实际应用中发挥着显著作用。

智能车路协同管控 可视化推演平台

1. 交通大数据可视化

俗话说："文不如表，表不如图。"交通大数据可视化就是借助图形化手段，把最基本的交通数据进行处理、运算之后，通过可视化技术，深度挖掘、呈现数据背后隐藏的深层次的交通运行指标、规律，并结合交通运输行业的业务需求，清晰有效地传达与沟通交通信息，给用户带来良好的视觉效果，降低用户的理解难度，从而帮助交通运输行业用户驾驭数据、洞悉价值，提升对交通系统的决策效率和能力。

2. 交通大数据可视化决策关键技术

交通大数据可视化决策关键技术包括可视渲染技术、可视分析技术和可视决策支持技术三种。

1）可视渲染技术

可视渲染技术主要包括基础可视渲染技术和数据驾驶舱两部分内容。其中，基础可视渲染技术包括基础可视渲染图、交通地理空间可视渲染图、组态图等；数据驾驶舱则是将这些交通分析视图组合起来进行综合呈现。

基础可视渲染技术是可视化手段中最基础的技术实现能力，其中包括基础可视渲染图（单态图、统计图、分布图、关系图）、交通地理空间可视渲染图（分布图、统计图、关系图）及组态图等视图，并可基于交通系统的时间、空间等多个维度进行呈现。

① 基础可视渲染图。

- 单态图。单态图是对交通数据进行直接观察，对交通数据简单状态的变化进行呈现的图表，可应用于对单一维度数据进行统计分析的应用场景。
- 统计图。统计图就是常见的交通统计分析图表，如单柱图、单条图、折线图、堆积图、饼图、环图等，便于直接观察数量的多少、比较数据间的差别等。
- 分布图。分布图是表现交通数据分布态势的视图，如散点图、雷达图等，可应用于分析交通系统中数据分布态势的场景。
- 关系图。关系图是用于呈现海量交通数据间关联关系的视图，如拓扑图、桑基图、标靶图等，可应用于探究简单关系的场景。

② 交通地理空间可视渲染图。交通地理空间可视渲染图是在二维、三维态势地图基础上叠加可视化分析图表，以呈现交通数据变化及规律的视图，包括交通地理空间分布图、交通地理空间统计图、交通地理空间关系图等。

- 交通地理空间分布图。交通地理空间分布图是在地理空间表现交通空间分布位置与范围的视图，如地理空间散点图、节点轨迹图、热图、星光图等，可应用于车辆位置分布监测、区域人流密度监测等交通地理空间分布应用场景。基于交通管控要素的地理坐标，通过散点图直观地展示地铁站、摄像头、政府机构、警情事件等管要素的位置、分布；通过道路网络节点轨迹图，直观地展示车辆的实时位置和运行轨迹，便于用户高效、全面掌握交通领域管理要素的时空分布特征。
- 交通地理空间统计图。交通地理空间统计图是将常见的统计分析图表叠加在二维、三维态势地图上予以显示的视图，如单柱图、簇状柱图、堆积柱图、气泡图等，便于在更大范围内更直观地把握交通地理空间数据的多少、比较地理空间各数据间的差别等。对交通发展指标以地理空间柱图进行统计分析，可直观地展示交通发展水平，便于用户直观、高效、全面掌握各地交通发展的空间分布特征。
- 交通地理空间关系图。交通地理空间关系图是基于交通地理信息系统，通过热点图、链路图等呈现海量数据间的关联关系的视图，可应用于在地理空间探究数据关系的场景。交通地理空间关系图基于三维态势地图，通过三维地理空间链路图来展示公众出行的流动态势。

③ 组态图。组态图是指通过可视化手段对模型对象进行仿真，并通过数据驱动来模拟、反映、展现交通系统的运动状态、工艺流程、外观效果等，通常应用于交通运输行业领域。组态图对交通运行状态进行仿真演示，并通过数据驱动真实再现交通总体态势的整体过程、发展演变趋势及未来发展状态。

数据驾驶舱是指把基础可视渲染技术中的各类可视分析图表组合起来，通过一个可视化页面来呈现。数据驾驶舱可以集成单态图、统计图、分布图、空间图、组态图等多个大类、近百种可视分析视图，对交通数据进行多维联动分析，实现交通数据的多维度并行展示、分析。数据驾驶舱适用于需要并列监测多类交通数据的决策支持。

2）可视分析技术

"可视渲染+分析计算模块"的可视分析技术是在渲染技术的基础上，结合一定的分析计算模块，对最基本的交通数据进行处理、运算，挖掘深层次的价值、规律，再将交通数据规律、关系等指标以最佳视觉表现形式进行呈现的技术。可视分析技术可使复杂晦涩的数据态势、规律变得清晰易懂、一目了然，为交通领域管理者提供充分的决策支持，具体的可视分析方法有数据统计可视分析、关系挖掘可视分析、推演仿真可视分析、公众出行活动规律可视分析、分布热区可视分析、最优中心可视分析等。

① 仿真推演可视分析。仿真推演可视分析是通过可视化技术手段，对交通规划设计与运行管控过程、交通系统设备运行过程等进行仿真、模拟与推演的分析方法。通过接入交通运输行业模型算法、仿真引擎数据，对交通出行过程及管控系统设备运行的态势进行仿真、模拟与推演，辅助交通决策人员根据管控需求进行推演仿真，对交通数据进行可视分析。推演仿真可视分析广泛应用于综合交通系统规划、交通系统管控运行仿真推演等领域。智能车路协同管控推演仿真可视分析可有效规避传统沙盘作业、图上作业的短板。基于交

通模型、交通管控规则和交通基础数据，通过推演仿真可视分析，可完成对交通规划与管理应用、交通管理与控制应用中各类行动计划和系统运行的仿真、模拟和推演，为城市交通与区域交通管控提供完整的推演仿真预案，辅助政府、行业、企业、公众评估交通管控方案的科学性、有效性和可行性，为交通系统规划、设计等方案优化提供定量和定性的参考依据。

②公众出行活动规律可视分析。公众出行活动规律可视分析是将自然界、社会及自然界与社会之间必然、本质、稳定和反复出现的联系展现出来的分析方法，可应用于人员/车辆出行活动规律、早高峰时间规律、交通气象变化规律等规律分析领域，有助于交通管理者掌握综合态势规律，为交通系统决策提供支持。以交通气象活动规律可视分析为例，海量的交通气象数据十分杂乱，从发生时间、影响区域等单一维度观察数据，很难发现台风等的活动规律，通过交通气象活动规律可视分析，能够将台风发生过程和社会影响之间的因果联系以三维可视分析图表的方式直观地展现出来，有助于交通管理者洞悉台风活动变化规律，为灾害预防、应急处置等业务领域提供决策依据。特别是对台风运动的轨迹、方向、范围等要素进行可视分析呈现，可使台风活动规律直观可见。

③分布热区可视分析。分布热区可视分析是利用可视渲染技术和可视分析技术对交通出行数据的集中程度进行分析，将分布情况通过可视化手段进行直观呈现的分析方法。可应用于出行公众密度、交通网站访客兴趣偏好等热区分析领域，提高热区数据直观呈现能力，辅助用户快捷掌握交通数据热区分布区域，为交通系统决策提供支持。以出行人口分布热区可视分析为例，政府以往的数据指标多是以纸面报告、二维表等方式呈现的，看起来非常枯燥，要读懂这些报告也不是一件容易的事。面对庞杂的出行人口数据，简单的数据分析图表无法直观地呈现出行人口分布情况。运用出行人口分布热区可视分析，可直观、高效地观察到各地区出行人口分布、密度等信息，为政府进行出行人口流动管理、区域经济调控提供决策支持。在分布热区中，可用不同颜色标识不同区域出行人口的密集程度，直观地呈现出行人口分布范围、规律等信息。

④最优中心可视分析。最优中心可视分析是对数据按照某一维度进行分析，对峰值点进行可视化呈现的分析方法，可应用于查找经济发达地区、最优空气质量地区等最优中心分析领域，有助于政府与公众直观掌握峰值数据分布，为交通决策提供辅助支撑。以出租车停靠分布可视分析应用场景为例，出租车轨迹具有分布广、数据量大等特点，利用常规的统计分析图表统计出租车的运行轨迹并计算出停靠热区是一件十分困难的事。通过最优中心可视分析，结合时空统计维度，可轻松地对出租车运行轨迹进行分析，并智能分析出最优中心点，辅助城市管理者对出租车配套的相关服务（如充电桩、公共厕所、餐饮等）进行资源合理分配，为交通管理者进行选址、布局、规划等业务提供决策支持。可选用绿色轨迹代表出租车运行轨迹，黄色聚集点代表出租车经常停靠的地点。通过最优中心可视

分析，还可推断出电动车运行规律，从而直观地呈现充电桩规划选址的最优地点。

⑤ 栅格和聚簇。

- 栅格：将空间分割成有规律的网格，每个网格称为一个单元，在各单元上赋予相应的属性值来表示实体的一种数据形式。
- 聚簇：可提高交通某个属性（或属性组）的查询速度，把这个（或这些）属性上具有相同值的元组集中存放在连续的物理块；广泛应用于交通、城管、电力等大范围态势监测领域，以提升大规模数据的观察分析效率。

3）可视决策支持技术

可视决策支持是在可视渲染和可视分析技术的基础上结合行业业务决策的需求，为用户提供决策支持的技术。"交通行业业务决策需求可视化"是指面向交通运输行业业务领域，使用可视决策支持技术，为交通行业决策提供科学依据。

3. 数据可视决策助力管理者运筹帷幄

数据可视化决策平台在充分整合、挖掘、利用信息技术与信息资源的基础上，挖掘数据信息的最大价值，实现对行业各领域的精确化监测、分析与呈现，从而充分提高用户决策的能力和效率，这也是数字可视化决策平台深耕可视化领域的初心和目的。

数据可视化决策平台作为交通大数据可视化领域的探路先锋，今后将继续发挥助力作用，帮助交通运输行业用户提供成熟的可视化解决方案，帮助管理者驾驭数据、洞悉价值，让交通大数据真正为用户创造价值。

1.2.4　智能车路协同管控数字化大脑

当前，世界正处在新一轮科技变革的关键时刻，智能车路协同管控平台在这场变革中，通过数字孪生将数据化繁为简，形成数字化大脑并加速进化，对真实交通问题反复推演，不断验证，为交通系统现实问题寻找全局最优解。同时，智能车路协同管控平台还需要面对各种各样层出不穷的新概念，顶层设计层面的概念有数字城市、智慧地球、智慧城市、城市大脑；企业层面的概念有数字化转型、互联网经济、数字经济、数字平台；平台层面的概念有物联网、云计算、大数据、5G、人工智能、机器智能、深度学习、知识图谱；技术层面的概念有数据仓库、数据集市、大数据平台、数据湖、数据中台、业务中台、技术中台等。在这些概念中，数据中台凭借自身的特性和价值，在国内外得到了迅速发展与广泛认同。下面将详述这一概念。

1. 数据中台的概念

① 中台的概念。"中台"这一概念早期是由美军的作战体系演化而来的，技术上所说

智能车路协同管控 可视化推演平台

的"中台"主要是指学习这种高效、灵活和强大的指挥作战体系。中台通过制定标准和机制，把不确定的业务规则和流程通过工业化和市场化的手段确定下来，以降低人与人之间的沟通成本，同时还能最大限度地提升协作效率。中台的目标是解决效率问题，同时降低创新成本。

中台的本质是重构，重构的目的是复用，复用的目的是解决效率问题。重构必然涉及权力的再平衡和组织的调整，只有解决了组织的问题，才能解放思想，而解放思想必然要颠覆或重组现有的业务流程，并在原有的技术上进行微调整或引入新技术来解决当前所存在的问题。

中台通过对业务、数据和技术的抽象，对服务能力进行复用，构建企业级服务能力，消除企业内部各业务部门、各分（子）公司之间的壁垒，适应企业特别是大型企业集团业务多元化的发展战略。基于中台，可快速构建面向最终消费者和客户的前台应用，从而满足各种个性化的前台需求，为企业的数字化转型提供明确的道路。从交通系统层面看，中台是企业级共享服务平台。传统的 IT 系统或套件没有太多地关注系统能力的复用和共享，因此企业在多年的交通信息化过程中引入和建设了多套具有重复功能的烟囱型系统。中台则要求对能力进行细粒度分析，识别共享能力，并将共享能力建设成统一的城市级平台。因此，中台不是单系统的服务化。

基于此，中台是能力的枢纽和对能力的共享。中台是在集中的基础上建设分权的业务，再将各业务进行联通，并为各业务提供统一的服务。因此，一切将企业的各式各样的资源转化为易于前台使用的能力，为企业进行"以用户为中心"的数字化转型服务的平台，都是中台。

② 数据中台的内涵。数据是从交通管控系统中产生的，而业务系统也需要使用数据分析的结果，那么是否可以把业务系统的数据存储和计算能力抽离，由单独的数据处理平台提供存储和计算能力呢？这样不仅可以简化业务系统的复杂性，还可以让交通管控的各个系统采用更合适的技术，专注做本身擅长的事。这个专用的数据处理平台就是数据中台。

数据中台是一个用技术连接大数据计算存储能力，用业务连接数据应用场景能力的平台。"连接能力"是数据中台的精髓。作为一个处在中间层的能力平台，数据中台的根本任务是"连接"：在业务层面需要尽可能连接各种数据源作为其生产资料；同时，由于生产数据的场景越来越多，覆盖了线上线下等多渠道，各数据生产资料之间也需要进行连接，这样才能形成全域的数据；数据在数据中台按照标准的模型进行规范加工处理后，需要服务于多种场景，同样需要提供标准的数据服务接口将数据与应用场景连接起来。因此，连接是数据中台的根本能力，也是数据中台的价值所在。

数据从软件诞生开始就存在，但数据并非从其产生的第一天就被存储和利用了。信息化时代，企业早期通过流程来进行生产和管理，流程是预先设计好的，在设计好的流程中产生了数据。例如，现在市场部门依赖客户关系管理平台，服务部门依赖客服系统，市场营销部门关心微信平台，数据分析团队使用各类数据分析工具等。在这些部分的运作过程中，企业分别用不同的方式来尽可能地利用数据产生的价值。

为了适应需求端的变化，早期平台工具各自产生新的、孤立的、片面的客户数据，无法快速同步，甚至团队之间还怀疑对方数据是否正确。因此，急需调整和改革供应端，使用一个统一、真实的数据源来描述客户，而不是任由不同部门各自存储客户的不同维度数据。在这样的背景下，数据中台应运而生。数据中台与之前大数据平台最大的区别在于，数据中台距离业务更近，能更快速地响应业务和应用开发的需求，可追溯，更精准。

2. 数据中台的特性

① 数据中台聚合和治理跨域数据，将数据抽象封装成服务，以业务价值的形式提供给前台。

② 数据中台依据特有的业务模式和组织架构，以有形的产品和实施方法论作为支撑，构建一套持续不断地把数据变成资产并服务于业务的机制。简单地说，数据中台就是一套可持续的"将数据用起来"的机制，是一种战略选择和组织形式。

③ 数据中台连接数据前台和后台，突破数据局限，提供更灵活、高效、低成本的数据分析挖掘服务，避免为满足具体某部门的某种数据分析需求而投放大量高成本、重复性的数据开发。

④ 数据中台利用数据处理技术对海量数据进行采集、计算、存储、加工，同时统一标准和口径；把数据统一之后，会形成标准数据，再进行存储，形成大数据资产层，进而为客户提供高效服务。

⑤ 数据中台包括平台、工具、数据、组织、流程、规范等一切与如何利用数据资产相关的体系。

3. 数据中台的价值

数据中台对一个企业起着至关重要的作用，它可以让数据在数据平台和业务系统之间形成一个良性的闭环。

① 前台。前台是由各个应用组成的前端系统平台。前端系统直接触达用户，通过前台，企业与最终用户直接进行信息交互。

② 后台。后台是由各个业务管理系统组成的后端平台。每个后台业务系统管理企业的一块业务，如财务系统、产品系统、客户管理系统、仓库物流管理系统等。交通基础设施、存储和计算平台作为企业的核心计算资源，也属于后台的一部分。

4. 智能车路协同的数据中台

智能车路协同的数据中台是对既有的和新建的交通信息化系统业务与数据的沉淀，是实现数据赋能新业务和新应用的中间平台、支撑性平台。数据中台是在政企数字化转型过程中，对各交通单元业务与数据的沉淀，可构建包括数据技术、数据治理、数据运营等在内的数据建设、管理、使用体系，实现数据赋能。数据中台是新型交通信息化应用框架体系的核心。在智能车路协同中，数据中台通过数据技术，对海量交通数据进行采集、计算、存储、加工，同时统一标准和口径，形成标准数据，再进行存储，形成交通大数据资产层，进而为公众出行提供高效服务。智能车路协同的数据中台与交通系统的业务有较强的关联性，中台中的数据是这个领域独有的且能复用的，是交通行业业务和数据的沉淀，不仅能减少重复建设，降低烟囱式协作的成本，也是差异化竞争的优势所在。该中台的目标是提升效能，进行数据化运营，更好地支持业务发展和创新。数据中台是数据平台化的自然演进，这种演进带来了"去中心化"的组织模式，突出数据复用、协调控制的能力，以及交通行业业务创新的差异化构建能力。

数据中台的核心是 Data API，起到连接前台和后台的作用，通过 API 的方式提供数据服务，而不是像以往那样直接把数据库给前台，让前台自行开发、使用数据。数据中台在战略层面主要解决两个问题：提升体验和降低成本。

5. 数据中台技术架构设计

数据中台技术架构的三个原则：
① 核心技术架构与核心技术框架全国统一；
② 核心技术架构支持数据中台设计（破解烟囱式系统，以政府各局为单位建设一个系统）；
③ 核心技术架构与具体技术产品进行适配性解耦。

按照技术架构的层次分解固化下来的技术层次调用编码，可以在抽象层面实现技术调用闭环，是应用编码的基础核心代码，应用系统在框架代码的基础上扩展出业务逻辑，形成应用系统。在数据中台的技术架构中，需要按照同一标准规范构建平台即服务（Platform-as-a-Service，PaaS）能力，包括分布式服务、消息队列服务、分布式缓存服务、分布式日志服务、离线计算引擎、实时计算引擎、流计算引擎等，从而支撑基础设施即服务（Infrastructure-as-a-Service，IaaS）。

在数据中台的高层架构中，数据中台需要依托于组织中台的强有力支撑，并且服务于前台，业务中台、数据中台、人工智能中台需要通过技术中台释放效能，数据中台构筑在大数据平台之上，提供数据服务能力。

组织中台的实施是一个复杂的系统工程，组织中台通过打造集中化的业务中台、数据中台、人工智能中台、技术中台等平台能力，推动业务组件、技术组件的标准统一；并实现业务的快速交付及生产与管理的融合。中台不是一个单一的系统，也不是一件完整的产品，更像一个系统工程，需要不断迭代，持续运营。数据中台总体结构如图 1-2 所示。

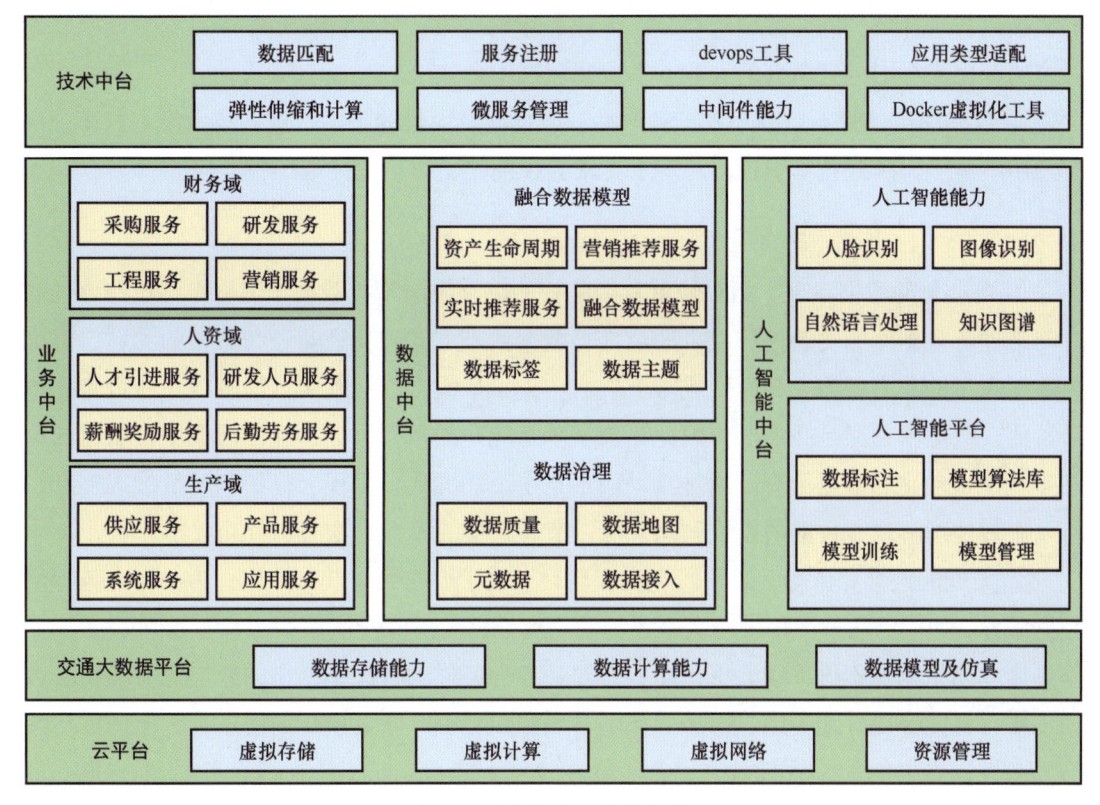

图 1-2 数据中台总体结构

6. 数据中台功能架构设计

数据中台功能架构设计主要包括横向的前端展现层、控制层（Spring MVC）、业务处理逻辑层、数据访问层、分布式数据库层结构设计，纵向的适配层、分布式中间件服务 PaaS、云基础设施 IaaS 结构设计。数据中台的建设实施主要关注以下几个方面：

① 需要获得组织中"一把手"的强力支持，尤其是业务中台需要重构，必然牵动各个部门的利益，因此需要从组织中台着手，在组织层面形成统一认知，这样才能减少后续实施工作的阻力，必要时可由组织"一把手"进行决策和调整。

② 数据中台建设是一项长期艰巨的任务，需要组织和动员大量的技术人员参与到中台的建设过程中，还需要组织大量的业务人员进行业务中台的重构工作，重构不是技术人员拍脑袋的决策，而是需要业务流程的重新规划，很多是来自一线业务人员的实用操作和宝贵经验。

③ 数据中台是个渐进的过程，需要做短、中、长期的规划。短期不妨从数据中台入手，

数据中台一般是企业的共识,在一定时间的成效也是可以预见的,以数据中台支撑业务系统的实施,来推动企业实施中台的信心;再从技术中台入手,基于技术中台来实现业务系统对数据中台的诉求;最后是业务中台,业务中台可以先从新上线的系统着手,有了一定的突破,再选择部分问题突出的存量系统作为重构对象;最后到核心业务系统,核心业务系统的变更又会影响到原有的大数据平台和数据中台建模。

④ 数据中台尽管不是一个系统和产品,但也涉及大量的技术引进,技术没有好坏,只有适用不适用,因此技术引进不一定求全求新,而是选择合适的或比较成熟的。

7. 数据中台的实现路径

① 自动化的数据治理。面对纷繁复杂的智能车路协同管控数据系统,需要花费更长的时间来理解数据库的复杂性,或者通过人工数据治理方式来梳理业务和数据的关系,但这要花费大量的人力、物力和时间成本。然而,为了最大限度地利用数据智能化所带来的丰富价值,数据治理又是必需的。因此,要实现智能化的数据服务,建设数据中台项目的第一步就是自动化的数据治理。通过自动而不是手工的方式,发现、标示和度量数据资产,可以有效地理解现有数据的模式,而且可以节省大量的人力、物力和时间成本。

② 数据的融合和流动。数据治理完成后,知道了要在哪里获取数据,为前台业务提供数据服务,如果仍然采用每做一次服务都做一次数据的提取转换加载ETL[①],会大大影响工作进度。如果能够不再移动数据,而只需要让各种各样的智能车路协同管控业务围绕着数据工作,就能够更好地为用户服务。伴随着用户对数据仓库消费化的需求,数据的鲜活性与复杂性二者之间的矛盾日益突出,一款在技术上能够同时支持在线事务处理(On-Line Transaction Processing,OLTP)与在线分析处理(On-Line Analytical Processing,OLAP)的数据库应运而生,这就是Gartner提出的HTAP数据库,它可以涵盖大部分行业应用的需求,一站解决数据鲜活性与复杂性之间的矛盾。通过使用HTAP数据库,首先,数据不必从交通系统运营数据库转移到数据仓库;其次,交易数据在创建时可用于分析;再次,从分析聚合中挖掘总是指向新的HTAP应用程序的数据;最后,可以消除或至少减少对相同数据的多个副本的需求,从而达到数据的融合和流动。

③ 提供人工智能服务。在智能车路协同管控解决了从哪里读取数据、如何更好地读取数据之后,下一步就要解决如何更好地利用这些数据。方法就是将人工智能引入数据分析中,就是用人工智能(Artificial Intelligence,AI)替代商业智能(Business Intelligence,BI)。人工智能包括聪明的人工智能和有学识的人工智能两种。聪明的人工智能是具备计算推理能力的机器学习,是无记忆载体的;有学识的人工智能是具备表示学习能力的图计算、知识图谱和复杂网络,是有记忆载体的。将这些人工智能技术融入数据中台,可以让公众出行获得智

---

① ETL,英文Extract-Transform-Load的缩写,用来描述将数据从来源端经过抽取、转换加载至目的终端的过程。

能化服务的能力。非人工智能专业的交通行业专家，可以熟练使用开发好的一系列人工智能工具，构建智能车路协同管控的业务模型，开发基于真实数据的人工智能业务应用。

8. 从数据仓库到大数据平台再到数据中台的演变

① 数据仓库架构。数据仓库是一个面向主题的、集成的、相对稳定的、反映历史变化的数据集合，用于支持管理决策。

从数据角度看，数据仓库更适合传统的数据库，离线采集数据（数据一般为结构化的），每天处理的数据量不宜超过 TB 级，一般在数十 TB 到几百 TB。数据仓库一般为满足内生的应用，满足内部决策支持分析需求。当然，随着数据采集的要求越来越高，数据仓库本身也在不断改进，从单机的 ETL 到集群的 ETL，从传统的"小机+DB"向"PC 服务器+分布式 DB"拓展，数据治理也逐渐增强，从元数据管理到数据质量管理，再到数据运维管控和数据安全管控。其实数据仓库给企业留下的最大财富是企业数据模型，这些模型随着前端业务系统的发展变化而不断变革，不断追加，不断丰富和完善，即使系统不在了，也可以在短期内快速重建，这也是大数据平台能够快速建设起来的一个重要原因。数据仓库总体架构如图 1-3 所示。

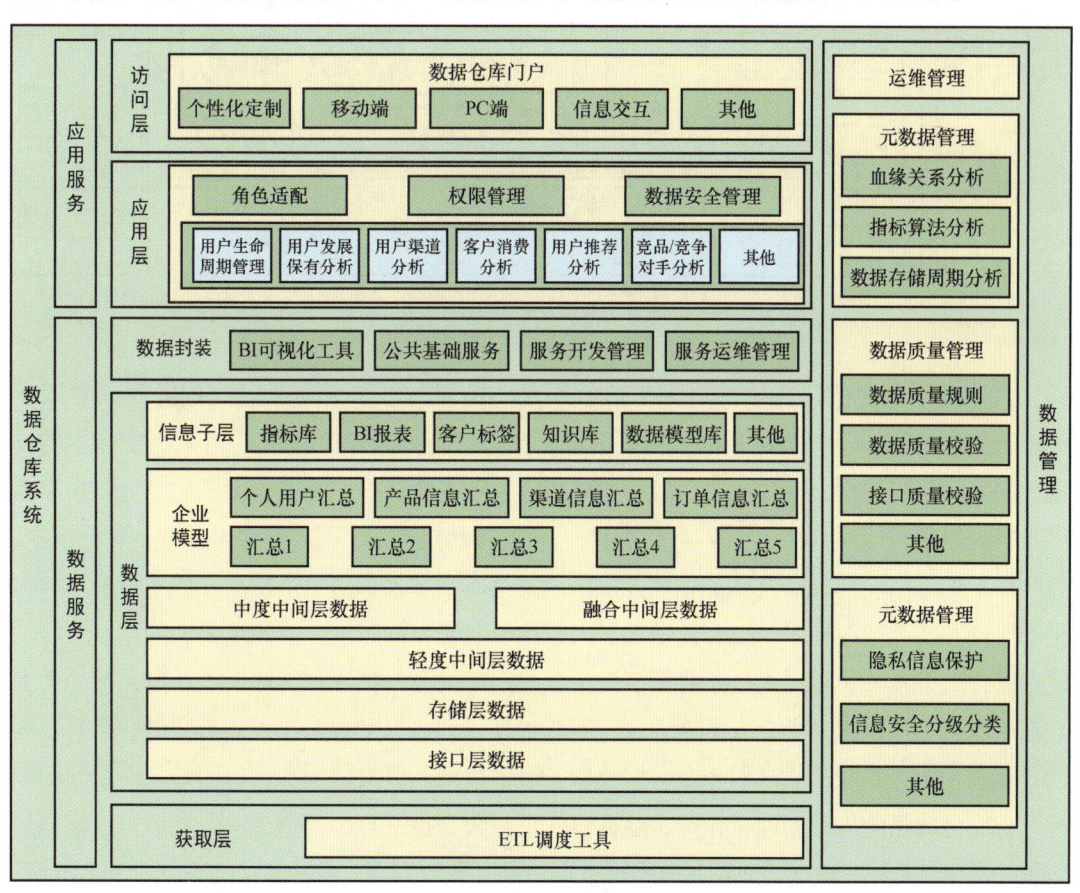

图 1-3　数据仓库总体架构

② 大数据平台架构。大数据平台是指以处理海量数据存储、计算及流数据实时计算等场景为主的一套基础设施，包括统一的数据采集中心、数据计算和存储中心、数据治理中心、运维管控中心、开放共享中心和应用中心。大数据平台总体架构如图 1-4 所示。

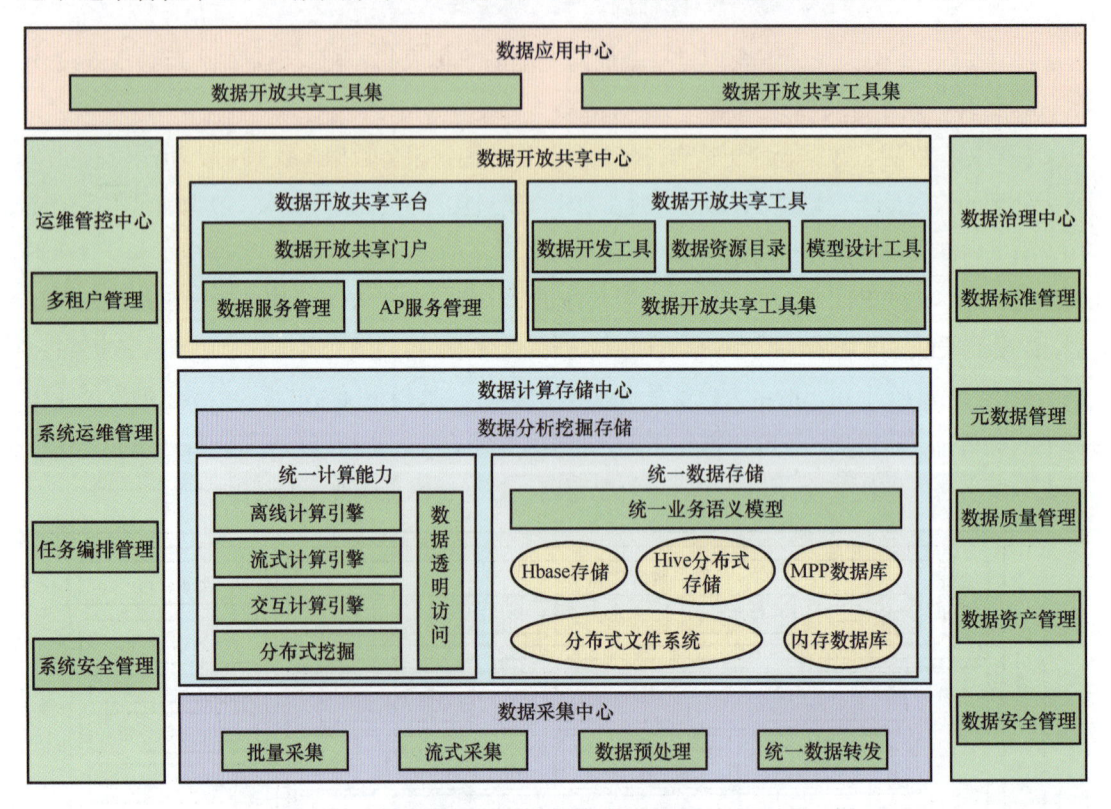

图 1-4 大数据平台总体架构

大数据平台之所以能够建设起来，外因是"棱镜门"事件带来的去国际雇佣者组织（International Organization of Employers，IOE）要求、外部硬件的变革和分布式开源技术的涌现；内因是非结构化、实时数据和海量数据的计算和存储压力，企业也希望通过大数据平台满足对内需求，同时实现一定的对外收益。大数据平台建设的出发点是节约投资、降低成本，但实际上无论从硬件投资还是从软件开发来说，其成本都远远超过数据仓库的建设成本，大量的硬件和各种开源技术的组合，增加了大数据平台研发的难度、调测部署的周期、运维的复杂度，人力投入非常巨大；还有很多技术上的困难也非一朝一夕能够突破。但无论如何大数据平台还是建设起来了，人员能力也在不断成长。大数据平台解决了海量数据、实时数据的计算和存储，并基于原来的企业数据模型实现了重构。但大数据平台也面临着一系列的问题。首先是数据的应用问题，无论是数据仓库还是大数据平台，都包含接口层数据、存储层数据、轻度汇总层、重度汇总层、模型层数据、报表层数据等，各种各样的表有成千上万份，这些表有的是中间处理过程报表，有些是一次性报表，不同表之间的数据一致性和口径也会不同，而且不同的表中不同的字段对数据安全要求级别也不同。此外，还要考虑多租户的资源安全管理，如何让内部开发者快速获取所需的数据资产目录，如何阅读相关数据，如何快速地实现开发等，这些问题在大数据平台建设初期没有考虑周全。其次是对外应用问题，随着大数据平台应用的建设，每个对外应用都采用单一的数据库加单一应用建设模式，独立考虑网络安全、数据安全、共享安全，这样一来，又逐渐走向了烟囱式的开发道路。

③ 数据中台架构。数据仓库实现了企业数据模型的构建，大数据平台解决了海量、实时数据的计算和存储问题，数据中台要解决的问题则是数据如何安全、快速、以最小权限且能够溯源地被探测和快速应用。数据中台不应该过度承载平台的计算、存储、加工任务，而应该将重点放在解决企业逻辑模型的搭建和存储、数据标准的建立、数据目录的梳理、数据安全的界定、数据资产的开放，知识图谱的构建上，通过一系列工具、组织、流程、规范，实现数据前台和后台的连接，突破数据局限，为企业提供更灵活、高效、低成本的数据挖掘分析服务，避免企业为满足具体某部门的某种数据分析需求而投放大量高成本、重复性的数据开发工作。

所谓"厚平台，大中台，小前台"，即没有基础厚实的大数据平台，不可能构建数据能力强大、功能强大的数据中台；没有大数据中台，要迅速搭建小、快、灵的前台只是空想。数据中台整体功能架构如图1-5所示。

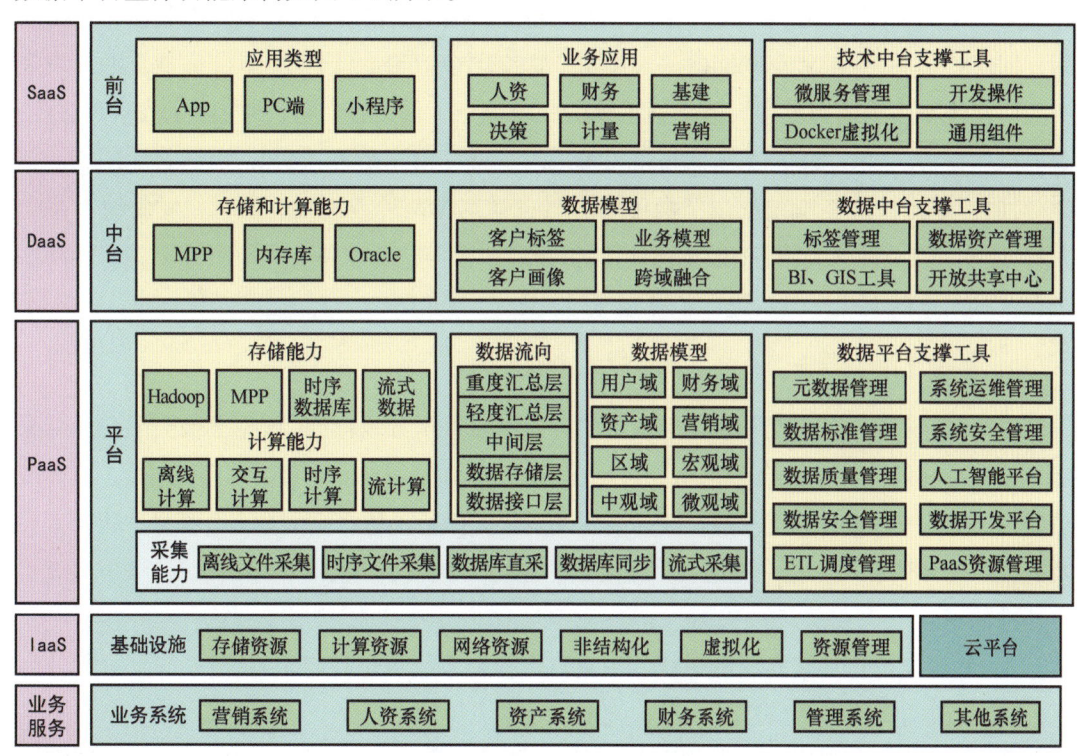

图1-5 数据中台整体功能架构

1.3 国内外智能车路协同技术

智能车路协同技术起源于美国,到目前为止经历了四个阶段:2011 年智能车路协同 V1.0 起步,2014 年智能车路协同 V2.0 样车面世,2018 年智能车路协同 V3.0 应用,2020 年智能车路协同 V4.0 问世。

1.3.1 美国智能车路协同技术

1. 美国智能车路协同技术概述

美国智能车路协同技术研究启动于 2004 年的车路集成Ⅶ研究计划。在纽约举办的 2008 年世界智能交通大会期间,美国交通部进行了车路集成系统的综合演示。2010 年,美国提出了《智能交通系统战略计划(2010—2014)》,即 IntelliDrive 计划。在 2011 年世界智能交通系统大会上,美国交通部再次进行了大规模的车路集成系统示范。2012 年,美国交通部调整了《智能交通系统战略计划(2010—2014)》并进行了发布,采用 Connected Vehicle 作为智能车路协同相关研究的总称。至此,美国的智能车路协同研究已经取得了重要进展,建立了典型的应用。2014 年美国交通部决定在全国范围内推动 V2V 技术在轻型车上的应用,同年将"关于 V2V 车联网的法规制定"提交国会讨论,计划 2016 年完成立法。发展智能网联汽车作为美国发展智能交通系统的一项重点工作内容,通过制定国家战略和法规,引导产业发展。2016 年,美国发布了《美国智能网联汽车政策指南》,引起行业的广泛关注。2017 年麻省理工学院推出了深度学习与自动驾驶两种智能网联汽车视觉解决方案。2018 年 9 月 26 日,美国各州公路与运输工作者协会年会在亚特兰大市召开,就智能网联汽车及其未来的大规模普及进行了专题探讨。

2. 美国汽车工程师协会智能网联汽车分级标准

美国汽车工程师学会于 2014 年发布了智能网联汽车分级标准,该标准被美国交通部采用。该标准将智能网联汽车分为从无自动化至全自动化六个等级。2018 年 12 月,该标准更新至 J3016™ 驾驶自动化等级。新标准变动较小,保留了各级别的命名、编号、功能差异及起辅助作用的相关术语,同时对术语、适用范围、低级别进行了明确的区分。L0—L5 具体标准如下:

① L0 可支持自动紧急制动系统、视觉盲点提醒系统、车身稳定系统;
② L1 具有车道偏离修正或自适应巡航功能;
③ L2 具有同时仅需车道偏离修正和自适应巡航功能;

④ L3、L4 自动驾驶可以在有限制条件下驾驶车辆，如 L3 可在交通拥堵情况下自动驾驶；

⑤ L4 无须安装踏板、转向等装置；

⑥ L5 与 L4 相似，但可以在任何条件下进行车辆驾驶。

3．自动驾驶 3.0

2018 年 10 月，美国交通部宣布，美国最新的自动驾驶政策指导性文件——《自动驾驶 3.0》正式出台，在该文件中，美国交通部宣称：

① 要把安全放在第一位。

② 交通部将采取技术中立的态度，不做自上而下的命令和指挥，"我们不会在这项技术的开发者中评判孰优孰劣"。

③ 交通部未来出台法规，将以性能表现、提升安全性为标准，而不对装置进行强制性要求。

④ 交通部将与各州政府和地方政府合作，避免由于地区性法规的不统一而阻碍创新，制约自动驾驶技术的部署和推广。

⑤ 交通部将为相关各方提供指导、最佳实践、试点项目等方面的协助，促进智能网联汽车安全融入交通运输系统。

⑥ 交通部深知，智能网联汽车必定会与传统车辆共享道路，包括城市和乡村地区。

4．安全数据计划

2018 年 12 月，美国交通部发起了安全数据计划，融合原有数据源、挖掘新的大数据源，加深对道路事故的风险认知，提升风险应对能力，加强自身利用私营部门和大学开发的预测性数据分析工具找出严重交通事故成因的能力。

1）信息要求

向交通部部长办公室通报数据融合、分析和可视化方面的行业来源、商业实践、技术能力及运营能力现状。

2）目标愿景

利用多种地面运输方式的新数据集和新分析工具搭建综合数据生态系统，对安全数据进行快速、严谨、创新性的分析和理解，为决策者制定政策提供支持。

3）关注领域

① 数据可视化：通过清晰、明确的数据可视化，为政策制定者提供数据分析和预测的结果。

② 数据融合：对美国交通部现有数据库和私营部门的新数据源进行整合，为回答安全

问题奠定基础。

③ 预测性研究：使用先进分析技术识别风险模式，找到预测和降低安全风险的方法。

4）实施战略

① 建立基于对风险的了解和预测而分析数据、辅助政策制定和决策的能力。

② 实现系统内的数据融合，并通过与其他单位协作实现数据互联和数据融合。

③ 促进传统利益相关方和非传统利益相关方之间对安全数据的创新运用和数据可视化。

5）支撑项目

① 可视化设计挑战赛。

② Waze 数据的模型预测试点。

③ 乡村地区车速研究试点。

④ 行人遇难研究试点。

⑤ 致命事故分析报告系统数据可视化。

5. 福特公司 C-V2X 技术

2019 年 3 月，福特公司计划于 2021 年在中国优先搭载 C-V2X 技术，该技术已在美国圣迭戈市和底特律市进行了试验。2019 年 12 月，美国联邦通信委员会为 C-V2X 分配了 20MHz（5905~5925MHz）频段，为 C-V2X 技术在美国的应用带来了可能。

6. 自动驾驶 4.0

2020 年 1 月 8 日，美国交通部正式发布自动驾驶 4.0 计划，旨在确保美国在自动驾驶领域的技术领先地位。该计划由美国白宫和美国交通部共同发起，将整合 38 个联邦部门、独立机构、委员会和总统行政办公室在自动驾驶领域的工作，将为州政府和地方政府、创新者及所有利益相关者提供美国政府有关智能网联汽车工作的指导。

自动驾驶 4.0 计划还提出了发展智能网联汽车的联邦原则：

① 优先考虑安全和保障。

② 推动创新。

③ 确保一致的监管方法。

7.《超越交通 2045》

美国交通部于 2017 年发布了《超越交通 2045》，认为塑造未来交通要在变动时代中做出智慧、精明的抉择，为了避免最糟情景"从交通大拥堵到无解僵局"的出现，需要政府在客运、货运、适应性、品质和公平性这五个方面的交通政策上做出改变以应对挑战。

① 客运政策。提供基础设施承载能力，新建道路、桥梁与其他设施，高效维护现有设

施，通过更好的设计与技术等组合方法有效利用现有设施。通过用地优化、远程办公与弹性工作、小型自动化车辆、收费等手段缓解交通拥堵。倡导公共交通、骑行与步行等绿色出行方式。

② 货运政策。提高国家、地区与地方各级之间的规划与协调；制定有效的政策与投资计划，解决货运拥堵问题；鼓励创新措施，解决"最后一千米"货运配送问题。

③ 适应政策。提高燃油效率，增加替代燃料，生产更清洁的燃料，实现运输减排；调整成本与激励措施，鼓励新发展模式，研究节能减排新技术，设计、建设更具韧性的基础设施，以适应气候变化，避免在脆弱地点进行开发。

④ 品质政策。突破新技术、流程的规章制度障碍，研发制定支持新技术的标准；收集管理数据，逐渐过渡为保护隐私的数据驱动的投资系统；支持技术开发及与应用相关的研究；高度重视安全。

⑤ 公平政策。优先考虑对具有紧迫需求的社区进行交通投资，确保地方社区可从中受益；协调交通与土地使用政策；为所有人提供可负担的交通服务。

1.3.2　日本智能车路协同技术

1. 日本智能车路协同技术概述

日本智能车路协同技术的发展起源于 20 世纪 90 年代，日本国土交通省是主导车路协同技术发展的重要部门。2006 年，日本政府和 23 家知名企业启动了下一代"Smartway 计划"，目的是通过这一项目的实施，整合日本 ITS 的各种功能，建立全国车载集成平台，借助以 DSRC 为主的多模式车路通信，将道路与车辆连接成一个整体，从而形成车路协同的整体感知环境。Smartway 计划于 2007 年完成公路试验；2009 年完成了大规模测试，开始了推广应用。到 2011 年，日本已经有超过 1600 个地点部署了车路协同通信接入点，可以为配备车载单元的汽车提供服务。至此，日本车路协同技术开启了以政府为主导，通过技术攻关和系统集成测试，以汽车制造厂与电子工业企业联合完成实际应用为主，以科学研究为辅的发展模式。

2. 自动驾驶系统研发计划

日本政府推进"自动驾驶系统研发计划"，设计了三个发展阶段的目标：短期，2014—2016 年开展智能网联汽车系统和终端设备研发及市场战略部署；中期，2017—2020 年完成驾驶安全支持系统研发和 L1/L2 市场部署；远期，2021—2030 年完成 L3/L4 系统研发和市场部署。2019 年，日本内阁通过了《道路运输车辆法》修正案，除了现有 ITS 频谱（760MHz、5.8GHz 等），还开展了为 C-V2X 分配其他频率的可行性研究。

3. 《城市和地方新型移动出行服务座谈会中期报告》

2019 年，日本国土交通省发布了《城市和地方新型移动出行服务座谈会中期报告》，提出了以下建议。

① 大城市：推进城市圈新型移动出行服务。日本期待这项计划能够进一步挖掘潜在的出行需求。例如，为了向高龄老年人、残疾人和外国人提供更自由、舒适的出行，必须研发适用于不同人群的出行方式。大城市由于人口集中，经常发生交通堵塞、电车拥挤和车辆延误等现象，这也是大城市的一个突出问题。

② 大城市近郊：推进城市圈新型移动出行服务。由于承担"第一和最后一公里"的交通模式并不丰富，所以要考虑高龄老年人和无车人群的出行工具不足的问题。由于基础交通的作用集中在铁路等特定路线上，如果天气发生变化或发生其他事件，局部地区的出行需求就会发生变化，这将使交通更加混乱，从而引发交通问题。

③ 地方城市：推进地方圈新型移动出行服务。从交通体系的角度来看，尽管铁路、公交车和出租车等交通模式得到了完善，但是由于对私家车依赖性增强，人们减少了对其他各项公共交通工具的使用。城市中心交通能力的衰退阻碍了市中心人们的出行，导致地区交通运营状况进一步恶化。公交车驾驶员和出租车驾驶员等的老龄化问题也日趋严重，交通驾驶员紧缺成为地方城市当前面临的一个问题。

④ 地方郊区、人口过少地区：推进地方圈新型移动出行服务。这些地区的交通机构运营亏损问题比地方城市更严重，交通运营商在服务无法覆盖到的交通空白区也出现了这样的问题，特别是在人口过少地区，物流面临着和人流同样的问题。随着公交车驾驶员、出租车驾驶员和货车驾驶员等的老龄化问题日益严重，交通出行驾驶员紧缺问题越发凸显。

⑤ 旅游地区：推进旅游地区新型移动出行服务。近些年，旅日外国人的数量不断增长，这不仅对大城市构成了巨大的挑战，对地方也是如此。日本政府预计，到 2030 年旅日外国人将达到 6000 万人次。打造良好的接纳环境、实现交通便利成为一个重大课题。

2019 年，日本国土交通省从应征的 51 个地方性 MaaS 项目中遴选出成熟度较高并具有全国推广价值的 19 个项目作为示范项目进行重点扶持。其中，大城市近郊与地方城市共 6 处、地方郊区共 5 处、旅游地区共 8 处。试点示范项目的重点内容主要包括：

① 无人驾驶 BRT 的应用；

② 人脸识别；

③ MaaS 的手机应用和网站的开发；

④ 最优游览路线规划；

⑤ 客货混载试行；

⑥ AI 合乘出租汽车社会实验的开展；

⑦ 道路与车辆数据的收集与分析；

⑧ ETC 2.0 系统的推广等。

日本较早开始研究智能交通系统,政府积极发挥跨部门协同作用,推动智能网联汽车项目的实施。日本计划到 2020 年在限定地区解禁无人驾驶的智能网联汽车,到 2025 年在国内形成完全智能网联汽车市场目标。

4.《实现自动驾驶的相关报告和方案 4.0》

2020 年 5 月,日本自动驾驶商业化研究会发布了《实现自动驾驶的相关报告和方案 4.0》。

① 无人驾驶服务的实现和普及路线图。日本政府计划在 2022 年左右,能够在有限区域内实现只需远程监控的无人驾驶自动驾驶服务,在 2025 年,将这种自动驾驶服务扩大至 40 个区域。这 40 处拟运行的路段,按照分类包含封闭空间、限定空间、机动车专用空间、交通基建适配化空间和混杂空间。规划中的 L4 级别车辆在运行时也有一定的限制条件,如接受远程监控,车内仍留有乘务员看守,低、中、高速度限制等。工作组认为,要实现这些目标,不仅要考虑技术的发展,还要考虑制度制定、基础设施、成本等多方面的问题。该路线图将与公共和私营部门的利益相关方分享,共同实现路线图的目标。

② 先进自动驾驶技术的测试验证。日本政府计划在 2020 年实现无人自动驾驶服务,实现卡车在高速公路上的无人驾驶列队跟驰技术。

③ 政府部门与相关企业的合作。日本政府在与相关企业从地图建设、安全评价、企业协作三方面合作设定技术计划。

1.3.3 欧盟智能车路协同技术

1. 欧盟智能车路协同技术概述

欧盟智能车路协同技术研究启动于 2000 年,2003 年欧洲智能交通技术协会提出了"电子安全"概念,主要目标是充分利用先进的信息和通信技术(Information and Communication Technology, ICT),加快交通安全系统的研发与集成应用,为道路交通安全提供全面的解决方案。之后欧盟关于面向安全和效率的车路协同技术启动了八个重要计划。欧盟在车路协同系统的标准化工作涉及的通信协议和标准主要包括 ISO、CEN、ETSI、IEEE 四类,制定全球统一的标准,还支持不同的应用和服务,在统一的协同平台上实现信息交互与共享。

2008 年,欧盟为智能交通系统分配了 5.9GHz 频谱。

2. 组建 MaaS 联盟

为了推动 MaaS 在欧盟乃至全球的快速发展,2016 年欧盟智能交通系统协会联合 18 个公私部门组建了全球首个区域 MaaS 联盟,2018 年该联盟成员发展到 60 个。欧盟在 MaaS 研究基础上,启动了"地平线计划架构"MaaS 4EU 项目,主要从市场分析、用户需求、法规体制、工程技术这四个方面来做相关的管理。伦敦城市级 MaaS 服务的技术路线如下：

① 典型 MaaS 项目归纳；

② 供给侧伦敦交通服务商调研；

③ 需求侧伦敦市民出行结构特征分析；

④ 原型设计；

⑤ 可行性研究结论。

3.《自动驾驶开发路线图》

欧盟道路交通咨询委员会每两年发布一次《自动驾驶开发路线图》，在其 2019 年发布的版本中，将自动驾驶基础设施分为 A—E 5 个等级。其中，A—C 级为数字化基础设施，A 级为通过协同决策实现自动驾驶，B 级为协同感知，C 级为动态数字信息；D—E 级为便利基础设施，D 级仅支持数字地图，E 级则无法支持自动驾驶。该版本还定义了自动驾驶车辆开发路径的 L0—L5 共 6 个等级：

① L0：无自动驾驶。提供部分警告功能。

② L1：驾驶辅助。驾驶员监控驾驶环境，驾驶员和系统共同执行车辆的加减速和转向动作，动态驾驶任务的反馈主要由驾驶员完成。

③ L2：部分自动驾驶。主要由驾驶员监控驾驶环境，系统通过对驾驶环境信息的判断执行加减速和转向动作，动态驾驶任务的反馈主要由驾驶员完成。

④ L3：有条件自动驾驶。监控驾驶环境的主体为自动驾驶系统，同时系统完成加减速及转向等驾驶操作，动态驾驶任务的反馈主要由驾驶员完成，根据系统请求，驾驶员需要提供适当干预。

⑤ L4：高度自动驾驶。由自动驾驶系统监控驾驶环境，完成驾驶操作，特定环境下系统会向驾驶员提出响应请求，驾驶员可以不进行响应。

⑥ L5：完全自动驾驶。在所有的驾驶模式下，包括监控驾驶环境、执行驾驶操作、对动态驾驶任务进行反应等，均由自动驾驶系统负责。

1.3.4 中国智能车路协同技术

1. 中国智能车路协同技术概述

中国智能车路协同技术研究启动于 2000 年，国家 ITS 工程技术中心在车辆协同领域开展了相关研究。

2007 年，清华大学承担了国家"863"计划"交通对象协同式安全控制技术"项目，同济大学承担了国家自然科学基金项目"基于车路协同环境的下一代道路交叉口交通控制技术探索研究"等；2008 年国家三部委启动了《国家道路交通安全科技行动计划》。

2010年，国家"973"计划设立了"大城市交通拥堵瓶颈的基础科学问题研究"。

2011年，国家"863"计划设立了"智能车路协同关键技术研究"。

2012年，国家"973"计划设立了"大城市综合交通系统的基础理论与实证研究"等。

由于上述车路协同内容都是科研项目，缺乏科技成果转化的产业化支撑环境，因此需要由更强有力的企业牵头组建行业研发中心，促进智能车路协同领域成果转化与产业化，特别是争取在营运车辆领域率先取得突破。

2016年，工业和信息化部组织行业加紧制定智能网联汽车的发展战略、技术路线图和标准体系，交通运输部在实行"两客一微"车辆管理方面也为智能交通管理积累了丰富的经验。

2017年，国家制造强国领导小组成立了"智能网联汽车产业发展专项委员会"，在深圳市保税区2.2千米长的城市道路开展了6辆智能网联公交巴士的运行测试。2018年，确定5.9GHz频段用于智能网联汽车直连通信。2019年，启动了智能网联汽车和自动驾驶地图应用试点。

2018年3月1日，由上海市经济和信息化委员会、市公安局和市交通委员会联合制定的《上海市智能网联汽车道路测试管理办法（试行）》正式发布，全国首批智能网联汽车开放道路测试号牌发放。上汽集团和蔚来汽车拿到上海市第一批智能网联汽车开放道路测试号牌，当天下午，两家公司研发的智能网联汽车从位于嘉定的国家智能网联汽车（上海）试点示范区科普体验区（E-Zone）发车，在博园路展开首次道路测试。

2018年12月，天津市交通运输委员会、市工业和信息化局、市公安局联合启动天津市智能网联汽车道路测试，天津市西青区和东丽区开放了首批智能网联测试道路。同时，天津卡达克数据有限公司和北京百度网讯科技有限公司获得了天津市首批路测牌照。

2018年，在国家科研计划"十三五"重点专项"综合交通运输与智能交通"中，基础研究类安排了"协同环境下交通要素耦合特性与群体智能控制"，由北京航空航天大学牵头承担"车路协同系统要素耦合机理与协同优化方法"研究任务，清华大学牵头承担"车路协同环境下车辆群体智能控制理论与测试验证"研究任务。2018年11月，雄安新区车路协同应用平台正式搭建，京东通过智慧路灯，结合感知计算、边缘计算等技术为自动驾驶行业提供数据应用服务。未来市民可通过智慧路灯完成充电、Wi-Fi连接、紧急呼叫、环境监测、屏幕信息化交互等。配送机器人可通过灯杆完成充电，在车辆行驶过程中提供安全辅助，为车辆提供道路信息，帮助车端计算。

2019年年初，深圳市率先设计并开始建设城市十个行政区的半开放路段自动驾驶车辆测试环境。2019年9月，在深圳新国际会展中心建设了智能车路协同管控系统项目，实现了54辆智能网联公交与交通信号控制等协同管控应用服务。

2.《智能网联道路系统分级定义与解读报告》

2019年，中国公路学会自动驾驶工作委员会、自动驾驶标准化工作委员会发布了《智能网联道路系统分级定义与解读报告》，将交通基础设施系统分为6级。

① I0：无信息化/无智能化/无自动化。I0 为传统道路信息管理方式，即交通基础设施与单个车辆系统之间无信息交互。

② I1：初步数字化/初步智能化/初步自动化。I1 为传统道路信息管理方式。主要特征有：道路系统能够采集数字化交通基础设施静态数据并进行更新和储存，交通基础设施感知设备能实时获取连续空间的车辆和环境等动态数据，自动处理非结构化数据，并结合历史数据实现车辆行驶的短时、微观预测；各种类型数据之间无法有效融合，信息采集、处理和传输时延明显；交通基础设施感知信息和预测结果可实时提供给车辆，辅助车辆自动驾驶，提供信息服务和主动交通管理服务；交通基础设施向车辆系统进行单项传感。

③ I2：部分网联化/部分智能化/部分自动化。I2 为交通基础设施具备复杂传感和深度预测功能，通过与车辆系统进行信息交互（包括I2X），可以支持较高空间和时间解析度的自动化驾驶辅助和交通管理。除I1中提供的功能外，I2 还可以实现基础设施等静态数据在时空上的连续监测和更新；具备更高精度的车辆和环境等动态非结构化数据的检测传感功能；实现数据高度融合，信息采集、处理和传输的低时延；支持部分数据在车与车之间、车与基础设施之间的实时共享，提供深度分析和长期预测；在有限场景内可以实现对自动驾驶车辆的接管和控制，实现有限场景的自动化驾驶和决策优化。I2 的局限为：遇到特殊情况，需要驾驶员接管自动驾驶车辆进行控制；无法从系统层面进行全局优化；主要实现驾驶辅助，需要在有限场景内完成自动驾驶。

④ I3：基于交通基础设施的有条件自动驾驶/高度网联化。I3 为高度网联化的交通基础设施可以在几毫秒内为单个自动驾驶车辆（自动化等级大于1.5）提供周围车辆的动态信息和控制指令，可以在包括专用车道的主要道路上实现有条件自动化驾驶。

⑤ I4：基于交通基础设施的高度自动驾驶。I4 交通基础设施为自动驾驶车辆（自动化等级大于 1.5）提供了详细的驾驶指令，可以在特定场景/区域（如预先设定的时空域）实现高度自动化驾驶。遇到特殊情况，由交通基础设施系统进行控制，不需要驾驶员接管。

⑥ I5：基于交通基础设施的完全自动驾驶。I5 为交通基础设施可以满足所有单个自动驾驶车辆（自动化等级大于1.5）在所有场景下完全感知、预测、决策、控制、通信等功能，并优化部署整个交通基础设施网络，实现完全自动驾驶。完全自动驾驶所需要的子系统无须在自动驾驶车辆中设置备份系统，提供全主动安全功能。遇到特殊情况时，由交通基础

设施系统进行控制，不需要驾驶员参与。

2020年2月，国家发展改革委等11个国家部委联合发布了《智能汽车创新发展战略》，拉开了车联网V2X产业化发展的序幕，智能车路协同产业化将在中国获得高速发展的重大机遇。

1.4 项目研究内容、技术路线及技术指标

由于智能车路协同管控平台的研究涉及学科范围广、内容丰富、涵盖领域多、技术路线庞大，有必要先确定智能车路协同研究方向，再开展研究内容、技术路线、指数指标等方面的划分，这样才能科学、高效地实施智能车路协同管控平台的研究工作，其核心聚焦在"智慧道路、智能驾驶、智能管控"三位一体的新一代智能交通系统。

1.4.1 智能车路协同方向

1. 新技术推动的智能交通的变革

智能交通发展面临着一系列变革，这些变革是由日新月异的新技术引发的。无论是云计算、物联网、移动互联网、大数据，还是智能穿戴、3D打印、人工智能、机器人、无人驾驶、虚拟现实等，都体现了新技术的四个特征：

① 信息技术从网络化、数字化到智能化；

② 产品和服务的智能化和个性化；

③ 基于大数据的信息再价值化；

④ 跨界融合的新业态。

1）新一代信息技术与人工智能技术融入智能交通创新建设

① 构建了全时空的交通信息环境。不仅可以实时获取交通系统的各个时间、各个空间、全覆盖的信息，而且涉及不同范围、不同区域、不同领域，对数据仓库加以综合，构建公共交通信息集成运营的模式，从而发现新的价值，带来新的机遇。

② 推动了人、车、路、环境的协同。实现了车辆碰撞、车辆换道、驾驶员行为状态检测等实时状态预测，信息交互也具有非常高的可靠性。

③ 可以进行智能分析和数据的高效利用。通过气象、交通、保险部门数据的融合，研究交通领域的防灾减灾技术，优化配置交通资源，提高交通预测、预报水平。

④ 交通管控服务的模式会发生很大的变化。关注大数据的处理能力、技术和方法，大数据正在创造价值，基于云服务的模式也正在改变整个交通产业。

2）新一代信息技术与人工智能技术推动智能交通的发展变革

① 实现了基础信息采集手段的多元化。除了通过线圈、微波、视频、激光雷达等广泛应用来获取信息，现存的视频交通综合监测信息资源，包括违法记录、牌照识别、出行时间、轨迹推断等能够得到复用。基于海量的移动终端，车载电子设备等采集的交通数据已经形成了巨大的规模，构成了一个由时空信息、全要素信息组成的全息交通感知域。

② 实现了信息感知和交互的突破。物流状态数据、车辆状态数据、个人出行信息、交通应急信息、海量高清视频等，构成了一份交通大数据信息源池，实现全面精准的感知和动态实时的交互。

③ 实现了泛在网络下的移动互联。基于移动互联的在线导航系统、视频监控体系、应急指挥系统、出行服务系统，基于短程通信的车辆防碰撞系统，基于智能识别的车辆避让系统，基于无线的公交 Wi-Fi 系统，通过互联网+信息、互联网+交易、互联网+综合服务的形式，完全不受通信方式和布点的限制，在任何时候、任何地点都可以进行交通信息的处理和交通管理服务。

④ 实现了载运工具的智能化。新型载运工具可实现车辆实时感应和交互，这种出行模式使人们的出行变得更加安全、更加舒适。

3）新一代信息技术和人工智能技术发展推动交通信息服务模式变革

① 全面精准的感知和全场景式的交通系统带来了全息交通。

② 实时动态的交互带来了移动互联。

③ 新型载运工具带来了更快、更智能、更节能的出行。

④ 连通性带来了交通服务质量的改善。

⑤ 加速了交通系统的运行、运营管理模式的变革。

4）市场需求的变化引发智能交通系统变革

① 智能化的出行和服务是由市场需求推动的。市场需求不断变化，要求有更快、更灵活的智能化载运工具和移动互联，广泛使用车载传感器和嵌入式 CPU，实现 V2X 实时感知和交互，定制出行共享交通工具，最终交通管理部门能够实现低能耗、高效率的交通流的优化调控等。

② 交通的供求、运营和服务的变化，引发了智能交通的变化。基于电子商务平台，实现客货携手；办公模式的变革和网上购物带来的现代物流需求，会影响交通需求的变化。分时租赁将引起城市机动车保有量的变化和理念的转变。公交运营考虑了线网的优化和服务保障之间的均衡。在资源约束条件下，动态和静态交通的供需动态均衡的要求，呼唤着共享租赁、共享停车位等新的市场需求。未来的交通供求中是增加供给还是控制需求，车辆的保有量是自由发展还是控制增长，各地方的意见差异非常大，应因地制宜，"一城一策"。

总之，在新技术的引领下，未来的出行一定是更加安全、更加舒适、更加环保的出行。

2. 智能交通创新发展的三个阶段

在新技术推动和市场需求变化的共同作用下，发展新一代智能交通体系势在必行。新一代智能交通的内涵主要包括全时空的交通信息的获取，大数据的智能分析，智能汽车、车联网、智能物流、智能出行互联网+，综合运输协同服务等。未来智能交通关注的重点是通行效率、安全行驶、拥堵缓解、舒适驾车、绿色环保、信息服务、交通管控等大范围、多目标的要求。

在这种背景下，智能交通新技术的发展就不仅仅关注技术本身的问题，而是一个新的理念、新的模式。技术的变革正在重构或者说再造交通系统。智能交通系统进入了一个新的发展阶段，如果把传统的智能交通系统定义为 1.0 版，把未来的智能交通定义为 3.0 版，那么当前的智能交通系统则可定义为 2.0 版。

① 智能交通系统 1.0 阶段基于信息技术的发展，特别是数据的采集、处理、分析，以及服务的应用。信息化是智能交通系统 1.0 的重要支撑，它的主要内容是智能化的管理和服务。在这个阶段，国家已经形成了一系列典型的应用环境，如交通流动态信息的实时检测系统、城市的智能化交通指挥管理系统、运营车辆的智能化监管系统、综合监控与应急指挥系统等。

② 智能交通系统 2.0 阶段实现大数据融合、模式和服务创新。快速发展的新一代技术推动了数据的采集、存储、分析，以及服务的升级创新，同时互联网、大数据技术的应用带来了跨界融合创新，还带来了新的模式和服务内容。因此，智能出行、智能物流、智能辅助驾驶、车路协同、综合交通协同服务等成为这个阶段的重要内容。

③ 智能交通系统 3.0 阶段加速新一代信息技术与人工智能产业化。智能交通系统 3.0 的技术支撑主要包括新一代信息技术与人工智能技术，交通复杂网络系统、交通社会物理系统，需求和偏好驱动的交通网络化，自调节系统，以及由人、车、路、物、环境等要素构成的智能移动互联系统等产业化。城市的交通大脑、基础设施的智能化、载运工具的智能化、智慧公路、智能铁路、智能驾驶等都将是智能交通系统 3.0 产业化的主要特征。这个阶段，无论是技术研究还是产业发展，都应该重点关注以下三个方面：

- 数据驱动的应用提升问题；
- 移动互联的运营服务问题；
- 跨界融合的产业转型问题。

除此之外，还应特别关注全面精准的感知和交互、数据驱动的智能化管控、"小数据"深度解析和"大数据"综合应用、互联网推动下的业态重构，以及跨界融合的产业链的延伸。

3. 智能交通创新发展的总体趋势

智能交通创新发展的总体趋势是网联化、协同化、智慧化，创新发展的总体方向基本聚焦在以下五个方面。

① 智能的出行服务。关注的是个性化、精细化、智能化的出行，包括定制出行、共享出行、综合服务，以及联网联城、移动支付、慢行的交通系统、新型公交、智能驾驶汽车等。

② 高效运营服务和智能化管控。包括综合交通一体化的运营和服务、基于大数据分析的交通行为的调控、交通状态的智能解析和智能处置；跨行业、跨区域的移动电子支付；智慧物流，包括都市联运、快递配送、货物动态的跟踪；车联网的电子标识（RFID）、高清视频、可靠交互移动终端、新一代交通控制系统等；各种交通新业态、新技术、新产品的高效服务与管控。

③ 车联网、车路协同和智能驾驶。未来智能网联汽车和智能网联设施要重点发展高精准的定位和环境感知技术、智能车载单元、智能安全辅助系统、车联网网络安全技术，以及信息能源安全一体化的基础设施。

④ 整个智能交通产业生态。包括交通基础设施的建设、载运工具的制造、交通运输组织的管理、互联网等。未来智能交通的产业重点聚焦在三个领域：大数据+交通服务、移动互联+综合交通和人工智能+车路协同。

⑤ 智能交通创新发展的模式。加速交通生态圈的跨界融合，包括智能交通行业、汽车制造业、车载装备业、信息服务业、互联网行业、运输管理业、地图导航业等，这些行业通过大数据的技术集成协同创新，开放创新，展现了一个非常美好的创新驱动发展的前景。

1.4.2 项目研究主要内容

交通系统在城市整体架构中的地位如同人体内的血脉，血脉的通畅程度与人体活力息息相关。但在城市规模越来越大、人口数量不断增长、交通拥堵程度加剧的情况下，仅靠加快道路建设等方式来构建便捷高效的交通体系，已经变得越来越困难。新一代信息技术、人工智能与 5G 通信技术成为城市和车辆的连接焦点，道路成为通信网络、云计算、智能传感器融合创新的交汇节点，如何利用新技术来提升城市交通智能化水平，提高城市路网与车辆的协同效率和安全性，从而缓解城市拥堵、改善出行体验，成为新一代信息技术和人工智能技术改变生活的责任和使命。

1. 智能车路协同"四阶段"助力自动驾驶产业化

智能车路协同就是将道路、车辆及管控技术进行有效融合，通过先进的无线通信和互联网技术，实现车与车、车与路、车与人、车与网络的实时数据交互，帮助乘客和车辆选择更好的出行路径，改善道路规划、建设和管理，提升交通效率。

近几年来，车端和路端的共同努力，以及协同融合通信技术的进步，让智能车路协同自动驾驶经历了一个由低至高的发展历程，主要包括以下几个发展阶段：

① 阶段Ⅰ：信息交互协同，实现车辆与道路的信息交互和共享；

② 阶段Ⅱ：感知预测决策协同，在阶段Ⅰ的基础上，可实现车路协同感知、预测、决策功能；

③ 阶段Ⅲ：控制协同，在阶段Ⅰ和Ⅱ的基础上，可实现高级的车路协同控制功能；

④ 阶段Ⅳ：车路一体化，在阶段Ⅰ、Ⅱ和Ⅲ的基础上，车辆和道路实现全面协同，即实现车路协同感知、车路协同预测决策及车路协同控制一体化等完整的系统功能。

智能车路协同和车路一体化自动驾驶等相关创新技术的进步，能够加速实现自动驾驶产业化，并促进通信、互联网、汽车电子、路侧设施等领域的快速发展，推动IT、智能制造与交通、汽车产业走向深度融合。智能车路协同自动驾驶产业创新体系一旦形成，其产业链潜力巨大，将成为新一轮科技创新和产业竞争的制高点。

2. 智能车路协同创新智慧交通生态

智能车路协同创新智慧交通生态，主要分为三个部分。

① 基础能力层面。智能车路协同的落地需要依托人工智能技术和云计算资源打造闭环能力。同时，随着5G的快速普及，基于边缘计算的车联网V2X架构将在出行场景有着广阔的应用，其生态能力主要包括人工智能、云计算、5G与边缘计算、车联网V2X基础设施、数据存储等。

② 平台服务层面。模拟仿真服务、高精度地图服务、MEC开源服务、自动驾驶服务等应用环境，为智能车路协同提供技术支持和应用落地，有效提升车路协同的安全性和效率，其生态服务主要包括模拟仿真服务、高精度地图服务、MEC开源服务、自动驾驶服务、智能定位感知、道路设施管理、交通系统控制。

③ 业务应用层面。基于场景驱动、智能交互、个性化推演服务等应用，可以进一步加强对用户需求的理解，以及对真实时间和空间场景的理解，一方面向用户及时推送实时路况信息，具备高精度定位、辅助安全驾驶等能力；另一方面结合具体应用场景，把互联网的相关服务直接面向客户主动推送，从"人找服务"向"服务找人"转型。其生态应用主要包括路况信息实时刷新、高精度定位导航、辅助安全驾驶、营运车辆规范驾驶、机器人出租、音视频、云游戏等。

3. 智能车路协同承接自动驾驶成为热点和难点

C-V2X技术快速发展，将自动驾驶技术引向智能车路协同，智能车路协同成为自动驾驶产业化的发展前提。未来无论是基于交通信号控制、路侧单元（Road Side Unit, RSU）设备和车载单元（On Board Unit, OBU）设备的传统智能交通市场，还是以智能车路协同的核心平台即云控平台为代表的相关软件市场，以及针对测试环境的法规规程的制定等软性研究，都存在大量的需求和市场机会。

作为热点的创新机会，如面向城市道路交通场景的"V2X+交叉路况"、面向高速公路场景的"V2X+智慧高速"、面向城市大众运输系统的"V2X+智慧公交出行"、城市交通态势感知等，在细分的应用领域都有产业的发挥空间。每个城市的道路状况都不同，这使每条路上每个场景的解决方案有所差异，产业可将应用场景化整为零，打破孤立，从小的应用场景进行精细化运营。

作为难点的智能车路协同管控平台，面对交通系统智能化建设需求，围绕区域交通与城市交通设施运行监测中的全息感知手段和智能化分析方法严重缺乏，以及交通系统管控中的精准评估、快速响应和协同调控能力不足等问题，通过跨学科复合型集成创新，形成了"数据、平台、应用"三个层次的成果。以面向智能车路协同管控体系构建的辐射及延伸理论方法为基础，引入新一代信息技术和人工智能技术，与交通管理与控制学科相结合，在智能车路协同管控体系内部，研究"车路协同系统要素耦合机理与协同优化方法"；在智能车路协同管控体系外部，研究"车路协同环境下车辆群体智能控制理论与实践"。

1.4.3 总体研究技术路线

智能车路协同管控平台项目的技术路线主要包括概述、理论方法、关键技术、体系架构设计、平台应用实践、平台特性、成果与产业化，如图1-6所示。

1.4.4 项目研究技术指标

智能车路协同是智能网联汽车V2X与智能网联设施I2X一体化发展的必然结果，在这一过程中，无论是人开车还是智能网联汽车，驾驶员或智能网联汽车算法都通过"眼观六路、耳听八方"做出驾驶动作，保持车距。根据信号灯等道路设施环境进行停车、开车、转弯等车辆管控反应。而单车辆的智能网联汽车发展一段时间后，被证实有着不可避免的局限性，只在车上装摄像头、激光雷达、毫米波雷达等传感器，让车能感知到周围的情况，自动做出反应是远远不够的。单车自动驾驶对于交通效率和安全性的提升仍显不足，如特斯拉自动驾驶系统在使用中发生过严重的交通事故。因此，当前智能网联汽车V2X行业强调"聪明的车""智慧的路"和"强大的网"紧密结合，迫切需要智能车路协同支撑智能网联汽车与智能网联设施一体化发展。我国在短短半年时间内，密集出台了"交通强国""智能汽车发展战略""新基建""两新一重"多项与自动驾驶相关的战略，智能网联汽车与智能网联设施走向产业落地已是大势所趋，智能车路协同技术的商业价值不可估量。

第 1 章　智能车路协同管控平台概述

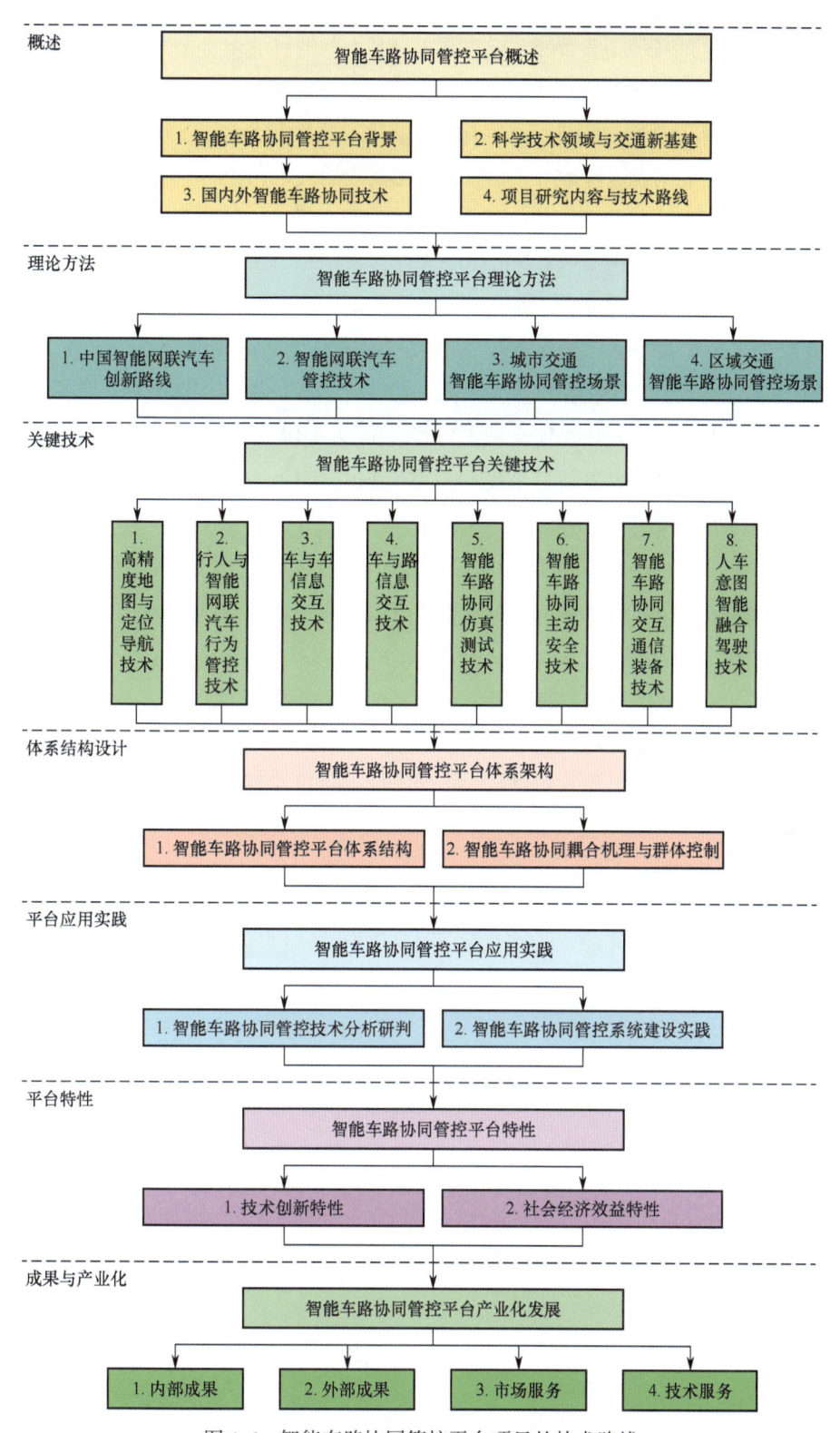

图 1-6　智能车路协同管控平台项目的技术路线

智能车路协同管控 可视化推演平台

在智能车路协同的环境下，智能网联汽车可以在不同的自动化水平上发展，让自动驾驶变成现实。智能网联设施的车路协同中，由"路"来"告诉"车周边的情况。要打造智慧的路，本质就是对道路及相关基础设施进行数字化、智能化、智慧化建设与提升，以便智能网联汽车这个主体的"大脑"能结合这些数字化信息进行更高效的决策和控制。从智能车路协同项目的示范成果来看，通过核心操作系统将车载终端的主要任务进行一体化集成是一条可靠的路径。借助操作系统的基础作业和软硬件协同能力，可实现车与车、车与路之间的互联，同时承担硬件数据融合等车路协同的特定需求。智能车路协同管控平台研究的主要技术指标如下：

① 城市交通与区域交通模型体系覆盖范围：粤港澳湾区区域交通公路网络，深圳市城市道路交通网络两者的模型体系1套（区域、宏观、中观、微观一体化）。

② 采集的交通大数据云计算平台数据种类：50大类以上。

③ 系统处理交通大数据更新最小周期粒度：3min以内。

④ 系统外场车辆检测精度：85%~90%。

⑤ 系统可在线监控营运车辆（出租车、公交巴士）总数：大于160000辆。

⑥ 粤港澳湾区、深圳都市圈的区域交通拥挤地图显示级别：10级。

⑦ 系统检测数据筛选数量：小于10000条/次。

⑧ 系统交通拥挤地图中出行路经查询方式：小于或等于5类。

⑨ 系统交通指标特征时段种类：小于5种。

⑩ 交通仿真应用软件可视化推演模式：宏观、中观、微观、在线共4类。

第 2 章

智能车路协同管控平台理论方法

新交通模式下，重塑交通出行体验，通过人、车、路、云之间车联与路联数据的互联互通，实现智慧出行服务、智能网联汽车、智能网联设施、智能车路协同等新一代智能交通核心体系基础建设。近年来，我国相继发布了多项政策，关注点逐渐从智能网联汽车细化至智能网联汽车体系。中国智能车路协同技术路线的发展，经历了以下几个阶段：

① 第一代技术：可变限速系统、交通信息发布系统，面向普通汽车。

② 第二代技术：雾天公路行车安全诱导装置、公路发光型诱导设施、基于微波车辆检测器的公路视觉盲区危险预警系统等，面向普通汽车。

③ 第三代技术：ETC 系统、基于物联网技术的主动发光交通标志、基于毫米波雷达或机器视觉的公路视觉盲区危险预警系统等，面向普通汽车。

④ 第四代技术：基于 LTE-V2X 的智能车路协同系统，面向智能网联汽车。

⑤ 第五代技术：基于 5G-V2X 的智能车路协同系统，面向智能网联汽车。

由此可见，从第三代技术到第四代技术，实现了一个相当大的跨越，因为面向的对象发生了重大变化，从普通汽车变为了智能网联汽车。

2.1 中国智能网联汽车创新路线

2.1.1 聪明的车+智慧的路

当前，自动驾驶的技术瓶颈不是感知设备的成本问题，不是获取的信息和精细度不够的问题，也不是传输速度的问题，而是人工智能算法的能力水平的提升问题，即"自动驾驶大脑"还不够聪明。路侧设施只是将数据感知设备从车上转移到路侧，并没有改变人工智能的自动驾驶算法的根本问题。同时，路侧设备的建设与运营维护还存在不可能完成的任务，以及增加了更多网络安全漏洞等难题。基于此，迫切需要通过智能车路协同管控平台的服务能力，突破智能网联汽车的技术瓶颈。

自动驾驶的重点在于使车变得更智能，即单车智能，Waymo、Tesla、Uber等行业新势力及通用、梅赛德斯–奔驰等传统车企都是如此。我国的车路协同实际上是人们发现单纯的智能车难以解决降低成本和确保安全等难题而选择的中国路线。从某种意义上说，自主智能驾驶不能承受之重任，必须由V2X来分担，车路协同既能大幅降低成本，也能提高效能。车路协同包括"聪明的车+智慧的路"。

1. 聪明的车

聪明的车可以分为智能车（AV，自主智能车）、网联车和智能网联车。车辆不但包括小客车、公交车、货车等，还包括物流配送车、微交通的电动自行车和电动踏板车。

① 智能车。智能车也叫作自动驾驶车，通过自身携带的传感器，感知道路环境并通过自身的车载计算优化控制路径和控制车辆行驶。

② 网联车。网联车本身无智能。网联车通过OBU接收RSU传来的路侧边缘计算决策的控制指令来远程遥控车辆。因此，可以说网联车的智能水平完全取决于道路（边缘计算）的智能水平。

③ 智能网联车。智能网联车具备自主智能驾驶功能，同时安装OBU，可接收RUS传来的实时道路环境信息和控制指令，通过车载边缘计算（或完全接受路侧边缘计算的控制指令）控制车辆行驶。

智能车、网联车和智能网联车的性能对比如表2-1所示。

表2-1 智能车、网联车和智能网联车的性能对比

序号	类别	感知	通信	决策	功能模块
1	智能车	车载感知	—	车载自主计算	感知、决策、控制
2	网联车	依靠路侧感知	V2X	路侧边缘计算	感知、融合和预测、规划和决策、控制
3	智能网联车	路侧感知和车载感知	V2X	协同决策	感知、融合和预测、规划和决策、控制

④ 自动驾驶的主要应用。根据中国汽车工程学会标准《合作式智能运输系统 车用通信系统应用层及应用数据交互标准》（T/CSAE 53—2017），车联网基础功能涵盖安全、效率和信息服务三大类17个应用，如表2-2所示。其中安全类的应用数量、种类最多，也是自动驾驶需要解决的最基本的问题。

第 2 章　智能车路协同管控平台理论方法

表 2-2　车联网基础功能

序号	类别	通信方式	应用功能
1	安全	V2V	向前碰撞预警
2		V2V、N2I	交叉口碰撞预警
3		V2V、N2I	左转辅助
4		V2V	盲区预警、变道辅助
5		V2V	逆向超车预警
6		V2V-Event	紧急制动预警
7		V2V-Event	异常车辆提醒
8		V2V-Event	车辆失控预警
9		V2I	道路危险状态提示
10		V2I	限速预警
11		V2I	闯红灯预警
12		V2P、V2I	弱势交通参与者碰撞预警
13	效率	V2I	滤波车速引导
14		V2I	车内标牌
15		V2I	前方拥堵提醒
16		V2V	紧急车辆提醒
17	信息服务	V2I	汽车近场支付

⑤ 智能车分级。2020 年 3 月，工业和信息化部发布了《汽车驾驶自动化分级》推荐性国家标准，该标准于 2021 年 1 月 1 日正式实施。《汽车驾驶自动化分级》是我国智能网联汽车标准体系的基础类标准之一，内容包括对驾驶自动化的定义、驾驶自动化分级原则、驾驶自动化等级划分要素、驾驶自动化各等级定义、驾驶自动化等级划分流程及判定方法、驾驶自动化各等级技术要求等。汽车驾驶自动化等级与划分要素的关系如表 2-3 所示。

表 2-3　汽车驾驶自动化等级与划分要素的关系

分级	名称	车辆横向和纵向运动控制	目标和事件探测与响应	动态驾驶任务接管	设计运行条件
0级	应急辅助	驾驶员	驾驶员及系统	驾驶员	有限制
1级	部分驾驶辅助	驾驶员及系统	驾驶员及系统	驾驶员	有限制
2级	组合驾驶辅助	系统	驾驶员及系统	驾驶员	有限制
3级	有条件自动驾驶	系统	系统	动态驾驶任务接管用户（接管后成为驾驶员）	有限制
4级	高度自动驾驶	系统	系统	系统	有限制
5级	完全自动驾驶	系统	系统	系统	无限制

2. 智慧的路

智慧的路包括感知、通信、决策三部分。感知部分需要对道路上的所有参与者和道路环境进行实时检测。通信部分解决车与道路的交互通信：一方面，网联车将自己的位置信

智能车路协同管控 可视化推演平台

息实时地传递给 RSU；另一方面，RSU 将处理好的警告或控制信息传递给网联车。决策部分通过路侧设置的边缘计算单元处理传感器采集的信息，生成高精度动态局部地图，实时对车辆警告或控制信息进行决策。智能网联设施 I2X 道路分级如表 2-4 所示。

表 2-4　智能网联设施 I2X 道路分级

道路分级	感 知	决 策	控 制
I0	无	无	无
I1	数字化、网联化	无	无
I2	数字化、网联化、协同化	基于规则专家系统	单车控制
I3	数字化、网联化、协同化	基于规则专家系统、因果推理	单车控制
I4	数字化、网联化、协同化	基于规则专家系统、因果推理、行为预测	单车控制、协作控制
I5	数字化、网联化、协同化	基于规则专家系统、因果推理、行为预测	单车控制、协作控制、全域控制

1）道路交通分级

2019 年，中国公路学会自动驾驶工作委员会、自动驾驶标准化工作委员会发布了《智能网联道路系统分级定义与解读报告》，将交通基础设施系统分为六级，如表 2-5 所示。

表 2-5　交通基础设施系统分级

分级	信息化（数字化、网联化）	智能化	自动化	服务对象
I0	无	无	无	驾驶员
I1	初步	初步	初步	驾驶员、车辆
I2	部分	部分	部分	驾驶员、车辆
I3	高度	有条件	有条件	驾驶员、车辆
I4	完全	高度	高度	车辆
I5	完全	完全	完全	车辆

在自动驾驶技术发展战略上，全世界呈现两条技术路线：一条为以美国为主导的"单车感知"自动驾驶方案，另一条为由中国引领的"网联感知"自动驾驶技术方案。

两条技术路线的主要区别是：

① V2X 不依赖外界环境的额外传感单元部署，主要依靠车辆自身装配的感知系统进行车身周围环境信息的获取；

② I2X 需要借助在路侧安装额外的传感单元、通信单元，以降低车身感知和计算单元的技术难度与成本，拓展车辆的感知范围和精度。

国内外调查结果显示，市场上普遍选择中国路线，即 I2X 车路协同发展模式。V2X 与 I2X 车路协同的关联性如图 2-1 所示。

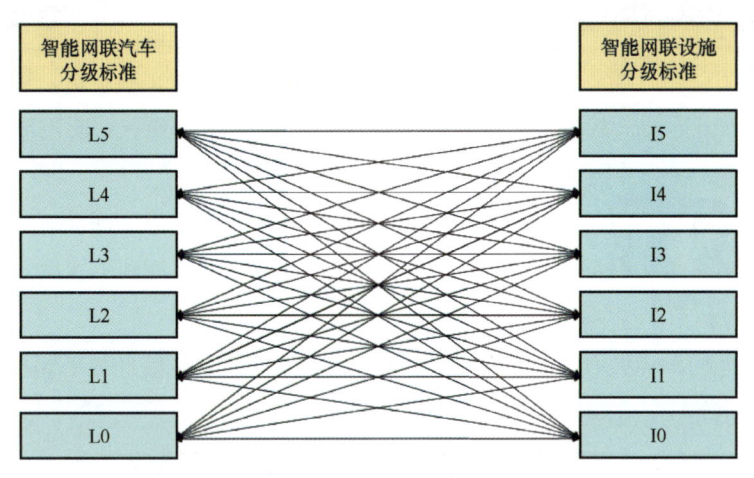

图 2-1　V2X 与 I2X 车路协同的关联性

2）智能车路协同的架构

智能车路协同是采用 V2X 等先进的无线通信技术，全方位实施车与车、车与路动态实时信息交互，并在全时空动态交通信息采集与融合的基础上开展车辆主动安全控制和道路协同管理，充分实现人、车、路的有效协同。智能车路协同的架构如图 2-2 所示。

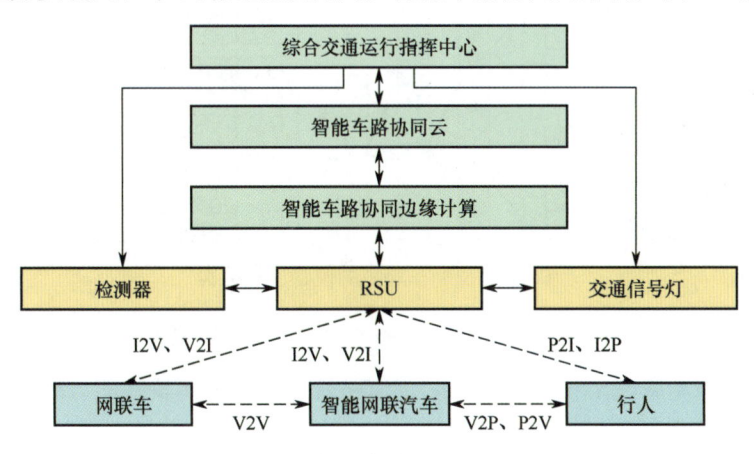

图 2-2　智能车路协同的架构

3）智能车路协同感知数据

智能车路协同感知在结合现有智能交通感知设备的基础上，增加了更加精密的路侧感知设备、车载感知设备和 5G 移动大数据。路侧感知设备包括激光雷达、毫米波雷达和带目标识别功能的视频摄像机；车载感知设备包括智能车辆上安装的摄像机、激光雷达、毫米波雷达等设备，采集的信息需要通过 V2I 实时上传到边缘计算节点；此外还包括慢行交通的位置数据。

4）智能车路协同控制流程

①信息感知。一方面，采用路侧传感器感知路面上的所有交通要素，包括信号灯、机动车、非机动车、行人，甚至抛洒物；另一方面，可通过 V2I 接收智能网联车车载传感器采集的路面信息，统一传输到路侧计算边缘进行处理。

②感知数据融合。对各类数据进行实时融合处理，直接生成局部动态地图。

③车路协同决策。根据实时道路环境进行线路规划、车道规划、速度预测等；生成车辆行驶安全警告和车辆控制命令。

④安全警告和车辆控制。利用 I2V 向网联车发布安全警告信息和车辆控制命令。

智能车路协同控制流程结构如图 2-3 所示。

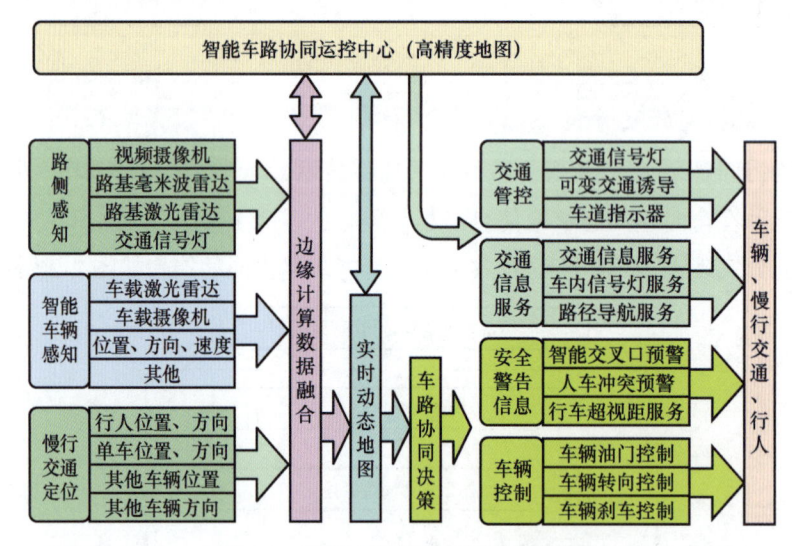

图 2-3 智能车路协同控制流程结构

5）智能车路协同分级

根据中国智能网联汽车技术路线，结合道路智能分级和车辆智能分级对智能车路协同（道路+车辆）进行分级，可分为 C0—C5 共六级。智能车路协同等级与智能网联汽车等级、智能网联设施等级的结构关系如图 2-4 所示。

①C0：无智能。由人类驾驶员全权操控汽车，可以得到警告或干预系统的辅助。

②C1：初步智能。通过驾驶环境对转向盘和加减速中的一项操作提供驾驶支持，其他的驾驶动作都由人类驾驶员进行操作的。

③C2：部分智能。通过驾驶环境对转向盘和加减速中的多项操作提供驾驶支持，其他的驾驶动作都由人类驾驶员进行操作的。

④C3：有条件智能。由车路协同自动驾驶系统完成所有的驾驶操作，根据系统要求，人类驾驶员需要在适当的时候提供应答。

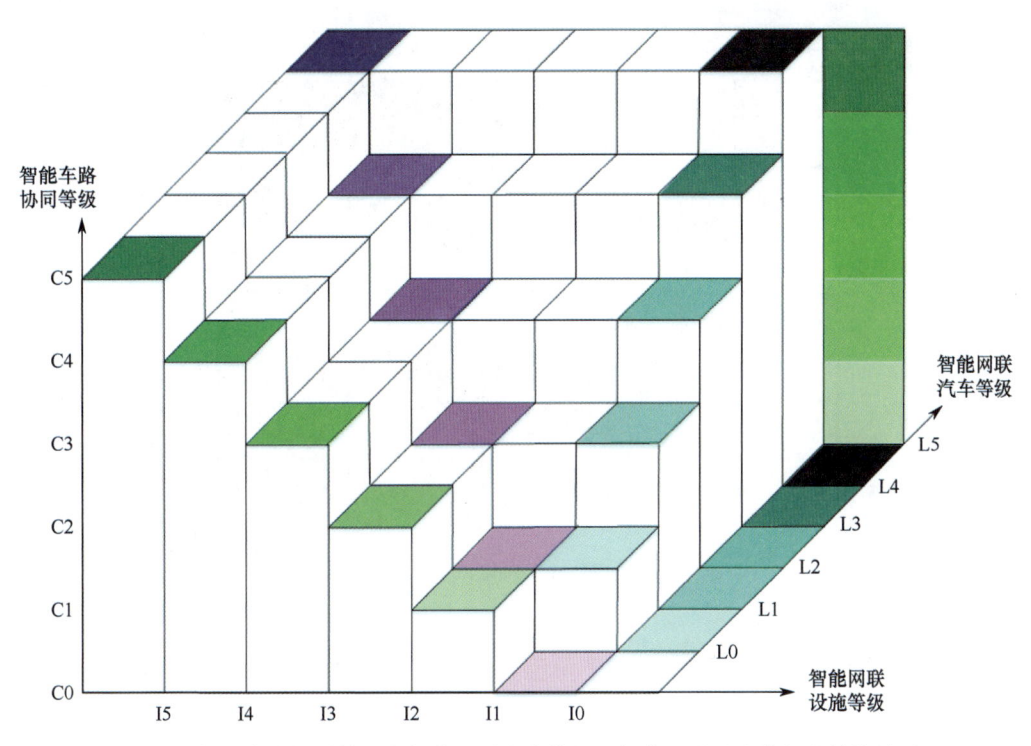

图 2-4 智能车路协同等级与智能网联汽车等级、智能网联设施等级的结构关系

⑤ C4：高度智能。由车路协同自动驾驶系统完成所有的驾驶操作，根据系统要求，人类驾驶员不一定需要对所有的系统请求做出应答，包括限定道路和环境条件等。

⑥ C5：完全车路协同智能。在所有人类驾驶员可以应付的道路和环境条件下均可以由车路协同自动驾驶系统自主完成所有的驾驶操作。

6）智能车路协同优化配置

对自动驾驶而言，"聪明的车"和"智慧的路"是不同的实现途径，因此二者的建设途径和投资方向就有不同的选择。当然，采取道路和车辆两个方向齐头并进的建设方式，可以在最短的时间内取得实质性进展，但可能造成重复建设和投资较大的问题。另外可能比较好的建设方式是重点建设道路智能，在路侧设置边缘计算能力，统一处理感知和决策，再通过 I2X 对网联车辆进行控制。通过车路协同可以大大降低自动驾驶的门槛，单台车可以节省 50%~90% 的费用。智能车路协同优先配置如图 2-5 所示。

总之，智能车路协同是从车和路两个不同的角度统一整合解决自动驾驶的解决方案。目前，中国发挥政府主导科技发展、基础建设能力强等优势，以智能车路协同为出发点，提出网联感知技术路线——聪明的车+智慧的路，打破自动驾驶单车智能发展的瓶颈，无疑是一个正确的选择。

图 2-5 智能车路协同优先配置

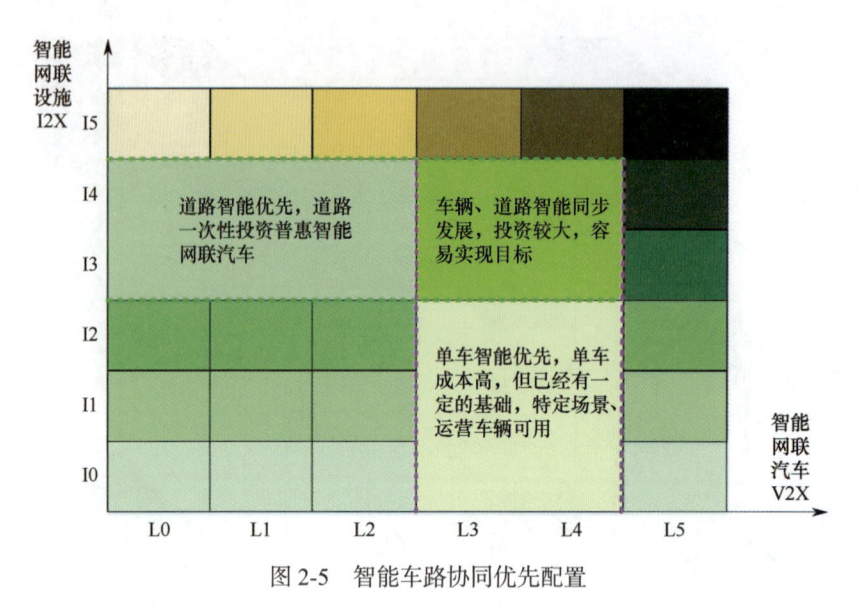

2.1.2 智能汽车的发展路径与重点

1. 智能网联汽车的特征

智能网联汽车发展的新阶段，体现在单车自动驾驶与网联式汽车融为一体的新产品、新模式、新生态。与常规汽车相比，智能网联汽车具备两大重要特征。

1）多技术交叉、跨产业融合

常规汽车是机电一体化产品，而智能网联汽车是机电信息一体化产品，需要汽车、交通设施、信息通信基础设施（包含 4G/5G、地图与定位、数据平台）等多个产业设施跨界融合。

2）区域属性与社会属性增加

智能网联汽车在行驶过程中需要通信、地图、数据平台等本国属性的支撑和安全管理，每个国家都有自己的使用标准和规范，因此智能网联汽车的开发和使用具有本国属性。

基于此，中国智能网联汽车的发展没有既定路径可以借鉴，需要结合国情，打造中国解决方案。中国式单车感知与网联感知相结合的智能车路协同管控模式如图 2-6 所示。

2. 智能网联汽车发展路径

1）世界各国家和地区加速推进智能网联汽车

世界各国家和地区都在加速智能网联汽车产业创新发展。美国加强政策引导，营造良好创新发展环境。欧盟发布《通往自动化出行之路：欧盟未来出行战略》，支持发展各类创新项目；欧洲道路交通研究咨询委员会（ERTRAC）发布《网联式自动驾驶技术路线图》。

日本启动 SIP 2.0 项目与日本 Society 5.0 密切协同，通过网联技术构建未来智能社会，并修订《道路交通法》《道路运输车辆法》等法规，发布《官民 ITS 构想 2019 路线图》。

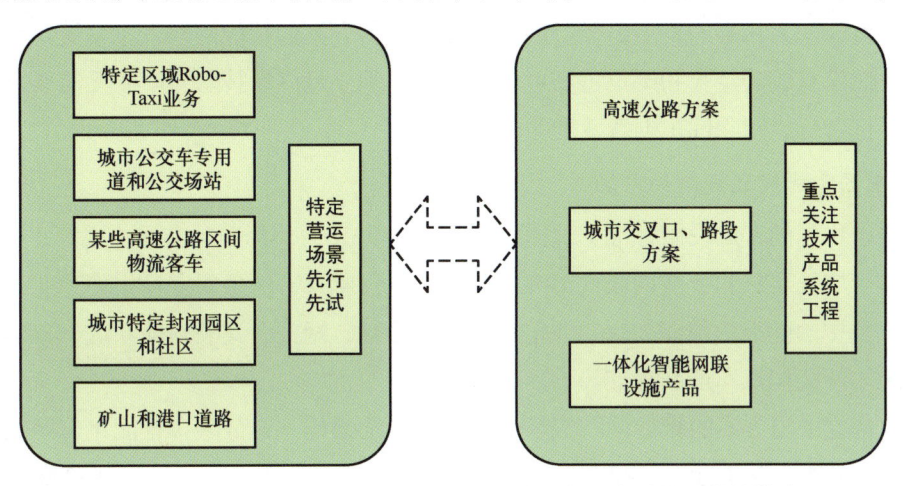

图 2-6　中国式单车感知与网联感知相结合的智能车路协同管控模式

中国也积极推动智能网联汽车产业发展步伐。2020 年 2 月 24 日，国家发改委等 11 个部门联合印发的《智能汽车创新发展战略》中提出，到 2025 年，中国标准智能汽车的技术创新、产业生态、基础设施、法规标准、产品监管和网络安全体系基本形成，实现有条件自动驾驶的智能汽车达到规模化生产。根据发展战略，到 2025 年，我国将实现高度自动驾驶的智能汽车在特定环境下市场化应用。智能交通系统和智慧城市相关设施建设取得积极进展，车用无线通信网络实现区域覆盖，新一代车用无线通信网络在部分城市、高速公路逐步开展应用，高精度时空基准服务网络实现全覆盖。2035 年到 2050 年，中国标准智能汽车体系全面建成、更加完善。

2）中国走出自身智能网联汽车发展路径

围绕"单车智能"，国际上形成了两条发展路径。

路径一：沿着单车智能化驾驶水平逐步提升的渐进式发展。以众多传统汽车企业为代表，从辅助驾驶产品研制出发，进而在高速公路、拥堵城市道路等条件下实现部分或有条件自动驾驶，再通过软硬件的逐步迭代或升级，循序渐进地提升智能化程度。

路径二：以单车高度智能化驾驶为核心的阶跃式发展。以 Waymo、通用汽车 Cruise Automation 为代表，通过搭载高性能传感器与计算芯片等组成的系统方案，不断提高车辆的复杂环境感知能力和智能决策能力，旨在移动出行、物流服务等方面探索高度自动驾驶技术的商业化应用。

因而，两条发展路径也存在着矛盾。渐进式发展以量产化的汽车产品为首要发展目标，因此会依赖传统的汽车软硬件技术架构，难以满足智能网联汽车日新月异的发展需求；阶跃式发展与传统汽车存在巨大差别，安全性和可靠性有待检验，同时系统量产能力与成本因素也会影响和制约规模化生产。与此同时，产业基础也决定了我国难以采用国际上两条以"单车智能"为核心的发展路径。因此，构建中国方案的智能网联汽车发展路径就非常必要。我们没有成功经验和既定道路可以借鉴，必须立足高新技术与产业发展要求，并结合国情，打造智能网联汽车创新发展的中国方案。

3）中国智能网联汽车的内涵

- 符合中国的基础设施标准、地图数据标准、V2X通信标准、交通法规等；
- 符合中国要求的智能网联汽车准入、联网运营监管、信息安全等相关标准；
- 符合中国标准的智能终端、通信系统、云平台、网关、驾驶辅助系统、自动驾驶系统等新架构汽车产品标准。

通过建立中国方案的智能网联汽车信息物理系统架构，充分融合智能化与网联化发展特征，以智能网联汽车五大基础平台为载体，实现"人-车-路-云"一体化的智能网联汽车集成系统。

3. 智能网联汽车五大基础平台最新进展

发展智能网联汽车需五大基础平台，包括：云控基础平台、高精度动态地图基础平台、车载终端基础平台、计算基础平台、信息安全基础平台。

目前，智能网联汽车五大基础平台工作进展如下。

1）云控基础平台

已在上海、长沙等地开展基于智能网联汽车云控基础平台的"车路网云一体化"综合示范项目，打造一体化云控环境与融合感知、决策与控制系统。

2）高精度动态地图基础平台

聚焦车、路、云、管、图等相关要素，汇聚技术链、产业链优质创新资源，突破共性关键核心技术，推动相关政策、法规、标准的建立和完善。

3）车载终端基础平台

面向行业对车载操作系统的需求和产业安全的需要，组织行业已有优质资源，共同建立智能终端OS基础平台，实现自主可控、满足产业安全的智能终端OS产品开发和应用生态环境的建设。

4）计算基础平台

组织行业资源，联合开发以自动驾驶OS为核心的计算基础平台，协同行业已有优势资源，共同开发自主可控自动驾驶操作系统，推进产业化平台公司组建，建立智能网联汽车"驾驶脑"的产业生态。

5）信息安全基础平台

应用端-管-云信息安全防护技术、自主可控的车载密码技术、安全漏洞智能检测技术等共性技术，构建智能网联汽车车载纵深防御安全架构和端管云纵深防御体系。

4. 未来智能网联汽车发展

针对中国的智能网联汽车发展给出了以下五大建议。

1）凝聚共识、顶层设计

依托国家政策，中国智能网联汽车在行业内形成急需发展基础平台战略、关键技术等层面共识。立足汽车产业技术创新需求，完成智能网联汽车发展所需基础平台顶层设计、系统体系架构研究。

2）聚焦资源、融合创新

以基础平台设计和架构为指引，搭建市场化运营企业创新主体，聚焦多行业人才，聚焦融合创新领域并尽快输出具有市场竞争力的产品。汇聚政府部门、行业组织、重点企业、创新中心等多方力量，积极支持和推动基础平台公司，促进其成果快速产业化，达到国际先进水平。

3）市场驱动、协同发展

在国家统筹和行业组织指导下，发挥市场机制，吸引多行业龙头骨干企业参与共建基础平台公司，并共享平台公司成果。依托基础平台公司、平台战略和架构，协同各平台相关领域和产业链的产业化，逐步实现重点模块及核心关键部件的自主可控、产业化发展和规模化应用。

4）示范应用、建立生态

融合多种基础平台，建立国产量产车型为主的示范应用及符合中国国家安全和产品规模化认可的行业标准、开发和测试规范，提升中国标准智能网联汽车产业的价值和地位。以多种基础平台产品为核心，引入产业链重点产品，形成行业领先、中国特色、对外开放合作的中国智能网联汽车生态系统，吸引全球多行业全产业链参与，实现共赢。

5）自主开放、国际合作

加强国际之间合作，共同建设中国方案。智能网联汽车作为具备本地属性的变革性产品，鼓励国外企业在中国产业化新技术。成熟技术是采用国际通用的标准，而在中国率先产业化的新技术当然会形成中国标准，并有可能通过国际合作及市场化机制形成国际标准。

2.2 智能网联汽车管控技术

2.2.1 智能网联汽车管控技术简介

智能网联汽车通过搭载先进的车载传感器、控制器和数据处理器、执行机构等装置，借助 V2X 等现代移动通信与网络技术实现交通参与者的信息互换与共享，从而具备在复杂行驶环境下的传感感知、决策规划、控制执行等功能，以实现安全、高效、舒适和节能的自动或智能行驶。智能网联汽车代表了汽车技术和产业化的重要发展方向，也是未来汽车技术创新的主流趋势。

智能驾驶系统基于环境感知技术对车辆周围环境进行感知，并根据感知所获得的信息，通过车载中心电脑自主地控制车辆的转向和速度，使车辆能够安全、可靠地行驶，并到达预定的目的地。无人驾驶是汽车智能化追求的终极目标，是信息通信等先进技术在汽车上的深度应用，体现了更便捷、更简单的人车交互方式，是对人在更大程度上的"解放"。它将在减少交通事故、提高运输效率、完成特殊作业、国防军事应用等领域发挥至关重要的作用。智能驾驶的关键技术是环境感知技术和车辆控制技术，其中环境感知技术是智能网联汽车行驶的基础，车辆控制技术是智能网联汽车行驶的核心，后者包括轨迹规划和控制执行两个环节，这两项技术相辅相成。智能网联汽车系统结构如图 2-7 所示。

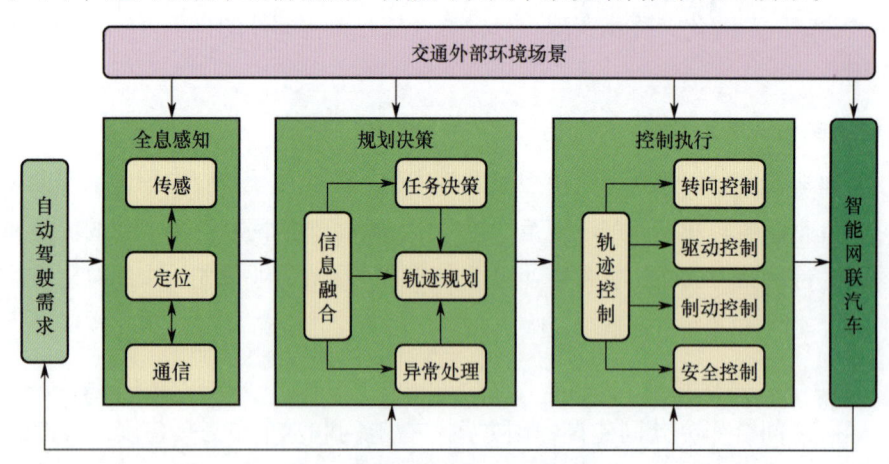

图 2-7 智能网联汽车系统结构

1. 智能网联汽车智能驾驶流程

智能网联汽车的智能驾驶流程如下：
① 通过雷达、摄像机、车载网联系统等对外界的环境进行感知识别。

② 在传感、感知、融合信息的基础上，通过智能算法学习外界场景信息，规划车辆运行轨迹，实现车辆拟人化控制，融入交通流中。

③ 跟踪决策规划的轨迹目标，控制车辆的踩油门、刹车和转向等驾驶动作，调节车辆行驶速度、位置和方向等状态，以保证汽车的安全性、操纵性和稳定性。

智能驾驶的系统将驾驶认知形式化，利用驾驶认知的图表达语言，设计通用的智能驾驶软件架构。在这一架构中，智能决策模块并不直接与传感器信息发生耦合，而是基于多传感器的感知信息、驾驶地图和车联网通信等先验信息综合形成的驾驶态势完成自主决策。

2. 智能网联汽车试验平台软件运行流程

智能网联汽车试验平台软件运行流程主要包括：

① 多传感器信息处理模块。由驾驶认知的图表达语言统一输出，构成驾驶态势实时信息。

② 驾驶地图的信息。根据车辆实时位置及朝向，将其映射到驾驶态势中，与驾驶态势实时信息融合，形成全面反映当前驾驶态势的公共数据池。

③ 车联网通信信息。利用 V2X 系统使车与车、车与基站之间能够通信互联，获得周边交通流实时路况、交叉口标识、交通灯标示信息，以及来自外部云服务器的超视距路况信息。

④ 决策控制模块。以行驶环境信息数据池为基础，综合考虑交通规则、驾驶经验、全局路径等检测验证知识，完成决策。

⑤ 融合了实时信息与检测验证知识的行驶环境信息数据源池，能够帮助传感器信息处理模块确定感兴趣的区域，帮助定位模块提高定位的准确性，帮助驾驶地图模块及时更新、检测验证信息，提升智能驾驶的性能。

⑥ 智能汽车的软件架构将决策控制与传感器的感知信息解耦，增加或减少一路或几路传感器，改变传感器型号或安装位置，不再对决策控制直接造成影响。

智能网联汽车试验平台整个软件架构只需做很少的改动，甚至完全不需要调整，就可以在不同试验平台上方便地进行移植。

2.2.2 智能网联汽车管控技术组成

智能网联汽车管控技术在环境感知技术的基础上，根据决策规划目标轨迹，通过纵向和横向控制系统的配合，使汽车能够按照目标轨迹，准确、稳定地行驶，同时使汽车在行驶过程中能够实现车速调节、车距保持、换道、超车等基本操作。

自动驾驶控制的核心技术是车辆的纵向控制和横向控制。纵向控制，即车辆的驱动与制动控制；横向控制，即方向盘角度的调整和轮胎力的控制。实现了纵向和横向自动控制，就可以按给定目标和约束自动控制车辆的运行。所以，对车本身来说，自动驾驶就是综合纵向控制和横向控制的驾驶。但要真正实现点到点的自动驾驶运行，车辆控制系统必须获取道路和周边交通情况的详细动态信息和具有高度智能的控制性能。

1. 车辆纵向驾驶控制

车辆纵向驾驶控制是在行车速度方向上的控制，即对车速及车辆与前后车或障碍物距离的自动控制，巡航控制和紧急制动控制都是典型的自动驾驶纵向驾驶控制。这类控制问题可归结为对电机驱动、发动机、传动和制动系统的控制。各种电机-发动机-传动模型、汽车运行模型和刹车过程模型与不同的控制器算法结合，构成了各种各样的纵向驾驶控制模式。纵向驾驶控制系统基本结构如图 2-8 所示。

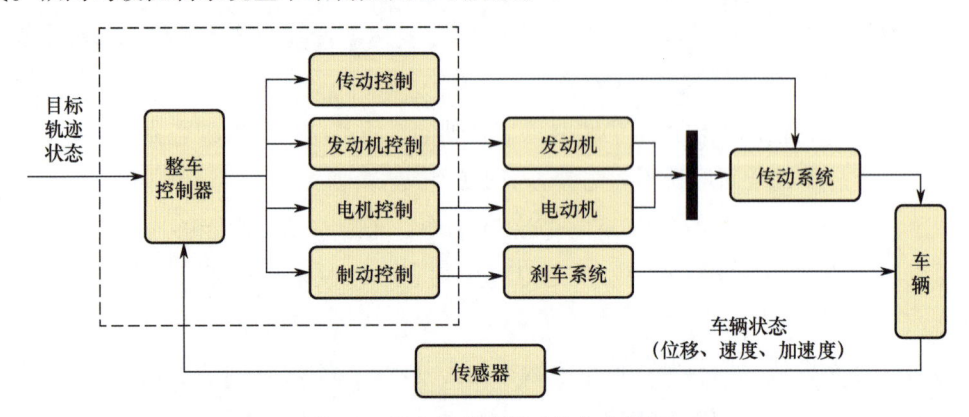

图 2-8 纵向驾驶控制系统基本结构

针对轮胎作用力的滑移率控制是纵向稳定控制中的关键部分，滑移率控制系统通过控制车轮滑移率调节车辆的纵向动力学特性来防止车辆发生过度驱动滑移或制动抱死，从而提高车辆的稳定性和操纵性能。制动防抱死系统（Antilock Brake System，ABS）在汽车制动时，可以自动控制制动器制动力的大小，使车轮不被抱死，处于边滚边滑（滑移率在 20% 左右）的状态，以保证地面能够给车轮提供最大的制动作用力。一些智能滑移率控制策略利用充足的环境感知信息设计了随道路环境变化的车轮，从而提升轮胎摩擦力对制动作用的效果。智能控制策略，如模糊控制、神经网络控制、滚动时域优化控制等，在纵向控制中也得到了广泛的研究和应用，并取得了较好的效果，被认为是最有效的控制方法。而传统的控制方法，如 PID 控制和前馈开环控制，一般是建立发动机和汽车运动过程的近似线性模型，在此基础上设计控制器，这种方法实现的控制，由于对模型依赖性大，模型误差较大，所以精度差、适应性差。

从当前的研究结果看，寻求简单而准确的电机-发动机-传动模型、汽车运动模型和刹车过程模型，以及对随机扰动有鲁棒性和对汽车本身性能变化有适应性的控制器仍是研究的主要内容。应用的系统如巡航控制、防碰撞控制，都是自主系统，即由车载传感器获取控制所需信息，往往缺乏对 V2X 车联网信息的利用。在智能网联的交通环境下，单车可以通过 V2X 通信信息系统获得更多周边交通流信息用于纵向驾驶控制。利用车辆及周边车辆位置、当前及前方道路情况、前车操纵状态等信息实现预测控制，在提高速度、减小车间距的同时保证安全，从而达到安全、高效和节能的目的。

2. 车辆横向驾驶控制

车辆横向驾驶控制是对垂直于运动方向上的控制，对汽车来说就是转向控制，其目标是控制汽车自动保持期望的行车路线，并在不同的车速、载荷、风阻和路况下有很好的乘坐舒适性和稳定性。车辆横向驾驶控制主要有两种基本设计方法，一种是基于驾驶员模拟的方法；另一种是基于汽车横向运动力学模型的方法。基于驾驶员模拟的方法有两种策略：一种策略是使用较简单的运动力学模型和驾驶员操纵规则设计控制器；另一种策略是利用驾驶员操纵过程中的数据训练控制器，获取控制算法。基于汽车横向运动力学模型的方法要建立较精确的汽车横向运动模型。典型模型是单轨模型，也称自行车模型，就是认为汽车左右两侧特性相同。控制目标一般是车中心与路中心线间的偏移量，同时受舒适性等指标约束。横向驾驶控制系统基本结构如图 2-9 所示。

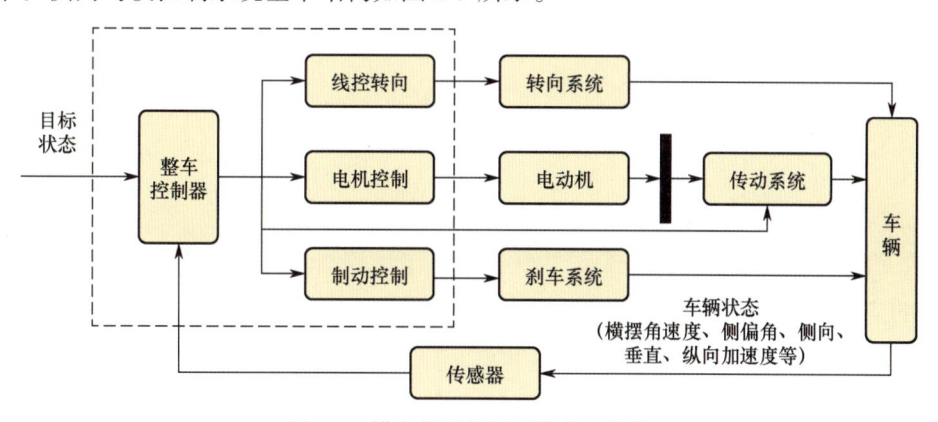

图 2-9　横向驾驶控制系统基本结构

针对低附着路面的极限工况中的车辆横摆稳定控制是车辆横向控制中的关键部分。传统操纵稳定性控制思路，如电子稳定性控制系统和前轮主动转向系统等，控制分布的轮胎作用力和前轮转向，通过利用轮胎附着力和降低轮胎利用率来提高车辆稳定性。大多数传统操纵稳定性控制思路沿袭冗余驱动的控制分配框架，通过改变内外侧轮胎驱/制动力差异的方法，增加单侧驱/制动转矩，并相应地减小另一侧驱/制动转矩的方式，为整车产生一个附加的横摆转矩来改善车辆转向动态特性，以保证车辆的横摆稳定性和行驶安全性。

电子控制技术和电气化的发展给汽车底盘技术的突破带来了革命性的契机，也使汽车的整体集成控制成为可能。同时,在智能网联的交通环境下,单车可以通过自身环境传感、定位导航和 V2X 信息系统获得更多周边交通流信息用于横向驾驶控制,以便提前感知道路危险,提高智能驾驶的安全性。

完善的交通信息系统和高性能、高可靠的车上传感器及智能控制系统是实现自动驾驶的重要前提。由于实现点到点自动驾驶有一定的难度,人们提出首先实现"自动驾驶路段"的方案,即在路况简明的高速公路段开辟可自动驾驶路段,车辆进入这种路段可以启动自动驾驶,驶离这个路段时再转入手操纵。由于道路条件和车上控制系统性能的限制,目前考虑的自动驾驶结构几乎都是手动、自动可转换。自动驾驶控制技术需要在智能网联汽车上配置各种对应的系统才能实现其复杂的功能,如车道保持系统、自适应巡航控制系统、自动泊车系统、紧急制动系统等。

① 车道保持系统:使汽车遵循道路标志和声音警告并在车辆开始偏移车道时调整方向,保证汽车沿着目标车道线行驶。

② 自适应巡航控制系统:使汽车和前面的车辆始终保持一个安全的距离,确保智能网联汽车的安全性。

③ 自动泊车系统:使智能网联汽车能够顺利地倒入和离开停车位。

④ 紧急制动系统:使汽车在遇到紧急情时能够充分有效制动,同时使智能网联汽车处于人类的监视和控制范围之内。

2.2.3 智能网联汽车管控方法

1. 传统控制方法

传统汽车控制方法有 PID 控制、模糊控制、最优控制、滑模控制等,这些算法在汽车控制中的应用都较为广泛。

① PID 控制。PID 控制器,由比例单元(P)、积分单元(I)和微分单元(D)组成,主要适用于基本上线性且动态特性不随时间变化的系统,PID 是以它的三种纠正算法而命名的,这三种算法都是用加法调整被控制的数值,其输入为误差值(设定值减去测量值后的结果)或由误差值衍生的信号。

② 模糊控制。模糊逻辑控制策略简称模糊控制,其本质是一种计算机数字控制技术,集成了模糊理论、模糊集合论、模糊语言变量和模糊逻辑推理等。与经典控制理论相比,模糊控制策略最大的特点是不需要准确的数学公式来建立被控对象的精确数学模型,因此可极大地简化系统设计和数学建模的复杂性,提高系统建模和仿真控制的效率。模糊控制系统在建模过程中,利用人类积累的相关知识和生活经验进行推理,模拟人类大脑处理复杂事件的过程,进而产生相应的控制思想,控制思想经过编译成为控制策略。模糊控制

策略由工程人员的控制思路和实践经验积累编译而成,具有较佳的鲁棒性、适应性和容错性。其主要由定义模糊变量、模糊变量模糊化、定义规则库、推理决策和解模糊化五个环节组成。

③ 最优控制。最优控制理论是变分法的推广,着重于研究使控制系统的指标达到最优化的条件和方法。为解决最优控制问题,必须建立描述受控运动过程的运动方程,给出控制变量的允许取值范围,指定运动过程的初始状态和目标状态,并且规定一个评价运动过程品质优劣的性能指标。通常,性能指标的好坏取决于所选择的控制函数和相应的运动状态。系统的运动状态受到运动方程的约束,而控制函数只能在允许的范围内选取。同时,最优控制的实现离不开最优化技术。最优化技术用于研究和解决如何将最优化问题表示为数学模型,以及如何根据数学模型尽快求出其最优解这两大问题。

④ 滑模控制。在系统控制过程中,控制器根据系统当时的状态,以跃变方式有目的地不断变换,迫使系统按预定的"滑动模态"的状态轨迹运动。变结构控制是通过切换函数实现的,特别要指出的是,变结构控制通常要求切换面存在滑动模态区,因此变结构控制又被称为滑动模态控制。

2. 智能控制方法

相对于传统的汽车控制方法,智能控制方法主要体现在对控制对象模型的运用和综合信息的学习运用上,主要有基于模型的控制、神经网络控制和深度学习方法等,目前这些方法已逐步在汽车控制中广泛应用。

① 基于模型的控制。基于模型的控制,一般称为模型预测控制,又可称为滚动时域控制和后退时域控制,它是一类以模型预测为基础的计算机优化控制方法,是近年来被广泛研究和应用的一种控制策略。其基本原理可概括为:在每个采样时刻根据当前获得的测量信息,在线求解一个有限时域的开环优化问题,并将得到的控制序列的第一个元素作用于被控对象,在一个采样时刻重复上述过程,再用新的测量值刷新优化问题并重新求解。在线求解开环优化问题获得开环优化序列是基于模型的控制与传统控制方法的主要区别。预测控制算法主要由预测模型、反馈校正、滚动优化、参考轨迹四个部分组成,最好将优化解的第一个元素(或第一部分)作用于系统。

② 神经网络控制。神经网络控制是研究和利用人脑的某些结构机理及人的知识和经验对系统进行的控制。利用神经网络,可以把控制问题看成模式识别问题,模式映射成"行为"信号的"变化"信号。神经控制最显著的特点是具有学习能力。它是通过不断修正神经元之间的连接权值,并将其离散存储在连接网络中来实现控制的。它对非线性系统和难以建模的系统的控制具有良好效果。一般情况下,将神经网络用于控制系统有两种方法:一种是用其建模,主要利用神经网络能任意近似任何连续函数和其学习算法的优势,该方

法有前馈神经网络和递归神经网络两种类型；另一种是直接将其作为控制器使用。

③ 深度学习方法。深度学习源于对神经网络的研究，可将其理解为深层的神经网络。通过它可以获得深层次的特征表示，免除人工选取特征的繁复冗杂和高维数据的维度灾难问题，深度学习在特征提取与模型拟合方面显示了其潜力和优势。对于存在高维数据的控制系统，引入深度学习具有一定的意义，近年来已有一些研究关注深度学习在控制领域的应用。

目前，公认的深度学习的基本模型包括基于受限玻尔兹曼机的深度信念网络、基于自动编码器的堆叠自动编码器、卷积神经网络、递归神经网络。无人驾驶系统需要尽量减少人的参与甚至不需人的参与，深度学习自动学习状态特征的能力使其在无人驾驶系统的研究中具有先天优势。如何充分利用和发挥深度学习在无人驾驶系统中的优势并发展深度学习"在环"的无人驾驶系统控制是目前的研究方向。

2.2.4 智能网联汽车管控解决方案

根据从行驶环境到驾驶动作的映射过程，自动驾驶控制技术可以分为间接控制和直接控制两种。

1. 基于规划-跟踪的间接控制方法

自动驾驶间接控制是一类基于规划-跟踪的主流智能驾驶车辆控制方法，如图 2-10 所示。根据当前车辆行为需求，在满足车辆自身运动学和动力学的约束条件下，规划出一条空间上可行且时间上可控的无碰撞安全运动轨迹，然后设计适当的控制律，跟踪生成目标轨迹，从而实现自主驾驶。

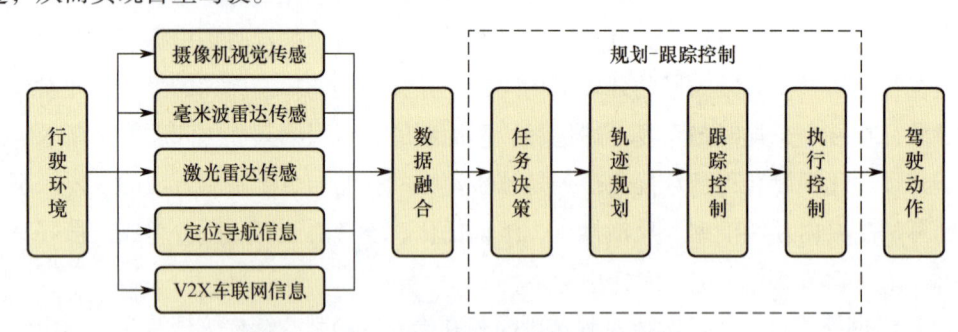

图 2-10 基于道路规划-跟踪的间接控制方法

早期的轨迹规划方法实际上是机器人研究领域的路径规划方法的某种扩展，20 世纪 80 年代后期被引入智能汽车领域。这类方法给出的路径由直线和圆弧线两种基本元素构成，由于曲率在线段连接点处不连续，迫使车辆运动到连接点处时需要停下来完成转向动作，导致车辆运动过程不连续。要消除这种情况，一种方法是采用精确的位置传感器和高频跟踪控制器；另一种方法是通过修改轨迹规划方法来获得平滑的连续曲率轨迹。显然，后者更具现实意义。

回旋曲线是一种被广泛应用于高速公路设计的线形表达方法，当用于连接直线和圆弧线时，能有效地起到平滑作用。Nelson 认为这类方法的缺点是轨迹表达式以弧长为参数，使用时需要进行积分，容易产生积累误差，他建议用五次多项式和极坐标样条以封闭式表达方式给出轨迹表达式。类似地，Bravo 采用了刀样条。Fraichard 在 Reeds 和 Shepp 的研究基础上，考虑了轨迹曲率和曲率变化率的限制，相当于用运动学特性来约束轨迹曲率，这种方法在低速情况下（如辅助泊车系统中），获得了较好的应用，但在车辆行驶速度较快时无法适用。

基于规划的智能驾驶车辆的转向控制律的设计发展较为成熟。Tsugawa 等最先报道了采用视觉输入的比例控制方法解决自动驾驶车辆转向控制的问题。Broggi 在 Argo 智能网联汽车中也采用了类似的经典 PID 控制器。近期研究表明，经典 PID 控制法可以应用于某些典型路况，但控制精度难以保证。人工智能法为复杂系统的控制问题提供了一条新的解决途径，在自动驾驶车辆转向行为控制中已有很多相关应用的报道。Pomerleau 基于人工神经网络设计了自动驾驶车辆转向控制器。Naranjo 等利用模糊逻辑建立了控制模型来模仿人类驾驶员的驾驶行为，研究了转向行为控制和换道行为控制。该方法中，控制规律和控制器先根据驾驶员对驾驶经验的描述初步确定参数，再根据实验结果对参数进行调整，直至达到最优性能。Perez 等基于自适应神经网络的模糊推理系统设计了智能网联汽车辆控制器，可以直接从人类驾驶经验样本中离线获得控制器参数的配置。Onieva 等研究了遗传算法对控制器参数的离线自调整方法。Bageshwar 和 Keviczky 基于模型预测控制理论，分别研究了自动驾驶车辆自主巡航控制模型和主动转向控制模型。Zhang 和 Gong 等基于跟踪预估控制和模糊逻辑理论，研究了控制器参数的自调整方法。高振海和管欣分别提出了基于预瞄理论的自适应转向控制算法，以及驾驶员确定汽车预期轨迹的模糊决策控制模型。

2. 基于人工智能的直接控制方法

自动驾驶直接控制是一类基于人工智能的智能驾驶车辆自主控制决策方法。在实际控制过程中，如果控制对象的特性和环境的状态全部已知，即可以进行精确的数学建模，则基于传统控制策略就可以获得满意的控制性能。然而，现实中的汽车行驶环境，包括行驶道路、周边交通和气象条件等，具有高度的不确定、不可重复、不可预测和不可穷尽等特征，同时车辆本身的非线性、不确定性也很严重，很难建立精确的数学模型进行控制律的设计，因此传统控制策略无法完全满足智能驾驶控制的要求。自动驾驶直接控制方法采用人工智能等手段，建立了从行驶环境到驾驶动作的直接映射过程，具体来说，就是在认知的范畴内试图建立一种先进的驾驶员模型以完成实际中复杂的驾驶过程,此外,控制过程无须建立被控对象的数学模型,具有较强的机动性和实时性。优秀的汽车驾驶员应具有过硬的汽车驾驶操作能力,不仅能够及时察觉、判断车内外环境的变化,还能够据此选择正确的方位和反应动作,从而有效地防止道路交通事故的发生。具体到简单场景(忽略道路中的其他车辆)中的转向问题,优秀的驾驶员行为应至少具备以下要素:

① 正确的视觉注意机制。驾驶员的驾驶动作大部分是基于环境对视网膜的刺激,因此优秀的驾驶员在转向过程中视界应趋向于某些习惯的固定区域。

② 根据环境对视网膜的刺激而采取正确、安全的操纵动作。某一固定曲率的弯道必然对应合适的方向盘转角和打方向的时刻,优秀的驾驶员会通过合适地组合这二者的时序和大小达到理想的转向效果。

已有的基于人工智能的控制方法均需要较多的先验知识,而且模型参数难以在线自适应,对环境的适应性较差。近年来,利用增强学习来解决以上问题已经成为一大趋势,增强学习的基本原理是基于心理学的"试错法",能够在与环境的交互过程中根据评价性的反馈信号实现序贯决策的优化,从而解决某些监督学习难以应用的优化控制问题。

模仿人的智能驾驶控制模型如图 2-11 所示。

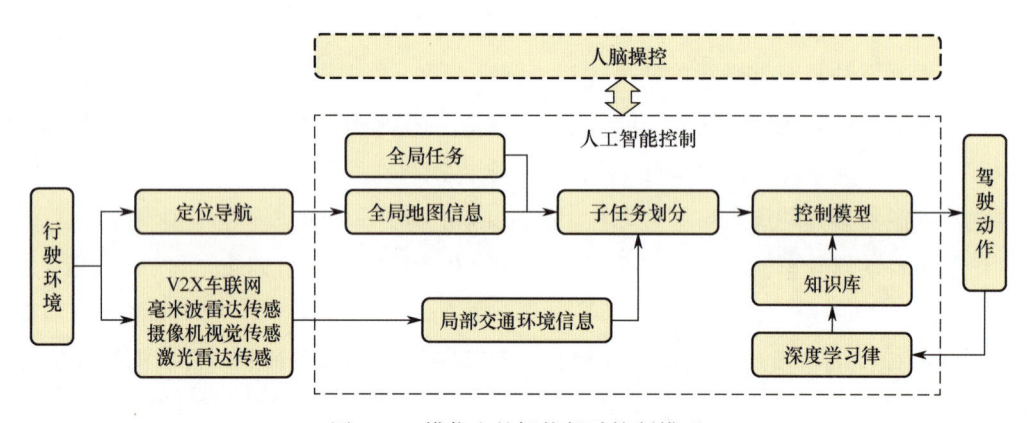

图 2-11　模仿人的智能驾驶控制模型

基于人工智能的直接控制方法本质上是模拟人脑对外界环境信息和车体本身信息的感知,同时由驾驶经验与在线学习机制来获得持续稳定输出的过程。因此,如何建立合适的驾驶过程模型成为认知领域的一大难题。

对驾驶员行为的研究始于 20 世纪 50 年代,通用汽车公司的研发人员希望通过研究驾驶员的行为,开发合理的辅助控制策略,以提高驾驶舒适性,降低交通事故率。通过对驾驶员驾驶样本数据的统计分析和系统辨识技术,可建立基于某种场景的数学模型。驾驶行为具有异常复杂的模型,其分类方法也不尽相同,一种分类方法将驾驶员模型分为跟车模型、转向模型、驾驶负担模型和安全模型等。

跟车模型的研究起步相对较早，研究人员先后提出了线性和非线性动力学模型、线性最优模型、神经网络和模糊逻辑模型等。

一般认为驾驶员转向模型研究的里程碑为 Macdam 的最优预瞄模型，国内学者郭孔辉也进行了相应的跟进研究，其研究思路基本上是基于车辆动力学和闭环操纵稳定性的研究，目的在于替代人类驾驶员从事专业且危险的汽车动力学测试工作，旨在对汽车设计过程进行指导，并没有涉及对智能网联汽车辆转向控制的直接研究。到目前为止，从学术界到工程界并没有建立一个公认的、完善的转向控制模型。Macdam 和郭孔辉等提出的最优预瞄理论并没有考虑航向偏差对最优预瞄模型的贡献，且其最优预瞄仅限于高速公路上具有光滑曲率的小曲率转向模型，在定义交叉口这样的城市工况下，其理论显然是不成立的。因此，具有普适性的驾驶员生理特性成为建立转向驾驶模型的当务之急。M.F. Land 提出驾驶员在转向过程中视线总是集中在转向内侧的道路边缘的"道路变向的点"。D.D. Salvucci 在 M.F.Land 理论的基础上提出了一种"两点"转向驾驶员模型，他指出驾驶员在转向过程中注视前方一个远点和近点，利用近点保持汽车在路中间行驶，利用远点补偿前方的道路弯曲，实验结果与驾驶员驾驶相近。尽管生理学、心理学在研究驾驶员转向行为中取得了很多成果，却极少有人将这些成果应用到自动驾驶车辆技术中，原因主要是：前期研究的驾驶员转向计算模型都基于某些固定的场景，获得的驾驶员模型适应能力较弱，还不能直接工程应用；驾驶员模型的研究始于车辆工程领域，其目的大多是研究汽车闭环操纵的稳定性和汽车动力学优化设计等。

2.2.5 智能网联汽车人机交互系统

1. 智能网联汽车人机交互系统的作用和意义

人机交互系统作为智能驾驶的关键技术之一，对智能汽车的发展和应用有着十分重要的作用和意义。

① 进一步提高智能汽车的可靠性和安全性。发展智能驾驶技术的一个主要目的就是提高交通系统的效率和安全性。在绝大多数情况下，智能汽车对问题的反应和处理速度都要比人快得多，其安全性要比人为控制高很多。但智能汽车毕竟不是人脑，其算法的复杂程度更无法与人的思维相比，在一些比较复杂、特殊的情况下，如在通过一些无路、施工或路况恶劣地段时，利用人机交互系统，驾驶员可以方便、快速地对智能汽车进行接管控制。

② 拥有更强的实用性和更加出色的用户体验。设计智能汽车的最终目的是让其能够为人所用，更好地为用户服务，最大限度地满足人们的需求，人永远都是控制和享受服务的主体。优秀的用户体验对智能汽车来说自然是必不可少的功能。

③ 增强智能汽车的灵活性和机动性。优秀的人机交互系统可以使人们随时随地对智能

汽车的行为进行干预，使其在处理问题时，能够根据实际情况，按照人们的要求，采取更加合理的方案。

④提高智能汽车的任务执行力。通过人机交互系统，人们可以方便地给智能汽车下达任务命令，进行远程控制，实时监控其任务完成情况，并可以随时对目标进行变更和修正，使智能汽车能够更好地应用于智能交通和国防科技领域。

2. 智能网联汽车人机交互系统的核心技术

①人机界面技术。人机界面技术主要研究针对驾驶员和车辆驾驶信息的交互。从 20 世纪 90 年代开始，美国、日本、欧盟等国家和地区开始立项研究如何利用信息和通信技术来加强车辆的安全性和操纵性。例如，美国从 20 世纪 60 年代后期就开始研发电子路径导航系统；日本政府推出了复杂车辆交通控制系统等研究项目；欧盟实施了交通和安全先导计划等。这些项目的研究推动了智能交通技术的发展。各大汽车厂商，如本田、丰田、日产、博世、宝马等相继推出了自主的电子导航系统，其开放给用户的导航界面正是最早的人机交互界面。随着车辆控制功能的持续增多，越来越多的研究开始关注人机界面的设计，如丰田的集成操纵按钮、宝马的 i-Drive 系统、日产的人机交互界面等。一直到 20 世纪 90 年代末期，汽车中控台的主流设计风格依然是屏幕加按钮的形式。

一直到 1990 年，驾驶员在人车系统中与车辆的交互依然仅通过转向盘、操纵杆和踏板等机构进行。而导航系统的出现，使驾驶员在操纵汽车的同时还需要分散一部分精力到人机界面上，这势必增加驾驶员的操纵负担，影响其正常驾驶行为。因此，针对驾驶员在使用人机界面过程中造成的精力分散的问题，人们开展了对人机界面的改进设计研究，并提出了很多人机界面的设计准则。此外，由于画面交互系统会分散驾驶员的注意力，从而增加驾驶员的驾驶负担，为解决这一问题，声音交互系统逐渐发展起来。

②人机共驾技术。对人机共驾技术的研究主要面向先进驾驶辅助系统。进入 21 世纪，人们对车辆安全的研究已经从原先的被动安全系统转变为主动安全系统。1970 年，制动防抱死系统的第一次市场化应用标志着主动安全系统应用的开始。随后，电子稳定性控制系统、自适应巡航系统等相继被研发出来。除此之外，人们又相继开展了对嵌入人机界面的后视系统、车道保持系统、车道偏离预警系统、盲点监测系统、辅助换道系统等的研究。

为发展辅助驾驶过程中的人机交互系统，欧洲、德国、日本等相继启动了相关的研究项目。作为先进辅助驾驶系统中的一部分，驾驶员行为特性也得到了广泛的研究，如跟车行为、车道保持行为和制动行为等。

随着具有不同功能的高级驾驶辅助系统（Advanced Driver Assistance System，ADAS）的发展，多个 ADAS 和驾驶员之间的协调问题日益凸显。如果车辆上安装有多个 ADAS，那么驾驶员将收到多个预警信号和其他信息。尤其是在复杂工况下，这会使驾驶员感到困感并无法对预警信号做出回应。对于辅助驾驶系统,人机交互是其中很重要的一环。随着越来越多的辅助驾驶系统进入产品化阶段,系统对车辆的控制权变得越来越大,越来越复杂。如果不能很好地协调好各个辅助驾驶系统,驾驶员就不能正确分析出车辆的运动状态,进而无法做出正确的操纵判断。因此,如何将多个辅助驾驶系统和驾驶员进行集成已经成为当前的一个研究热点。ADAS 本身就被定义为辅助驾驶系统,这就不可避免地需要考虑其与驾驶员行为之间的交互关系。如果辅助驾驶系统不考虑驾驶员的操纵行为,反而会增加车辆行驶过程中的危险性。

③ 驾驶行为特性研究。驾驶员在真实道路上的驾驶行为研究是人机共驾技术研究中十分重要的一部分,也是智能辅助系统研究的基础。尽管真实道路试验具有成本高、数据量大、试验采集复杂等缺点,但是各国依然在这一方面做了大量的工作。美国高速公路安全管理局投入100 辆汽车进行了驾驶员行为研究。他们采集了车辆状态信息、道路交通信息,以及在事故工况和濒临事故工况下的驾驶员行为信息。最终研究表明,注意力分散是事故发生的根源。

日本新能源和工业技术发展组织利用三年的时间收集了正常工况下真实环境中的驾驶员行为数据。欧盟 Euro-FOT 和 Prolpgue 项目收集了数量十分可观的驾驶员信息。其中,Euro-FOT 主要关注驾驶员信息在 ADAS 中的应用部分。

计算机图形学和计算性能的发展使道路结构和交通车行为的虚拟建模成为可能,这就使驾驶模拟器可以模拟更加广泛的道路和交通状况。再加上处理器处理能力的发展和成本的下降,驾驶模拟器再次成为驾驶员行为特性研究的有力工具。与真实道路试验相比,驾驶模拟器具有可重复性好、工况设定更灵活、耗时少、效率高、风险低等优点。不过尽管驾驶模拟器现在被广泛应用于驾驶员特性研究,但是与通过真实道路试验获得的驾驶员特性数据相比,通过驾驶模拟器获得的驾驶员特性数据的可靠性仍然需要进一步验证。一个高质量的研究项目仍然需要平衡好驾驶模拟器实验数据和真实道路试验数据之间的关系。

3. 智能网联汽车人机交互系统的发展趋势

通过对目前人机交互系统研究现状的分析,可知未来智能网联汽车人机交互系统的发展趋势包括以下几项。

① 在人机交互设计过程中,需要考虑不同人群的需求,这也是未来人机界面设计标准和准则的制定方向。

② 车辆中与驾驶员操纵输入密切相关的部分,如转向盘力感、踏板脚杆、座椅舒适度、体感等,依然是未来的研究方向。更适合驾驶员操纵输入和身体感知也是一个需要持续研究的方向。

③ 对于 ADAS,驾驶员在获得辅助驾驶的同时,也会分散注意力,增加驾驶负担,因此,对于如何协调好驾驶员的基本操纵行为和辅助驾驶系统之间的关系,需进一步研究。

④ 未来对车辆和交通领域的研究内容不仅仅是驾驶员和车之间的关系，很可能面临更加广泛的社会问题，需要更多领域的研究人员参与进来，如城市规划师、社会学家、人类学家等。

⑤ 目前各国虽然都获得了大量的驾驶员行为信息数据，但是如何将这些数据应用于工程系统中仍有待研究。

2.2.6　智能网联汽车应用服务模式

自动驾驶系统是一个复杂的系统。为了实现从 A 地到 B 地的驾驶过程，在智能网联汽车的实际使用中，需要无人驾驶系统完成感知、决策、控制三大任务。智能网联汽车自动驾驶系统结构如图 2-12 所示。

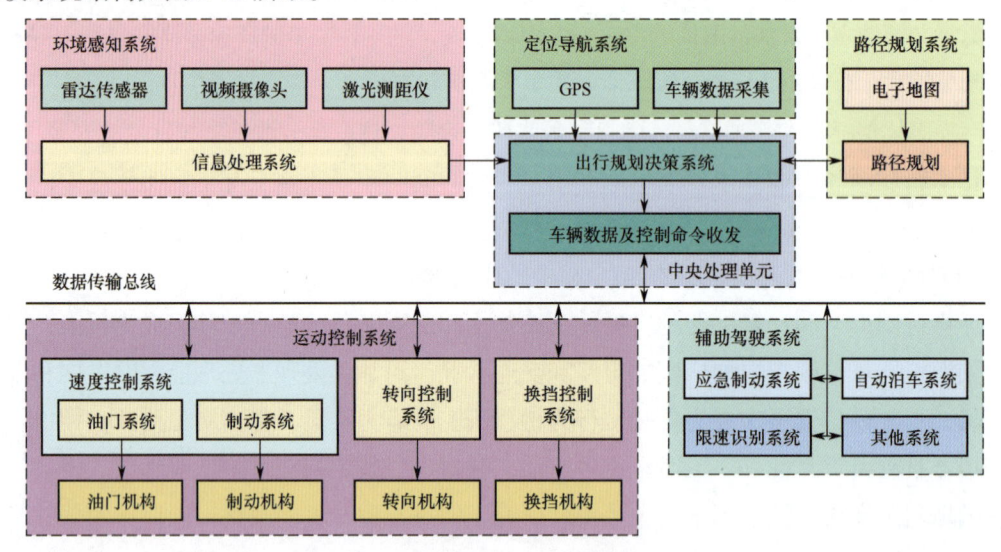

图 2-12　智能网联汽车自动驾驶系统结构

感知环节采集周围环境的基本信息，是自动驾驶的基础。智能网联汽车通过传感器来感知环境，所用的传感器主要包括激光雷达、毫米波雷达、车载摄像头这几种常用传感器和 GNSS/IMU[①]在各方面的性能对比如表 2-6 所示。

表 2-6　常用传感器和 GNSS/IMU 在各方面的性能对比

序号	内容	激光雷达	毫米波雷达	车载摄像头	GNSS/IMU
1	远距离测量能力	优	优	优	优
2	分辨率	良	优	优	优
3	低误报率	良	优	一般	优
4	温度适应性	优	优	优	优
5	不良天气适应性	较差	优	较差	优

---

① GNSS 即全球导航卫星系统（Global Navigation Satellite System）的英文缩写；IMU 即惯性测量单元（Inertial Measurement Unit）的英文缩写。

(续表)

序号	内容	激光雷达	毫米波雷达	车载摄像头	GNSS/IMU
6	灰尘/潮湿适应性	较差	优	较差	较差
7	低成本硬件	较差	优	优	良
8	低成本信号处理	较差	优	较差	良

1. 激光雷达

激光雷达又称光学雷达，是一种先进的光学遥感技术。激光雷达可以用于测量物体距离和表面形状，其测量精度可达厘米级。激光雷达还可以联合 GNSS/IMU 与高精度地图等手段加强定位，一方面通过 GNSS 得到初始位置信息，再通过 IMU 和车辆的编码器配合得到车辆的初始位置；另一方面将激光雷达的 3D 点云数据，包括几何信息和语义信息进行特征提取，并结合车辆初始位置进行空间变化，获取基于全局坐标系下的矢量特征。

2. 车载摄像头

车载摄像头的工作原理：首先采集图像，将图像转换为二维数据；然后对采集的图像进行模式识别，通过图像匹配算法识别行驶过程中的车辆、行人、交通标志等。相比激光雷达，尽管智能网联汽车配置的摄像头采集的数据量远大于激光雷达产生的数据量，但可以获得最接近人眼获取的周围环境信息。

根据不同自动驾驶功能的需要，车载摄像头的安装位置也有所不同，主要分前视、环视、后视、侧视和内置，如表 2-7 所示。要实现全部自动驾驶功能，至少需要安装六个摄像头，摄像头安装要求如下。

表 2-7 车载摄像头的安装位置及对应的功能

序号	安装位置	自动驾驶辅助功能	使用功能说明
1	前视	车道偏离预警	当前摄像头检测到车辆即将偏离车道线时，发出警报
2	前视	向前碰撞预警	当前摄像头检测到与前车距离过近，可能发生追尾时，发出警报
3	前视、侧视	交通标志识别	识别前方道路两侧的交通标志
4	前视	车道保持辅助	当前视摄像头检测到车辆即将偏离车道线时，就会向控制中心发出信息，由控制中心发出指令，及时纠正车辆行驶方向
5	前视	行人碰撞预警	前视摄像头会标记前方道路上的行人，并在可能发生碰撞时及时发出警报
6	侧视	盲点监测	利用侧视摄像头，将后视镜盲区内的景象显示出来
7	前视、侧视、后视	全景泊车	利用车辆四周摄像头获取的影像，通过图像拼接技术，输出车辆周边的全景图
8	后视	泊车辅助	泊车时将车尾的影像呈现在驾驶舱内，预测并标记倒车轨迹，辅助驾驶员泊车
9	内视	驾驶员注意力监测	安装在车内，用于检测驾驶员是否疲劳、闭眼等

① 高动态。在较暗环境及环境明暗差异较大时仍能实现识别，因此要求摄像头具有高动态的特性。

② 中低像素。为降低对图像处理器的性能要求，摄像头的像素并不需要非常高，当前，30 万～120 万像素就可以满足要求。

③ 角度要求。对于环视和后视，一般采用 135° 以上的广角镜头，前置摄像头对视距要求更大，一般采用 55° 的范围。

3. 毫米波雷达

毫米波就是电磁波，雷达通过发射无线电信号并接收反射信号来测定车辆与物体间的距离，其频率通常为 10～300GHz。与厘米波导引头相比，毫米波导引头体积小、质量小、空间分辨率高；与红外、激光、电视等光学导引头相比，毫米波导引头穿透雾、烟、灰尘的能力强；毫米波导引头的抗干扰性能也优于其他微波导引头。

毫米波雷达具有全天候、全天时的工作特性，且探测距离远，探测精度高，被广泛应用于车载距离探测，如自适应巡航、碰撞预警、盲区探测、自动紧急制动等。毫米波雷达的测距和测速原理都是基于多普勒效应，其系统原理功能结构如图 2-13 所示。

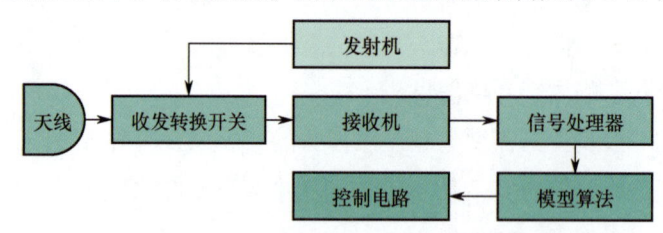

图 2-13 毫米波雷达系统原理功能结构

4. 超声波雷达

超声波雷达是通过发射并接收 40kHz 的超声波，根据时间差算出障碍物距离，其测距精度为 1～3cm。常见的超声波雷达有两种：一种是安装在汽车前后保险杠上的倒车雷达，称为超声波驻车辅助传感器；另一种安装在汽车侧面，称为自动泊车辅助传感器。超声波是一种机械波，这一点使超声波雷达有着根源性的局限性：对温度敏感；超声波散射角大，方向性较差，无法精确描述障碍物位置。

5. GNSS/IMU

GNSS/IMU 是星基无线电导航系统，以人造地球卫星作为导航台，为全球海、陆、空的各类军民载体提供全天候、高精度的位置、速度和时间信息。目前，世界上著名的卫星导航系统有美国的全球定位系统（Global Positioning System，GPS）、俄罗斯的全球导航卫星系统（Global Navigation Satellite System，GNSS）、中国的北斗卫星导航系统及欧盟伽利略（Galileo）系统。

GNSS 主要解决两个问题：一是观测瞬间卫星的空间位置，二是测量站点卫星之间的距离。空间位置即 GNSS 卫星在某坐标系中的坐标，要建立适当的坐标系来表征卫星的参考位置，而坐标又往往与时间联系在一起，因此，定位是基于坐标系统和时间系统来进行的。GNSS 利用基本三角定位原理，分别以三个卫星的位置为圆心，以三个卫星距地面某点的距离为半径作球面，球面的交点即为地面用户位置。GNSS 误差与测距的关联如表 2-8 所示。

表 2-8 GNSS 误差与测距的关联

误差来源		对测距的影响（m）
与信号传播有关的误差	电离层延迟	1.5～15.0
	对流层延迟	
	多径效应	
与卫星有关的误差	星历误差	1.5～15.0
	时钟误差	
	相对论效应	
与接收机有关的误差	时钟误差	1.5～5.0
	位置误差	
	天线相位中心变化	
其他误差	地球潮汐	1.5～5.0
	负荷潮	

差分 GNSS 的基本原理是在一定地域范围内设置一台或多台接收机，将一台已知精密坐标的接收机作为差分基准站，基准站连续接收 GNSS 信号，与基准站已知的位置、距离数据进行比较，从而计算出差分校正量，减少甚至消除 GNSS 中用户站由于卫星时钟、卫星星历、电离层延迟与对流层延迟所引起的误差，提高定位精度。

2.3　城市交通智能车路协同管控场景

随着新一代信息技术与汽车产业的深度融合，智能网联汽车正逐渐成为全球汽车产业发展的战略制高点。我国高度重视智能网联汽车发展，智能网联汽车成为关联众多重点领域协同创新、构建新型交通运输体系的重要载体，并在塑造产业生态、推动国家创新、提高交通安全、实现节能减排等方面具有重大战略意义，已经上升到国家战略高度。

随着我国智能网联汽车的发展，出现了一系列全新的概念，如车联网、智能汽车、智能网联汽车、智能网联汽车、车路协同等。本节对这些概念进行梳理，同时提出车路协同应用的主要场景。

2.3.1 城市交通智能车路协同实现功能

根据中国汽车工程学会标准《合作式智能运输系统 车用通信系统应用层及应用数据交互标准》(T/CSAE 53—2017)，车联网基础功能涵盖安全、效率和信息服务三大类 17 个应用。这些应用是今后应重点关注的应用内容。以 C-V2X 增强业务的应用为例，其应用场景如表 2-9 所示。

表 2-9　C-V2X 增强业务的应用场景

序号	应用场景	通信模式	场景分类
1	协作式变道	V2V	安全
2	协作式匝道汇入	V2I	安全
3	协作式交叉口通行	V2I	安全
4	感知数据共享/车路协同感知	V2V/V2I	安全
5	道路障碍物提醒	V2I	安全
6	慢行交通轨迹识别及行为分析	V2P	安全
7	车辆编队	V2V	综合
8	特殊车辆信号优先	V2I	效率
9	动态车道管理	V2I	效率
10	车辆路径引导	V2I	效率
11	场站进出服务	V2I	效率/信息服务
12	浮动车数据采集	V2I	信息服务
13	差分数据服务	V2I	信息服务

2.3.2 城市交通智能车路协同应用方式

1. 智能车路协同示范区

我国积极推进智能网联汽车测试示范区建设工作，初步形成了"5+2"建设格局。各地区结合智能网联汽车发展状况，依托地区优势、特色资源，积极探索和建设示范区。北京、河北、上海、重庆、浙江、长春、武汉、无锡等地已建设智能网联汽车测试示范区，积极推动半封闭、开放道路的测试验证。

无锡车联网城市级应用示范项目基于工业和信息化部、公安部和江苏省在无锡共同建设的国家智能交通综合测试基地开展，由公安部交通管理科学研究所、无锡市公安局交通警察支队、中国信息通信研究院、无锡市组织中国移动、华为、江苏天安智联等 6 家核心单位实施，一汽、奥迪、上汽、福特等车企及中国交通频道、高德、江苏航天大为等 23 家单位共同参与标准制定、研发推进、开放道路实测、演示等一系列活动。

截至目前，无锡已建设完成了现阶段全球最大规模的城市级车联网 LTE-V2X 网络，覆盖无锡市主城区、新城主要道路 240 个信号灯控交叉口，共 170km^2 的规模。项目以"人-

车-路-云"系统协同为基础,开放 40 余项交通管控信息,实现 V2I/V2V/V2P 信息服务,覆盖车速引导、救护车优先通行提醒、道路事件情况提醒、潮汐车道、电单车出没预警等 27 个典型应用场景。未来,LTE-V2X 技术将能支持实现高级自动驾驶、人车路协同感知和控制,让道路更智慧,让开车更简单。

在智能网联汽车测试示范区建设路侧单元,形成无线覆盖的测试示范区,可推荐测试区内测试智能网联汽车辆安装车载单元,形成车联网,可全方位掌握测试车辆的位置、速度、驾驶操作信息,可与智能网联汽车辆传感器信息互相印证,提高智能网联汽车的安全性。

2. 智能车路协同交通走廊

北汽集团 2018 年发布了智能网联汽车五年行动计划"海豚+"战略。北汽集团将与博世、松下、百度、科大讯飞、京东方等企业合作,整合优质资源。智能交通方面,结合 2022 年北京冬季奥林匹克运动会(以下简称冬奥会)、京雄高速、雄安新区和北京智慧城市的建设需求,开展自动驾驶和车路协同良好的示范应用;面向冬奥会示范运营或量产应用商用车队列自动驾驶技术,建设北汽车辆队列自动驾驶技术平台;加快建设顺义区智能网联汽车创新生态示范区等项目。

《北京市智能网联汽车产业白皮书(2018 年)》提出加快建设智能路网设施的行动计划,"部署智能路网试点改造工程,规划建设卫星地面增强站、LTE-V、5G-V2X 路侧单元,实现交通道路通信设施、视频监控设施、交通信号、交通标识标线智能互联,具备路网全域感知能力,满足复杂的车路协同需要"。

在特定的高速公路或高等级公路路侧设置 RSU,与使用道路的网联汽车一起形成车联网。为网联汽车提供驾驶辅助和实时交通信息。目前国内有多家业内企业已发布了车路协同高速公路应用。

3. 智能车路协同交叉口应用

智能车路协同交叉口控制的本质是依据实时交通状况对交叉口中冲突点的通行时空资源进行合理分配,最终实现减少车辆在交叉口的等待时间,提高交叉口通行效率的目的。在交叉口布设 RSU,RSU 接收附近智能联网汽车的信息,从云端接收数据中心的数据,并不断向附近的所有联网车辆广播车辆行驶期间的相关信息,从而提前警告他们潜在的安全问题,同时在驾驶员本身对道路观察的基础上提供进一步的信息。智能联网汽车接收到 RSU 发出的信息后对驾驶行为进行调整,同时将自己的数据发送给 RSU,具体流程如下:

① OBU 抵近交叉口;
② RSU 获取 OBU 到达及周边环境信息;
③ RSU 发布信号灯配时、行人、车辆位置、路况等信息;

④ OBU 获取 RSU 发布的信号灯配时和速度建议；

⑤ OBU 自动驾驶算法（或驾驶员）主动调整行驶速度，通过交叉口。

这一流程的原理是 RSU 与 OBU 建立连接后，OBU 向 RSU 发送包括车辆速度、车辆位置的车辆状态消息。RSU 收到车辆状态消息后进行解析处理，实现对车辆运行参数的实时监测，然后根据监测数据判定交叉口当前安全等级，并将判定结果与当前交叉口的动态信息（当前信号灯状态、信号保持时间等）打包为交叉口预警消息或状态消息后，实时向处于其通信队列的 OBU 发送，其中预警消息定向发布至潜在事故车辆，提醒其调整驾驶行为，避免事故发生；状态消息以广播方式发布，接收到消息的非事故车辆根据状态消息调整驾驶行为。

4. 智慧公交应用

利用车路协同技术提升智能公交管理水平，沿公交专用道部署 RSU，可以实现公交专用道沿线的网络覆盖，形成智能公交车联网。公交车辆安装 OBU，交通信号控制系统可监测到公交车辆到达，为公交车辆提供信号优先服务，具体流程如下：

① OBU 公交车辆抵近交叉口；

② RSU 获取公交车辆到达及周边环境信息；

③ RSU 根据综合信息优化信号配时和速度建议；

④ OBU 公交车辆获取 RSU 发布的信号灯配时和速度建议；

⑤ OBU 公交车辆自动驾驶算法（或驾驶员）自主调整行驶速度，通过交叉口。

在都市区的公交专用车道上，公交车辆较多，公交车辆的行驶安全性和效率问题都十分突出，车路协同系统可为公交车辆提供车队行驶服务，减小车辆间隔，提高公交车辆的通行能力，并为公交车辆提供主动安全服务，具体流程如下：

① OBU（公交车辆）进入公交专用道；

② 多辆 OBU 与 RSU 组网形成车队行驶；

③ RSU 为车队提供路网周边信息；

④ OBU 为公交乘客提供服务，RSU 为候车乘客提供服务；

⑤ OBU 根据计划自主调整离开车队行驶。

5. 货运车队应用

自动驾驶技术在固定线路上可以帮助货运车队实现最有效率的驾驶方式，极大地减少对货车驾驶员的需求，并极大地降低交通事故的发生概率，从而进一步降低运输成本。当前自动驾驶技术比较适用于干线运输这一细分场景，主要原因在于干线运输行驶场景主要为高速公路，高速公路相比城市主干道，行人、骑车人数量较少，复杂的道路交叉口、交通指示灯等设施相对较少，自动驾驶系统可以对道路上的车辆行驶轨迹进行更好的预测。

对于高速公路或国道交通流量较少的情况，可采用车队行驶的方式，由 7~10 辆货运卡车组成一个车队，头车和尾车采用人员驾驶，中间车辆采用跟车无人驾驶的方式进行长途运输。

6. 园区、机场、港口应用

机场、码头、货运场站等封闭区域由于场景相对封闭、运行区域规范，已成为无人驾驶应用的主要领域。

应用车路协同服务系统，对车辆行驶区域进行信息化改造，通过装载 RSU 和 OBU，实现车辆与车辆、车辆与基础设施、车辆与云端的互联互通，并进一步实现对单个车辆的运行控制及对区域车辆的协调控制和管理，优化运行路线，从而有效避免车辆碰撞，降低物流成本，提高货物运输的效率及货运服务质量。

7. 共享汽车应用

共享汽车是车路协同项目落地的最重要场景之一，自动驾驶能够为共享汽车降低成本。据不完全统计，我国已经有超过 300 个汽车租赁平台，租赁汽车总量约 20 万辆，但到目前为止，尚未有一家能实现盈利。这主要是因为汽车租赁是一个重运营产业，运营成本居高不下。若能够通过自动驾驶实现自动调度、自动泊车，将大幅降低汽车租赁企业的运营成本。

汽车租赁由于车辆移动具有方向性，每日需要较大的人员成本移动车辆。可以使用车队跟车自动驾驶的方式组成车队，由 7~10 辆车组成一个车队，头车和尾车采用人员驾驶，中间车辆采用无人驾驶模式，利用凌晨 2~3 点道路车辆少的时间段移动车辆，大幅降低移车成本。

8. 试驾应用

试乘试驾车管理平台可对试驾车进行有效管理。首先通过车载诊断系统（On Board Diagnostics，OBD），采集 4S 店试乘试驾车辆的行驶数据，包括里程、路径、时间、油耗等。同时在管理后台实时监控试驾车辆违规操作和异常驾驶内容。例如，通过电子围栏查看试驾车是否超出使用范围，通过行驶数据查看实践路线是否合理，是否按主机厂要求完成了试驾数量等。最终在手机终端实现车辆监控管理、试乘试驾统计、车辆配备管理及系统管理四部分功能，销售顾问可以通过 App 端管理平台，实现位置、导航、讲解、评价、分享、积分等功能，确保试乘试驾全流程的用户体验。

9. 其他应用方式

① 智能停车。在车路协同环境下，配置车载终端的车辆可以实时与路侧设备通信，智能停车系统可实时掌握车辆位置，停车诱导、停车收费等都可以很方便地实现。

②事故鉴定。车路协同车辆可以得到全程数据记录，发生事故后，可以调取汽车轨迹数据，协助事故责任鉴定。

③汽车保险评估。未来车路协同系统的盈利可能来自保险公司，保险公司可以根据网联车的数据对车辆保险费用进行精算，制定合理的保险费率。

④车路协同大数据交易。智能车路协同大数据比以往的交通数据更精确、质量更高，因此作为车路协同运营公司需要有充分的技术储备。

2.4 区域交通智能车路协同管控场景

2.4.1 区域交通智能车路协同实现功能

2020年4月，各部委相继制定并出台了自动驾驶、车联网、车路协同相关的标准。公安部交通管理科学研究所就公共安全行业标准《道路交通车路协同信息服务通用技术要求》公开征求意见，该标准规定了公安交通管理内场中心系统和外场路侧设备，基于车联网/车路协同技术与外部系统或终端设备进行信息交互使用的总体架构、功能、交互对象与数据要求。工业和信息化部、公安部、国家标准化管理委员会（以下简称"国标委"）三部委联合组织制定了《国家车联网产业标准体系建设指南》，计划五年内制/修订道路交通运行管理、车路协同管控与服务等业务领域重点标准60项以上。交通运输部为指导适应自动驾驶的公路工程建设，明确了标志标线、控制与诱导设施、感知设施等路侧端各个细分领域的总体技术规范。

传统的道路交通设施的技术要求，是针对人员驾驶车辆时的生理和心理特征，以保障人员驾驶车辆安全、畅通出行为目标确定的。伴随着智能网联与非网联、无人驾驶与有人驾驶混合交通模式常态化的新需求，为了更好地满足智能网联汽车对道路交通设施的技术要求，需要建立智能网联汽车与智能网联设施的技术规范，主要包括交通高精度电子地图、交通位置服务设施、道路交通通信网络设施、道路交通标志标线标牌、交通管控与诱导服务设施、交通要素感知监测设施、道路交通路侧端边云计算设施、交通供电与照明能源设施、自动驾驶监测与信息服务中心、智能网联汽车与设施网络安全十个方面，涵盖交通安全设施、公路管理设施及相关附属设施（指为保护、养护公路和保障公路安全畅通所设置的公路防护、排水、养护、管理、服务、交通安全、渡运、监控、通信、收费等设施、设备及专用建筑物、构筑物等）等。

根据交通运输部相关行业标准规范，城市道路网络与区域公路网络自动驾驶专用车道及专用交通设施按照部署位置可分为中心端设施、路侧端设施两类。中心端设施主要包括自动驾驶监测与服务中心、高精度地图；路侧端设施主要包括定位设施、通信设施、交通标志标线、交通控制与诱导设施、交通感知设施、路侧计算设施、供能与照明设施。网络安全软硬件设施在中心端与路侧端均应部署。自动驾驶专用车道及专用交通设施的主要部署位置与基本功能如表 2-10 所示。

表 2-10　自动驾驶专用车道及专用交通设施的主要部署位置与基本功能

部署位置	附属设施类别	满足自动驾驶的基本功能
中心端	自动驾驶监测与服务中心	汇聚、处理、管理所辖区公路的自动驾驶及其服务相关信息
	高精度地图	存储所辖公路的交通静态数据与动态数据
路侧端	定位设施	为自动驾驶车辆提供定位信息
	通信设施	完成自动驾驶车辆和路侧设施之间、路侧设施和自动驾驶监测与服务中心之间的信息交换
	交通标志标线	为自动驾驶车辆明示公路的交通禁止、限制、遵行状况，告知道路状况和交通状况信息
	交通控制与诱导设施	向自动驾驶车辆发布交通控制与诱导信息
	交通感知设施	采集公路交通运行状态、交通事件、道路气象环境、基础设施状态等信息
	路侧计算设施	完成自动驾驶相关信息的收集和现场快速处理
	供能与照明设施	为自动驾驶车辆和相关附属设施提供所需的能源供给和照明环境
路侧端和中心端	网络安全软硬件设施	保护自动驾驶车辆与附属设施之间、附属设施相互之间在信息交换过程中，相关系统的硬件、软件、数据不被破坏、更改和泄露

自动驾驶专用车道及专用交通设施应在保持其各自基本功能与特性的基础上，相互配合，协调联动。自动驾驶专用车道及专用交通设施之间信息交互的基本结构如图 2-14 所示。

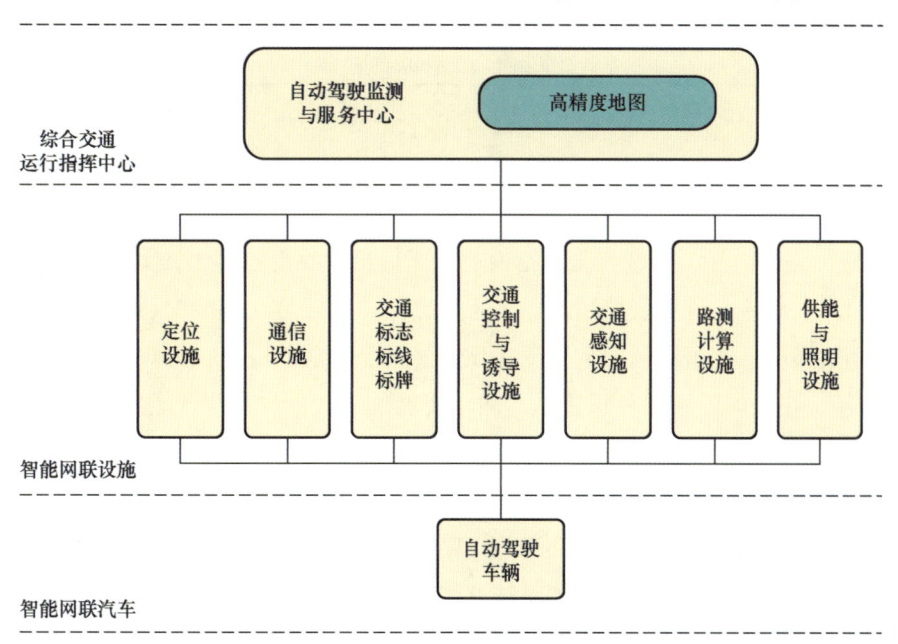

图 2-14　自动驾驶专用车道及专用交通设施之间信息交互的基本结构

自动驾驶专用车道及专用交通设施之间信息交互的主要逻辑关系如表 2-11 所示。

表 2-11　自动驾驶专用车道及专用交通设施之间信息交互的主要逻辑关系

交通设施		与其他设施之间主要逻辑关系
自动驾驶监测与服务中心	通信设施	自动驾驶监测与服务中心通过通信设施与其他附属设施、自动驾驶车辆建立网络联接，进行信息交换，收集或发布公路交通信息
	交通标志标线	自动驾驶监测与服务中心通过数字化交通标志标线发布交通禁止、限制、遵行状况，告知道路状况和交通状况信息，并远程管理数字化交通标志标线
	交通控制与诱导设施	自动驾驶监测与服务中心通过交通控制与诱导设施发布交通控制与诱导信息，并远程管理交通控制与诱导设施
	交通感知设施	交通感知设施向自动驾驶监测与服务中心上传监测数据
	路侧计算设施	自动驾驶监测与服务中心接收、处理与存储路侧计算设施的上传数据，并远程管理路侧计算设施
	供能与照明设施	供能与照明设施向自动驾驶监测与服务中心上传供能与照明信息，远程管理供能与照明设施
定位设施	其他附属设施	与其他有需要的附属设施建立网络联接，为其提供所需的信息
	自动驾驶车辆	其他附属设施通过通信设施与自动驾驶车辆建立网络联接，完成信息交换
交通标志标线标牌	自动驾驶车辆	数字化交通标志标线向自动驾驶车辆发布交通禁止、限制、遵行状况，告知道路状况和交通状况信息
交通控制与诱导设施	自动驾驶车辆	交通控制与诱导设施通过通信设施与自动驾驶车辆建立网络联接，向自动驾驶车辆发布交通控制与诱导信息
交通感知设施	路侧计算设施	交通感知设施向路侧计算设施传输需要进行本地处理的监测数据
路侧计算设施	自动驾驶车辆	路侧计算设施通过通信设施与自动驾驶车辆建立网络联接，与自动驾驶车辆进行信息交换
供能与照明设施	自动驾驶车辆	供能与照明设施通过通信设施与自动驾驶车辆建立网络联接，向自动驾驶车辆发布供能与照明相关信息

2.4.2　区域交通智能车路协同应用方式

1. 智能网联汽车与大数据时代的智慧公路

①智慧公路的内涵。智慧公路是指通过交通信息的收集和传递，实现对车流在时间和空间上的引导、分流，避免公路堵塞，加强公路用户的安全，减少交通事故的发生，改善公路交通运输环境，使车辆和司乘人员在高速公路上安全、快速、畅通、舒适地运行。

1995 年，在法国巴黎举行了首届"国际智能公路大会"和"智能公路展览会"，来自美国、日本和西欧国家的科学家、企业家、政府官员、科研机构和工业企业联合提出，智慧公路是一个借助移动互联网、物联网、大数据、云计算、人工智能等新一代信息技术，以人、车、路环境的全面精准感知和智能决策为核心，通过、人、车路互联与协作，构建的可实现协同管控与创新服务的公路系统。新一代的智慧公路，是在新技术特别是信息技术和人工智能的推动下的车路协同管控，是传统管控的全面变革。

②智慧公路系统。智慧公路系统是建有通信系统、监控系统等基础设施，并对车辆实

施自动安全检测、发布相关的信息及实施实时自动操作的运行平台，它为实现智能公路的运输提供更为安全、经济、舒适、快捷的基础服务，以达到减少交通阻塞和事故的目的。

智慧公路体系一旦实现，可以有效缓解城市交通阻塞，减少交通事故 31%~85%。将一种环状通电线圈构成的监测器设在公路两旁，每当汽车驶过，该监测器即把信息输入中心电脑。如果交通过于拥挤，中心电脑便会指示公路交叉口延长红灯时间，同时用电子显示牌向驾车人显示交通拥挤的程度、范围及改用哪条行车路线。中心电脑也可启动路边的闪光装置，通知驾车人收听当地公路交通情况的报告，以便驾车人"因地制宜"地选择行车路线。

③ 智慧公路的发展前景。智慧公路系统的前景是美好的，但它也是智能交通领域技术难度最高的系统。其中，基于磁性标记诱导的车辆车道自动保持技术（即自动驾驶技术）是世界车辆工程及自动控制领域的研究前沿。技术人员描绘了未来的"智能公路"的美好前景：早上，驾驶员启动汽车发动机后，车载大功率计算机同时被打开，随即从一系列的地球定点卫星那里接收到信息资料；汽车上路后，位置检测器开始工作，计算机显示器随时指示汽车行驶的位置。车载计算机会分析处理来自公路上的交通监测设备的城区网络信息。这时计算机显示器上显示出一条通向办公地点的路线，按一下按钮，屏幕上即显示出一条红色轮廓的最佳路线。

智慧公路系统可实现以下目标。

① 通过地区、全国和跨国公路信息的收集和传递，实现对车流在时间和空间上的引导、分流，避免公路堵塞，减少因此而引起的经济损失和废气污染，保证公路交通畅通无阻。

② 通过车载信息系统使驾驶员及时了解交通情况，发现险情，提高恶劣环境下驾驶员的可视度，控制车辆的关键设备，协助驾驶员操作，减少驾驶员疲劳，实现公路自动缴费，从而加强公路用户的安全，减少交通事故。

③ 通过提供设备和信息服务，提高公路经济效益。

2. 智慧公路与传统智能交通系统的对比

① 感知能力。传统智能交通系统包含有感知层、传输层、决策层、应用层等，但在智慧公路阶段，每层都有了新的变化。以感知能力为例，传统智能交通手段比较单一，都是在路侧装一些固定的交通流检测设施，如微波检测器、视频检测器等；感知参数相对比较单一，很多都是交通流的感知参数；因为检测设备安装位置固定，所以覆盖范围比较有限，往往只在关键路段布设一些设备；此外视频也不是全网覆盖。

智慧公路系统的信息采集多元化，包括路上有视频、ETC 收费等，可作为新采集手段的新模式。还可采集众包数据、导航数据、网络签到数据，手机信令等通信数据。5G 的普及产生了新的数据源。这些数据源对车辆自动驾驶和智能车辆的发展有很大作用，建立了

智能车路协同管控 可视化推演平台

更多的感知能力,如驾驶行为、车辆性能、能耗排放,还有车辆级的高精度定位。对于交通流的采集,除传统的车速交通量以外,还有事件的检测、道路运行、天气环境、基础设施的全面检测,特别是人的出行路径选择检测,它可以知道全出行路径,也进行一些动态的检测,从人的出行源头需求调控,到出行路径的最优选择,提供了一个很好的出行服务基础。

② 传输能力。传统智能交通系统都是单向传输,后台汇聚,信息不对称,出行者和管理者不知道全局的信息。

智慧公路系统是双向传输,而且信息共享、对称,这就促进了人、车、路多方协作机制的形成。例如,利用智慧公路系统进行分流诱导,可以进行合作的模式,可以借助 ETC 的动态收费调整,诱导路网的均衡。此外,传输带宽速度的提升,为安全、娱乐地服务都提供了新的保障。

③ 管控决策能力。有了感知和传输能力作基础,管控决策的能力也得到了大大的提升,特别是现在云计算等计算能力得到了很大的提升。传统智能交通系统因为信息不全面,计算能力有限,所以往往是"监而不控",或者是局部的路网实现辅助人工的监控。智慧公路系统可以实现全网可监可控,因为它是双向传输,信息指令可以发给每辆车,从而监控交通流中的每一辆车,控制范围从过去的局部路段,变为对全路网分流的控制。再加上模型的驱动,离线的预案式的调控措施,随着动态数据的接入和计算能力的提高,采用多元的数据加载模型,构成模型驱动和数据驱动两层驱动的决策分析模型,可以大幅度提高决策支持能力。

④ 服务能力。服务能力有全面的提升,过去是面向公众的一个基本服务,包括数字广播等都是实现无差异化的,车辆到了这条公路上,才能得到提醒的服务;这种无差异化的服务,即使是得到相关信息,也不是出行所急需的信息。智慧公路系统的信息传递范围在延伸,交互性在扩展,实现服务模式在创新,完全可以提供个性化、定制化、门到门全出行链的服务。

第 3 章

智能车路协同管控平台关键技术

面向中国智能网联汽车的"网联感知"战略(聪明的车+智慧的路),智能车路协同管控平台的关键技术是在智能车路协同关键技术(智能车载系统关键技术、智能路侧实施系统关键技术、车路与车车协同信息交互技术)基础上进一步提升与延伸的,以交通大数据信息源池为支撑的技术体系,主要包括以下几个方面的内容:

① 高精度地图与定位导航技术;
② 行人与智能网联汽车行为管控技术;
③ 车与车信息交互技术;
④ 车与路信息交互技术;
⑤ 车路协同系统仿真与测试技术;
⑥ 智能车路协同主动安全技术;
⑦ 智能车路协同交互通信与装备技术;
⑧ 人车意图智能融合驾驶技术。

3.1 高精度地图与定位导航技术

3.1.1 智能车路协同高精度地图解析

1. 高精度地图

高精度地图是精度更高、数据维度更多的电子地图。精度更高体现在精确到厘米级别,数据维度更多体现在其包括除道路信息外与交通相关的周围静态信息。高精度地图将大量的行车辅助信息存储为结构化数据,这些信息可以分为两类:第一类是道路数据,如车道线的位置、类型、宽度、坡度和曲率等车道信息；第二类是车道周边的固定对象信息，如交通标志、标线、标牌、信号灯等信息、车道限高、下水道口、障碍物及其他道路细节，还包括高架物体、防护栏、树木、道路边缘类型、路边地标等基础设施信息。这些信息都有地理编码，导航系统可以准确定位地形、物体和道路轮廓，从而引导车辆行驶。其中最重要的是对路网精确的三维表征（厘米级精度），如路面的几何结构、道路标示线的位置、周边道路环境的点云模型等。有了这些高精度的三维表征，自动驾驶系统可以通过比对车载的 GPS、IMU、激光雷达或摄像头的数据精确确认自己当前的位置。另外，高精度地图中包含有丰富的语义信息，如交通信号灯的位置和类型、道路标示线的类型，以及哪些路面可以行驶等。

与传统电子地图相比，高精度地图的不同之处在于以下几个方面：

① 精度。传统电子地图精度在米级别，商用 GPS 精度为 5m。高精度地图的精度在厘米级别（如谷歌、Here 等高精度地图的精度在 10～20cm 级别）。

② 数据维度。传统电子地图只记录道路级别的数据，如道路形状、坡度、曲率、铺设、方向等。高精度地图不仅增加了车道属性相关数据（车道线类型、车道宽度等），更有诸如高架物体、防护栏、树木、道路边缘类型、路边地标等大量目标的数据。高精度地图能够明确区分车道线类型、路边地标等道路交通设施的细节。

③ 作用与功能。传统电子地图起到辅助驾驶导航的作用与功能，其本质与传统经验化的纸质地图相类似。高精度地图通过"高精度+高动态+多维度"数据，起到为自动驾驶提供自变量和目标函数的作用与功能。

④ 使用对象。传统电子地图面向驾驶员，是供驾驶员使用的地图数据。高精度地图面向机器，是供智能网联汽车使用的地图数据。

⑤ 数据的实时性。高精度地图对数据的实时性要求更高，无人驾驶时代所需的局部动态地图根据更新频率将所有数据划分为四类：永久静态数据（更新频率约为 1 次/月），半永久静态数据（频率为 1 次/小时），半动态数据（频率为 1 次/min），动态数据（频率为 1 次/秒）。传统电子地图可能只需要前两类数据，而高精度地图为了应对各类突发状况，保证自动驾驶的安全，需要更多的半动态数据和动态数据，这大大提升了对数据实时性的要求。可以说，高精度地图=高鲜度+高精度+高丰富度，无论动态化还是精度和丰富度都满足要求，其最终目的都是保证自动驾驶的安全性与高效率。动态化保证了自动驾驶能够及时地应对突发状况，选择最优行驶路径；高精度确保了机器自动行驶的可行性，保证了自动驾驶的顺利实现；高丰富度与机器的更多逻辑规则相结合，进一步提升了智能网联汽车的安全性。

2. 高精度地图的三大功能

在智能网联汽车中，作为无人驾驶的记忆系统，未来的高精度地图应用要求具备以下三大功能。

1）地图匹配

由于存在各种定位误差，电子地图坐标上的移动车辆与周围的物体并不能保持正确的位置关系。利用高精度地图匹配则可以将车辆位置精准地定位在车道上，从而提高车辆定位的精度。高精度地图在地图匹配上更多的是依靠其先验信息；传统电子地图的匹配依赖 GPS 定位，定位准确性取决于 GPS 的精度、信号强弱及定位传感器的误差。高精度地图相对于传统电子地图有着更多维度的数据，如道路形状、坡度、曲率、航向、横坡角等；通过更高维数的数据结合高效率的匹配算法，高精度地图能够实现更高尺度的定位与匹配关联。

2）辅助环境感知

高精度地图可对传感器无法探测的部分进行补充，进行实时状况的监测及外部信息的反馈：传感器作为无人驾驶的"眼睛"，有一定的局限性，如容易受恶劣天气的影响，此时可以使用高精度地图来获取当前位置道路交通精准的运行状况。

① 通过对高精度地图模型的提取，可以将车辆位置周边的道路、交通、基础设施等对象及对象之间的关系提取出来，从而提高车辆对周围环境的鉴别能力。

② 一般的地图会过滤掉车辆、行人等活动障碍物，如果智能网联汽车在行驶过程中发现了当前高精度地图中没有的物体，这些物体大概率是车辆、行人和障碍物。高精度地图可看作无人驾驶的传感器，相比传统硬件传感器（雷达、激光雷达或摄像头），在检测静态物体方面，高精度地图具有的优势如下：

- 所有方向都可以实现无限广阔的视线范围；
- 不受环境、障碍物或其他干扰的影响；
- 可以检测所有的静态及半静态物体；
- 不占用过多的处理计算能力；
- 已存有检测到物体的逻辑，包括复杂的关系。

3）路径规划

由于道路交通信息实时更新，提前规划好的最优路径可能随时发生变化。此时高精度地图在云计算的辅助下，能有效地为智能网联汽车提供最新的路况，帮助自动驾驶车辆重新规划最优路径。

高精度地图路径规划能力可下沉到道路和车道级别。传统电子地图的路径规划功能往往基于最短路算法，结合路况为驾驶员制定最快捷、最短的路径。而高精度地图可利用矢量地图，在特征地图的基础之上进一步抽象、处理和标注信息，抽出路网信息、道路属性信息、道路几何信息及标识物等抽象信息。矢量地图的容量要小于特征地图，并能够通过路网信息完成点到点的精确路径规划，这是高精度地图路径规划功能的一大优势。

3. 导航地图、ADAS 地图及自动驾驶地图的特征

导航地图、ADAS 地图和自动驾驶地图具有各自的特征。

① 对导航地图而言，街道名称是比较重要的信息，但对 ADAS 和自动驾驶地图来说并非如此。

② 道路曲率对 ADAS 的应用至关重要，对自动驾驶地图来说也是必需的，但导航地图并不需要道路曲率数据。

③ 道路的几何特征对导航、ADAS 和自动驾驶地图都是适用的。

④ 不同地图级别和地图精度对应的是不同级别的智能驾驶及不同级别的精度需求。

不同级别的高精度地图，在精度和信息量上也有差别。例如，在安全环境下使用的基础 ADAS 地图精度只需要达到米级别，而高级别自动驾驶地图的精度则需要达到厘米级别。在数据量方面，基础 ADAS 地图只记录高精路道级别的数据（道路形状、坡度、曲率、铺设、方向等），高级别自动驾驶地图中不仅增加了车道属性相关数据（车道线类型、车道宽度等），更有如高架物体、防护栏、树木、道路边缘类型、路边地标等大量目标数据。

4. 高精度地图的数据结构类型

与传统电子地图相似，高精度地图的数据结构也是分层的。

① 数据类型 I：二维网格数据。高精度地图的底层是基于红外线雷达传感器建立的一个精密二维网格，这个二维网格的精度保证在 5cm×5cm 左右。网格中存储的数据包括可以行驶的路面、路面障碍物、路面在激光雷达下的反光强度等。智能网联汽车可以通过对其传感器收集到的数据与其内存中的高精度二维网格进行比对，从而确定车辆在路面的具体位置。

② 数据类型 II：路面语义信息。在二维网格参照系的基础上，高精度地图还包括路面的语义信息，如道路标识线的位置和特征信息、车道特征。这些路面语义信息可以发挥环境辅助感知作用。当传感器由于恶劣天气、障碍物及被其他车辆遮挡而不能可靠地分析出车道信息时，高精度地图中原有的车道信息特征可以辅助对车道信息进行更准确的判断，了解相邻车道之间是否可以安全并道。

③ 数据类型 III：交通标识信息等。高精度地图还包括道路标识、标牌、标线、信号灯等。其作用包括：提前提示智能网联汽车在某些特定的位置检测相应的交通标识、标牌、标线、信号灯，提高检测速度；在智能网联汽车没有成功检测出交通标识、标牌、标线、信号灯的情况下，确保行车的安全。

5. 电子地图数据模型

大多数汽车厂商与其供应商都会使用专有的地图数据模型，但基本会受地理数据文件

（Geographical Data File，GDF，一种保存地理数据的文件格式）规范的影响。GDF 由欧洲标准委员会于 1988 年 10 月首次发布。GDF 第 5 版于 2011 年发布，目标是将数字地图广泛用于车辆导航系统、行人导航系统、ADAS、公路维护系统、公路运输信息记忆远程信息处理系统。GDF 地图数据模型使用以下三种实体。

① 要素（或物体）：点、线、面（简单要素）或点、线、面的不同组合（复杂要素）。

② 要素之间的关系：子级、父级。

③ 属性：要素或关系的属性。

6. 高精度地图数据采集

高精度地图有着与传统地图不同的采集原理和数据存储结构。传统地图多依靠拓扑结构和传统数据库存储数据，将各类现实中的元素作为地图中的对象堆砌于地图上，将道路存储为路径。为提升存储效率和机器的可读性，高精度地图在存储时被分为矢量和对象层。

1）数据采集：实地采集+处理+后续更新

① 实地采集：高精度地图制作的第一步，往往是通过采集车进行实地采集。采集的核心设备为激光雷达，通过激光的反射形成环境点云，从而完成对环境中各对象的识别。

② 处理：包括人工处理、深度学习的感知算法（图像识别）等。一般来说，采集的设备越精密，采集的数据越完整，需要用算法来降低的不确定性就越低。采集的数据越不完整，就越需要用算法来弥补数据的缺陷，当然也会有更大的误差。

③ 后续更新：主要针对道路的修改和突发路况，有很多处理方式，如众包、与政府的实时路况处理部门合作等。

2）采集新思路：众包+深度学习

面对高精度地图市场，重资产的传统实地采集模式对一些初创企业来说是较难承受的。此时部分初创企业会选择众包的方式，利用相对成本较低的普通车载摄像头和相机来采集道路信息，随后通过深度学习和图像识别算法使之转变为结构化数据。

7. 高精度地图信息采集设备

高精度地图信息采集设备包括以下几种。

1）激光雷达

激光雷达首先通过向目标物体发生一束激光，然后根据接收-反射的时间间隔确定目标物体的实际距离。根据距离和激光发射的角度，通过简单的几何变换可以计算出物体的位置信息，汽车周围环境的结构化存储通过环境点云实现。激光雷达通过测量光脉冲的飞行时间来判断距离，在测量过程中激光雷达要产生汽车周围的环境点云，这一过程要通过采样完成。一种典型的采样方式是短时间内单个发射器和接收器上发射较多的激光脉冲，如在 1s 内发射万级到十万级的激光脉冲。脉冲发射后，接触到需要被测量的物体并反射回接收器上。每次发射和接收都可以获得一个点的具体地理坐标，当发射-反射这一行为进行得足够多时，便可以形成环境点云，从而将汽车周围的环境量化。

2）摄像机

通过车载摄像机，可以捕捉到路面机器周围交通环境的静态信息，通过对图片中关键交通标志、路面周围关键信息的提取，完成对地图的初步绘制。车载摄像头是高精度地图信息采集的关键设备，其主要通过图像识别和处理的原理来进行信息采集。

3）IMU

IMU 是用于测量物体三轴姿态角（或角速率）和加速度的装置。通常一个 IMU 包含三个单轴的加速度计和三个单轴的陀螺仪。加速度计检测物体在载体坐标系统独立三轴的加速度信号；陀螺仪检测载体相对于导航坐标系的角速度信号，测量物体在三维空间的角速度和加速度，并以此解算出物体的姿态。

4）GPS

GPS 接收机的任务就是确定四颗或更多卫星的位置，并计算出自己与每颗卫星之间的距离，然后利用这些信息使用三维空间的三边测量法推算出自己的位置。要使用距离信息进行定位，接收机还必须知道卫星的确切位置。GPS 接收机存储有星历，其作用是高速接收每颗卫星在各个时刻的位置。在大城市中，由于高大建筑物的遮挡，GPS 多路径发射问题比较明显，这样得到的 GPS 定位信息容易产生从几十厘米到几米的误差，因此单靠 GPS 并不能实现精准定位。

5）轮测距器

通过轮测距器可以推算智能网联汽车的位置。在汽车的前轮通常安装轮测距器，分别记录左轮和右轮的总转数。通过分析每个时间段左轮、右轮的转数，就可以推算出车辆向前行驶的距离，以及向左、向右转了多少度。

6）高精度地图采集车

高精度地图采集车的装备较为复杂，包括上述提到的多种传感器，主要进行道路和静态交通环境数据的采集。以下分别介绍 ADAS 高精度地图采集车和 HAD 高精度地图采集车的配置情况，需要指出的是，这些内容只是一般采集车的配置情况，不同地图商的具体设备配置情况可能略有差别。

① ADAS 高精度地图采集车。ADAS 高精度地图采集车采集的精度大约在 50cm 级别，车顶安装有 6 个 CCD 摄像头，其中 5 个摄像头环绕在一个摄像头四周，每个摄像头的像素

都是 500 万，总计 3000 万像素。车内副驾驶位置处有用于采集数据的显示屏，机箱在后备厢位置处，用于储存和处理数据。

② HAD 高精度地图采集车。HAD 高精度地图采集车的采集精度大约在 10cm 级别，车顶部装配 2 个激光雷达（位于后方）和 4 个摄像头（两前两后），以满足所需要的 10cm 级别精度。两种方案搭配，能够完成标牌、障碍物、车道线等道路信息的三维模型搭建。

8. 高精度地图信息采集流程

高精度地图信息采集流程包括采集、自动融合与识别、人工验证与发布。

① 采集。高精度地图信息采集员驾驶采集车以 60～80km/h 的速度行驶，每天至少采集 150km 的高精度地图数据。在车内的副驾驶位置，放有负责控制采集设备的电脑系统，用于让采集员实时监控采集情况。在采集过程中，采集员不仅要不断确认采集设备是否工作正常，而且需要根据天气和环境情况来选择不同参数的摄像头。

② 自动融合与识别。把不同传感器采集的数据进行融合，即把 GPS、点云、图像等数据叠加在一起，进行道路标线、路沿、路牌、交通标志等道路元素的识别。对于在同一条道路上下行双向采集带来的重复数据，也会在这一环节进行自动整合和删除。

③ 人工验证与发布。由人工完成自动化处理的数据还不能达到百分之百准确，需要人工进行最后的完善和确认。目前，每位工作人员每天修正的数据量为 30～50km，修正后的数据需要上传到云端，最终形成的高精度地图也通过云平台发布。

9. 矢量地图和特征地图

① 矢量地图。所谓矢量，就是既有大小又有方向的量，在这里更强调方向。矢量地图使用直线和曲线来描述图形，这些图形的元素有点、线、矩形、多边形、圆和弧线等，可以通过数学公式计算获得。矢量图形文件体积一般较小，优点是无论放大、缩小还是旋转等都不会失真；缺点是难以表现色彩层次丰富的逼真图像效果。应用到导航电子地图中，矢量数据具有数据结构紧凑、冗余度低、表达精度高、图形显示质量好、有利于网络和检索分析等优点。传统的电子导航地图一般都是矢量地图（包括车载地图和手机端导航地图）。

② 特征地图。特征地图的一大优点是路面信息刻画准确。从矢量地图的原理可以看出，矢量地图对地图原数据信息进行了大量的简化和信息抽取，带来的结果是对道路信息的刻画较为简单。特征地图的原理是对地图原数据进行特征值提取，相比矢量地图，其对路面信息刻画得更加真实，其文件体积也相对较大。特征地图原数据的高精度信息和矢量地图小体积的中和，是特征地图产生主要来自高精度地图定位的驱动。

10. 高精度地图成本与商业模式分析

由于高精度地图的制作流程、成本、发布方式及呈现的形态等与传统电子地图有较大的区别,这就决定了高精度地图在商业模式方面与传统电子地图也不同。

1) 高精度地图成本分析

高精度地图的成本主要分为两个部分:一个是采集成本(车辆、设备、人员成本等),另一个是编译制作成本。

① 采集成本:主要是设备成本。采集成本中主要涉及采集车的设备成本。一辆高精度地图采集车需要配置的设备包括激光雷达、摄像头、陀螺仪、GPS 接收机、数据存储和计算设备等。

② 编译制作成本:主要是人力成本。编译制作过程需要高精度地图制作企业投入相当多的人力,编译制作过程中工作人员的主要任务有地图绘制、校正地图信息、更新信息点信息、更新互联网用户报错等。

2) 高精度地图商业模式分析

在产品形态和服务方式上,高精度地图与传统电子地图有较大差别,这就使高精度地图的商业模式也与传统电子地图有较大的不同。高精度地图更多的是借助云平台进行更新和发布,收费模式也与传统电子地图的收费模式不同。

① 服务方式:云服务形式。由于高精度地图对数据更新的实时性提出了很高的要求,这就决定了高精度地图需要借助云平台来实现发布。因此,从高精度的产品形态和服务方式角度看,通过云服务平台对实时更新的高精度地图数据进行实时分发是一种可行的方式,实时更新和实时同步是高精度地图在应用过程中绕不开的两大问题。没有实时更新,地图就会出现记忆偏差,甚至因为不能反映实时情况而引发危险;没有实时同步,地图的使用者就可能得不到最新的数据。为解决这两个问题,高精度地图使用了云平台。此外,云平台还能通过实时收集各车辆的行驶数据来扩充道路信息的收集手段,提高收集数据的密度,降低收集成本。云平台目前面临的难点有两个:实时更新、数据同步困难;云平台计算能力有限。

因此,自动驾驶需要从"云+端"的角度推进,不仅要强化云中心的计算能力,还要强化云与端之间的联系,以及端本身的计算和收集能力。

② 价格。从数据维度来看,高精度地图在传统电子地图道路数据的基础上加载了更多的路面语义信息和交通环境静态信息,数据维度是传统电子地图的几倍。从数据精确度来看,传统电子地图的精确度到米级,而高精度地图精确到厘米级,精确度提升了两个单位量级。从价格来看,高精度地图的单价是传统电子地图的 5~10 倍。

③ 收费模式。地图的价格代表了为客户收集数据的价值,这可能是未来收费模式发展

的大方向，但对地图商和客户合作的紧密性和信任度有了更高的要求。高精度地图的传统收费模式主要有年费制、按服务收费和免费三种。

- 年费制：类似于传统的"卖数据赚许可证费"，即按照时间单位进行收费。收费标准为每年 5000～10000 元/车，相对而言，这种收费方式较为稳定。
- 按服务收费：按照使用的数据量收费，这种收费模式的定价往往由双方谈判决定。
- 免费：地图商向客户免费提供产品，但客户需向地图商免费提供所收集的数据。

11. 传感器性能边界解析

自动驾驶核心环节包括感知、决策和控制等，其中感知是指通过传感器对周边交通环境数据进行收集和处理。但从目前传感器的性能来看，每种传感器都有其使用的环境条件和性能边界。

① 传感器性能边界 1：检测范围受限。传感器对周围环境的检测有固定的范围。如长距毫米波雷达探测距离为 1～280m，红外线传感器探测距离为 0.2～120m，视觉摄像头探测距离为 0～80m，中短距毫米波雷达探测距离为 0.2～120m，短距毫米波雷达探测距离为 0.2～30m，激光雷达探测距离为 80～150m。

② 传感器性能边界 2：感知缺陷。每种传感器都有其适用的环境条件。例如，激光传感器检测效果稳定，但在面对大范围的尘土环境时，其检测效果将大幅降低；高分辨率摄像机能检测图像中的物体，窄视场的摄像机可以检测很远的距离，但是面对暴雨、大雪等恶劣天气时，其很难检测到正确的车道线、障碍物、路肩等信息。

③ 传感器性能边界 3：先验信息缺失。先验信息是指某些可以提前采集且短时间内不会改变的信息。仅仅依靠传感器实时收集的信息很难感知车辆当前是处在高速公路上，还是处在普通城市道路上。此外，在无限速牌的路段车速最高是多少、前方道路的曲率、所处路段的 GPS 信号强弱等，这些都是传感器遇到检测盲区时无法实时捕获的信息。而这些信息是客观存在的，不会随外部事物的变化而变化，因此可以提前采集，并作为先验信息传给智能网联汽车做决策。

高精度地图就像智能网联汽车的记忆，离开了记忆，无论视线有多宽阔、思考速度有多么快，都无法对事件进行全局把控。一辆能调用高精度地图数据的智能网联汽车，能够对所处的环境进行精准预判，提前选择合适的行驶策略，而把对环境的监测重点放在应对突发情况上。在提升车辆安全性的情况下，高精度地图还有助于降低车载传感器和控制系统的成本。

12. 高精度地图与其他传感器的互补

1）高精度地图：最稳定的传感器

高精度地图是最稳定的传感器，也是视觉范围最大的传感器。高精度地图可以提供给其他传感器很多抽象的信息。对一般的传感器而言，会尽量少地提供冗余数据（主要是考虑到芯片处理数据的速度）。而高精度地图可以提供的冗余包括以下两个方面：

① 当某些传感器数据缺失时，可以利用地图数据进行推算；

② 高精度地图可以用于相互校验，当同一个数据有多个数据来源时，可以校验其他传感器数据的可信度，从而提高整个系统的准确度。

2）高精度地图：更好地辅助自动驾驶

高精度地图本身就是一种传感器，其在自动驾驶中的作用在于更好地辅助定位、感知和控制路径规划。可以通过一个应用场景来理解高精度地图在自动驾驶中的作用：车辆在高速公路下匝道时，一般会通过摄像机来探测车道线的变化，以保证车辆在车道内行驶。在车道弯曲度比较大时，摄像机反馈的信息不是很理想，这就需要利用高精度地图中的先验数据，根据车辆的姿态来拟合计算车道线的数据。

3）高精度地图：提升感知算法效率

高精度地图可以提升自动驾驶车载传感器对周围信息的感知算法效率和准确率。

① 传感器通过感知传回加工处理的数据量较大，对芯片处理性能提出了较高的要求，因此在感知算法时，尽量减少冗余信息。

② 可以利用高精度地图去掉地图中固有的标志物信息，让有限的计算资源集中在道路上可能对自动驾驶带来影响的动态物体上。

4）高精度地图：静态对象识别

高精度地图对静态物体的标识可以在一定程度上弥补传感器面对静态物体时失灵的情况。在2018年3月23日美国加州发生的特斯拉Model X重大交通事故中，特斯拉Model X的自动驾驶系统没有检测到混凝土分隔物并与之发生撞击，最终导致车辆起火和驾驶员死亡。如果在车辆中使用可包含完整道路对象的高精度地图，车辆在规划自动驾驶路径时就能提高对静态物体的识别率，从而避免类似的事故。在目前L3级别的自动驾驶系统中，如果没有高精度地图的车道线信息，就无法解决高速公路匝道口行驶的问题。但未来随着高精度地图的配备和云同步功能的逐步完善，自动驾驶算法结合高精度地图，可有效识别匝道。

总体而言，高精度地图能够弥补传感器检测范围受限和先验信息缺失的缺陷，并能够在一定程度上弥补传感器的感知缺陷，在标识静态对象的同时解放传感器，使其专注于动态对象。

3.1.2 高精度定位与街景匹配方法

2020 年 8 月，深圳市正式完成了 46480 个 5G 基站建设，成为全国首个 5G 独立组网全覆盖的城市。城市交通必须抓住 5G 率先独立组网的历史机遇，大力实施"5G+智能车路协同"行动，精心选取交通、物流、医疗、警务等十个领域开展典型应用，加快构建一流的 5G 创新生态，推出更多"5G+"智能车路协同管控平台的应用场景、创新业态和示范工程，努力打造全球 5G 服务标杆城市，为实现基于 5G 通信的室内外高精度定位与导航、智慧 MaaS、智能网联汽车 V2X、智能网联设施 I2X、智能车路协同管控平台服务建立环境基础。

1. 基于 5G 的室内外高精度定位

无线通信定位基于信号扩展、时间、角度和频率。其主要资源包括带宽、天线元素、频率精度和信噪比。现有定位方法中，Wi-Fi 的接收信号强度指示器（Received Signal Strength Indicator，RSSI）定位方法在复杂的多径环境下，测距定位性能能急剧下降，误差可达十几米。频率时间调制（Frequency Time Modulation，FTM）测距精度与带宽相关，但是没有利用多天线，其抗多径能力仍然受限。受制于较低的瞬时带宽及 2.4G 频段信号拥挤造成的干扰，蓝牙测向定位精度有限。超宽带（Ultra Wide Band，UWB）的带宽大于 500MHz，抗多径和抗干扰能力强，功耗低，利用超窄脉冲可实现厘米级的精确室内定位。不过，UWB 标签虽然已经可以做到小型化，但目前没有集成到智能手机，所以待定位目标需要单独配备 UWB 标签。此外，UWB 技术通常用于特定行业，其基站在人流密集的城市和室内环境下覆盖率很低。

2. GNSS/INS/MM 与单目视觉组合定位

高精度车辆定位技术是智能车路协同的核心技术之一。车辆导航系统、安全驾驶辅助系统、自动驾驶系统、基于行驶轨迹的收费系统、地理信息服务系统、应急救助服务系统等都基于车辆的时空来定位信息。

常用车辆定位技术主要是 GNSS 和惯性导航系统（Inertial Navigation System，INS）的组合定位技术，辅之以地图匹配（Map-Matching，MM）。组合定位技术结构主要由四个模块构成，即 GNSS/INS/MM 传统组合定位模块、街景匹配模块、兴趣目标识别模块和信息融合模块，如图 3-1 所示。

GNSS/INS/MM 组合定位技术虽然在城市峡谷区域的定位精度不高，但是其成本低廉，便于安装，在车辆上安装的全部设备相当于一个香烟盒大小的车载器，因此在对定位精度要求不高的领域已经获得广泛的商业应用。

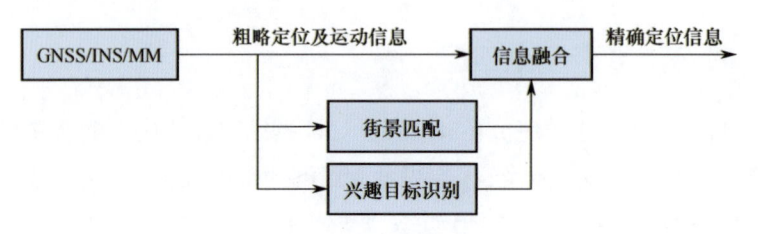

```
GNSS/INS/MM  ──粗略定位及运动信息──→  信息融合  ──精确定位信息──→
                                        ↑
                                    街景匹配
                                        ↑
                                    兴趣目标识别
```

图 3-1　组合定位技术结构

为解决传统组合定位在城市峡谷区域的低精度问题，可使用单目视觉定位技术。单目视觉定位算法主要利用单目普通相机拍摄的图像序列，与一定范围内的街景图像进行匹配实现地点识别，从而获得定位信息，提高组合定位的精度。

利用机器视觉进行定位，尤其是单目视觉，所需设备性价比高，体积小，便于安装，在使用行车记录仪的场合，甚至无须增加额外设备，所以其商业应用前景很好。然而，利用机器视觉进行定位的研究，目前主要集中于室内环境、野外环境、室外小范围运动、飞行器、水下机器人定位，对于城市交通环境中大范围车辆运动的定位研究不多，而且传统的视觉定位技术大都存在计算量大、误差累积等问题，还未达到收费系统等智能交通的实际要求。利用街景数据的视觉定位，可以避开复杂的运动跟踪、三维重建等问题，因此逐渐引起国内外研究者的广泛关注。

3．道路交通网络环境街景匹配方法

在智能车路协同系统中，基于高精度定位导航技术，可实现道路交通网络环境街景匹配。传统 GNSS/INS/MM 组合定位获得初步定位信息，根据此定位信息选择一定范围内的街景数据，再将相机拍摄的图像序列与之进行匹配，获得视觉定位信息。

综合交通运行指挥中心前期将重点研究街景匹配算法及其与其他定位模块的融合，采取离线和在线分离的技术路线进行街景匹配，实现定位。离线部分对街景数据进行特征提取和描述子计算，并将其索引为便于检索的数据形式；在线部分对实时获取的相机图像做特征提取和描述子计算，然后查询街景数据，采用空间投票方法实现定位。下面分别简述街景匹配算法离线部分、在线部分和信息融合部分的基本理论和方法。

1）街景匹配算法离线部分

街景匹配算法离线部分包括街景数据库的预处理和特征识别模型的训练。

① 街景数据的预处理。在街景匹配算法中，街景数据的预处理如图 3-2 所示，包括以下两个步骤：

- 提取尺度不变特征变换（Scale Invariant Feature Transform，SIFT）特征并计算 SIFT 描述子；
- 使用为近似最近邻居的快速库（Fast Library for Approximate Nearest Neighbors，FLANN）

将 SIFT 描述子保存为 K-均值（K-means）树，供街景匹配时作为参照数据库。

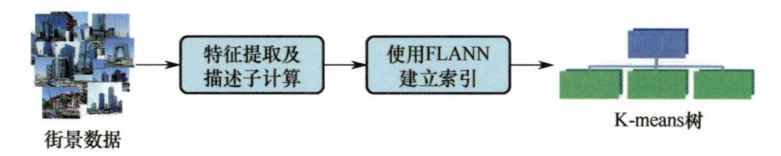

图 3-2　街景数据的预处理

② 特征识别模型的训练。相机拍摄的图像中经常会包括车辆、行人等，从这些部分中所提取的 SIFT 特征对地点识别无用，属于外点，随光照等外界条件变化的特征也属于外点，除去这样的外点有助于提高街景匹配的精度。可使用机器学习，离线训练识别特征外点与内点的模型，使用该模型对相机拍摄图像的特征进行识别，选取被识别为内点的特征进行街景匹配。特征识别模型的训练如图 3-3 所示。

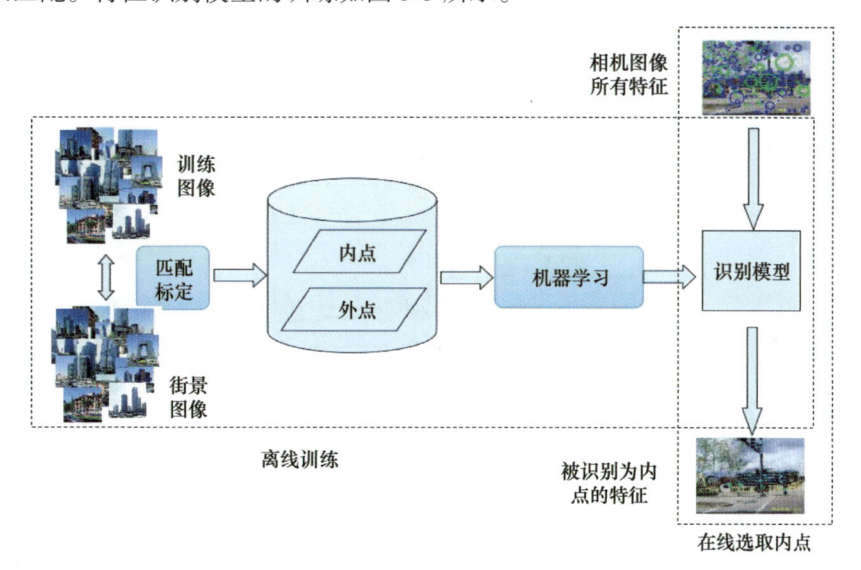

图 3-3　特征识别模型的训练

2）街景匹配算法在线部分

街景匹配算法在线部分分为以下几个步骤。

① 在相机图像中提取 SIFT 特征。

② 使用已经离线训练所得的识别模型选取内点特征。

③ 根据 GNSS/INS/MM 组合定位模块得到的定位信息选取一定范围内的街景参照数据。

④ 查询街景参照数据，对各地点进行投票，各地点的得票为 $V(\lambda,\varphi)$，此为一定范围内的分布，可视为视觉定位的概率分布。

⑤ 优化投票结果，即概率分布 $V(\lambda,\varphi)$，得到新的投票结果 $V_{\text{optimised}}(\lambda,\varphi)$。

⑥ 选取得票最高的街景位置作为匹配结果 λ_m、φ_m，投票结果分布的峰系数作为匹配结果的可信度 c_m：

$$\lambda_m, \varphi_m = \arg\max\{V_{\text{optimised}}(\lambda, \varphi)\}$$

$$c_m = \text{Kurtosis}\{V_{\text{optimised}}(\lambda, \varphi)\}$$

在线部分的难点在于投票结果的优化。由于同样的物体可能出现在相邻的多个街景图像中，所以投票结果中会出现几个临近的低得票高峰，而不是一个陡峭高峰，从而可能出现误匹配的得票高峰。为防止误匹配高峰成为最高峰，对投票结果 $V(\lambda,\varphi)$ 进行滤波（如高斯滤波），抹平误匹配高峰，使正确匹配成为最高峰 $V_{\text{optimised}}(\lambda',\varphi')$。

$$V_{\text{smoothed}}(\lambda', \varphi') = \sum_{\lambda}\sum_{\varphi} e^{-\left(\frac{\lambda^2+\varphi^2}{2\sigma'^2}\right)} V(\lambda'-\lambda, \varphi'-\varphi)$$

基于贝叶斯滤波等状态估计理论，对图像序列的投票分布做最优估计，取得整体优化。令 x_t 表示 t 时刻的位置，z_t 表示 t 时刻的街景匹配结果，z_t 表示 z_1，…，z_t 等历史数据，根据贝叶斯定理，条件概率分布 $P(x_t|z_t)$ 有如下表示：

$$p(x_t|z_t) = \frac{p(z_t|x_t z_{t-1}) p(x_t|z_{t-1})}{p(z_t|z_{t-1})}$$

由于车辆行驶过程的某一位置仅与其前一位置有关，所以其定位序列可以建模为马尔可夫过程；通过求得 x_t 的期望获得投票结果的最优估计 $E[x_t|z_t]$：

$$E[x_t|z_t] = \int x_t p(x_t|z_t) dx$$

3）信息融合部分

信息融合的步骤如下。

① GNSS/INS/MM 的信息融合，GNSS 和 INS 使用无迹卡尔曼滤波进行最优状态估计，定位结果输入地图匹配并获得其反馈。

② 利用步骤①所得到的定位信息和运动信息对街景匹配进行支持和优化，内容主要包括：

- 利用其他模块的定位信息选择候选街景匹配范围；
- 利用其他模块的运动信息及地图匹配，对视觉定位结果进行优化。

由于存在误差，街景匹配结果出现反复，利用运动信息可判定为无 U 形回转，可以通过地图匹配技术消除 U 形回转部分。

③ 街景匹配定位信息与其他模块的定位信息融合。由于街景定位信息表现为投票概率分布，使用最优状态估计理论（如扩展卡尔曼滤波、无迹卡尔曼滤波）与 GNSS/INS 融合。

3.1.3 高精度地图定位与导航服务

无论是单独 GPS 定位,还是 GPS/DR 组合定位,都需要将车辆位置和电子地图进行结合,地图匹配的目的是将车辆位置无偏差地纠正到所在的道路上。通常车载导航系统只采用 GPS 定位,甚至连卡尔曼滤波处理都没有,在营运车辆智能车路协同管控中,尤其需要高精度定位导航纠偏。

1. 匹配道路的选择

地图匹配的关键是选择匹配道路,确定了匹配道路之后,只要将定位点向其做投影,即可得到准确的地图匹配点。这里采用一种综合的权值因子 TWS 作为选择道路的依据,如下式所示,其考虑了车辆航向和各道路方向的符合程度 WS_H,以及车辆和各道路的接近程度($WS_D + WS_P$)。

$$TWS = WS_H + (WS_D + WS_P)$$

综合权值因子 TWS 最大的道路,即为最优匹配道路,将当前定点直接投影到该道路,即得到准确的匹配点。

① 车辆航向和道路方向的符合程度。计算车辆航向与道路方向的符合程度时,假设 P_1、P_2、P_3 为车辆之前按先后顺序获取的定位点,P_4 为当前定位点,车辆离开道路 1,备选匹配道路包括道路 2、道路 3 和道路 4。这里定义 β 为当前车辆航向角(车向和正北方向的夹角),定义 β' 为道路方向和正北方向的夹角,道路 2、道路 3 和道路 4 的方向分别是 0°、90°、180°。车辆航向与道路方向的符合程度如图 3-4 所示。

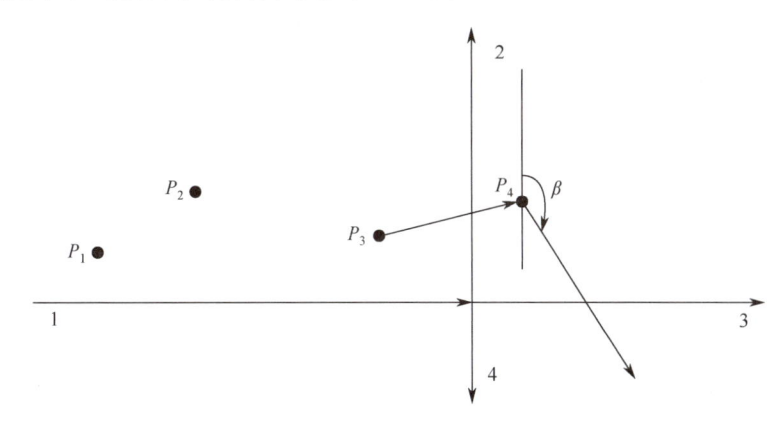

图 3-4 航向与道路的符合程度

$$WS_H = A_H \cos(\Delta\beta')$$

其中,$\Delta\beta = \beta - \beta'$

$$\Delta\beta' = \Delta\beta,\ -180° \leq \Delta\beta \leq 180°$$

$$\Delta\beta' = 360° - \Delta\beta, \quad \Delta\beta > 180°$$
$$\Delta\beta' = 360° + \Delta\beta, \quad \Delta\beta < -180°$$

道路的 WS_H 值越大,车辆航向与该道路方向越符合。

② 车辆和各道路的接近程度。从距离和角度两个方面构建两个权值 WS_D 和 WS_P 来更全面、准确地反映车辆和各道路的接近程度。车辆与道路的距离和角度关系如图 3-5 所示。

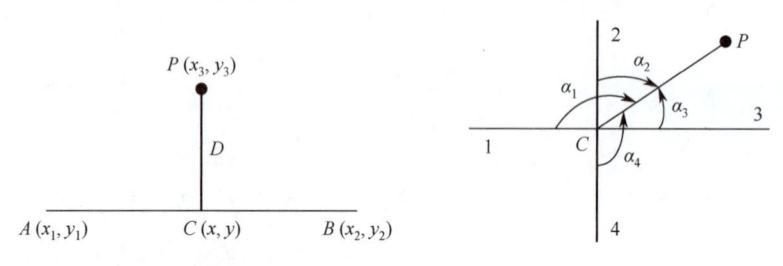

(a) 车辆与道路的距离关系　　(b) 车辆与道路的角度关系

图 3-5　车辆与道路的距离和角度关系

在图 3-5 (a) 中,P 为车辆当前定位点,AB 为道路,C 为 P 在该道路上的匹配点。P 到道路 AB 的距离为:

$$D = \frac{x_3(y_1 - y_2) - y_3(x_1 - x_2) + (x_1 y_1 - x_2 y_1)}{\sqrt{(x_1 - x_2)^2 + (y_1 - y_2)^2}}$$

$$WS_D = \frac{A_D}{D}$$

WS_D 值越大,定位点和对象道路的距离越近。

在图 3-5 (b) 中,C 为道路交叉口节点,P 为当前定位点,α 表示道路与 CP 的角度。

$$WS_P = A_P \cos(\alpha)$$

WS_P 值越大,定位点和对象道路越接近。WS_P 考虑了定位点、交叉口和道路路段的空间关系,它在 WS_D 的基础上,进一步反映了车辆和道路的接近程度。P 点与道路 1 和 3 的距离权值相等,即 $WS_D(1) = WS_D(3)$,但是 $WS_P(1) < 0 < WS_P(3)$,这样就有 $WS_D(1) + WS_P(1) < WS_D(3) + WS_P(3)$,即相比于道路 1,$P$ 点更接近道路 3。因此,($WS_D + WS_P$) 全面、准确地反映了 P 点和各道路的接近程度。

由于综合匹配因子 TWS 充分考虑了车辆位置、车辆航向与道路、交叉口的空间关系,因此匹配算法相比依靠距离或方向等的传统匹配方法,具有更高的精度和适应性;尤其是在定位误差比较大的情况下,其依然能正确地识别车辆所在的道路,具有较高的抗干扰能力。

2. 异常情况的处理

异常情况是指定位信号静止、"漂移"等。目前,城市交通车辆普遍使用独立 GPS 定位,因此经常出现异常情况。

① 在车辆静止或极低速运行时，GPS 定位点会不断地随机跳跃，此时保持最后静止的匹配点作为每一静止时刻的匹配点。通常判断静止的方法是：连续 3 个定位点之间的距离小于定位误差容限，即确认车辆静止了。停止静止判断方法是：连续 3 个定位点之间的距离大于定位误差容限，即确认车辆开始运动了。

② 在定位信号"漂移"时，保持最后有效的匹配点作为即时的匹配点。考虑到车辆的机动加速特性，判断"漂移"的方法是：如果当前定位点和前一定位点的距离大于前一定位点时速的 3 倍，则认为定位信号"漂移"了。

③ 在传感器无法定位（如 GPS 信号被"遮挡"）时，直接利用之前有效的匹配点作为即时匹配点。

3. 地图匹配的定位与导航算法优化流程

高精度地图与定位导航技术根据其导航信息获取原理的不同，可分为无线电导航、卫星导航、天文导航、惯性导航、地形辅助导航、综合导航与组合导航，以及专门用于飞机等飞行器着陆的着陆系统等。地图匹配的定位与导航算法优化流程如图 3-6 所示。

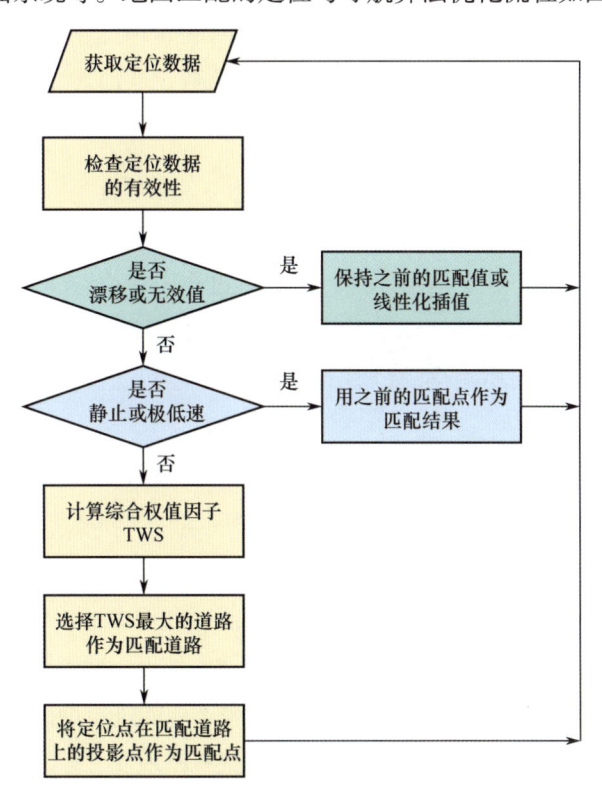

图 3-6 地图匹配的定位与导航算法优化流程

如果运动体导航定位的数据仅仅只依靠装在运动体自身上的导航设备就能获取，采用推算原理工作，称自备式导航，或自主式导航，如惯性导航。假若要靠接收地面导航台或空中卫星等所发播的导航信息,才能定出运动体位置的为他备式导航,无线电导航和卫星导航等为典型的他备式导航。对于能够完成一定导航定位任务的所有设备组合的总称就叫定位导航系统,如无线电导航系统、卫星导航系统、天文导航系统、惯性导航系统、组合导航系统、综合导航系统、地形辅助导航系统,以及着陆引导与港口导航系统等。高精度地图与定位导航系统的基本定位原理主要包括以下三种类型。

1）航位推算（或推测航位）

从一个已知的位置点开始,根据运动体在该点的航向、航速和时间,推算出下一个位置点的位置来。早期的电罗经、磁罗经、空速表、计程仪、航行钟等,是靠人工在图上作业来完成航位推算的;现在大量使用的惯性导航系统,如多普勒导航雷达、声呐多普勒导航系统等,是用测得的运动体速度（加速度）对时间进行积分和航向数据实现导航定位的;自备式导航多数运用该原理。

2）无线电定位

运动体上的导航设备通过接收建在地球表面上的若干个导航基准台或空中人造卫星上的导航信号,根据电磁波的传播特性,测出其传播时间、相位、频率与幅度后,即可测出运动体相对于导航台的角度、距离、距离差等几何参数,从而建立起运动体与导航台的相对位置关系,进而获得运动体当前的位置。

3）地形辅助导航定位（又称地形匹配）

这种定位原理是运动体（如飞机）在飞行前,地形辅助导航系统预先存储有运动体所要飞越地区的三维（立体）数字地形模型,在飞行过程中将运动体上的气压高度（海拔高度）同由雷达高度表测出的运动体到正下方地表的相对高度相减,得到地面上的地形剖面图,再将存储的地形模型与所测得的地形剖面相比较,当它们达到匹配时,就得到了运动体所在点的地理位置。

地图是人类文明的坐标。随着科技进步,地图不断被赋予新的内涵。在自动驾驶出现之前,传统电子导航地图的使用对象是车主,而在自动驾驶环境下,高精度地图的使用对象是具有自动驾驶系统的车辆本身。这就需要将路况的误差范围控制在厘米级,确保自动驾驶车辆的安全性和可靠性。高精度地图就像是智能网联汽车的大脑,指引着正确的方向。中国高精度地图技术取得突破,在大规模组网、自动化处理、地图采集等方面的领先技术,为自动驾驶做好技术储备。在技术研发方面,采用人工智能进行地图数据收集和数据分析,已经能够高度自动化地生成精度高、要素丰富的高精度地图,实现大规模组网。面对复杂的立交桥、没有GPS信号的超长隧道等,自动化技术依然可以自动生成路灯、指示牌等基础设施,甚至是道路上的虚线。5G技术可以解决自动驾驶对通信网络"高带宽、低时延、高可靠"的关键要求。有5G+高精度地图技术的合力推动,自动驾驶的产业化进程也将加快。

2020年7月，交通运输部公布《国家车联网产业标准体系建设指南（智能交通相关）》（下称《指南》）。在该标准体系中，高精度地图与高精度定位是其重要组成部分。同时，中国北斗三号全球卫星导航系统正式开通，北斗系统跟其他卫星导航系统不一样的地方有两个，一个是短报文服务，另一个就是高精度应用。围绕天上的北斗卫星系统，我国还在地面建了一张高精度增强网，"中国境内接近3000个地面站，最高精度能够实时处理到厘米级，事后处理可以到毫米级的高精度"。将在全国所有高速公路和主要城市高速路展开测试，车辆实时动态定位精度最高可达2cm，已能满足L3级以上智能驾驶和车路协同的广泛需求，实现车道级导航。

车联网（智能交通相关）标准体系建设的技术架构主要包括四个方面：智能交通基础设施，车路信息交互，智能车载及便携终端，以及智能交通运输、管理与服务。其中智能交通基础设施，是基于道路的交通信息感知、与车辆协同配合的智能化路侧系统。路侧系统向车辆发送高精度地理信息、定位辅助信息、交通规则信息、交通环境信息、基础设施信息、实时交通状态、危险预警提示等信息。基于上述信息，车辆可以实现精确定位，及时掌握路段信息，扩展感知范围。

3.1.4 智能网联汽车高精度地图标准

高精度地图与定位导航标准主要包括与道路相关的高精度地图及高精度定位应用的标准。在正形成的、庞大的自动驾驶产业体系中，高精度地图与高精度定位的基础性作用已被广泛认识。国家发改委、工业和信息化部、自然资源部等11部委联合发布《智能汽车创新发展战略》，为我国自动驾驶理清了发展路线，高精度地图、高精度定位皆是基础设施。我国北斗产业的发展历程要比高精度地图更久一些，产业化程度也更高。现阶段北斗系统已全面服务我国交通运输、公共安全、救灾减灾、农林牧渔、城市治理等行业，融入交通、电力、金融、通信等国家核心基础设施建设。车联网（智能交通相关）标准体系建设的技术架构如图3-7所示。

在智能网联汽车中，作为无人驾驶的记忆系统，未来的高精度地图将具备三大功能。

① 地图匹配。由于存在各种定位误差，电子地图坐标上的移动车辆与周围地物并不能保持正确的位置关系。利用高精度地图匹配则可以将车辆位置精准地定位在车道上，从而提高车辆定位的精度。

② 辅助环境感知。对传感器无法探测的部分进行补充，进行实时状况的监测及外部信息的反馈：传感器作为无人驾驶的眼睛，有其局限所在，如易受恶劣天气的影响，此时可以使用高精度地图来获取当前位置精准的交通状况。

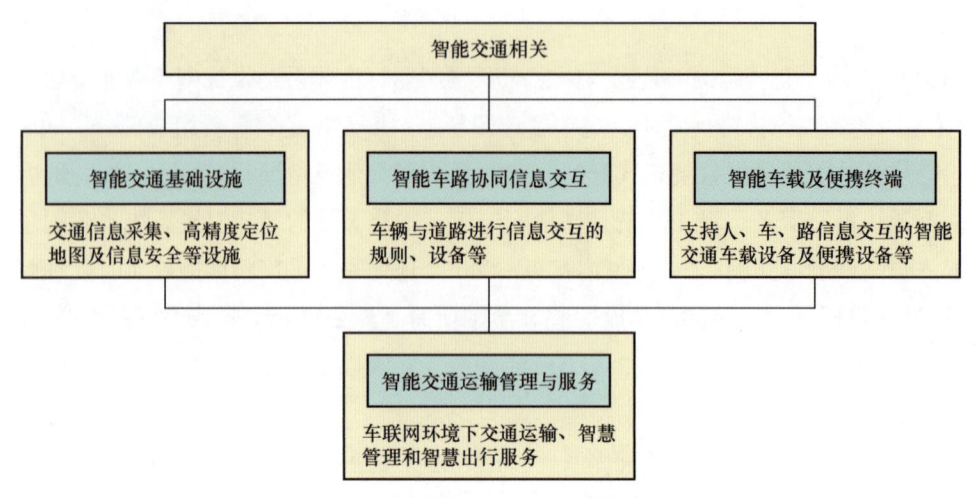

智能车路协同管控 可视化推演平台

图 3-7 车联网（智能交通相关）标准体系建设的技术架构

③ 路径规划。对于提前规划好的最优路径，由于出行途中实时更新的交通信息，最优路径可能也会随时发生变化。此时高精度地图在云计算的辅助下，能有效地为智能网联汽车提供最新的路况，帮助智能网联汽车重新规划最优路径。

因此，智能网联汽车的标准作为现今国际竞争中最重要的话语体系之一，自动驾驶地图标准将势必成为全球主要汽车大国在自动驾驶领域竞争的高地，一旦接受国外标准，相关产业将长期受制于人。

1. 智能网联汽车的标准需求

根据自动驾驶地图数据采集、处理、存储、传输、应用等各流程梳理标准需求，就现阶段而言，自动驾驶地图对于标准的需求可分为三个方面，如表 3-1 所示。

表 3-1 自动驾驶高精度地图标准需求

序号	标准需求	
1	自动驾驶地图数据存储格式、数据模型与交换格式	数据模型与交换格式
		物理存储格式
		动态交通信息数据交互格式
		地理数据位置参考协议
2	车端传感器数据与云平台交互	传感器与云平台数据交换格式
3	自动驾驶地图与辅助驾驶功能单元交互	高级驾驶辅助系统数据接口协议
		地图数据应用API
4	自动驾驶地图与导航地图交互	协同工作交互
5	车路协同自动驾驶地图交互	基于V2X地图动态信息适配场景系统

(续表)

序号	标准需求	
6	其他需求	高精度定位标准服务协议
		自动驾驶地图生产技术规范
		自动驾驶地图质量安全标准
		自动驾驶地图功能安全技术要求
		自动驾驶地图信息安全技术要求
		自动驾驶地图在线升级（OTA）技术要求

① 规定地图数据存储格式、数据模型与交换格式等；
② 规定地图与其他平台、场景、功能的数据交互的交换格式、接口协议；
③ 地图的生产、质量安全、功能安全、信息安全等方面技术要求。

2. 智能网联汽车的标准现状

1）国际方面

国际标准自动驾驶地图的标准化活动主要集中在 TC204（智能交通系统技术委员会）。目前，TC204 已出版发布了 9 个标准，另有 6 个标准正在制定当中，主要用途在于规定地图的文件格式、位置参考、地图模型、数据库规范、数据库数据结构、数据库共享框架、传输协议、数据字典等。已发布标准中，大部分标准都用于电子导航地图，仅有 1 项针对自动驾驶地图，主要用于自动驾驶静态地图数据和动态数据的术语汇编，且是 2017 年版本的更新和扩展。制定中的标准，4 项是针对自动驾驶，其中用于地图数据交换的 GDF 5.1 已接近出版发布，同时用于规范静态地图数据和动态数据的逻辑模型标准也已立项开展研究。已发布和制定中的 5 项面向自动驾驶地图标准制定工作组的召集人均来自日本、韩国等国的高校和企业。ISO TC204 地图标准情况如表 3-2 所示。

表 3-2 ISO TC204 地图标准情况

已出版标准			
序号	名 称	标准状态/阶段代码	出版时间
1	地理信息数据文件（GDF）—GDF5.0（ISO14825:2011）	复审确认（90.93）	2011年
2	地理信息数据库的位置参考—Part1：一般要求和概念模型（ISO17572—1：2015）	出版（60.60）	2015年
3	地理信息数据库的位置参考—Part2：预编码的位置参考（预编码的配置文件）（ISO17572—2：2015）	出版（60.60）	2015年
4	地理信息数据库的位置参考—Part3：动态位置参考（动态配置文件）（ISO17572—3：2015）	出版（60.60）	2015年
5	应用于协同ITS的扩展地图数据库规范（ISO14296:2016）	出版（60.60）	2016年
6	协同ITS—本地动态地图（ISO18750：2018）	出版（60.60）	2018年

(续表)

序号	名　称	标准状态/阶段代码	出版时间
7	基于第二代交通信息传输协议（TPEG2）的交通信息—Part21：地理位置参考（TPEG-GLR）（ISO/TS21219—21：2018）	出版（60.60）	2018年
8	适用于ITS的共享地理空间数据库—Part1：框架（ISO19297—1：2019）	出版（60.60）	2019年
9	协同ITS和自动驾驶系统2.0的时空数据字典（ISO/TR21718：2019）	出版（60.60）	2019年
制定中的标准			
序号	名　称	标准状态/阶段代码	
1	地理数据文件（GDF）GDF5.1—Part1：独立于应用程序的多源地图数据共享（ISO/FDIS20524—1）	批准--收到标准出版稿（50.00）	
2	地理数据库的位置参考—Part4：精确的相对位置参考（精确的相对轮廓）（ISO/DIS17572—4）	审查--标准草案获准注册（40.99）	
3	地理数据文件（GDF）GDF5.1—Part2：在自动驾驶系统，协同ITS和多式联运中使用的地图数据（ISO/DIS20524—2）	审查--投票结束（40.60）	
4	网联和自动驾驶系统应用程序的动态数据和地图数据库规范—Part1：统一静态地图数据的体系结构和逻辑数据模型（ISO/AWI TS22726—1）	登记立项（20.00）	
5	网联和自动驾驶系统应用程序的动态数据和地图数据库规范—Part2：动态数据的逻辑数据模型（ISO/AWI TS22726—1）	登记立项（20.00）	
6	适用于ITS的共享地理空间数据库—Part4：通用数据结构（ISO/AWI19297—4）	登记立项（20.00）	

来源注释：国际标准化组织官网。

团体标准 NDS、ADASIS、SENSORIS、OADF、TISA、Open LRTM 等国外标准组织近年来也积极开展了自动驾驶地图团体标准活动。

高级驾驶辅助系统接口规范（Advanced Driver Assistant Systems Interface Specifications，ADASIS）是由全球汽车行业和供应商组成的开放团体，目标是定义地图在高级驾驶辅助系统中的数据要求、标准化接口、功能架构、软件接口规范、标准化数据模型并保持与国际标准活动的联系，中国国内成员包括百度、高德、四维图新、华为、Momenta 等企业。2018年，ADASIS 发布了用于自动驾驶的 ADASIS V3.0 规范。

传感器接口规范（Sensor Interface Specification，SENSORIS）是用于定义车辆传感器和专用云及云之间的信息交换接口。SENSORIS 标准已有 38 个成员加入，包括国内的百度、高德、四维图新、华为等企业。SENSORIS 于 2019 年 7 月宣布完成用于交换车辆传感器数据的 1.1.0 版规范。

导航数据标准（Navigation Data Standard，NDS）是由德国宝马、大众等车企发起，联合图商和导航系统软件提供商里的 PSI（PSF Standard Initiative）组织发布的标准成果。NDS 标准的目标是开发一种将地图与导航应用分开，具备高兼容性和互操作性、高压缩和高性能，适用于多种发布方式和存储介质，支持增量更新、易于扩展，能够有效防止非法数据复制的通用性地图存储标准。NDS 格式在国际范围受到了广泛认可，国内四维图新、百度、高德、中海庭、腾讯、宽凳科技等企业均为该标准的合作伙伴。2019 年 5 月，发布了 NDS.live1.0，实现了从离线向 5G、云平台使用场景的扩展。

其他团体标准还包括旅行信息服务协会（Travel Information Services Association，TISA）、开放式自动驾驶论坛（Open Auto Drive Forum，OADF）、开源动态定位参考体系（Open Dynamic Location Referencing，Open LRTM）等。其中，TISA 标准主要用于实时交通信息数据交互；OADF 标准主要定义了自动驾驶所需的生态系统架构和主要接口，整合了 NDS、ADASIS、SENSORIS、TISA 等数据标准体系，打通各个标准体系的接口；Open LRTM 主要用于动态定位参考。

2）国内方面

（1）标准的规划和组织

2018 年 6 月，工业和信息化部、国家标准化管理委员会联合印发《国家车联网产业标准体系建设指南（总体要求）》等系列文件，其中《国家车联网产业标准体系建设指南（信息通信）》规划了支撑自动驾驶发展的导航预定为标准，包括车载导航定位系统技术要求（国标/行标）、车载导航定位系统测试方法（国标/行标）、车载导航定位系统定时性能要求和测试方法（国标/行标）、车载导航定位的数据格式标准（行标）、地图图层显示标准（行标），但对于自动驾驶地图标准尚未规划。

国内涉及自动驾驶地图国际的组织主要包括全国地理信息标准化技术委员会（TC230，由自然资源部归口主管）、全国智能运输系统标准化技术委员会（TC204，由国家标准化管理委员会直接管理）、全国汽车标准化技术委员会（TC114，由工业和信息化部归口主管）等。中国汽车工程学会、中国智能网联汽车产业创新联盟等组织开展了团体标准的研制活动。

（2）标准制定情况

通过全国标准信息公共服务平台查询已实施国标、制定中的国标和经备案的行业标准情况，按照适用对象分为导航电子地图标准和自动驾驶地图标准。

导航电子地图的标准中，已实施国标 15 项，制定中标准 3 项，行业标准 2 项。归口主管单位为自然资源部的已实施标准 8 项，制定中标准 2 项，2 项行标由原国家测绘局归口上报备案；归口主管单位为工业和信息化部的已实施标准 6 项；归口主管单位为中央军委装备发展部的制定中标准 1 项。传统导航电子地图国标、行标概况如表 3-3 所示。

表 3-3　传统导航电子地图国标、行标概况

国家标准（已实施）			
序号	名　称	实施时间	归口主管部门
1	导航地理数据模型与交换格式（GB/T 19711—2005）	2005年	自然资源部
2	车载导航地理数据采集处理技术规程（GB/T 20268—2006）	2006年	自然资源部
3	导航电子地图安全处理技术基本要求（GB 20263—2006）	2006年	自然资源部
4	车载导航电子地图产品规范（GB/T 20267—2006）	2006年	自然资源部
5	导航电子地图数据分类与编码（GB/T 28442—2012）	2012年	工业和信息化部
6	车载导航电子地图数据质量规范（GB/T 28441—2012）	2012年	工业和信息化部
7	导航电子地图图形符号（GB/T 28443—2012）	2012年	工业和信息化部
8	个人位置导航电子地图数据质量规范（GB/T 28445—2012）	2012年	工业和信息化部
9	基于网络传输的导航电子地图数据更新规范　第一部分：应用于车载终端编译的增量更新模式（GB/T 30289—2013）	2014年	工业和信息化部
10	车载导航电子地图物理存储格式（GB/T 30291—2013）	2014年	工业和信息化部
11	个人位置导航电子地图物理存储格式（GB/T 30292—2013）	2014年	工业和信息化部
12	公开版地图地名表示通用要求（GB/T 35633—2017）	2018年	自然资源部
13	导航电子地图框架数据交换格式（GB/T 35645—2017）	2018年	自然资源部
14	导航电子地图增量更新基本要求（GB/T 35646—2017）	2018年	自然资源部
15	地图导航定位产品通用规范（GB/T 35766—2017）	2018年	自然资源部
国家标准（制定中）			
序号	名　称	标准状态	归口主管部门
1	车载GPS导航电子地图规范	发布	自然资源部
2	导航电子地图　分区网络模型（20132706-T-466）	审查	自然资源部
3	导航电子地图应用开发中间件接口规范（20174076-T-801）	审查	中央军委装备发展部
行业标准（现行）			
序号	名　称	备案时间	归口主管部门
1	导航电子地图检测规范（CH/T 1019—2010）	2010年	原国家测绘局
2	导航电子地图元数据（SJ/T 11419—2010）	2011年	原国家测绘局

适用于自动驾驶地图的标准中，目前尚无已实施国标，2项制定中的国家标准由全国智能运输系统标准化技术委员会于2019年归口上报。经查阅自然资源部、工业和信息化部、交通运输部等部门2019年标准制修订工作计划，有1项标准列入2019年自然资源部标准工作计划，归口单位为全国地理信息标准化技术委员会。自动驾驶地图标准概况如表3-4所示。

表 3-4 自动驾驶地图标准概况（制定中标准）

序号	名　称	标准状态	归口主管部门
1	智能运输系统　智能驾驶电子地图数据模型与交换格式第一部分：高速公路（20192189-T-469）	征求意见	国家标准化管理委员会
2	智能运输系统　智能驾驶电子地图数据模型与交换格式第二部分：城市道路（20192188-T-469）	征求意见	国家标准化管理委员会
列入 2019 年标准工作计划			
3	高级辅助驾驶电子地图审查要求	拟申请报批	自然资源部

3. 智能网联汽车标准的问题与建议

1）国内自动驾驶地图相关标准的制定滞后于国外

对比 ISO 标准，从时间上，早在 2016 年年底，ISO TC204 就自动驾驶地图标准开始立项，而我国涉及自动驾驶地图的标准计划于 2018 年立项，考虑到标准制定周期，我国自动驾驶地图标准滞后于 ISO 标准 1~2 年时间；从数量上看，ISO TC204 共有 1 项自动驾驶地图标准发布，4 项处于制定中，而我国仅有 2 项处于制定中，在标准数量上存在差距；ISO TC204 各工作组召集人以及自动驾驶地图标准制定的召集人均来自国外，从侧面上也反映我国在自动驾驶地图领域 ISO 标准的话语权较弱。此外，欧美等发达国家高度重视团体标准，发布更新了一系列团体标准，而国内仅有中国汽车工业学会针对自动驾驶地图的团体标准立项。

2）国内外自动驾驶地图标准化工作仍处于初期阶段

目前，国内外自动驾驶地图的标准相对较少，且主要用于术语规范、定义数据模型等，尚未涉及与其他功能、平台的交互，以及管理类和服务类标准。这客观上反映了自动驾驶产业发展仍在初级阶段，国内外尚未形成完善的地图及定位标准体系。对于标准国际话语权之争，我国仍有加速追赶、缩小差距的机会。

3）各标准技术委员会归口管理职责与任务不明晰

ISO 标准中，TC211/WG10（地理信息标准技术委员会泛在化公共访问组）的职责范围包括制定能够满足不同应用场景的通用地理信息系统标准，自动驾驶也是应用场景之一。TC204/WG3（智能运输系统标准化技术委员会数据库技术工作组）先前指定的用于导航电子地图 GDF 标准（Geographic Data File，地理信息数据文件标准）都是基于 TC211/WG10 标准基础之上。2018 年，TC204/WG3 制定的针对自动驾驶地图的 ISO20524（GDF5.1）标准与 TC211/WG10 制定的 191××系列标准存在不一致问题，为此 TC204/WG3 与 TC211/WG10 成立了联合工作组，就修复差异开展了相关工作。而在国内标准当中，导航电子地图标准大多数为全国地理信息标准技术委员会归口上报。自动驾驶地图虽然区别于导航电子地图，但作为新型地理信息产品，其地图数据，特别是静态地图数据采集、处理等工作仍由测绘资质单位承担。为避免出现 ISO 不同技术委员会的标准冲突情形，考虑到静态地图数据与其他通用地理信息成果的衔接，国内各标准技术委员会应根据地图标准需求归口管理。需进一步明确，由自然资源部主管的全国地理信息标准化技术委员会归口管理涉及静态地图数据的存储格式、数据模型、交换格式、位置参考协议等标准，全国智能运输系统标准化技术委员会、全国汽车标准化技术委员会等根据各自应用领域，归口管理涉及智能车路协同交互、云平台交互等动态数据模型标准。

3.2 行人与智能网联汽车行为管控技术

3.2.1 行人与智能网联汽车行为关联

在行人与智能网联汽车行为关联中，主要包含以下五个方面的内容：行人出行与智能网联汽车决策行为博弈关系；行人穿越道路与智能网联汽车决策风险概率及收益函数；行人穿越道路与智能网联汽车决策行为博弈建模；城市道路交叉口、路段、区域行人出行交通信号控制等设施设计模式；行人、智能网联汽车夜间视认距离与车速、光照强度的关联。

1. 行人出行与智能网联汽车决策行为博弈关系

① 交通影响要素分析。研究行人与智能网联汽车穿越道路的博弈过程，测试环境城市道路网络交叉口、路段、区域，对于涉及智能车路协同管控的人、车、路、环境四要素进行分析。

② 测试试验环境与测试样本。由于影响行人与智能网联汽车穿越道路博弈的因素较多且复杂，为排除次要因素，简化测试试验，使结论更具指导意义，需要对研究测试实验进行样本选取，确保测试样本具有代表性，试验数据有效、准确。

③ 编制测试试验方案。选择合适的试验时间：选择周一至周五每个工作日的早高峰、平峰、晚高峰三个时间段，在城市开放道路路段进行测试，对行人、智能网联汽车和记录人员提出要求，给出行人、智能网联汽车穿越道路决策行为的实验步骤。

④ 行人与智能网联汽车的基本博弈关系。简要介绍博弈论中的基本概念、基本理论、技术方法和应用模式，初步分析行人与智能网联汽车之间的基本博弈关系。

2. 行人穿越道路与智能网联汽车决策风险概率及收益函数

① 决策行为分析。结合测试场景开展行人与智能网联汽车穿越道路的感知风险与决策行为分析，给出决策损失的定量计算方法。

② 碰撞风险概率模型构建。构建行人与智能网联汽车碰撞风险概率模型，结合测试试验中得到的不同速度等级下智能网联汽车的决策行为和机动车速度变化情况，可以计算出不同决策的风险概率。

③ 构建收益函数。在车速等级划分的基础上，构建智能网联汽车决策行为收益函数；结合穿越道路行人等待时长划分结果，给出穿越道路行人决策行为收益函数。

3. 行人穿越道路与智能网联汽车决策行为博弈建模

① 智能网联汽车与穿越道路行人决策集分析。在测试试验环境中，分为智能网联汽车先决策和穿越道路行人先决策两种模式，运用博弈树概念，分别对两种不同情况下双方的决策集进行分析。

② 智能网联汽车与穿越道路行人收益矩阵构建。依据构建的智能网联汽车决策行为收益函数和穿越道路行人决策行为收益函数，计算出一方先行动后，另一方采取行动的收益，进而形成收益矩阵。

③ 智能网联汽车与穿越道路行人博弈模型构建。分别以智能网联汽车和穿越道路行人作为先决策第一方，在代入决策集和收益矩阵后，求得博弈均衡时两个参与者的期望收益，给出智能网联汽车与穿越道路行人的非合作动态博弈模型。

④ 博弈模型均衡解分析与应用。对智能网联汽车先决策和穿越道路行人先决策两种博弈模型均衡解进行分析，应用构建的博弈模型，从穿越道路行人通过交通信号控制和车辆限速措施两个方面提出设计建议。

4. 城市道路交叉口、路段、区域行人出行交通信号控制等设施设计模式

① 调查方案设计与参数分析。依据中华人民共和国行业标准《城市道路工程设计规范》（CJJ 37—2012）要求，进行城市道路交叉口、路段、区域的人行横道处交通流参数的调查和采集，分析穿越道路行人等待时间与机动车流率、穿越道路行人数量与机动车延误、行人穿越道路安全性与机动车车速的关系。

② 模型构建和参数标定。运用回归分析法分别建立智能驾驶机动车交通量与行人等待时间、交通冲突与智能驾驶机动车车速、交通延误与穿越道路行人流量的关系模型，并标定各个模型的参数。

③ 穿越道路行人与交通信号控制设计条件分析。针对《城市道路工程设计规范》（CJJ 37—2012）行业标准对智能网联汽车使用中存在的不足，依据构建的理论模型，对城市道路行人穿越人行横道处交通信号控制等设施设计条件进行分析，提出相应的限速值和分析计算公式。

5. 行人、智能网联汽车夜间视认距离与车速、光照强度的关联

1）智能网联汽车夜间对穿越道路行人的视认测试

① 测试试验条件界定。从分析夜间影响道路行车安全的因素入手，界定智能网联汽车视认距离和试验条件。

② 夜间行人出行特征分析。从在夜间穿越道路行人的数量、步行速度和衣服颜色等方面进行分析，为下一步夜间智能网联汽车视认距离试验方案的编制奠定基础。

③ 试验方案编制设计。确定测试试验地点为不同光照条件下的城市道路路段人行横道，以处于静止状态且其衣服颜色均较深的穿越道路的行人为对象，制订智能网联汽车夜间对穿越道路行人的视认测试试验方案。

2）智能网联汽车夜间视认距离与车速的关系

① 智能网联汽车白天与夜间视认环境和视认距离对比。在采集到智能网联汽车白天与夜间对穿越道路行人视认距离的数据基础上，对比分析智能网联汽车白天与夜间视认环境和视认距离的差异。

② 不同照明条件下视认距离随车速的变化规律分析。在选取照明设计指标后，对不同照明条件下的智能网联汽车对穿越道路行人的视认距离随车速的变化规律进行分析。

③ 不同光照强度下的视认距离与车速关系模型构建。利用 SPSS 统计分析软件对不同光照条件下的智能网联汽车视认距离与车速关系模型的参数进行标定，比较相关系数后选择最优模型。

3）智能网联汽车夜间视认距离与光照强度的关系分析

① 夜间车速等级划分。为便于研究不同行车速度的智能网联汽车视认距离随平均光照强度的变化规律，进行夜间车速等级划分。

② 不同车速等级下视认距离随光照强度的变化规律分析。依据车速等级划分结果，分别对不同车速等级下的智能网联汽车对穿越道路行人的视认距离随光照强度变化的规律进行分析。

③ 不同车速等级下的视认距离与光照强度关系模型构建。采用 SPSS 软件对不同行车速度下的智能网联汽车视认距离与光照强度关系模型的参数进行标定，从中选择能说明二者关系的最优模型。

3.2.2 行人与智能网联汽车行为分析

在行人与智能网联汽车行为管控中，主要关注行人与智能网联汽车行为管控博弈决策技术方法，以及行人与智能网联汽车行为管控博弈决策技术路线。

1. 行人与智能网联汽车行为管控博弈决策技术方法

行人与智能网联汽车行为管控博弈决策技术研究中拟采用以下几种方法，并且使用相关理论方法独立分析研判和几类理论方法相结合共同分析研判的方法开展研究工作，具体内容如下。

1）行人与智能网联汽车的思想方法

在智能车路协同的智能网联汽车中，首次引入博弈决策技术来分析、研究行人与智能网联汽车算法设计与测试试验的研究理论和方法，这将有力地推进智能网联汽车算法研发设计中仿真驾驶员的行为管控技术应用实践。

2）博弈决策技术的概念、理论、方法

在研究博弈决策技术的概念、理论、方法时，明确博弈决策理论，即对策论，它是研究在行人与智能网联汽车相互具有竞争和对抗关系的体系中，设计智能网联汽车先决策和穿越道路行人先决策两种模式，选取使一方得到最有利结果的决策策略的一种学科方法。

3）博弈论和决策论两个学科相结合的研究方法和应用模式

使用博弈论和决策论研究行人与智能网联汽车行为管控有很大的不同，博弈论属于数学中的一个学术分支，而决策论则是交通经济管理方面的学科方法。二者的不同之处主要表现在以下几个方面。

① 在研究方法上，引入博弈论主要是为研究公式化的激励结构间的相互作用，是研究具有对抗或竞争性质现象的数学理论和方法。博弈论需要考虑行人与智能网联汽车的交通行为管控中的个体预测行为和实际行为，并研究它们的优化策略。决策论是研究达到行人穿越道路与智能网联汽车博弈决策的预期目的，从多个可供选择的交通行为管控方案中，如何选取最好或最满意方案的学科方法。

② 在应用模式上，博弈论与传统交通服务咨询工具和技术相结合，交通全息感知与多基协同、交通管理与控制、交通建模与仿真、交通分析与评价等技术相结合，可以帮助行人和智能网联汽车开启解决战略定位、优先通行、管控成本、价值体现、商业模式、产业发展等行人与智能网联汽车交通行为管控问题的新视角。并且在下一步研究中，开展包括自行车、摩托车与智能网联汽车交通行为管控等博弈决策技术。在实际行人与智能网联汽车交通行为管控测试试验中，会遇到需要做出判断和决策的问题，即达到在保证交通畅通和交通安全的前提下优先通行的目的，从多种不同交通行为管控方案中选择一个确定的通行方案。

4）传统方法与新技术方法相结合

在研究中，将传统机动车驾驶员与行人的碰撞冲突理论技术与智能车路协同管控中智能网联汽车人工智能的深度学习方法相结合，开展测试试验研究工作。

2. 行人与智能网联汽车行为管控博弈决策技术路线

行人与智能网联汽车行为管控博弈决策技术路线研究主要内容包括以下几个方面。

① 课题综述和论题提出：行人与智能网联汽车行为管控博弈决策技术研究。

② 理论与方法：交通行为管控理论、博弈论与决策论理论、博弈决策技术方法。

③ 分析与研判：行人与智能网联汽车决策行为博弈决策建模，包括：

- 智能网联汽车与行人等待时间关系建模；
- 交通事故冲突与车辆行驶速度关系建模；
- 交通延误与行人穿越道路流量关系建模。

④ 分析与研判：道路上的行人与智能网联汽车交通管控策略研判，包括：

- 智能网联汽车行速度控制策略；
- 穿越道路行人决策行为控制策略；
- 行人、智能网联汽车分离控制策略。

⑤ 分析与研判：道路网络行人与智能网联汽车交通管控仿真评价，包括：

- 白天视认、距离、车速关联分析；
- 夜间视认、距离、车速、光照强度关联分析。

⑥ 试验与测试：行人与智能网联汽车交通行为管控博弈决策技术设计，包括：

- 深圳福田保税区 2.2km^2 城区开放道路交通路网，智能驾驶公交与交通信号控制信息交互场景；
- 深圳新国际会展中心智能车路协同公交接驳线路，智能网联 54 辆公交汽车优先管控场景。

⑦ 总结与展望：技术研究创新点与进一步研究方向，包括：

- 在研究问题选取上，研究问题的前瞻性、必要性和可行性强，具有很强的创新性。
- 在研究方法结合上，采用传统交通研究与新一代信息技术、人工智能深度学习等研究相结合，博弈论数学学科与决策论交通经济学学科相结合的研究方法和应用模式，具有很强的创新性。
- 在研究成果上，取得行人与智能网联汽车行为管控试点示范项目研究成果，具有很强的创新性。
- 在进一步研究方向上，建议开展包括自行车、摩托车、其他代理出行方式与智能网联汽车交通行为管控等博弈决策技术研究。

3.2.3 行人与智能网联汽车行为博弈

1. 行人与智能网联汽车行为管控博弈决策技术研究的技术内容

① 高精度车辆定位技术。智能网联汽车的导航系统、安全驾驶辅助系统、自动驾驶系统、基于行驶轨迹的收费系统、交通地理信息服务系统、应急救助服务系统等的使用都需要基于车辆的高精度时空定位信息,主要包括 GNSS/INS/MM 和单目视觉组合定位、道路交通网络环境街景匹配算法、定位导航误差与单-双-多差分校正、高精度定位导航算法优化。

② 智能辅助驾驶建模与算法优化开发技术。在智能网联汽车领域,国际自动机工程师学会将智能网联汽车分为五个等级,目前的智能网联汽车处于 ADAS 阶段。ADAS 分为环境感知、计算分析、控制执行三大建模与算法模块,智能网联汽车作为一种新的手段,让汽车与汽车、人与交通设施之间具备直接进行实时信息交互的能力,其与传感器部分相辅相成。主要包括智能网联汽车行为检测与危险行为辨识、智能车路协同的弯道辅助驾驶策略及适应性、智能辅助驾驶技术综合测试环境设计方法优化。

③ 智能网联汽车之间的信息交互技术。采用批次智能网联汽车与穿越道路行人进行博弈决策研究,包括智能网联汽车之间信息交互式、协同控制车载系统研发;智能网联汽车之间信息交互式交叉口、路段、区域冲突辨识与避撞技术;智能网联汽车之间信息交互式跟随危险辨识与避撞技术;智能网联汽车之间信息交互式换道危险辨识与预警技术;智能网联汽车之间信息交互式盲区危险辨识与预警技术。

④ 智能网联汽车与道路交通信号控制设施信息交互技术。具体包括智能网联汽车与交通信号控制设施的信息交互;智能网联汽车与道路交通信号控制设施交叉口离线 TOD 控制;智能网联汽车与道路交通信号控制设施交叉口实时自适应控制优化策略;智能网联汽车与道路交通信号控制设施车速引导模型研究及验证;智能网联汽车与道路交通信号控制设施车路协同交通协调控制系统集成测试应用。

⑤ 智能车路协同系统仿真、测试与验证技术。基于深圳福田保税区 2.2km^2 开放城区路网的批量智能驾驶公交(6 辆)与深圳新国际会议展览中心智能驾驶公交汽车(54 辆)优先管控系统两大应用项目进行交通信号控制信息交互测试,构建智能车路协同仿真系统可视化推演平台测试试验,验证智能车路协同系统交通仿真技术、信息交互通信仿真技术和仿真测试验证技术。

⑥ 基于智能网联汽车的主动安全技术。对基于智能网联汽车的主动安全技术及机制进行系统化的、以实用性为主的研究,主要任务包括基于智能车路协同技术的交叉口事故主动预防系统构建;基于车-车交互的车辆换道危险辨识、预警、辅助决策;基于车-车交互的车辆跟驰危险辨识、预警、辅助控制;基于车载传感的路段行人识别、人车冲突危险辨

识；基于车-路交互的城市道路施工区警示；基于车-车交互盲区警示。

⑦ 智能车路协同信息交互通信与装备技术。采用高速、可靠、双向和由多种通信平台集成的综合通信网络支撑智能车路协同管控系统的基础平台，通过该平台可以将先进的传感技术、信息融合技术、智能控制方法及决策支持系统整合成一个有机的整体，以实现高效、安全和环境友好的智能车路协同管控模式。用于智能车路协同系统的网络平台应该能够支持全景状态全息感知、信息交互与多基融合、协同控制与管理、定制化服务等功能，并根据不同层次的需求提供相应的通信保障。主要包括车内通信、车车通信、车路通信、异构网络融合技术、智能车路协同车载单元技术、智能路侧设施设备技术六个方面。

⑧ 智能车路协同管控体系设计技术。基于"端、管、云"三层系统与要素、城市交通大数据云平台信息源池、交通网络运行监测与动态仿真技术、常态化城市交通多系统一体化管控技术、非常态特殊需求城市交通协同管控技术，智能车路协同系统可以通过车与车、车与人、车与路的实时交互实现信息共享，收集车辆、道路和环境信息，并在信息网络平台上对多源采集的信息进行加工、计算、共享和安全发布，根据不同的功能需求对智能网联汽车进行有效的管理与控制。

2. 行人与智能网联汽车行为管控博弈决策技术研究的难点

① 在智能网联与非网联、无人驾驶与有人驾驶混合出行常态化的新交通模式下，对采用这种模式的行人和智能网联汽车二者行为进行管理与控制是研究的难点之一。

② 新交通模式下的行人和智能网联汽车二者之间的冲突是道路交通安全研究的难点之一。

③ 如何对行人和智能网联汽车的管控决策行为进行精确的数学量化描述，进而提出有效的行为管控决策支持策略也是研究的难点之一。

3.2.4　行人与智能网联汽车行为突破

1. 研究行人与智能网联汽车行为管控博弈决策问题前沿，有很大的必要性

当前，城市交通已经形成智能网联与非网联、无人驾驶与有人驾驶、过街行人与自行车等混合出行常态化的新交通模式，对这种模式下的行人和智能网联汽车二者行为的管理与控制是提高交通效率和交通安全的重点之所在。因此，对二者的优先通行博弈决策技术的研究十分有必要。

智能网联汽车是新交通模式人-车-路闭环系统中保证交通安全至关重要的一环，已经有一些关于驾驶安全与行人因素的研究，充分分析了传统交通环境下具有不同身心状态、年龄、性别、文化背景的驾驶员的驾驶安全性表现。但是在智能车路协同环境下，新交通模式环境变为行人、自行车、摩托车、有人驾驶、智能驾驶等多种类型的人车混行，不同类型的车辆行为特征都不同于传统车辆,为智能网联汽车(算法)认知带来了新的影响;同时,行人与智能网联汽车行为管控是一项认知负担较重的任务,而发达的车载通信终端提供给智能网联汽车与路侧交通信号控制设施交互通信的信息种类、信息时空维度、信息量大小等快速增加,进一步改变了智能网联汽车(算法)的认知负荷分布和认知模式。因此,急需对智能车路协同下的行人与智能网联汽车决策行为管控新型耦合关系及认知特性进行解析。研究围绕车外与车内、离散与耦合、博弈与决策等多种类型的信息输入(离散的交通要素信息、车辆状态信息与车内提示信息、车路耦合效应等)、多种学科的交叉复合(博弈论和决策论)开展研究,从行人与智能网联汽车(算法)行为管控决策意图产生动机、刺激反应和人车博弈过程等多个维度,全方位充分解析新交通模式下行人与智能网联汽车(算法)的决策认知机理和行为特性,揭示行人与智能网联汽车在人-车-路闭环系统中的作用与关系,建立完善的行人、车(有人驾驶与智能驾驶)耦合理论体系。

2. 行人和智能网联汽车混合交通模式的行为管控博弈决策技术研究,具有较强的理论和技术创新性

截至 2020 年年初,国内机动车保有量已达 3.48 亿辆,同时我国又是一个拥有超过 14 亿人口的大国,城市道路交通系统的运行表现出严重的人、车(有人驾驶与智能驾驶)混行状态特征,在现有的行人交通设施建设中,未建立行人交通信号控制等的交叉口、路段、区域占城市道路交通网络的 50% 以上,在通过这些地方时,行人、智能网联汽车二者均会以自我为中心,基本没有考虑交通弱者的优先通行权,这必然导致行人与车辆在道路交叉口、路段、区域发生交通冲突。

此外,随着城市居民夜间出行活动日益增长,行人和智能网联汽车的夜间交通安全也越来越受到人们的重视。近期的相关统计数据显示,夜间发生交通事故的概率是白天的 8~10 倍,且其危害性远远高于白天发生的交通事故。统计分析表明,行人交通事故的伤亡数占道路交通事故伤亡总人数的 20% 以上,这其中 50% 以上是行人的交通事故所致。种种迹象表明,行人和智能网联汽车行为管控问题非常严峻。究其原因,是白天和晚上不同的光照环境使行人和智能网联汽车的视认特征及行为管控产生一定的差异,导致智能网联汽车对行人的视认不足。与白天相比,晚上城市道路车流量明显降低,车辆行驶速度有了很大提高。此外,夜间道路交通能见度降低,虽然城市大部分道路两侧均布设有照明设施,但道路灯光的照射角度和范围都受到很大的限制,在这种环境下,行人和智能网联汽车的视认特征会有所改变,使其不易发现前方的障碍物或突然出现的过街行人。而当夜间行车速度过快时,如果智能网联汽车未能及时视认出行人,来不及采取减速或制动措施,就容易引发交通事故。鉴于城市道路行人和智能网联汽车交通安全事故频发且后果严重,对设有行人道路的智能网联汽车行为管控博弈决策技术的研究具有重要意义。

行人与智能网联汽车行为管控博弈决策技术涉及智能网联汽车领域、人车碰撞风险领域、行人穿越道路交通行为特性领域、夜间智能网联汽车视觉特性领域、夜间行车安全领域等，实现了跨学科、跨领域、复合型科学研究模式。国内外在这一领域的研究中取得了相关科研成果，特别是在行人和智能网联汽车二者混合交通模式的行为管控博弈决策技术研究方面，具有较强的理论和技术创新性。

3. 行人与智能网联汽车行为管控博弈决策技术研究成果

2019年11月，美国麻省理工学院计算机科学和人工智能实验室的亚当·康纳·西蒙斯和瑞秋·戈登发表了一篇题为《量化和预测驾驶员行为在智能网联汽车决策中的应用》的文章，二人及其团队一直在探索智能网联汽车是否可以通过编程来对驾驶员的社会性格进行分类，可以更好地预测不同的汽车会做什么，方便在其中更安全地驾驶。科学家们整合了社会心理学的工具，根据一个特定驾驶员的自私或无私程度来对驾驶行为进行分类。他们使用了一种叫作社会价值取向（SVO）代表了一个人自私（"利己"）与利他或合作（"亲社会"）的程度。系统估计驾驶员的SVO，为智能网联汽车创建实时驾驶轨迹。在下一阶段的研究中，该团队计划将他们的模型应用于驾驶环境中的行人、自行车和其他代理出行方式。

而恰逢其时，正是定位在行人与智能网联汽车行为管控博弈决策技术上，颠覆单纯以交叉口信号灯为核心的交通调控模式，突破以人为本的交通设计、信号控制、智能网联汽车控制的原有界限，建立以行人和智能网联汽车、交通信号灯"三位一体"的智能车路协同信息交互作为执行手段的"以人为本-车道资源-车辆轨迹-交通信号"协同调控和合作优化技术体系。

传统交通向智能驾驶交通的跨越，将在实时交通信息获取方式、车辆行为模式、交通控制方式、交通需求与供给等博弈决策的诸多方面产生突破性变革：实时交通检测数据将从路测设备提供的有限固定数据变成智能网联汽车提供的丰富的移动数据；智能网联汽车可以调控行驶方式，配合交通信号的变化，行人与智能网联车辆群体行为将从完全被动响应变成部分主动适应；交通控制优化模式将从单纯基于有限数量的交叉口信号灯的"集中式"变成同时基于信号灯和众多智能网联汽车的"集中-分散式"；通过以行人为中心，将车道资源进行动态调配，交通需求与供给的互动关系将从"刚性合作"演进为"弹性适配"，最终实现"智慧出行"。

3.3 车与车信息交互技术

3.3.1 车与车协同避撞系统

车与车协同避撞系统主要由自车信息采集系统、车与车信息交互系统、车载控制器、车载执行器四个模块组成，每个模块所承担的任务各不相同。自车信息采集系统负责实时采集自车

第 3 章 智能车路协同管控平台关键技术

的状态信息;车与车信息交互系统负责实现车辆与车辆之间的信息交互;车载控制器以自车信息和他车信息为数据基础,对车辆的安全状态进行评估,检测车辆间是否存在危险,当车辆处于危险状态时,给出安全行车策略;车载执行器执行车载控制器输出的安全行车策略。

  车与车交互式协同控制硬件系统由车辆状态信息采集系统、车与车通信系统和车速控制系统构成。其中,车辆状态信息采集系统主要涉及 GPS、IMU 和车载控制器局域网络(Controller Area Network,CAN)总线;车与车通信系统使用项目提供的统一通信平台;车速控制系统主要是加装了辅助制动装置。项目组完成了车与车交互式协同控制软件系统的构建,采用 Windows 7 操作系统,使用 Qt 作为软件开发工具,利用 UML 进行软件系统设计。车与车协同避撞系统可实现传感器原始数据采集、数据融合、车车通信、冲突检测和预警、冲突消解及人机交互界面六部分功能。车与车协同避撞系统用例如图 3-8 所示。

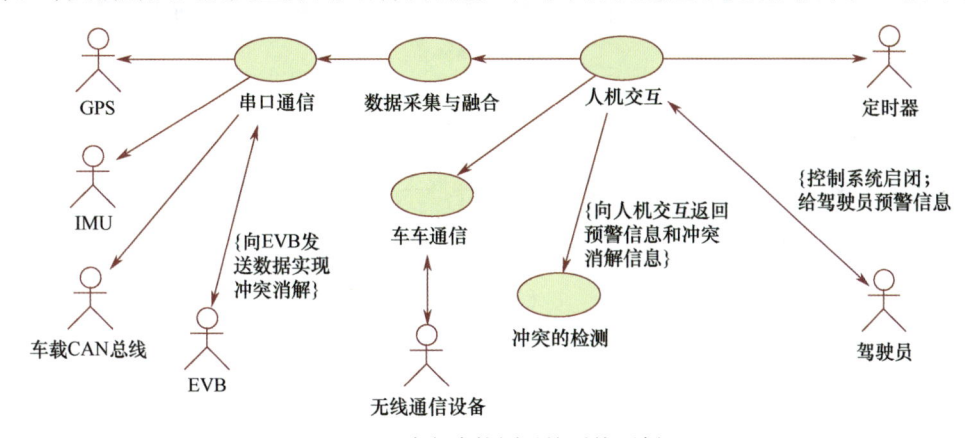

图 3-8 车与车协同避撞系统用例

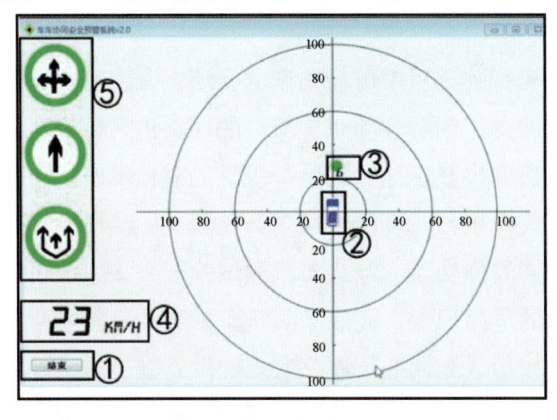

  车与车协同避撞系统的人机交互界面如图 3-9 所示。图中,标号① 控制系统功能的开始和结束;标号② 表示是自车;标号③ 表示以自车为原点,周围车辆与自车的相对位置;标号④ 的区域为自车速度信息显示;标号⑤ 所示区域的左侧三个图标用于显示预警信息,这三个图标代表的信息从上至下分别为交叉口碰撞预警、跟驰碰撞预警和辅助换道。

图 3-9 车与车协同避撞系统的人机交互界面

车与车碰撞时的几种典型预警信息显示如图 3-10 所示。

(a) 交叉口碰撞预警

(b) 跟驰碰撞预警

(c) 右侧换道辅助

(d) 左侧换道辅助

图 3-10　车与车协同避撞时的几种典型预警信息显示

3.3.2　车车交互交叉口冲突辨识与避撞

在智能车路协同多模式数据交互平台和智能车辆平台的基础上，实现交叉口场景下的多种危险识别、量化与辅助控制等关键技术。双向两车道十字交叉口冲突形式如图 3-11 所示。

通过分析交叉口车辆行驶过程中可能出现的合流、分流和交叉等冲突类型，分析车辆通行的时间冲突和空间冲突，创新性地对交叉口的冲突进行识别，结合道路交通法规和车辆交叉口通行优先权，研究出基于冲突危险等级下的避让策略。在上述研究的基础上，开发了车与车协同避撞系统样机，并进行了现场试验测试。测试验证了交叉口环境下两车冲突辨识、危险预警、协同避撞功能。经过多次测试验证，该系统可以稳定地实现交叉口环境下多种车车冲突状况的危险识别，完成了对车车冲突的危险量化，并依据道路交通法规和车辆交叉口通行优先权形成车辆通行库，实现辅助驾驶员完成冲突消解的功能，技术水平达到六级。

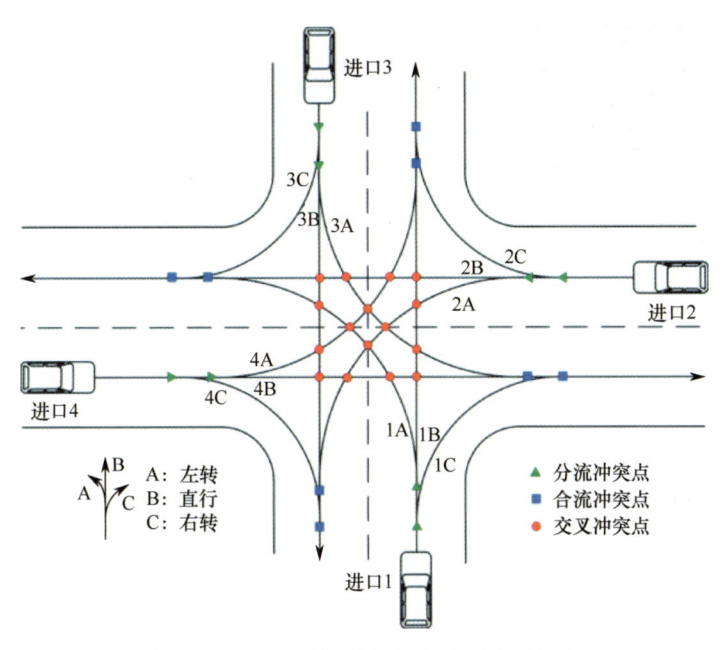

图 3-11 双向两车道十字交叉口冲突形式

1. 无信号交叉口车车冲突危险辨识技术

对车与车冲突理论及驾驶员的主观感受进行综合考虑后，项目组将车车冲突的判定条件设定为两类：空间冲突，即车辆的行车路线存在冲突；时间冲突，即车辆同时到达冲突区。以车车信息交互为前提，提出了一种冲突检测的算法，该算法从空间冲突和时间冲突两方面入手，能够实时地进行冲突检测。按照交通流现象对交通冲突进行分类，可将其分为合流冲突、分流冲突和交叉冲突三类，分别从理论和建模两个方面分析了这三种冲突类型。时间冲突检测是根据车辆当前的运动状态判断车辆是否会在同一时间到达冲突区。若车辆同时到达冲突区，则说明车辆之间存在时间冲突；否则，不存在时间冲突。

2. 无信号交叉口车车避撞技术

从交通冲突的判定条件出发，知道交通冲突发生的充分必要条件是同时满足空间冲突和时间冲突，二者缺一不可，任何一个条件得不到满足都不会发生交通冲突。由此可知，在进行冲突消解时，只要破坏上述两个条件中的任何一个就能达到消解冲突的目的。从空间冲突角度出发，直接避免交叉口处不同方向车辆的冲突主要依赖合理而完善的道路设计和建设，使冲突区不存在。从时间冲突角度出发，直接避免车辆冲突的方法是调节车速，使车辆占用冲突的时间不存在重叠的部分，即使车辆在不同的时间先后通过冲突区即可。建立无信号交叉口车辆通行规则库，对驾驶车辆通过无信号交叉口时的操作步骤进行规划，给出两车和多车冲突点避让策略，规划避让轨迹。其中，多车冲突的冲突点避让策略流程如图 3-12 所示。

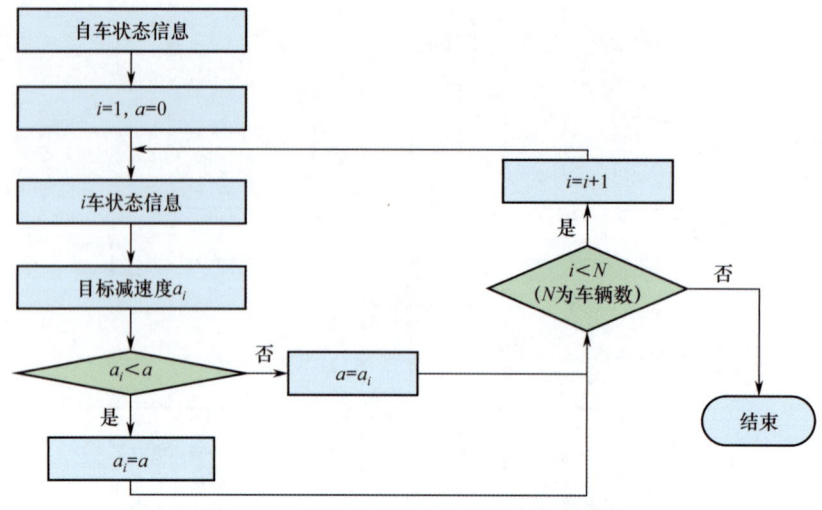

图 3-12　多车冲突的冲突点避让策略流程

3. 无信号交叉口车车冲突检测与冲突点避让策略实车测试

实验分两种情况，一种为交叉口信息未知，一种为交叉口信息已知。主要测试直行车辆与右侧直行车辆冲突、左转车辆与右侧直行车辆冲突、左转车辆与对向直行车辆冲突、左转车辆与右侧左转车辆冲突、左转车辆与左侧直行车辆冲突、右转车辆与对向左转车辆冲突、右转车辆与左侧直行车辆冲突七种交叉口信息未知条件下的车辆避让过程。交叉口信息未知和已知条件下直行车辆与右侧直行车辆避撞场景及实验结果分别如图 3-13 和图 3-14 所示。

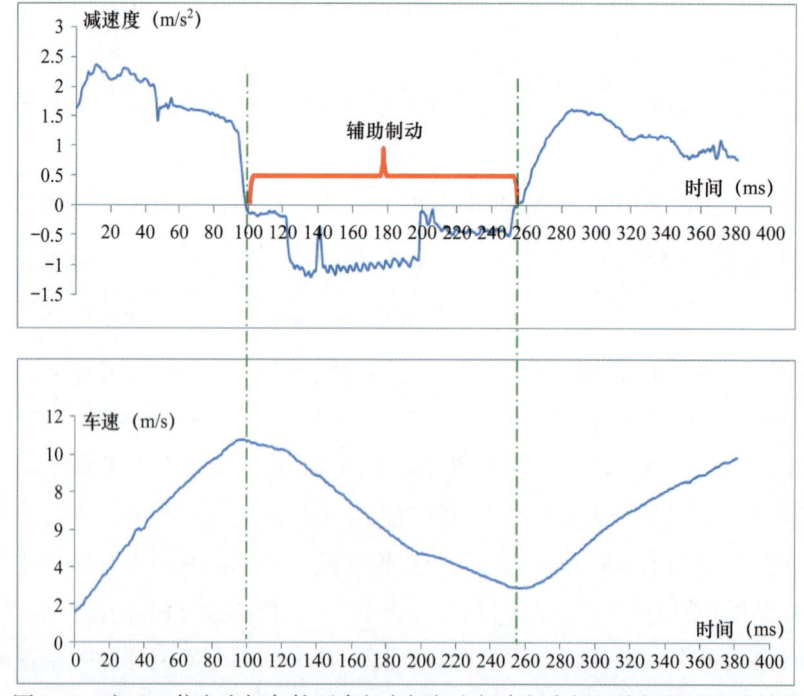

图 3-13　交叉口信息未知条件下直行车辆与右侧直行车辆避撞场景及实验结果

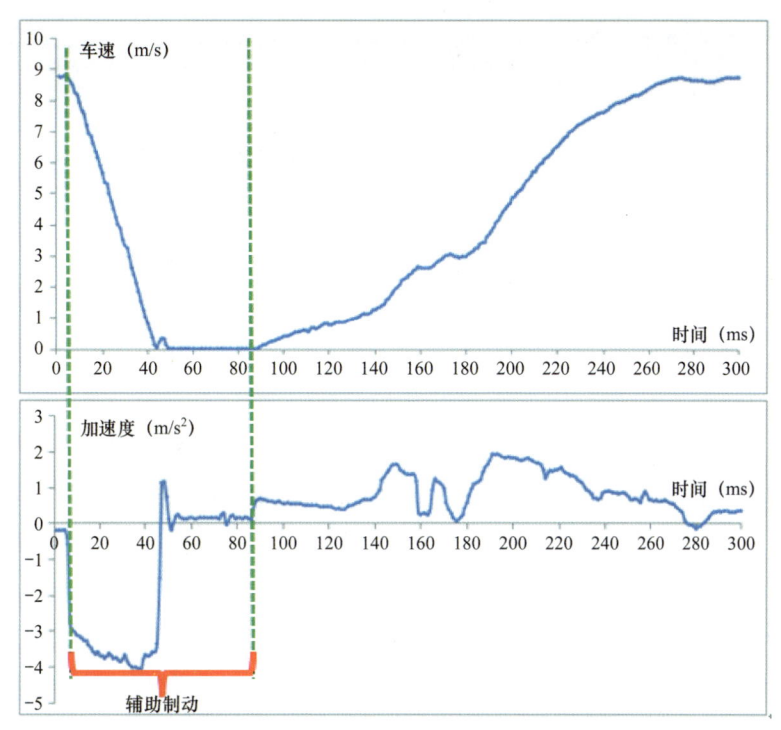

图 3-14 交叉口信息已知条件下直行车辆与右侧直行车辆避撞场景及实验结果

与道路交叉口信息未知情况下的减速让行策略不同，在交叉口信息已知的情况下，车辆采取的冲突点避让策略是停车让行。因此，当车辆之间存在冲突时，优先级低的车辆会在交叉口停车线处停车等待，直至优先级高的车辆通过冲突点后才加速通过交叉口，左转车辆与右侧直行车辆冲突、左转车辆与右侧左转车辆冲突、左转车辆与左侧直行车辆冲突、右转车辆与左侧直行车辆冲突这四种冲突场景的避让行为都与直行车辆与右侧直行车辆冲突的避让行为相同。

3.3.3 车车交互跟随危险辨识与避撞

驾驶员的跟驰行为作为最常见的驾驶行为之一，主要是指车辆在无法超车的情况下，跟随在前车后方进行驾驶的驾驶行为，后车驾驶员会依据前车的速度和两车间的距离来判断是否加速或减速。研究跟驰过程的危险辨识技术，包括目标识别技术和跟驰车辆的危险辨识技术。基于危险感知量化的跟弛模型以安全裕度的概念为核心，在基本的理想安全距离模型的基础上，增加驾驶员生理和心理感知要求，使跟驰模型具有更加明显的拟人特性。当安全裕度处于一个特定的范围内时，跟驰过程处于安全状态；反之，便处于危险状态。为此，给出危险度定义：从后车驾驶员决定采取制动措施时起到车辆完全停下来止，后车与前车相对距离的改变量与后车驾驶员决定采取制动措施时的两车相对距离的比值。跟驰过程中的制动过程如图 3-15 所示。

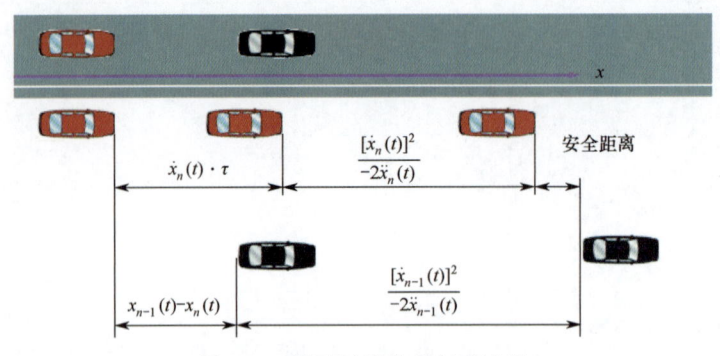

智能车路协同管控 可视化推演平台

图 3-15 跟驰过程中的制动过程

基于危险感知量化跟车模型，项目组分两种场景，设计了两种路段跟驰行驶车辆危险消解策略。一种场景是当前车平稳行驶时，跟随车辆依据车辆的速度和两车的间距随时调节自身行驶状态，当驾驶员判断出此刻的速度和车间距存在潜在追尾的可能时，驾驶员就会采取减速措施来降低或消除潜在追尾的可能性。对于此种场景的实际测试，可以采用基于危险感知量化跟车模型的思想来实现危险的消解。另一种场景是当前车由于某种原因紧急刹车时，后车发生追尾事故的可能性迅速升高，此时由于前车速度变为或接近于 0，基于危险感知量化跟车模型无法实现此种场景下的有效危险消解，因此对于前车紧急刹车，而跟随车辆距离目标车辆的距离小于一定阈值的情况，便需要跟随车辆采取刹车动作，防止追尾事故的发生。针对此种场景的实际测试，强制给予车辆一定数值的减速度，迫使后车在一定的车间距条件下停住。

车与车交互跟随危险辨识与避撞测试结果如图 3-16 所示。

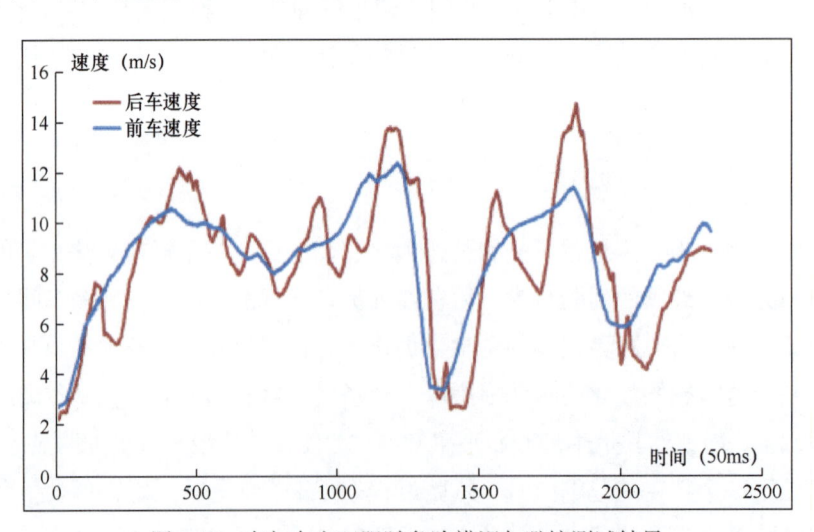

图 3-16 车与车交互跟随危险辨识与避撞测试结果

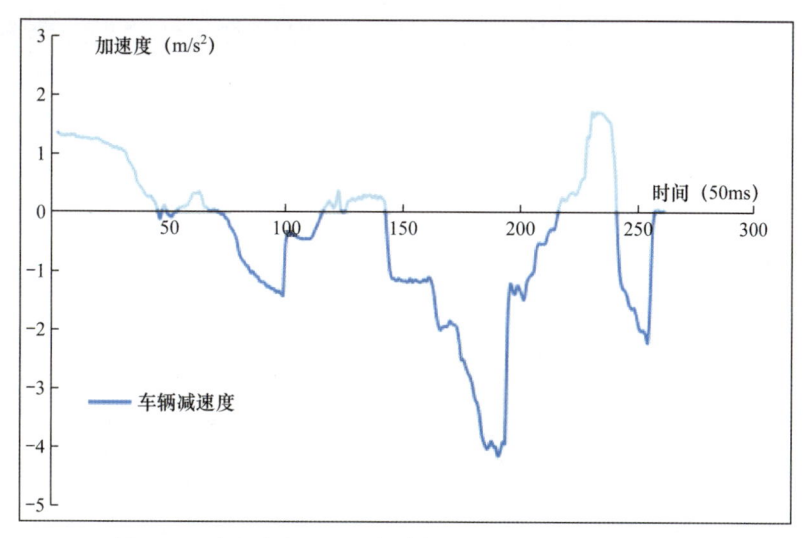

图 3-16　车与车交互跟随危险辨识与避撞测试结果（续）

3.3.4　换道危险和盲区危险辨识与预警

1. 换道危险辨识与预警

当驾驶员对本车道的驾驶条件不满意，且相邻车道的驾驶条件优于本车道时，就会产生换道意图。作者项目组研究了基于车载传感器数据的换道危险辨识技术，车载传感器能够实时获取车辆当前的行驶状态和定位信息，并且能通过车车信息交互获取周边车辆的行驶状态和位置信息，从而根据自车与前后车之间的姿态参数，对驾驶员在换道过程中的危险进行预警。换道行为基于"最小安全距离""安全换道时间""最短换道时间"三个因素进行决策。典型的换道场景和换道过程如图 3-17 所示。

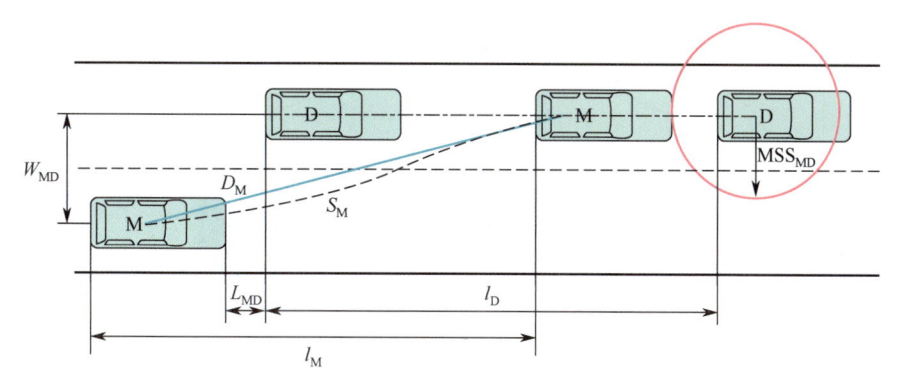

图 3-17　典型的换道场景和换道过程

驾驶员安全驾驶的关键是在驾驶过程中对各种信息及时并准确地进行感知和处理。影响驾驶员感知、判断和操作特性的驾驶员因素主要包括反应时间、驾龄、疲劳状态、年龄、

智能车路协同管控 可视化推演平台

性别、个性、情绪及安全责任感等。车与车交互换道危险辨识过程的算法流程如图 3-18 所示。

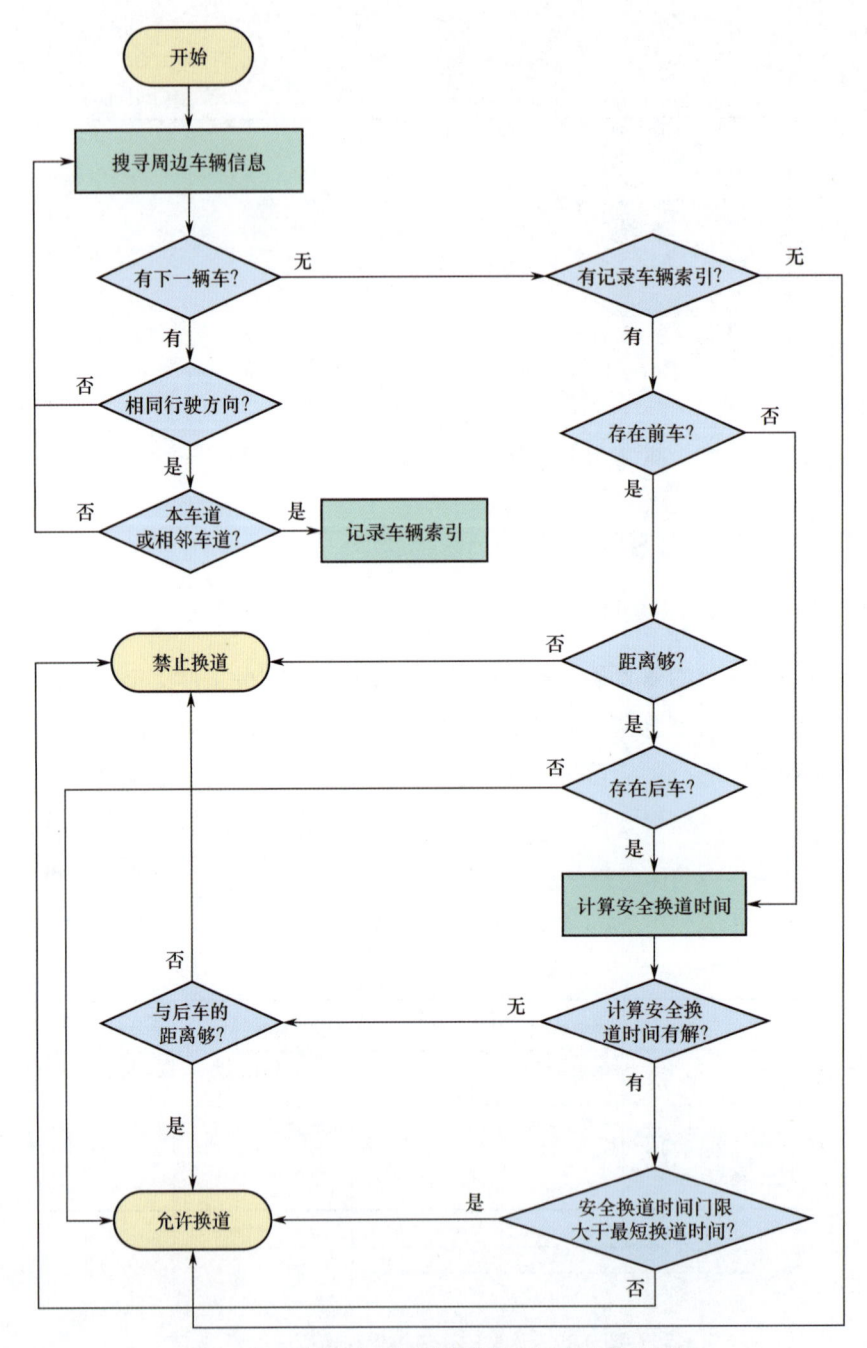

图 3-18 车与车交互换道危险辨识过程的算法流程

项目组对车车交互换道危险辨识与预警的算法进行测试,设计了四个场景:左侧超车换道、左侧减速换道、右侧超车换道和右侧减速换道。典型换道场景如图 3-19 所示。

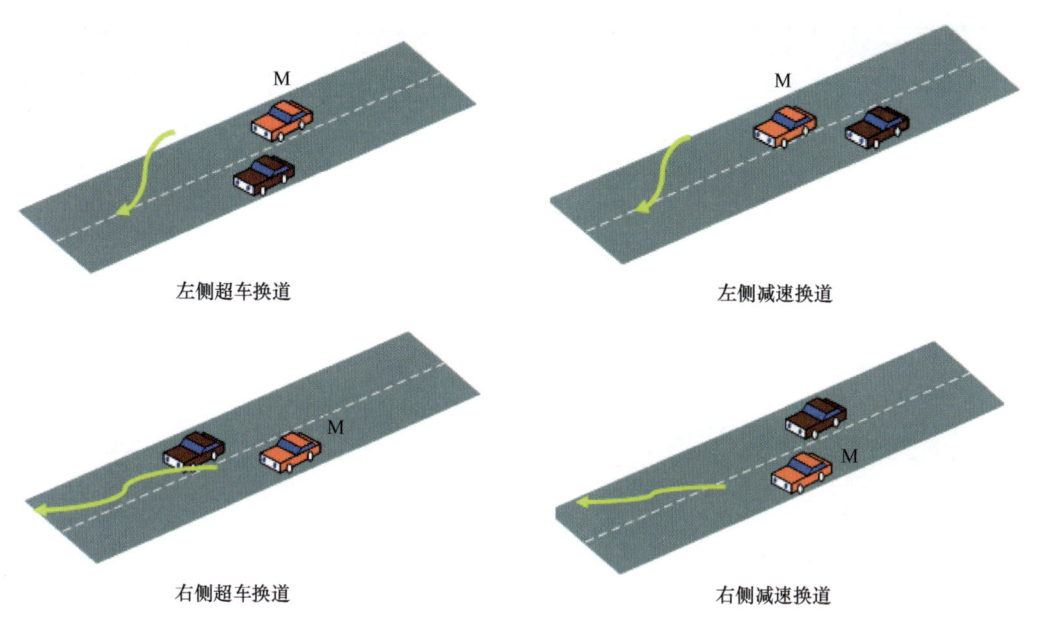

图 3-19　典型换道场景

2. 盲区危险辨识与预警

由于车辆结构的限制和驾驶员视野的局限，驾驶员在驾驶车辆的过程中，对车辆行驶环境存在看不见的区域（盲区），这部分区域给交通安全和驾驶员的人身及财产安全带来了潜在的巨大威胁，盲区危险辨识与预警技术可以有效解决这一问题。所谓车辆盲区，是指驾驶员位于正常驾驶座位置，其视线被车体遮挡而不能直接观察到的那部分区域。简言之，驾驶员坐在驾驶座上正常驾驶的时候，观察不到的地方区域即为盲区。在通常情况下，车辆盲区分为车内盲区和车外盲区两种。车内盲区有的是车辆结构形成的，有的则是人为造成的；车外盲区是由固定或移动物体及光线问题造成的，不同车型形成的盲区大小不同。驾驶员车内盲区的分布如图 3-20 所示。

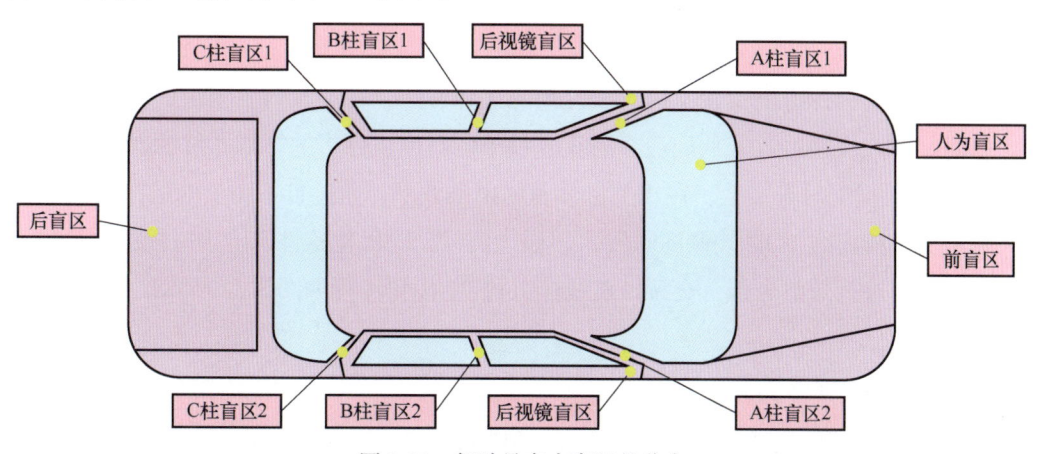

图 3-20　驾驶员车内盲区的分布

车辆盲区危险预警主要是用来提醒驾驶员在行驶过程中，注意相邻车道盲区内的车辆，避免在并线时发生交通事故。具体预警方法是：判断自车后视镜左右相邻车道盲区内是否有车辆，以车道的宽度范围和盲区的角度范围作为判断依据；当有车辆处于自车后视镜的盲区内时，进行声音预警提醒驾驶员。

在车与车交互条件下，车辆的盲区预警系统检测到当前自车的后视镜盲区内存在车辆时，会向驾驶员发出语音警报，提醒驾驶员谨慎驾驶，同时在人机交互界面显示出盲区车辆的具体位置。该盲区预警系统可以有效地对驾驶员进行安全提醒，提高行车安全。

3.4 车与路信息交互技术

3.4.1 智能车路协同交叉口的离线控制

智能车路协同管控的离线一天的时间（Timing of Day，TOD）控制策略建立在对车载数据分析的基础上，通过对车载数据特性的挖掘、分析、处理，找出交叉口各流向在一定周期内的需求变化规律，对各种交通流的统计规律进行层次聚类分析，不断更新离线方案数据库，克服传统交通控制条件下的离线方案时效性不强的问题。离线 TOD 控制策略可以较好地把握交叉口运行状况，从宏观上能够很好地匹配交叉口交通需求的变化规律，至于微观上的波动，则需要在离线策略的基础和前提下进行在线实时优化和调整。因此，在离线策略的制定过程中需预留充分的空间。

交叉口离线 TOD 策略通过挖掘分析车载数据信息，得到相对精确的交叉口车道流量等离线 TOD 控制策略输入数据信息，并针对智能车路协同环境下的车载数据特性对策略精度的影响进行分析探讨。在此基础上，采取层次聚类分析和划分的方法确定交叉口离线 TOD 控制方案的最优方案数及最优时间切换点。交叉口离线 TOD 控制策略生成流程如图 3-21 所示。

基于上述流程，提出了交叉口离线控制的优化方法。在交叉口各车道的流量和占有率等信息的基础上，通过数据预处理，消除变量单位对聚类分析的影响，然后通过确定离线 TOD 控制的最优配时方案数，在相关目标和约束条件下，通过自下而上的层次聚类分析，最终确定交叉口离线 TOD 控制的时段，并通过信号配时优化软件确定多时段的配时方案，进而通过仿真进行效益分析，交叉口离线 TOD 控制优化流程如图 3-22 所示。

图 3-21　交叉口离线 TOD 控制策略生成流程

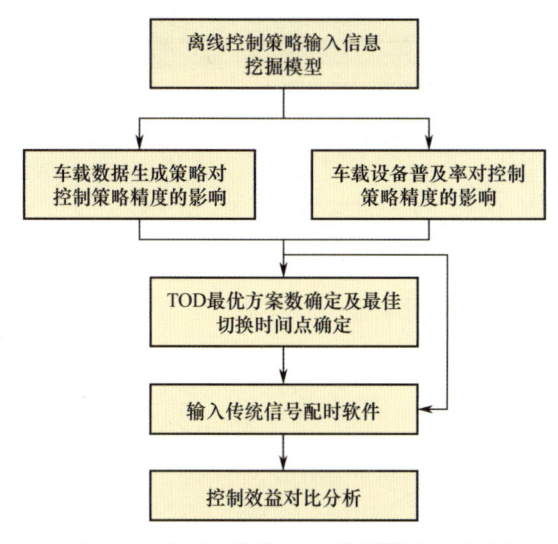

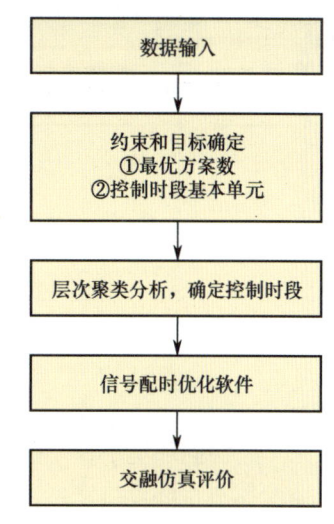

图 3-22　交叉口离线 TOD 控制优化流程

3.4.2　车路协同交叉口实时自适应优化

实时自适应控制策略的优劣将最终决定交叉口的交通运行效率。一个好的实时自适应控制策略基于实时的车载数据信息，精确响应交通需求的微小波动，对整个交叉口的时间资源进行更小粒度的、科学、系统、合理的分配，充分挖掘车路协同和在线实施自适应控制的最大潜能。

项目组以研发的智能路侧单元和离线 TOD 控制方案为基础，采集和融合多源信息，充分利用交叉口的时间资源，尽可能减少车辆在交叉口的延误；同时通过场景分析，给出满足交叉口实时自适应控制策略要求的建议车载数据生成频率和车载单元的最小市场普及率，为车路协同系统的推广应用提供建议和参考。

项目组将在线实时自适应优化定义为：根据实时交通需求和运行状况，不断滚动优化、调整交叉口的控制方案，实现运行效率的最大化。控制策略不仅受交叉口车辆运行状态的影响，而且受车辆信息的生成、采集等因素的制约，不同的车载数据生成频率和车载设备市场普及率都会影响实时自适应控制的效果。因此，在在线实时自适应控制的过程中，需考虑这些因素及其影响。交叉口实时自适应控制优化策略的总体逻辑如图 3-23 所示。

在上述优化逻辑基础上，针对非饱和和过饱和两种情况，研究了两类优化模型。非饱和条件下的实时优化模型主要分为三个步骤：首先确定交叉口各流向的绿灯时间分配逻辑，主要基于效率最大化兼顾安全性的考虑；其次将车辆信息聚类成实时的车队；最后依据各流向的累计等待时间等进行相位的切换。过饱和条件下的优化逻辑为：针对当前城市普遍存在的交叉口过饱和问题，通过对绿灯提前切断、绿灯延迟开启、相交道路协调三种方式及其组合的五种模式的比较分析，确定过饱和条件下的交叉口相位切换逻辑。同时，研究车载数据生成频率、车载单元的市场普及率对信号控制效果的影响,给出具体的实验结果。

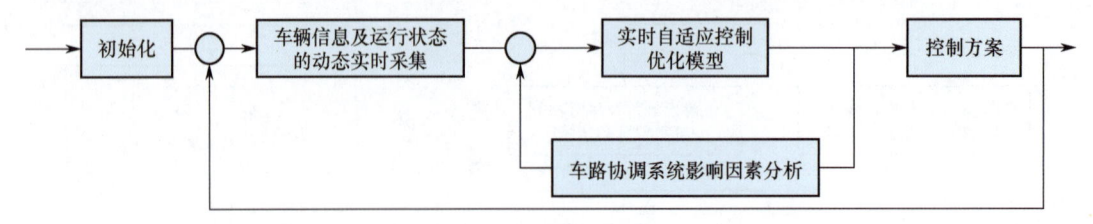

图 3-23　交叉口实时自适应控制优化策略的总体逻辑

3.4.3　车路协同车速引导交通建模求解

在车路协同环境下,车速引导旨在综合考虑各种影响因素的基础上,利用车载终端实时、动态地为车辆提供系统最优或用户最优的行驶速度建议。在保证行驶安全的同时,车速引导更加关注车辆行驶工况、节能减排等效益的提升,具有实时性、动态性、系统性、具体性等特点。

1. 单车速度引导模型

单车速度引导算法方面,基于车路协同环境,以降低车辆停车时间为目标,综合考虑实时交通运行状态,建立信号控制交叉口车速引导模型,求解车辆的最优行驶车速。车速引导分基础资料准备、车辆位置确认、引导车速计算和车辆车速引导四个阶段进行。单车速度引导模型求解流程如图 3-24 所示。

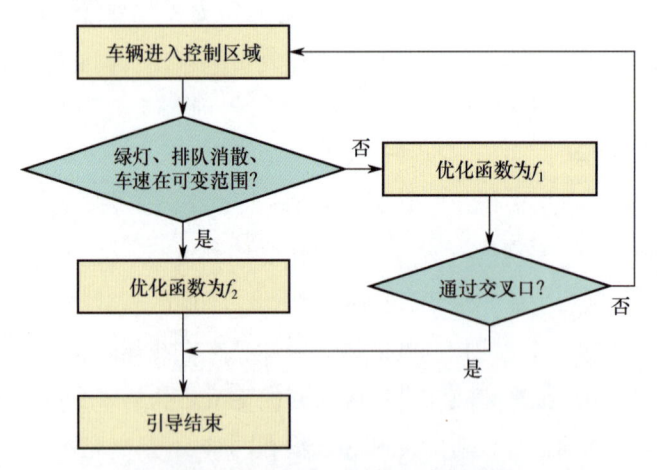

图 3-24　单车速度引导模型求解流程

由实验结果可知,车速引导成功率为 80% 以上,有效避免了车辆不必要的停车;未通过的车辆占 14%;另外由于驾驶员操作等原因,4% 的车辆放弃引导。通过实地实验可知,车速引导可有效减少车辆的停车次数、延误等。

2. 多车协同引导模型

多车协同引导模型主要是针对"绿灯头"车辆短暂停车现象和"绿灯尾"车辆未通过现象设计的引导模型。根据交叉口信号控制及车辆行驶信息，确定一个周期内所能通过的车辆，并将绿灯时间合理地分配给相应车辆。接着，根据车辆的速度、位置及信号灯状态等具体信息，利用改进的车速引导模型对相关车辆进行车速优化。最后，利用优化后的车速对相关车辆进行引导，直至其通过城市道路交叉口。

3. 基于滚动时间窗的信号配时优化模型

基于上述算法，建立基于车队引导的交通控制方法，定义"以近似于饱和车头时距状态行驶在同一车道上的若干相邻车辆组成的队伍"为一个车队，该方法给出了车队聚集、车队划分、车队延误的计算方法，以及基于滚动时间窗的信号配时优化模型。基于滚动时间窗的信号配时优化模型分析如图 3-25 所示。

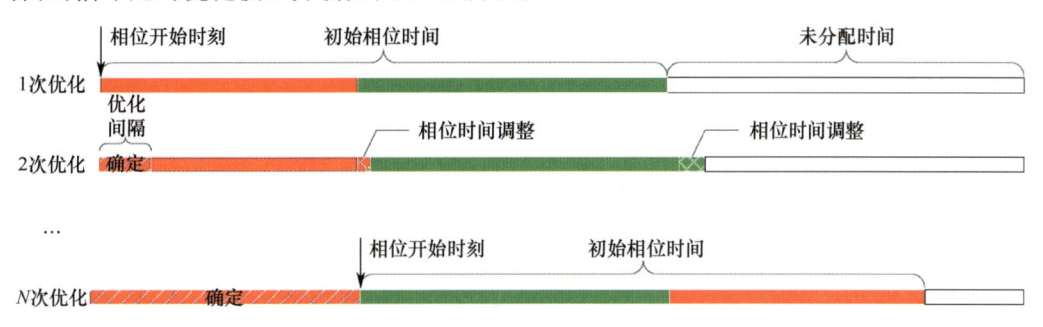

图 3-25 基于滚动时间窗的信号配时优化模型分析

4. 基于车队的信号控制方法求解过程

对智能车路协同管控平台在城市道路交叉口、路段、片区进行交通协同管控的模型求解，完成基于车队的信号控制方法求解过程，如图 3-26 所示。

3.4.4 车路协同交通运行控制集成设计

通过上述研究，面向城市道路交通控制的安全和效率需求，研究车路协同环境下的特征信息提取方法，开发基于车路协同交通协调控制的模型算法，包括车路协同环境下交叉口离线 TOD 控制、车路协同环境下交叉口实时自适应控制优化策略、单车车速引导模型、多车协同引导模型、基于车队的信号控制方法、车路系统交通协调控制延误分析及基于双向沟通的车辆优先控制算法。

本书项目组在深圳城市中心区域，面对 45 个交叉口组合成的智能车路协同管控优化片区，开展交叉口（红荔路与新洲路、莲花路与新洲路）、城市主干路新洲路、城市中心交通拥堵区域的车路协同交通运行控制系统集成设计，获得深圳市政府投资 3.4 亿元，于 2020

智能车路协同管控 可视化推演平台

年 8 月 25 日正式完成竣工验收。项目针对紧急车辆运行的特殊需求，分析了其运行特性及控制目标，建立了紧急车辆到达时间短时预测模型；针对公交车辆，建立了公交车辆准时到站模型，采取车速引导、主动控制、预偏移等措施使车辆回到稳定运行的区间。交叉口智能公交车路协同管控的车辆优先控制如图 3-27 所示。

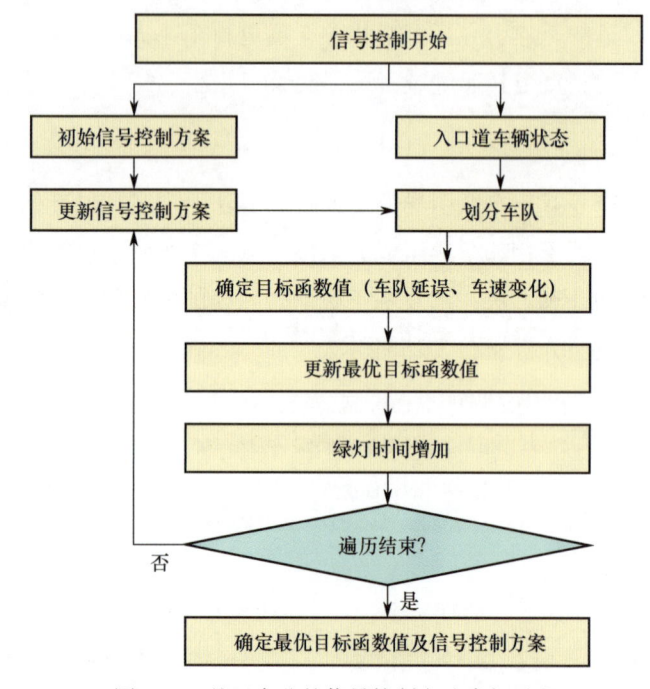

图 3-26　基于车队的信号控制方法求解过程

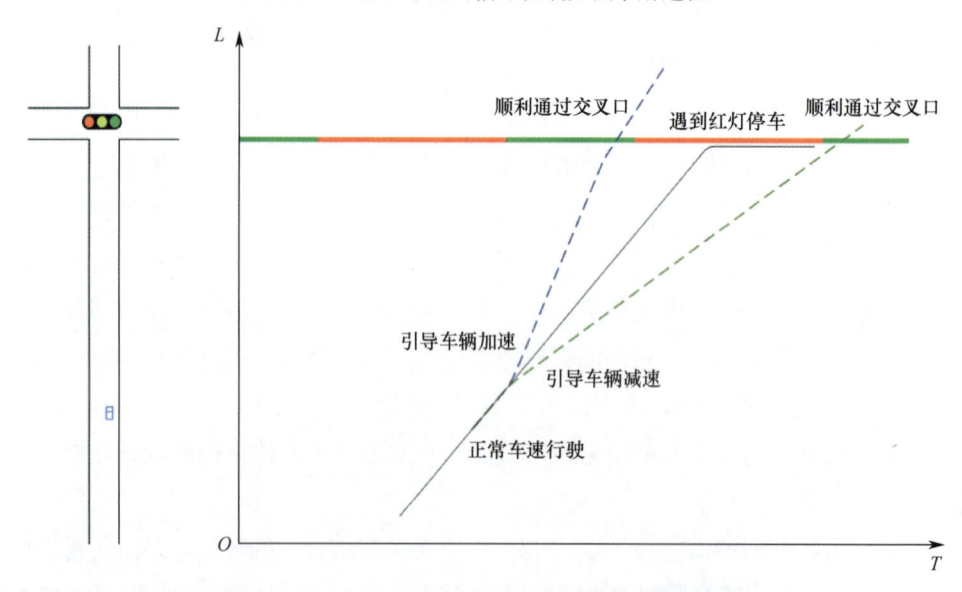

图 3-27　交叉口智能公交车路协同管控的车辆优先控制

研究结果表明，智能车路协同交通协调控制系统可以有效提高交通运行效率、安全性和舒适度。在理想的车辆设备完全市场普及率和足够的车速数据生成频率的条件下，可以提高城市道路交叉口离线 TOD 控制效益 10% 以上；在车载单元市场普及率达到 30% 时，能提高交叉口离线 TOD 控制效益 4.96%~11.7%。对公交车辆运行控制的实地测试表明，能有效减少单个交叉口停车延误和停车次数 80% 以上，同时达到节能减排的效果。这一应用可大大提高交通控制的效率和安全性，对应的基于车速引导的公交车辆信号优先算法流程如图 3-28 所示。

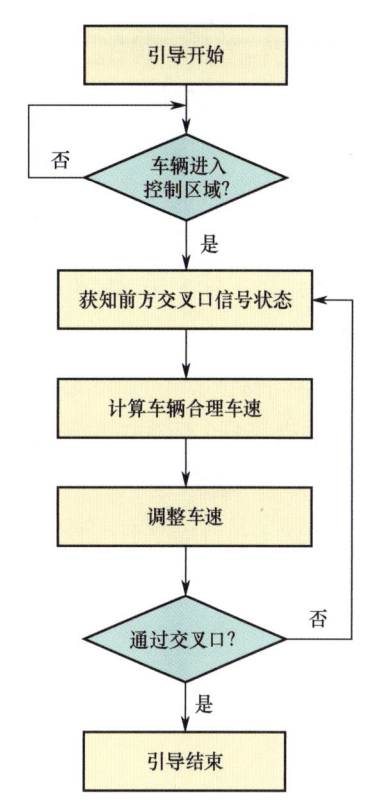

图 3-28 基于车速引导的公交车辆信号优先算法流程

3.5 智能车路协同仿真与测试技术

3.5.1 智能车路协同仿真测试平台构建

1. 场景库成为智能网联汽车仿真、测试、验证的关键

基于场景库的仿真测试是解决自动驾驶路测数据匮乏的重要方法，仿真测试主要通过构建虚拟场景库，实现自动驾驶感知、决策规划、控制等算法的闭环仿真测试，满足自动驾驶测试的要求。场景库是自动驾驶仿真测试的基础，场景库对现实世界的覆盖度越高，仿真测试结果就越真实，而且智能网联汽车研发的不同阶段对场景库的要求也不同，需要场景库实现不同的测试功能。

自动驾驶测试场景可分为自然驾驶场景、危险工况场景、标准法规场景、参数重组场景四大类别。

① 自然驾驶场景。自然驾驶场景来源于智能网联汽车真实的自然驾驶状态，是构建自

动驾驶测试场景库最基础的数据来源。由于自然驾驶场景包含智能网联汽车所处的人、车、路、环境、任务等全方位信息，如车辆数据、驾驶行为数据、道路环境等多维度信息，能够很好地体现测试的随机性、复杂性、典型性等特点，属于智能网联汽车充分测试场景，目的是满足智能网联汽车最基本的功能开发和验证服务。

② 危险工况场景。危险工况场景主要包含大量恶劣交通气象环境、复杂道路交通及典型交通事故等场景，是智能网联汽车测试过程中进行自动驾驶控制策略验证的关键部分。验证自动驾驶车辆在危险工况场景下的避撞能力是整个智能网联汽车安全测试的核心，是测试验证自动驾驶有效性的必要测试场景，目的是验证智能网联汽车的安全性和可靠性。

③ 标准法规场景。标准法规场景是验证自动驾驶有效性的一种基础测试场景，目前有 ISO、NHTSA、ENCAP、CNCAP 等多项标准、评价规程对现有自动驾驶功能进行测试规定。标准法规场景是通过现有的标准、评价规程构建测试场景，目的是对智能网联汽车应该具备的基本能力进行测试。

④ 参数重组场景。参数重组场景是将已有仿真场景进行参数化设置并完成仿真场景的随机生成和自动重组，具有无限性、扩展性、批量化、自动化等特点。参数重组场景的目的是补充自然驾驶场景、危险工况场景、标准法规场景等未覆盖的未知场景，有效覆盖自动驾驶功能测试盲区。

2. 智能网联汽车仿真、测试、验证场景库的特性

在智能网联汽车的研发验证、测试评价、检测认证三个阶段中，由于每个阶段的目的不同，其仿真测试对场景库的要求也不同。场景库的搭建应依据智能网联汽车的开发阶段进行有针对性的模块化开发，在保证测试要求的前提下尽量降低用户成本。智能网联汽车研发的不同阶段对场景的具体要求如表 3-5 所示。

表 3-5 智能网联汽车研发的不同阶段对场景的具体要求

阶　　段	研发验证	测试评价	检测认证
功能分类	验证各项功能，实现功能的调整和快速迭代	评价智能网联汽车不同维度、不同方面的性能	考察智能网联汽车在各种交通行为下各项功能的安全性、可靠性
特性划分	① 场景尽可能覆盖所有功能测试 ② 测试场景可实施，场景要素可调整 ③ 场景可部署到 MIL、SIL、HIL、VIL 等	① 场景应与评价指标高度相关 ② 场景要素的特性与指标和现实相符 ③ 场景各类要素指标可量化且一致	① 场景认证结果可信度要求高 ② 测试标准统一，测试场景具有可重复性和一致性

1）研发验证阶段

在研发验证阶段，场景库是为了验证智能网联汽车各项功能，实现功能的调整和快速

迭代，要求场景库具备以下特性。

① 场景库应尽可能覆盖所有功能测试，验证各项功能在各种场景下的安全性，对于某些不必要的功能可以剔除。

② 测试场景可在现实世界中实施，以验证功能的安全性，场景中的各项要素可根据测试要求进行灵活调整。

③ 场景可部署到模型在环（MIL）、软件在环（SIL）、硬件在环（HIL）、车辆在环（VIL）等，进行完整在环测试。

2）测试评价阶段

在测试评价阶段，场景库是为了评价智能网联汽车不同维度、不同方面的性能，要求场景库具备以下特性。

① 为了有针对性地评价智能网联汽车的各项性能，测试场景应与评价指标高度关联。

② 为了使智能网联汽车在真实世界的状态和测试评价结果一致，要求测试场景要素的特性与指标和现实相符。

③ 为了准确评价智能网联汽车在未知场景的表现，需要对参数重组情况下的场景进行补充测试，要求场景各类要素指标可量化，方便进行人工编辑，不同场景下的场景要素指标要一致，方便实现场景数据的存储。

3）检测认证阶段

在检测认证阶段，场景库是为了考察智能网联汽车在各种交通行为下各项功能的安全性、可靠性，为最终上路做准备，要求场景库具备以下特性。

① 自动驾驶上路前需要在各种场景下具备很高的安全性、可靠性，因此检测认证结果的可信度要达到非常高的水平。

② 为了在全国推广智能网联汽车测试标准，应做到测试标准统一，测试场景具有可重复性和一致性。

3. 智能车路协同仿真测试平台的需求、结构、能力与功能

1）智能车路协同仿真测试平台功能的需求

对自动驾驶算法研发而言，测试验证手段必不可少，引入智能网联汽车仿真平台进行自动驾驶测试的核心目的，正是弥补实车测试不足，提高智能网联汽车测试的安全性，并节省测试时间和成本，快速推动智能网联汽车落地。因此，智能车路协同仿真测试平台面向的客户是自动驾驶汽车厂商、算法公司、各类汽车测试场，为此，智能车路协同仿真测试平台至少应该具备如下功能。

① 满足自动驾驶感知、决策规划、控制全栈算法闭环仿真。智能车路协同仿真测试平台的功能需求源自智能网联汽车自身的工作原理。智能网联汽车的普遍技术结构是通过摄

像头、激光雷达、毫米波雷达等传感器识别车辆周围的环境信息，然后由人工智能结合感知信息并依据以往的经验做出决策，自主控制车辆的转向和速度，使车辆能够安全可靠地行驶，到达预定目的地。

自动驾驶核心算法包括感知算法、决策规划算法、控制算法。与此相适应，智能车路协同仿真测试平台也应具备完成上述三个算法仿真测试的能力。其中，感知算法仿真需要高度还原的三维重建场景和精准的传感器模型；决策规划算法的仿真需要大量的场景库支撑；控制算法的仿真需要引入精准的车辆动力学模型。

不同的仿真平台对上述三种算法有不同的侧重点。例如，有的仿真平台专注于决策、控制算法的仿真，会直接向测试车辆输出完美的传感器信号，需要感知算法仿真时，可以利用其他仿真平台进行联合仿真。现在越来越多的自动驾驶开发团队倾向于用一套仿真系统满足单一算法开环和全算法闭环的使用需求。

② 满足智能网联汽车 V 字开发流程。自动驾驶可以看作汽车发展的高级形态，汽车的控制系统一直在不断地发展完善，从起初的发动机控制逐步演变成底盘控制、车载信息娱乐系统控制、ADAS 辅助驾驶和更高级的自动驾驶，汽车系统结构越来越复杂，迭代更新速度不断加快。为保证系统的稳定性和更新频率，汽车行业推出了一套先进的测试理论和流程方法来保证整个系统开发的有效性和高效性，即 V 字开发流程，也称 V 字模型。

V 字开发流程是在快速应用开发模型基础上演变而来的，包括功能设计、快速控制原型、代码集成与测试、HIL 测试和实车标定。不同于传统的正向开发过程，V 字开发流程强调软件开发的协作和速度，它将软件实现和验证有机地结合起来，使软件生命周期中的每项开发活动都对应一个测试活动，并且两者是同时进行的，可以在保证较高的软件质量的情况下缩短开发周期。针对自动驾驶仿真测试，同样必须满足汽车的 V 字开发流程，具备覆盖 MIL、SIL、HIL、VIL 全流程验证能力。除了通过纯软件方式接入感知、决策、控制系统完成闭环测试，还需要通过仿真环境，结合部分硬件系统的计算结果进行测试，使软件和硬件的兼容性和功能完整性得以验证。

③ 加速自动驾驶算法迭代升级。目前，实际的道路测试规模远远不能满足自动驾驶研发测试的需要，这表明行业主流的自动驾驶已经基本完成算法架构，距离商业化运用只差积累足够的测试数据来对算法进行优化。因此，仿真测试平台的高效率也是用户的核心需求。

影响自动驾驶仿真测试效果的因素有很多，其中最重要的因素有两个。一是仿真系统是否具备快速自动化生成测试场景的能力，仿真平台的测试场景源自真实的道路采集数据，采集需要消耗大量的时间和成本，如果无法基于真实数据自动化生成场景，逐个采集将大大降低测试效率。二是依靠本地逐个运行测试方式，效率依然不够。最理想的使用方式是将本地测试和云端加速仿真相结合，在本地算法调试完毕后，上传到云端快速进行大量的回归测试和验证，将结果返回到本地，分析自动驾驶算法在哪些场景表现良好，在哪些场景表现较差，有针对性地做精细调试，推动算法的迭代，这需要仿真测试平台具备云端并行加速的能力。

2）智能车路协同仿真测试平台的体系结构与能力

① 智能车路协同仿真测试虚拟场景构建。智能网联汽车的仿真与测试，首先需要模拟构建出与真实世界一致的车辆运行场景，而场景的构建可以分为静态场景构建和动态场景构建两个层次。

- 静态场景构建。静态场景构建的作用是还原场景与车辆行驶相关的静态元素，如道路（道路材质、车道线、减速带等）、静态交通元素（交通标志、标线、标牌、路灯、车站、隧道、建筑物等）。通常基于高精度地图、增强现实和三维重建技术完成静态场景的构建。

- 动态场景构建。动态场景元素包括动态指示设施、通信环境信息等动态环境要素，以及交通参与者（包括机动车行为、非机动车行为、行人行为等）、交通气象变化（雨、雪、雾等）、时间变化（主要包括不同时刻光照的变化）等。动态场景的构建是为了在静态场景基础上，复现场景中的动态元素，并且使这些元素的动作及其产生的影响严格遵循现实世界的物理规律和行为逻辑。

② 智能网联汽车感知系统仿真。感知系统的仿真可以分为三个层次。一是物理信号仿真，即直接仿真传感器收到的信号，如直接仿真摄像机检测到的光学信号、雷达超声波和电磁波信号；二是原始信号仿真，即把传感器探测的单元拆掉，直接仿真控制电控嵌入式系统中专门的数字处理芯片的输入单元；三是传感器目标仿真，如果传感器感知和决策是分为两个不同层级的芯片来实现的，则可以将传感器检测的理想目标直接仿真到决策层算法输入端。

感知系统仿真的对象主要包括摄像头、毫米波雷达、激光雷达三大主流车端传感器。影响感知系统仿真结果的两大要素分别是仿真场景重建的真实性和各类传感器模型，在相同的仿真环境下，传感器模型越精确，仿真结果越接近现实。

③ 自动驾驶车辆动力学仿真。智能网联汽车在仿真测试中，需要借助车辆动力学模型模拟车辆来客观评价决策及控制算法。复杂的车辆模型可以保证车辆有良好的仿真精度，使控制对象的反应更贴近真实世界。车辆动力学模型是基于多体动力学搭建的模型，其中包括车体、悬挂系统、转向系统、制动系统、动力系统、传动系统、车辆动力学系统、硬件 IO 接口等多个真实部件。将这些控制对象模型参数化之后，就可以把真实的线控制动、线控转向系统和智能驾驶系统集成到大系统中共同进行仿真测试。当仿真端接收到自动驾驶系统控制模块给出的控制信号（主要包括油门、刹车、方向盘、挡位等），产生更新后的

车辆位置和姿态底盘总线参数,输出给自动驾驶的各个模块,从而模拟车辆整体行为。此外,在测试 L2、L3 辅助自动驾驶时,也可以接入车辆各个模块(如转向、动力传动、制动等)进行直接控制。

④ 云端加速仿真。仿真系统在执行仿真任务时需要访问大量采集或生成的数据,并根据生成的数据利用 CPU 和 GPU 资源对数据进行再处理并还原,或者对已经结构化的数据进行 GPU 渲染再现。这些仿真任务都需要依赖强大的计算和存储能力。随着仿真内容的增加,单个计算机的性能很快成为瓶颈——一个计算节点不能独立完成仿真任务。这就需要使用一种机制将仿真任务分配到多个机器上,并且让所有机器协调工作,这样做能够降低单个机器的性能需求,从而使大规模仿真任务得以实现。

基于云计算的分布式理念正好能够帮助自动驾驶仿真系统达成这样的目的,分布式计算是随着互联网行业的快速发展而产生的。随着网络速度的提高,服务器端对数据的存储能力和算力需求逐渐增加,传统的服务器需要升级硬件以满足需求。集中式的硬件系统成本过高,于是分布式概念应运而生。分布式框架可以将计算和存储任务进行拆分,让互相连接的每台机器承担一部分的计算和存储任务,并且在需要的时候进行数据同步和收集,降低单个节点的成本,提供系统整体计算能力和存储容量。

仿真模拟大多建立在对现实世界的模拟之上,需要依赖现实时间的流逝,但随着硬件性能的提升,在模拟某些任务时,计算机在按照真实时间进行模拟仿真时并没有消耗其全部性能。这时如果能够让计算机模拟的时间流逝速率高于真实时间的流逝速率,那么将能够更好地利用硬件优势,并提高模拟效率。

在计算和存储能力允许的情况下,仿真节点可以按照更高的频率进行仿真,并在更短的时间内完成仿真任务。但是为保证仿真结果的一致性,各个仿真节点的加速程度必须保持一致。因此,为了同时满足动态时间和数据一致性的需求,仿真系统需要引入虚拟时间用于节点之间的同步。虚拟时间的优势在于不依赖真实时间,可快可慢。虚拟时间根据当前仿真任务的完成情况随时控制整个系统的运转速度,从而使每个节点在完成任务的同时保证整个系统的数据一致性。

3)仿真测试平台的核心功能

① 超高还原度的智能网联汽车仿真场景。自动驾驶仿真技术是计算机仿真技术在汽车领域的应用,类似其他通用的仿真平台,必须尽可能真实地还原现实环境。结合智能网联汽车的工作原理,仿真测试平台应从三个层面进行还原:几何还原、物理还原和逻辑还原。

- 几何还原。场景的几何还原主要作用于三维场景仿真和基于三维场景仿真的传感器仿真。具体而言,几何还原指的是如何尽可能好地还原与现实世界各种属性都一致的三维场景,而且依据使用需求的不同,还原程度和使用方式可以有相应的差异。

- 物理还原。在场景的几何还原基础上，还需要完成物理还原，让仿真世界重现真实世界的物理运动规律。物理还原的主要作用是在重建的三维场景基础上运行自动驾驶的控制算法，以及用于车辆动力学的仿真，使车辆在仿真环境下遭受干扰时做出的回应及车辆自身行为产生的后果都与真实世界保持一致。
- 逻辑还原。基于几何还原和物理还原两个层面，智能车路协同仿真测试平台还需要完成逻辑还原。逻辑还原的主要作用是真实地生成场景内的各种元素的逻辑行为，让交通流车辆、行人、非机动车等所有交通元素都遵循其在现实世界中的一般运动规律。逻辑还原主要由于决策规划算法的仿真，从逻辑层面为决策规划算法的仿真测试自动生成真实度极高的测试场景。

② 道路交通采集数据生成交互性强和还原度高的交通场景。自动驾驶的仿真测试，需要以大量的道路采集数据为基础构建场景库，无论 OEM 厂商还是互联网科技公司，都会组建车队采集大量的道路数据。这些数据有很多种利用方式，最简单、最直白的利用方式是回放式仿真，即将采集回来的数据直接回放一遍，评价自动驾驶算法是否顺利通过了这些场景。

纯回放式的仿真只能满足开环仿真的使用需求，因为其中的所有场景元素的行为都是固定的，当自动驾驶算法发生改变，导致主车行为发生变化之后，场景元素不会因为主车行为的改变而做出相应的反应，这时道路采集数据就无法继续使用了。

如果每测试一个场景都需要重新采集数据，就会消耗大量的时间和人力成本，自动驾驶仿真平台的实际价值也就会被大大削弱。因此，以更高效的方式利用道路采集数据，智能化、自动化地生成还原度高、交互性强的交通场景，快速构建场景库，也是行业对自动驾驶仿真测试平台的功能要求之一。

③ 云端大规模并行加速，提升仿真测试效率。几何、物理、逻辑三个层面的还原，再加上自动化生成场景的能力，构建了自动驾驶仿真测试系统的基本属性，可以很便捷又低成本地完成自动驾驶感知、决策规划、控制算法的闭环仿真。但是智能网联汽车是由算法操控的，为了证明一套算法的完备性，至少需要对数十万个测试场景进行回归测试，依靠本地测试逐个运行数量如此庞大的测试场景，并不能从根本上解决自动驾驶测试的效率问题，因此云端高并发运行测试场景是自动驾驶仿真测试平台的核心竞争力之一。以分布式架构为显著特征的云计算技术飞速发展，为自动驾驶的大规模云端仿真测试提供了支撑，行业产生了更多高效的云端测试方法。

4. 智能网联汽车仿真测试平台的构建

研究智能车路协同系统的高、中、低不同分辨率等级模型的构建技术，实现所建模型的可重用性和互操作性，将多分辨率模型贯穿车路协同系统建模仿真的全过程。

在对智能车路协同系统控制理论和方法的深入研究的基础上，从不同层次、不同时间、

智能车路协同管控 可视化推演平台

不同空间研究基于多分辨率建模的仿真支撑技术，结合车路协同系统交通仿真技术和车车/车路信息交互仿真技术，面向车路协同的实际需求，基于高层体系架构（High Level Architecture，HLA）的仿真系统架构支撑环境，构建车路协同系统的仿真平台。深入分析不同的仿真目的（如功能测试、场景验证等）和系统全生命周期的不同阶段（车路协同系统的设计、功能测试、验证等阶段）对车路协同仿真系统的需求。研究基于多分辨率的建模方法，构建满足车路协同仿真系统的多分辨率模型。当不同分辨率模型并发运行时，解决多分辨率模型的一致性维护工作和任意时刻不同分辨率模型下的同态属性维护工作。

基于 HLA 的多分辨率仿真支撑技术和仿真节点间的接口规则的研究，多分辨率建模的实现依赖仿真支撑环境的建立，在分析不同级别分辨率模型等级的基础上，研究基于 HLA 的多分辨率仿真支撑技术研究并设计仿真测试平台与各仿真节点间的接口规则；研究车路协同系统不同等级分辨率模型的关联成员隶属关系、不同关联成员的仿真支撑数据管理及其信息交互关系。

构建基于多分辨率的车路协同系统仿真平台。在基于 HLA 的仿真系统架构支撑环境下，构建基于多分辨率的车路协同系统仿真平台。结合车路协同系统整体架构设计方案，通过仿真测试管理器改变仿真过程中运行的场景，针对车-车、车-路信息交互过程中的特点，仿真、测试和验证车路协同系统典型应用场景的功能，为智能车路协同管控系统的现场测试、验证提供仿真支撑。

3.5.2　智能车路协同管控系统交通仿真

1. 智能网联汽车仿真与道路交通仿真相结合

在自动驾驶的开发流程中，"纯模型仿真—软件在环仿真—半实物仿真—封闭场地道路测试—开放道路测试"的开发流程是最经济、高效的开发流程。目前，自动驾驶仿真已经被行业广泛接受，国内外自动驾驶解决方案也在进行大量的仿真测试，以完善自己的自动驾驶系统，系统测试已经成为自动驾驶商用的重要测试。自动驾驶仿真测试、封闭场地测试、道路测试的闭环结构如图 3-29 所示。

在仿真应用场景中，普通场景下的自动驾驶算法已经比较完善，突破难点在于一些极端场景。由于极端场景在现实中很少出现，利用仿真平台可以便捷、准确地生成，所以业界共识是加大仿真测试在自动驾驶测试中的占比。自动驾驶算法测试大约 90% 通过仿真平台完成，9% 在测试场完成，1% 通过实际道路测试完成。仿真测试结果可以在封闭场地进行测试认证，在道路测试的基础上总结出危险场景，并将其反馈到仿真测试和封闭场地测试中，最终形成评价结果，逐步完善评价准则和测试场景库，实现仿真测试、封闭场地测试、道路测试的测试闭环，推动技术迭代升级。

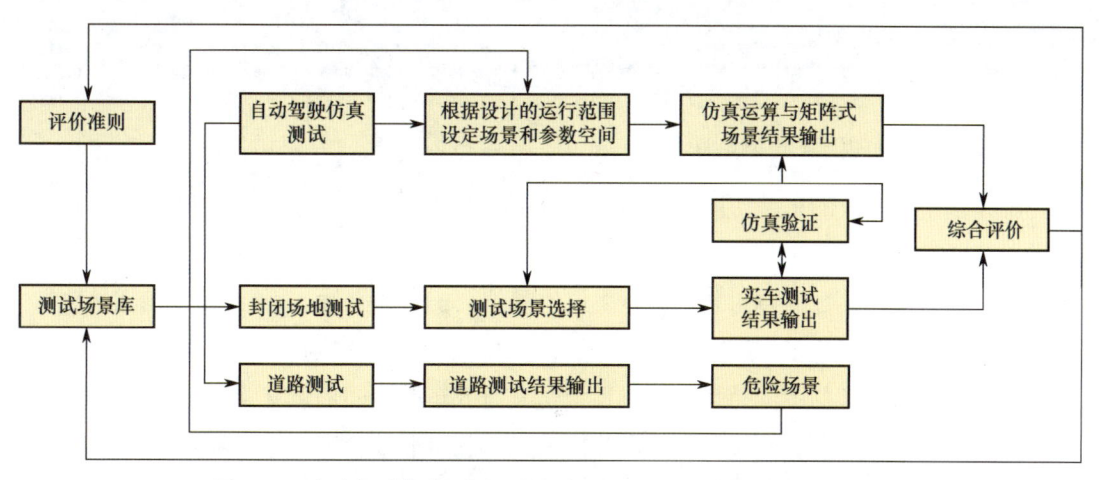

图 3-29 自动驾驶仿真测试、封闭场地测试、道路测试的闭环结构

2. 智能车路协同管控系统仿真建模分析

需要对仿真环境下车路协同系统的模型分析与构建、大规模交通路网构建、微观交通流和全时空交通信息提取、不同路况场景下交通仿真实现等问题开展研究，为构建包括多交叉的交叉口、多路段、多车协同的大规模仿真环境提供方法支撑和仿真数据。

① 大规模仿真路网的快速构建技术。在调研数据的基础上，建立城市道路交通典型路网信息数据库，为车路协同系统中动态控制策略与自适应车速控制算法的效能评估提供测试与验证平台；充分考虑仿真环境生成的效率，研究路网关键元素的自动、快速建模，提高仿真路网的生成速度和精度。

② 微观交通流仿真与全时空交通信息提取技术。对实测交通数据进行统计分析，结合已有的多种理论模型，对车辆跟驰、换道等微观行为进行建模和参数标定，更好地模拟实际的交通现象；对不完全数据下全时空交通轨迹的重构问题进行研究，并基于此提出控制诱导策略。研究典型交通状态下的全时空轨迹，建立交通模式的估计与演化模型，利用基站重构得到的全时空轨迹，对典型的交通状态进行特征提取；对采集到的交通信息进行分类，实现对路段交通状态的提取和对路网交通状态的评估，为信号动态控制提供准确的数据支持。

③ 车路协同条件下交叉口协同信号控制仿真实现。实现单交叉口和多交叉口动态配时机制；定量分析动态控制实施前后交通通行效率的变化，验证协同信号控制算法的可行性和有效性。

④ 车速自适应控制仿真实现。仿真路侧设备对车辆的速度信息采集过程完成后，将实现实时车速的自适应控制仿真；研究车速自适应控制算法的安全性评价方法。

3.5.3 信息交互式仿真及仿真测试验证

1. 信息交互式仿真整体解决方案

研究基于多模式的车路协同系统车车/车路信息交互技术，集成 3G、Wi-Fi、WAVE 等多种无线通信模式，采用多接口的消息映射机制保证在多种模式下的数据交互性能；在分析多模式下通信链路数据包封装、拆封协议的基础上，研究高效、可行的消息映射模式。

研究多通信协议（多信道 MAC 协议、路由协议）仿真测试技术，针对车路协同系统与传统交通系统构架的不同特性，通过系统仿真研究车路协同信息交互中的信道协调、信道接入和信道分配机制，研究自组织网络中信息交互可靠性、实时性保障方法；结合具体的业务类型及 MAC 层多信道机制，研究用于仿真的合理的路由策略和网络数据报封装协议。研究基于 OPNET/HLA 的车路协同信息交互仿真系统，借助 OPNET 和 HLA 的接口功能，结合基于 HLA 的车路协同系统仿真架构，分析 OPNET 与 HLA 的联合通信和仿真时间管理机制；构建具备独立性、关联性的信息交互仿真子系统，为仿真平台的开发提供仿真支撑和测试支撑条件。信息交互式仿真整体方案如图 3-30 所示。

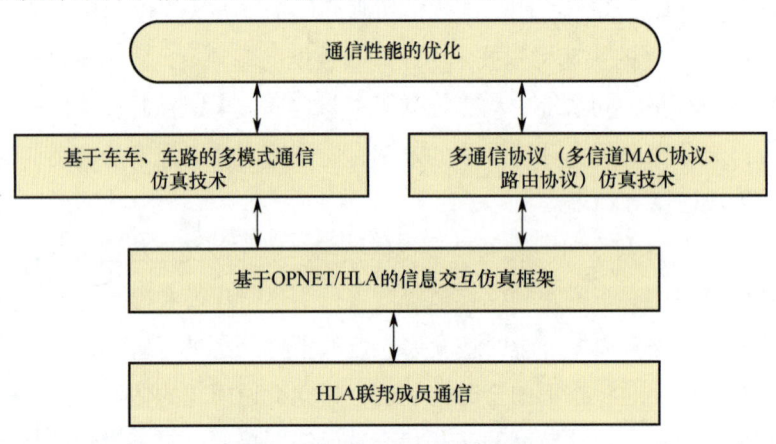

图 3-30 信息交互式仿真整体方案

典型场景消息时延和吞吐量仿真结果如图 3-31 所示。

2. 信息交互式仿真测试验证整体解决方案

构建车路协同系统仿真平台的目的在于利用测试活动对系统的功能、性能等关键指标进行评估分析及验证确认，系统验证主要通过基于仿真的测试和验证来完成。车路协同系统作为一个完整的大交通系统，广义上应包括车、路、人及联系各元素的信息交互网络等，而各元素在仿真或真实系统中又是以具备特定功能特征的单元/部件来实例化的，因此，为满足系统进行测试验证的需求，从面向功能和面向系统两个层次对车路协同系统验证的测试展开研究，对所开发的仿真系统进行测试验证。

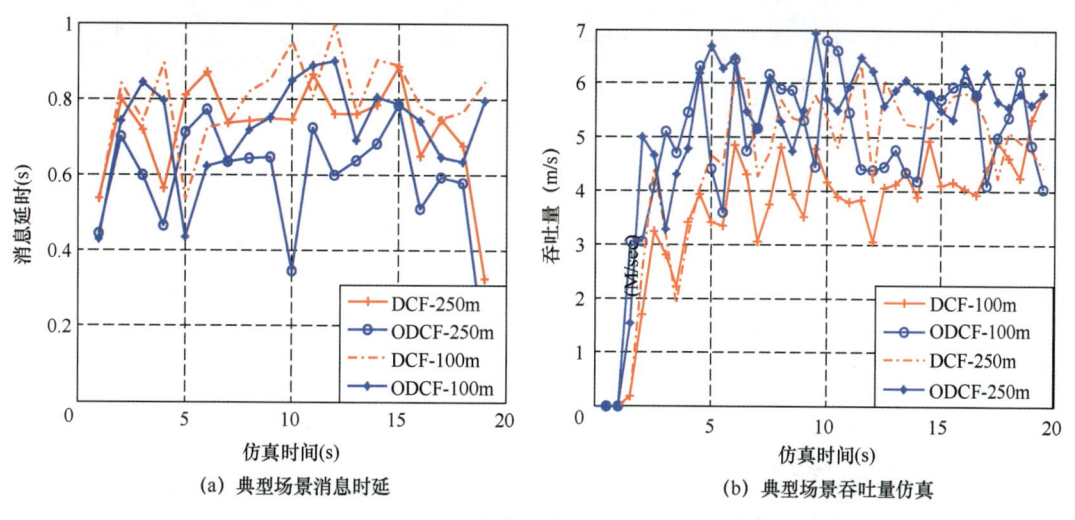

第 3 章　智能车路协同管控平台关键技术

图 3-31　典型场景消息时延和吞吐量仿真结果

设计面向车路协同的典型应用仿真场景，研究多模块化场景构建方法，设计构建包含多交叉的交叉口、多路段、多车的车路协同系统典型应用仿真场景，包括交叉口信号控制、多交叉口信号协调、基于路面状况的车速控制等。

研究测试案例及测试序列生成优化技术，测试序列生成流程如图 3-32 所示。

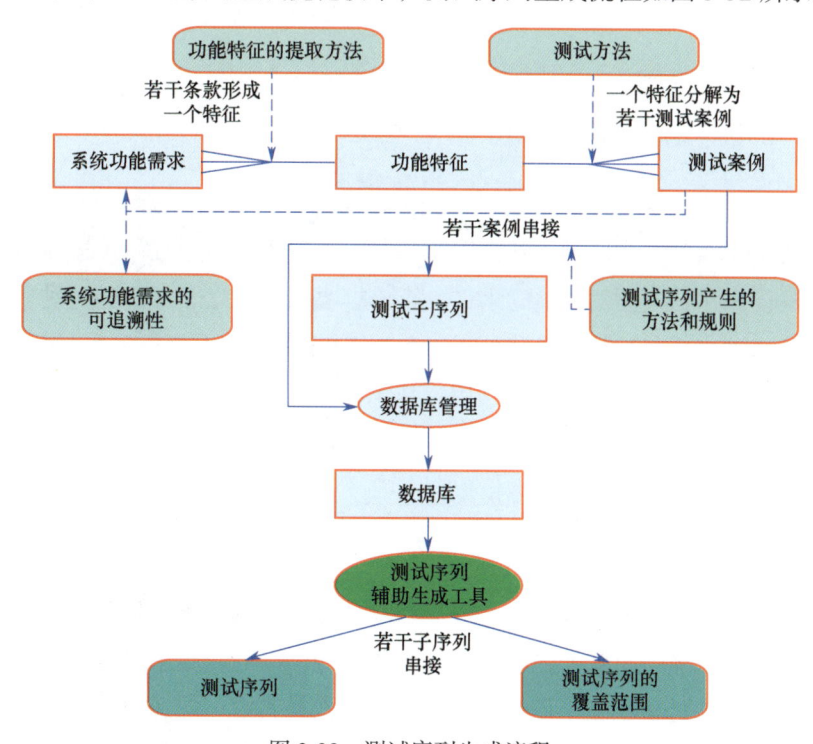

图 3-32　测试序列生成流程

开展面向功能的分析与验证研究，以车路协同系统的各组成部分为对象进行功能分析和子系统验证,主要包括:车路协同系统车载系统的自主状态获取及控制;车路协同系统路侧系统的特征提取及信息融合;车路协同系统信息交互系统的实时、安全信息传输;根据车路协同系统的典型应用场景、运行模式及外部条件,从车辆、信息交互、道路三个方面,提出车路协同系统场景相关的功能需求及安全需求;将车路协同系统的功能需求和系统需求进行细化分割,提取独立的功能特征,并构建功能特征列表;根据功能特征列表,生成测试案例,构建完备的系统仿真测试案例库;将测试案例优化组合成为测试序列,避免出现针对同一个需求的重复测试、遗漏个别功能需求等问题;通过基于测试案例的仿真测试与验证,以测试结果作为依据,对仿真系统的性能进行定性和定量评估,为整个项目的开展提供仿真验证。

面向车路协同进行典型应用场景仿真,基于车路协同系统仿真平台,分析车辆运行冲突的典型应用场景结构,结合交通流参数获取和交通流参数仿真方法,仿真车辆运行冲突消减场景;基于车路协同系统仿真平台,分析单个交叉口信号控制的过程结构,根据车辆及路旁设备协同采集的交通数据对信号灯进行实时控制仿真;研究基于车路协同的车速控制仿真,包括车车之间一定距离范围内的速度控制及突发路况障碍下的车速控制仿真;研究大规模路网条件下,车路协同系统车车/车路系统控制仿真、测试与验证,构建包括多车、多路段、多交叉口在内的系统仿真支撑环境,进行典型仿真场景的动态、实时叠加仿真、测试与验证。

3.5.4 智能车路协同仿真测试未来发展

随着新一代信息技术与人工智能、工业互联网的发展,我国智能网联汽车技术研发风起云涌。除传统车企外,互联网科技公司也纷纷投入巨资进行研发。根据权威机构测算,自动驾驶算法要想达到人类驾驶员的水平,至少需要累计177亿千米的驾驶数据来完善算法。因此,仿真测试技术被认为是降低成本、提升效率的更好选择。通过对自动驾驶仿真测试的意义、功能需求、测试方法和作用、技术架构、软件现状、评价体系等方面进行深入分析,了解自动驾驶仿真技术和应用现状,研判仿真测试平台未来的发展方向,为自动驾驶仿真技术的发展提供细致的参考依据。

1. 仿真测试成为自动驾驶研发的关键

当前,自动驾驶技术的发展进入了以广泛应用为目标的"下半场"赛程。国家各部委和各地政府正在不断加强对智能网联、自动驾驶等智能交通场景示范区的投入和建设,推动各类相关标准的制定和实施,积极鼓励社会企业参与其中,加速智能交通技术应用和场景落地。自动驾驶实车测试亟待解决的问题包括:自动驾驶量产需要的测试里程长、时间长、成本高;极端场景、危险工况测试难,危险性大;相应的交通法规和保险理赔机制缺失；国际技术竞争和标准不统一，等等。

从事自动驾驶技术研发的汽车/互联网科技企业、测试评价和研究机构都在努力探索用更低成本、更高效率的虚拟仿真技术代替自动驾驶算法耗时耗力的实际道路测试，在虚拟仿真技术构建的数字孪生世界中完成自动驾驶仿真测试。如前文所述，自动驾驶算法测试大约90%利用仿真平台完成，9%在测试场完成，1%通过实际路测完成。随着仿真技术水平的提高和应用的普及，行业旨在达到99.9%测试量通过仿真平台完成，0.09%通过封闭测试完成，最后0.01%进行实路测试，使自动驾驶研发更高效和经济。

基于场景库的仿真测试，可以实现自动驾驶感知、决策规划、控制等算法的闭环仿真测试，满足自动驾驶测试的要求。测试场景库是智能网联汽车研发与测试的基础和关键数据依据，其丰富性、交互性、无限性、扩展性等特性会直接影响自动驾驶测试的效果和边界。国内许多互联网科技公司已建立了各自的场景数据库，并在此基础上，利用云加速仿真，进一步提高测试效率。

我国是世界最大的汽车生产与消费国，仿真软件作为自动驾驶研发过程中最关键的核心技术之一，必须实现自主研发，从而实现我国在国际竞争中的主导地位。国内车企、智能网联和智慧交通示范区对仿真技术的应用也有较大的市场需求。为实现本土化的自动驾驶，需要不断强化适合中国市场和交通环境的自动驾驶虚拟仿真测试技术。自动驾驶仿真测试平台必须具备以下几种核心能力：真实还原测试场景的能力、高效利用路采数据生成仿真场景的能力、云端大规模并行加速的能力，使仿真测试满足自动驾驶全栈算法的闭环。

2. 自动驾驶仿真测试关注的热点和难点

自动驾驶仿真测试已初步形成完整的产业链体系，形成了互联网科技公司、自动驾驶解决方案商、仿真软件企业为主的上游仿真软件提供商，以车企、自动驾驶测试机构为主的仿真软件下游应用商。

1）仿真场景库建设与合作机制有待完善

场景库建设需要依靠大量人工进行采集、标注，然后进行场景分析挖掘、测试验证，整个流程效率低、成本高，全球每年人工标注成本在10亿美元左右。

场景库建立缺乏合作，资源重复性投入大。单一企业很难完成覆盖所有场景的场景库建设，各企业场景库建设大部分各自为战，导致资源重复性投入。尤其是自然驾驶场景、标准法规场景等共性场景可以通过合作共建实现使用共享。

2）自动驾驶仿真测试评价体系缺乏规范

在自动驾驶仿真测试方面，由于不同仿真软件系统架构及场景库构建方法不同，导致很难建立统一、规范的仿真测试评价体系。国内仿真评价体系的研究方向主要是从驾驶安全性、舒适性、交通协调性、标准匹配性等方面评价自动驾驶车辆仿真测试结果，对仿软件自身的评价缺乏统一的标准,如仿真软件场景真实度、场景覆盖度、仿真效率等。智能网联汽车作为智能化产品,未来需要应用深度学习算法使汽车具备自我学习能力,如对道路障碍物的复述重现能力、场景的泛化迁移能力。自我学习进化性也是智能网联汽车的评价指标,但其当前还缺乏相应的评价规范。通过行业共建,统一格式标准,可实现丰富的、通用的、可移植的场景库,在加速自动驾驶研发测试的同时,还可用于智慧交通管理运营、智能网联车辆安全合规评测、保险等一系列的交通生态当中,最终实现自动驾驶技术的普适性。

当前,具备 L3 级自动驾驶车辆量产能力的科技企业纷纷展开自动驾驶出租车(Robotaxi)的商业化运营测试。各方竞争势力都在试图抢先落地应用自动驾驶技术,在竞争中取得先机。

3. 自动驾驶仿真测试发展建议

自动驾驶仿真测试在智能网联汽车研发过程中将发挥越来越重要的作用,从模型到软件,从部件到系统,各个层次都需要不断深入地构建自动驾驶仿真模型,组成完整的仿真技术体系,逐步推动自动驾驶技术早日实现产业化。而测试场景库作为自动驾驶方针的基础,是仿真建设的核心内容。针对自动驾驶测试场景库领域面临的问题,建议加强以下几个方面的工作。

① 将仿真技术应用于交通行为管理与监督。在虚拟仿真世界,机动车、非机动车、步行行人、残疾人、动物等交通参与者均可以模拟现实世界的逻辑运行,根据不同交通参与者的行为逻辑关系,系统可以界定各个实体的行为合法性。在现实世界,如果道路发生交通事故,可以通过仿真软件评估交通事故的法律责任,帮助对交通行为进行管理和监管,对交通规则进行技术评估和升级。

② 建立全国范围的基础测试场景库,鼓励发展个性化场景库。基础测试场景库包含常规的测试场景,鼓励进行分享共建,可以减少资源的重复性投入,加快自动驾驶仿真测试进程。由互联网科技公司、车企、自动驾驶解决方案提供商、高校及科研机构平均分摊基础场景库建设资金,将相关数据采用统一的标准格式存储在公有云平台。基础场景库各部分由原建设单位负责运营管理,并同步实施更新。基础场景库建设单位免费使用场景库,外部单位使用收费,收入由建设单位平均分配。个性化场景库包括极端场景、危险工况场景等,属于企业核心技术,应予以保护,相关数据允许格式不统一,但需搭建和标准格式之间的转换机制。通过场景共享数据库帮助行业进行跨区域的交叉认可,最终实现自动驾驶系统的技术普适性。

③ 探索智能网联汽车与智慧交通、智慧城市有机结合的仿真技术。仿真软件中的道路标志、标线、道路设施是作为静态环境要素存在的。随着车联网技术的发展,智能车路协

同有望成为未来发展趋势，道路感知、通信等基础设施将参与到自动驾驶行为交互中，在城市智能基础设施作用下，车辆行为的仿真将对技术提出新的要求，指导智能基础设施的建设。未来随着智慧交通、智慧城市的建设，更高层面的智能交通将成为发展趋势，如智能交通管理、智能停车、智能公交、智能枢纽等，面向仿真技术在虚拟环境中模拟智能交通运行，为智能交通系统查漏补缺，极大地促进智慧城市的发展。

④ 建立仿真测试、认证、审查机制。在虚拟仿真世界，自动驾驶车辆是在按照法律、法规规定的算法环境中运行的，可以事先进行模拟，尝试各种模拟的优劣，给真实世界提供参考。虚拟仿真世界还可以更加全面、客观地评价汽车各项性能，验证汽车安全性和可靠性，审查汽车合规性，为智能网联汽车提供一个科学的产品测试、认证和审查机制方法。

⑤ 鼓励混行交通、人机交互等方面的仿真测试研究。智能网联汽车作为一种技术复杂的新兴产品，在真正达到技术成熟，具备商业化、规模化推广条件之前，自动驾驶替代传统汽车将是一个漫长的过程。这期间传统汽车与智能网联汽车混合出行的局面将长期共存，安全问题将是重中之重，因此仿真软件需要能够实现仿真环境中自动驾驶车辆和传统驾驶员驾驶车辆的混合交通仿真。此外，自动驾驶车辆驾驶逻辑和驾驶员驾驶行为之间的交互也是仿真测试研究应该重点关注的领域，以提升道路的安全性。

⑥ 推动仿真技术的国产化。中国作为最大的汽车生产与消费国，核心技术的缺乏必将导致国产汽车处于被动局面。仿真软件作为智能网联汽车研发过程中最关键的核心技术之一，必须实现自主研发，才能真正促进国内智能网联汽车产业的发展。目前，我国国产仿真软件相比国外仍有较大差距，但是国内车企、自动驾驶示范区有较大的市场需求，并且我国道路设计标准规范和道路行驶环境与国外相差较大，国内企业能够更好地了解国内情况，研发出适合我国国情的自动驾驶仿真软件，推动交通仿真软件国产化有助于我国自动驾驶测试技术提升，实现交通仿真软件技术独立自主，实现中国智能网联汽车创新发展战略目标。

3.6 智能车路协同主动安全技术

3.6.1 车路协同交叉口事故主动预防

车路协同交叉口事故主动预防旨在探究交叉口驾驶行为的特性和交通事故产生各阶段的特征，设计信控交叉口主动安全机制的原理性规则，通过车路协调系统使交通流在通过交叉口的过程中主动、积极地形成安全，以弥补现有的以减少事故影响为主的被动安全和以紧急避让为主的积极安全机制的不足；建立车载设施-地面设施协调交互的原型系统和实验方法，为进一步研究提供实验环境，为先进技术的应用提供平台，同时形成可靠、实用的主动安全系统，减少甚至避免驾驶员犯错误，缓解交通事故频发的现状；为将来智能车辆、智能交通设施的研发提供技术支持；为今后车路协调及其他智能交通系统技术在交通安全领域的应用提供理论支撑。

1. 交叉口驾驶行为特性

主车（Host Vehicle，HV）驶向交叉口，与侧向行驶的远车（Remote Vehicle，RV）存在碰撞危险时，交叉路口碰撞预警（Intersection Collision Warning，ICW）系统将对 HV 驾驶员进行预警。该系统适用于城市交通与区域交通的道路和公路交叉口、环道入口、高速路入口等碰撞危险的预测、预报、预警。装载 ICW 系统的 HV 在交叉口起步如图 3-33 所示。

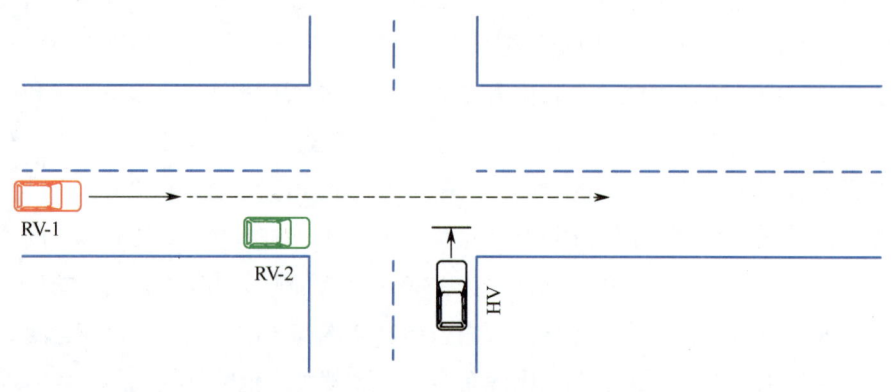

图 3-33 装载 ICW 系统的 HV 在交叉口起步

① HV 在交叉口起步。HV 停止在交叉口，RV-1 从 HV 左侧或右侧驶向交叉口，HV 的视线可能被出现在交叉口的 RV-2 遮挡。

HV 和 RV-1 需具备 V2X 通信能力，RV-2 是否具备 V2X 通信能力不影响应用场景的有效性。

HV 启动并准备进入交叉口时，ICW 系统对 HV 驾驶员发出预警，提醒驾驶员与侧向来车 RV-1 存在碰撞危险。

预警时机需确保 HV 驾驶员收到预警后能及时避免与 RV-1 发生碰撞。

② HV 和 RV 同时驶向交叉口。HV 驶向交叉口，同时 RV-1 从 HV 左侧或右侧驶向交叉口，HV 的视线可能被出现在交叉口的 RV-2 遮挡。

HV 和 RV-1 需具备 V2X 通信能力，RV-2 是否具备 V2X 通信能力不影响应用场景的有效性。

当 HV 驶近交叉口时，ICW 系统对 HV 驾驶员发出预警，提醒驾驶员与侧向来车 RV-1 存在碰撞危险。

预警时机需确保 HV 驾驶员收到预警后能及时避免与 RV-1 发生碰撞。HV 和 RV 同时驶向交叉口如图 3-34 所示。

2. HV 在交叉口起步原理

1）基本工作原理

分析接收到的 RV 消息，筛选出位于交叉口左侧或右侧区域的 RV。RV 消息可能是由 RV 发出或从路侧单元获取的。

进一步筛选处于一定距离范围内的 RV 作为潜在威胁车辆。计算每个潜在威胁车辆到达交叉口的时间（Time-to-Intersection，TTI）和到交叉口的距离（Distance-to-Intersection，DTI），筛选出与 HV 存在碰撞危险的威胁车辆。

若有多个威胁车辆，则筛选出情况最紧急的威胁车辆。系统通过交互式数字视频接口（Digital Visual Interface，DVI）对 HV 驾驶员进行相应的碰撞预警。

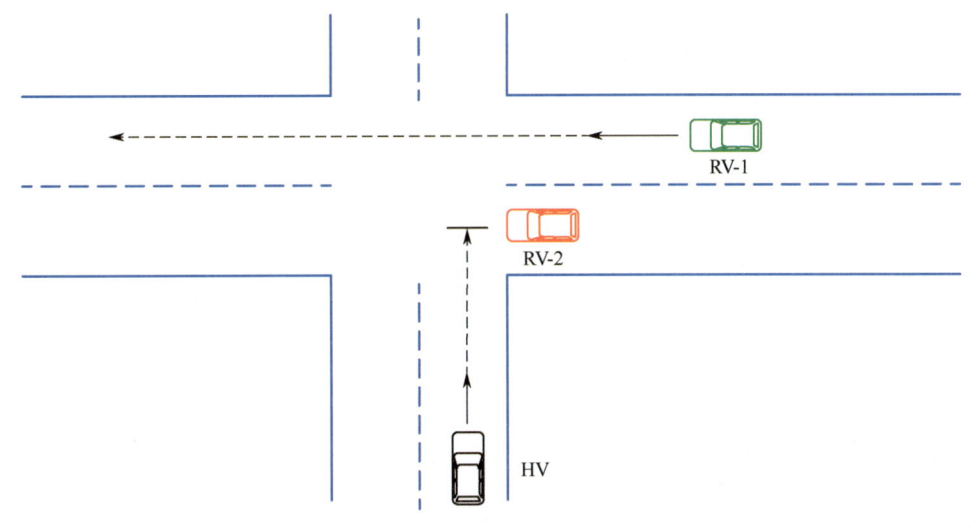

图 3-34 HV 和 RV 同时驶向交叉口

2）ICW 预警边界条件

① RV 处于 HV 交叉前方。

② RV 与 HV 间距离小于设定阈值（如 150m）。

③ RV 与 HV 达到交叉口的时间差小于设定阈值（如 5s）。

④ HV 到达交叉口的时间小于设定阈值（如 5s）。

只有同时满足上述所有条件，ICW 系统才能进行预警；若上述任意一个条件不满足，则解除预警。

3）ICW 系统的核心算法

① 计算 B 点相对于 A 点的方位角。在地球极坐标体系中，地球是一个近似球体，两极

略扁，赤道略鼓。用 R_c 表示赤道半径，R_j 表示极半径，则 $A(j_A, w_A)$ 为所在地球纬度的球半径长度 $ec = \dfrac{R_j + (R_c - R_j) - (90 - w_A)}{90}$。ed 为 GLAT 所在纬度的纬度圈的半径，纬度圈如图 3-35 所示。

截面过球心，此时截面的面积最大，此圆叫球的大圆，沿着经线进行截面，得到的都是大圆。球面被不经过球心的截面所截得的圆，叫作球的小圆。纬度圈所在的圆是一个小圆，则该小圆的半径 $ed = ec \cdot \cos w_A$。方位角计算如图 3-36 所示。

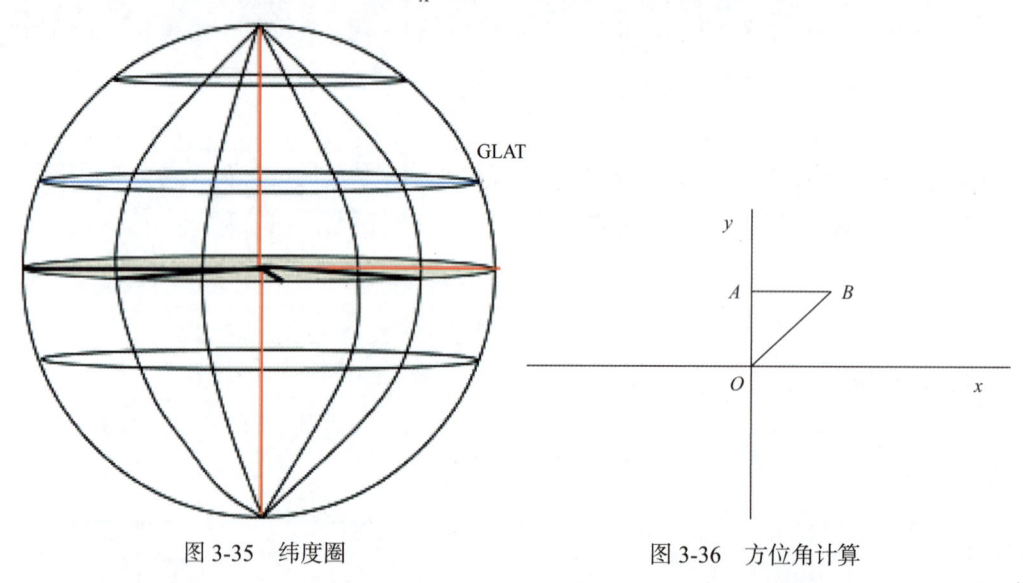

图 3-35　纬度圈

图 3-36　方位角计算

以正北方也就是指南针的方向为 0 度，顺时针方向增加。如图 3-36 所示，A、B 两点之间的距离为 d，d_x 是指 x 轴方向的长度，即经度方向的长度，d_y 是指 y 轴方向的长度，即纬度方向的长度。

B 点相对 A 点的方位角的计算公式为：

$$\theta = \arctan\left(\dfrac{d_x}{d_y}\right)$$

式中，$d_x = (j_B - j_A) \cdot ed$，$d_y = (w_B - w_A) \cdot ec$；

若 $j_B > j_A, w_B \leqslant w_A$，则 $\theta = (90 - \theta) + 90$；

若 $j_B \leqslant j_A, w_B < w_A$，则 $\theta = 180 + \theta$；

若 $j_B < j_A, w_B \geqslant w_A$，则 $\theta = (90 - \theta) + 270$。

② 计算交叉碰撞时间。车辆交叉行驶如图 3-37 所示。

在图 3-34 中，HV 和 RV 交叉行驶，两者之间存在交汇点 I，根据三角形的正弦定理：

$$\dfrac{D_{hr}}{\sin \theta_2} = \dfrac{D_{hi}}{\sin \theta_3} = \dfrac{D_{ri}}{\sin \theta_1}$$

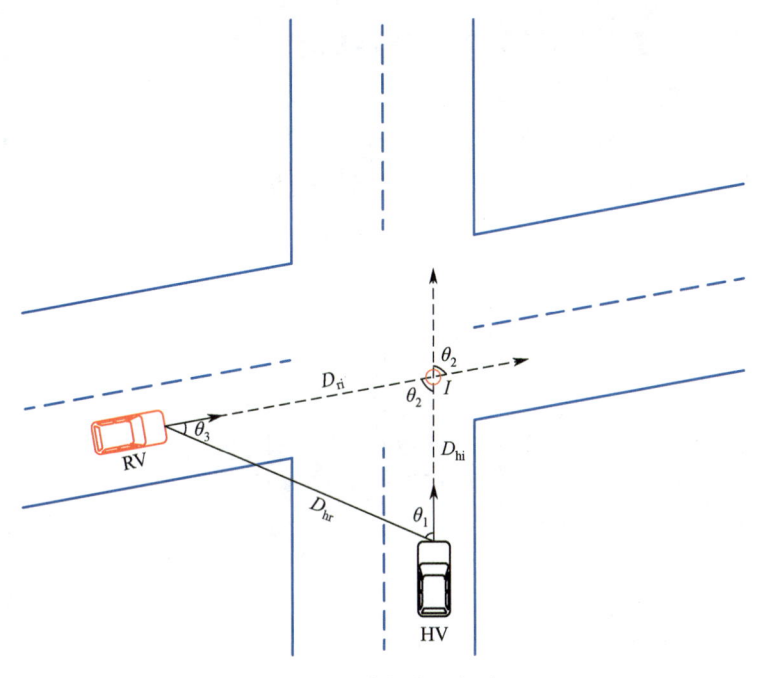

第 3 章　智能车路协同管控平台关键技术

图 3-37　车辆交叉行驶

其中，$\begin{cases} \theta_1 = |H_h - H_{hr}| \\ \theta_2 = |H_h - H_r| \\ \theta_3 = 180 - (\theta_1 + \theta_2) \end{cases}$

式中，H_h——HV 行驶方向角，单位°；

H_r——RV 行驶方向角，单位°；

H_{hr}——HV 到 RV 的方位角，单位°；

D_{hr}——HV 和 RV 之间的距离，单位 m。

可计算出 HV 到交叉点的距离 D_{hi} 和 RV 到交叉点的距离 D_{ri}，再根据车辆的速度和加速度，计算出车辆到交叉点的时间，通过时间差判断两车是否会发生碰撞。

车辆在行驶过程中，左转弯和左转变道都需要打开左转弯灯，在传统防碰撞算法中，左转弯灯打开通常被判断为该车需要左转弯，处理场景就按照左转弯碰撞预警场景处理，在该处理场景中，很多直行左变道车辆有很大概率被误判为左转弯，从而导致系统误报左转碰撞警告。针对此问题，这里提供了更丰富的判断方法，从而更精确地判断车辆是左转弯还是左向变道。在常规碰撞算法中，通常只用两车之间的基本安全消息（Basic Safety Message，BSM）来作为碰撞算法，特别是在没有地图数据和路侧设备的前提下，利用多辆车的信息作为判断依据，能更加全面、准确地判断他车左转弯信息。

在车与车通信中，车辆行驶过程中通过打左转弯灯来变道或左转弯，然而在行驶过程中，变道和左转弯对于对向车道有不同的碰撞风险。例如，在如图 3-38 所示的车与车通信交互场景中，C、D 车直行，B 车左转弯，A 车左向变道然后直行，此时 A 车和 B 车左转弯灯都打开。在该场景中，C 车与左转弯的 B 车有碰撞危险，而与左转变道后直行的 A 车无碰撞风险。C 车收到的 A、B 两车的 BSM 中都包含各自的位置、方向和左转弯打开的消息。此时，如何识别两车的碰撞可能性，提高预警判断的准确性就显得尤为重要。

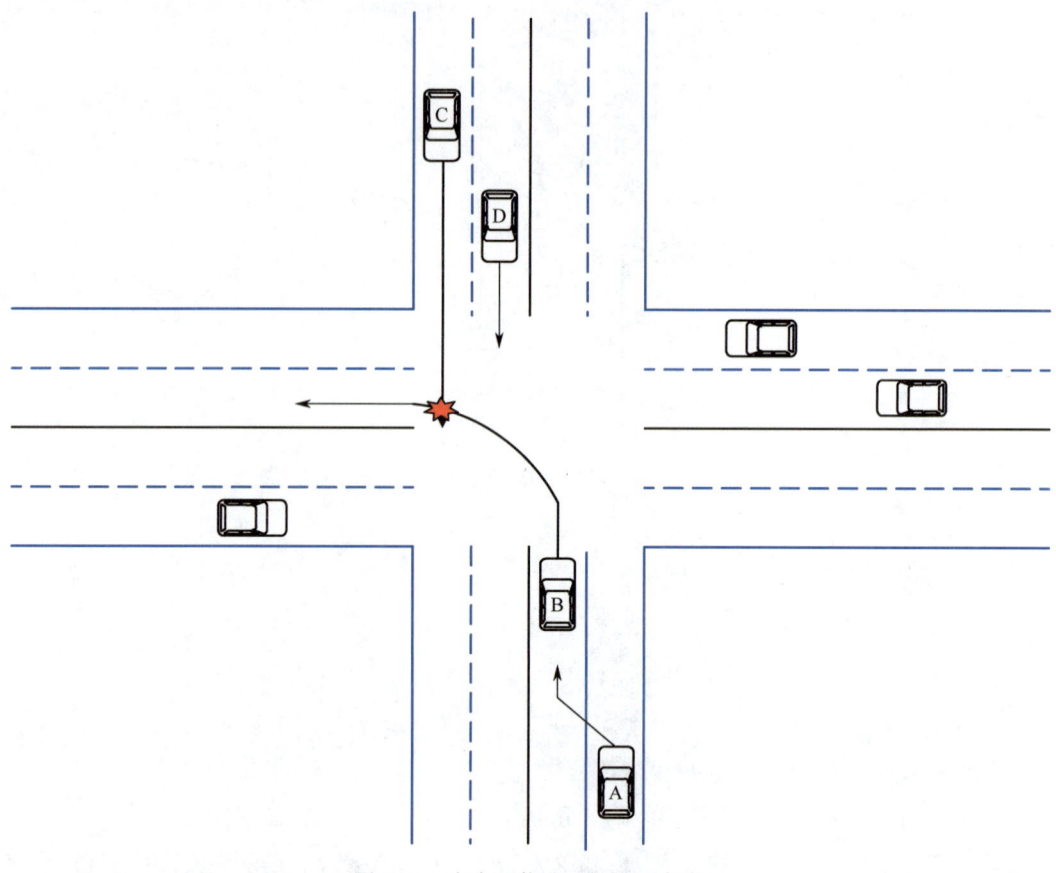

图 3-38　车车通信交互场景示意图

4）直行车道判断

在直行路上，通过车道判断可以有效分辨车辆变道是否与 HV 具有碰撞风险。在直行路段应用场景，C 车在直行过程中，收到 A、B 两车的 BSM，从 BSM 中可以判断 A、B 两车有左转弯意向。C 车通过计算自己与 A、B 两车相对行驶的垂直距离，得知 B 车在 C 车的相邻车道并且对向行驶，A 车在 C 车相邻远车道并且有左变道的意向。C 车判断出与 B 车有碰撞风险，而与 A 车的碰撞风险更低。此种方法能在直行车道上较为准确是识别左转弯碰撞危险，但在十字交叉口处，此方法并不能完全提供危险预警。

该算法主要用于判断车辆是否在同一车道。只有准确判断车道，才能判断在各个车道驾驶员打开左转弯灯的行为是左转弯还是左向变道。

5）交叉口处转弯危险预警

在交叉口处，有左转弯意图的车辆可能与 HV 相差两个及以上车道，直行车道级别上车辆判断中无法有效预判风险。在无路侧设备的车车通信中，没有路侧设备指示该路段是十字交叉口或其他分叉交叉口，此时的左转弯车辆在左转弯过程中与直行车辆发生碰撞的风险极高。无路侧设备应用场合，如何有效地判断该路段，不能使用交叉口处转弯危险预警方法。在十字交叉口处，通过其他车辆的信息综合判断该路段的状态。利用其他车辆的行驶行为作为交叉口辅助判断的方法。在车车通信的十字交叉口处，利用交叉口有横向行驶车辆或相同方向且最左侧车道有左转车辆两个条件前方是否有交叉口。车辆 C 在向前行驶时，如果判断前方有车辆 E 等横向行驶车辆，则可以辅助判断前方存在交叉口。如果 C 车判断相邻两车道（车辆 B 行驶车道）有车辆反向行驶且相邻同向车道有车辆左转时，则可以预估前方存在交叉口。交叉口处转弯碰撞预警如图 3-39 所示。

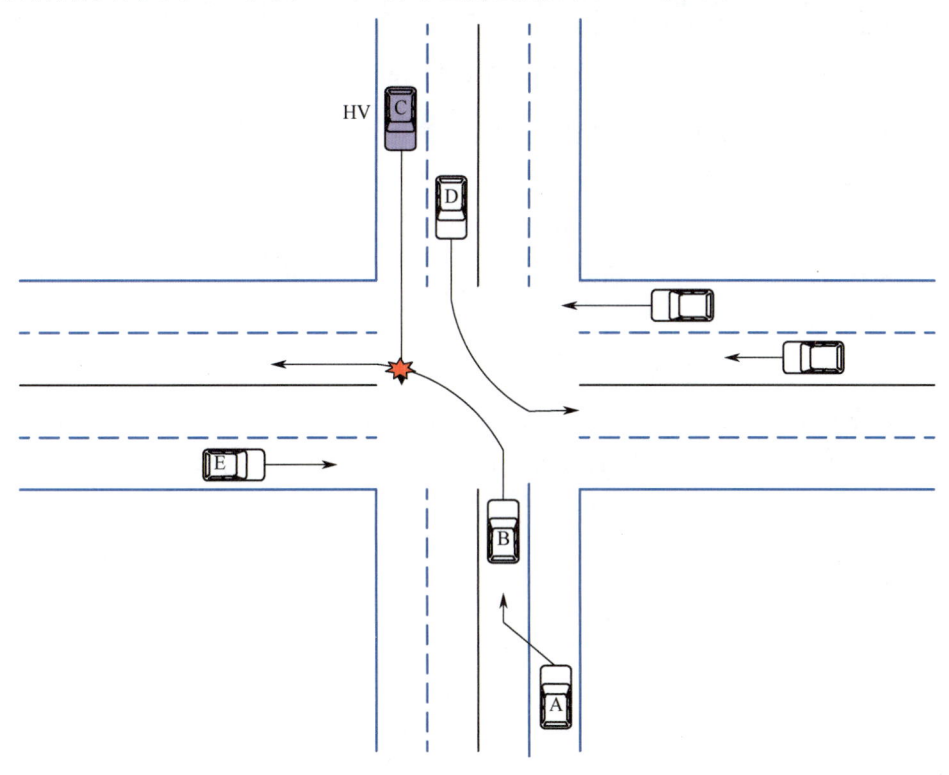

图 3-39 交叉口处转弯碰撞预警

为防止个别车辆因为转向过大或违规的行为对交叉口判断失误，可以增加判断冗余，将方向角差值大于阈值数量的个数设置为 3 个。如果判断 3 个以上车辆的方向角差值大于阈值，就断定前方存在交叉口。

3.6.2 车车交互换道辨识/预警/辅助决策

在车车交互换道危险辨识/预警/辅助决策中，场景涉及试验车 A、B，发生在直行路段。两辆试验车 A、B 均以至少 20km/h 的相同速度行驶，B 车行驶于超车道，A 车行驶于行车道，B 车在 A 车的左后方。任意时刻，A 车换至超车道，而 B 车正在加速。要求 A 车通过车车交互的方式，获取 B 车的速度、加速度、方位等信息，辨识出此时换道存在的危险并给出预警。同时，要求 A 车能够辅助驾驶员进行换道决策，即给出合理的换道时刻和换道车速等。基于车车交互的车辆换道危险辨识/预警/辅助决策如图 3-40 所示。

图 3-40　基于车车交互的车辆换道危险辨识/预警/辅助决策

当 HV 的 B 车意图换道时，若检测到目标车道上与 HV 同向行驶的车辆进入或即将进入主车盲区，应用对 HV 驾驶员进行预警。触发盲区预警功能的 HV 的 B 车和 RV 的 A 车位置关系应用适用于大部分直道和弯道路形。其基本工作原理为：

① 分析接收到的 RV 消息，筛选出位于 HV 左后相邻车道和右后相邻车道的 RV 作为潜在威胁车辆。

② 判断潜在威胁车辆是否进入或即将进入 HV 盲区。

③ 如果潜在威胁车辆进入或即将进入 HV 盲区，则首先对 HV 驾驶员进行提醒。

④ 如果潜在威胁车辆进入或即将进入 HV 盲区，而 HV 此时有变道操作，则对 HV 驾驶员进行报警。

⑤ 通过 DVI 对 HV 驾驶员进行提醒或报警。

3.6.3 危险与人车间辨识/预警/辅助控制

在危险与人车间冲突辨识、预警、辅助控制中，场景涉及试验车 A、B 和普通车辆 C，发生在直行路段。基于车车交互的车辆跟驰危险辨识/预警/辅助控制如图 3-41 所示。

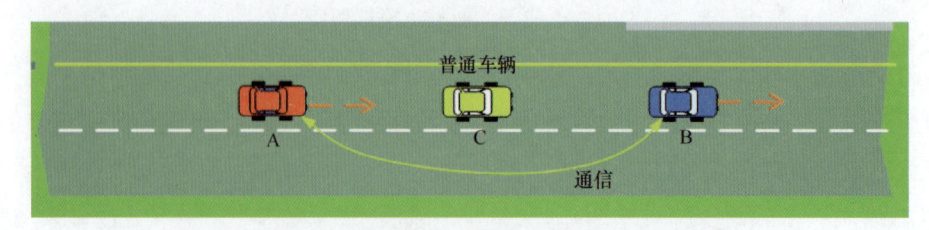

图 3-41　基于车车交互的车辆跟驰危险辨识/预警/辅助控制

两辆试验车 A、B 均以至少 20km/h 的速度行驶于直行路段的同一车道上，两车之间有一辆普通车辆 C。一旦前面的 A 车进行人工减速，要求位于 C 车后面的 B 车能通过车车交互的方式，在获取 A 车的车辆运动信息后给出车车冲突警示，并且在驾驶员不做任何动作的情况下，B 车能够通过主动控制方式进行自动减速。基于车载传感的路段行人识别/人车冲突危险辨识如图 3-42 所示。

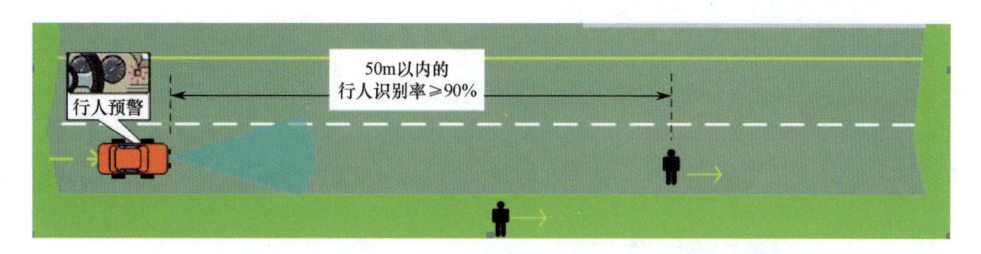

图 3-42　基于车载传感的路段行人识别/人车冲突危险辨识

在基于车载传感的路段行人识别/人车冲突危险辨识中，场景涉及 1 辆试验车、2 名行人，发生在直行路段。试验车以至少 20km/h 的速度行驶于直行路段，试验车在行驶过程中，2 名行人出现在距其 50m 内的前方路段。其中，有 1 名行人站在路边或试验车左右相邻车道上，不会与试验车发生冲突，另外 1 名行人位于试验车所在车道的正前方。要求试验车能够基于其车载传感识别其所在车道正前方的这名行人，并获得它与这名行人可能发生的冲突危险。

3.6.4　公路施工区与道路驾驶盲区警示

1. 公路施工区警示

在公路施工区警示中，路侧系统通过人工获取施工区的位置信息后，可向过往车辆发布施工区警示，提醒驾驶员改变行驶路径，或者提前低档慢行通过施工区。基于车路交互的施工区警示如图 3-43 所示。

2. 道路驾驶盲区警示

场景涉及两辆试验车，发生在直行路段。试验车 A、B 分别行驶在直行的路段慢车道和快车道，且 B 车刚好位于 A 车的驾驶员视觉盲区。要求 A 车通过车车交互的方式，获取 B 车的位置、速度等信息，并在 A 车的人机界面上进行盲区车辆警示。基于车车交互的盲区警示如图 3-44 所示。

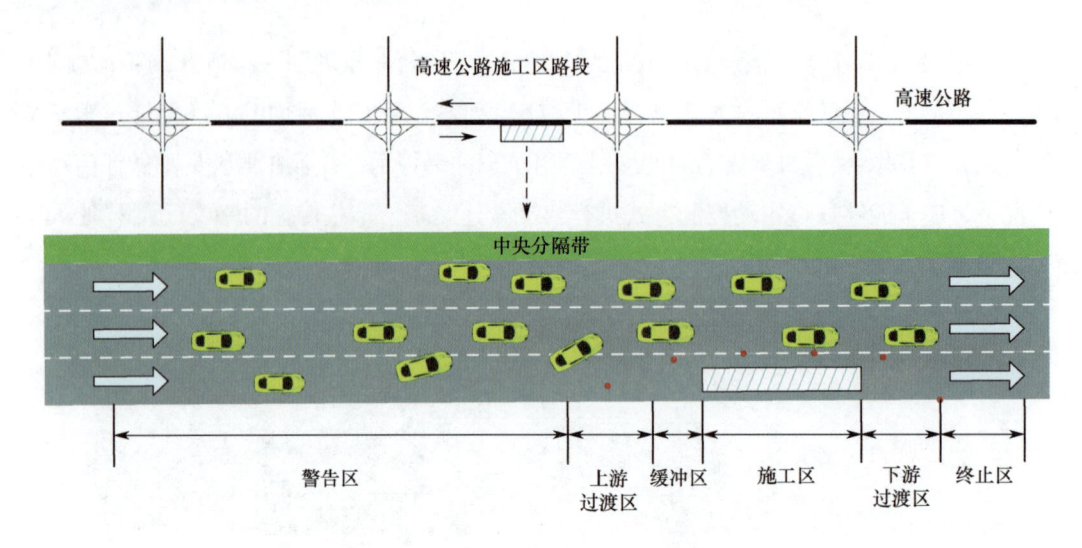

图 3-43 基于车路交互的施工区警示

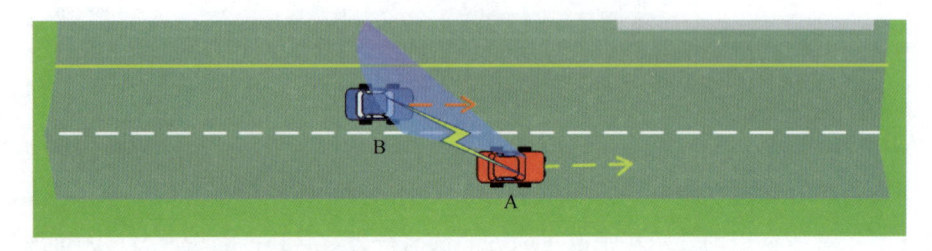

图 3-44 基于车车交互的盲区警示

3.7 智能车路协同交互通信与装备技术

高速、可靠、双向和由多种通信平台集成的综合通信网络是智能车路协同系统的基础平台，通过该平台可以将先进的传感技术、信息融合技术、智能控制方法及决策支持系统整合成一个有机的整体，以实现高效、安全和环境友好的智能交通协同管理。

3.7.1 车内通信与异构网络融合

用于智能车路协同系统的网络平台应该能够支持全景状态感知、信息交互与融合、协同控制与管理及定制化的服务等功能，并根据不同层次的需求提供相应的通信保障。该通信平台的终端网络是传感器网络，以无线组网为主，支持各类交通状态的感知；支持交通系统底层信息互通互联的是车联网和物联网等功能性通信网络，属于有线、无线混合组网，但多为无线组网；互联网实现海量交通数据的传输和信息融合，属于有线、无线混合组网，但以有线组网为主；支持系统功能和服务集成的是高速互联网，如下一代互联网（Internet Ⅱ 或 IPv6），以有线组网为主。

在智能车路协同系统中采用多模通信技术是实现以上各种通信网络互联互通的技术基础和必要之举。目前，支持智能车路协同系统工作的各种通信模式主要可分为移动通信模式、无线通信模式、专用通信模式和其他通信模式。根据应用情况，这些通信模式的支撑系统及应用范围比较如表 3-6 所示。

表 3-6 无线通信模式的支撑系统及应用范围比较

名 称	通信模式	支撑系统	使用范围
移动通信模式	基于移动设备通信	GSM/CDMA/3G/4G…	车/车通信
无线通信模式	基于无线网络通信	Wi-Fi(AD hoc)…	车/车/路通信
专用通信模式	基于专用网络通信	ETC2.0/DSRC…	专用通信
其他通信模式	基于其他方式通信	蓝牙/红外…	出行者/路通信

国内外主要针对不同的车路协同系统应用场景，对通信技术进行了深入和全面的研究工作。下面分别从车内通信、车车通信、车路通信和异构网络融合技术等方面具体说明相关技术的研究和应用进展。

近年来，随着汽车工业的快速发展，大量传感器和电子装置在新型汽车上得到广泛应用，这些变化使车内通信技术成为现代汽车行业不可或缺的关键技术之一，其传输速率和可靠性都得到了大幅提升。

车内通信网络主要基于各种 CAN 总线展开，总线可实现汽车发动机管理系统、变速箱控制器、仪表装备和电子主干系统等关键系统和部件间的有线组网。随着人们对汽车安全性和舒适性的需求不断提高，要求汽车配置的相关功能越来越多，支持这些功能的传感器、传输装置、电子控制单元（Electronic Control Unit，ECU）的数量也在持续上升。因此，原有车载 CAN 总线必须进行改进和提升，要求汽车新的车内通信协议不仅能够为各类功能提供高速且可靠的数据传输，还要支持具有容错保证的分布式网络系统。同时，车内通信网络还可以支持部分无线通信组网，以保证在特定检测环境下稳定可靠地获得车辆速度、重量、温度、湿度和胎压等关键物理量。OBD 通过与胎压检测装置、车道偏离警示系统、后方碰撞预警系统、驾驶员状况监测装置整合，可为驾乘人员提供更舒适的驾驶体验、更安全的驾驶保障、更绿色和环保的出行。

纵观国内外智能交通系统的发展过程，可以看到为全面发挥车路协同技术的优势，使未来交通系统实现安全、高效和环保的目标，必须将车车通信和车路通信集成起来形成一个有机的整体，即新开发的车载装置应该能够同时支持车车通信和车路通信，从而实现真正意义上的智能车路协同。

为使智能车路协同系统能够在不同的工作条件下，构建具有实时性和可靠性保证的通信环境，应尽量支持在日常生活中已经得到广泛应用的各种通信网络。目前，主流的无线通信异构网络有移动通信网络（2G、3G、4G、5G）、卫星网络、GPRS、WLAN、移动自组织网络、Wi-Fi 和无线传感器网络等。如何实现这些网络在智能交通环境下的无缝连接，是智能车路协同系统发展必须解决的问题。

综上所述，异构无线网络的出现是面向不同应用场景和目标用户的，但其在车路协同环境下的融合必须采用通用且开放的技术，其融合包括接入网融合、核心网融合、终端融合、业务融合和运维融合等。这些异构无线网络技术融合的研究内容主要包括面向高速多媒体应用的服务质量和服务体验保障技术、异构网络中的多无线电协作技术、异构无线网络互联安全问题、车路协同系统中的认知无线网络、面向海量数据的混合网络编码技术、车路协同系统中面向海量数据传输的绿色通信技术等。

3.7.2　车车通信与车路通信模式

随着汽车的智能化水平越来越高，车载通信网络技术日益成熟，车车通信将给人类出行带来一场全新的革命，对车辆安全领域、交通效率领域和个人娱乐服务领域产生深远的影响。

DSRC 可以完成车与车间的点对点通信，但是只采用 DSRC 技术将车与车构成一个无缝的、连通的网络仍存在挑战。随着 DSRC 技术的提升，包括数据传输速度的提升、通信带宽的扩大和安全机制的完善，目前已形成了基于专用短程通信技术的车车自组织网络的协议和技术标准，解决了短程通信环境下车载通信单元数据量突发与带宽受限之间的矛盾，可提供 DSRC 自组织网络中的身份认证及隐私保护技术架构。

近年来，移动通信和无线通信的发展及其在交通领域中应用的拓展，为车车通信带来了新的发展空间，尤其是 IPv6 技术的引进，使多模式通信环境下车车通信环境的构建得以实现，成为智能车路协同系统中车车通信技术的一个发展方向。

车路通信网络是建立在 OBU 和 RSU 之间的无线通信网络，以高效的广播数据传输、端到端数据流存储、低时延动态多跳路由协议、高速运动节点网络自组织传输控制、基于优先级的流量公平性控制、安全认证与信息加密为主要特征。基于该通信网络，可在 OBU 和 RSU 之间进行高速和双向的数据传输，支持基于图像辨识的交通事件识别、交通信息查询、交通出行引导和电子收费等多种服务。

在智能车路协同系统环境下，车辆的相关信息包括工作状态、运行参数和报警信息等，可以通过车路通信通道将这些信息传送到路侧设备，并可根据不同的需求经融合处理后再集中传送到交通管控中心。同样，道路及基础设施的相关信息包括静态信息、运行参数和管控指令等，这些信息都需要实时地发送给道路上行驶的车辆和交通管控中心；而交通管理中心的相关信息，包括交通环境状态、交通管控指令和在途诱导信息等，则需要及时地通过车路通信通道传送给在途车辆。

3.7.3 智能车路协同系统的 OBU

OBU 是采用 DSRC 技术与 RSU 进行通信的微波装置。例如，在 ETC 系统中，将 OBU 放在车上，路边架设 RSU，二者通过微波进行通信；车辆高速通过 RSU 的时候，OBU 和 RSU 之间用微波通信。非接触卡一样，通信距离远至十几米，频率更是高达 5.8GHz，在车辆通过的时候，可识别 ETC 的真假，获得车型，计算费率，扣除通行费。经过不断的发展，OBU 已经脱离了存储账号付费的限制，新型的 OBU 增加了一个智能卡读写器的功能，可以在 OBU 中插一张带有电子钱包或储值账户的智能卡，从卡上把钱扣除，这种 OBU 称为双片式 OBU。之前只有账号的 OBU 则被称为单片式 OBU。

研发智能车路协同 OBU，将为攻克车车/车路通信、交通信息安全、高精度地图与定位、智能辅助驾驶技术、车路协同系统的示范应用提供支撑。研发智能车路协同 OBU，将发挥我国在信息和导航技术领域的产业优势，推动涵盖环境感知、定位导航、DSRC、辅助驾驶及自动驾驶等技术的车载系统标准化和协同功能拓展化。研发基于视觉和雷达的主动安全技术、基于 V2X 的自组网技术及符合行业/国家标准的通信接口等关键核心部件的产品；研发车载多传感器信息融合与人机交互技术核心部件一体化集成的产品研发；重点推动面向我国商用车运营的车载数据交换和主动安全升级。

将智能车路协同 OBU 放置于车辆中，可以通过 GPS/北斗卫星导航系统获得车辆的位置、加速度、方向等信息；通过接入车辆 CAN 总线获取车辆状态信息；通过专用通信网络技术（DSRC/LTE-V）实现车辆与车辆、车辆与路侧设备之间的通信；通过人机接口连接显示终端；OBU 可以通过 4G/5G 接入互联网或控制中心。由于被放置于汽车内部，OBU 要满足汽车内部物理条件的要求，同时要满足通信技术、定位、安全等技术要求。

3.7.4 智能车路协同系统的 RSU

RSU 安装在路侧，采用 DSRC 技术，与 OBU 进行通信，实现车辆身份识别、信息交互和电子扣分的功能。在高速公路、车场管理中，在路侧安装 RSU，可建立无人值守的快速专用车道。

RSU 的设计，遵循的国家标准为《电子收费专用短程通信》GB/T 20851—2019，通信频率为 5.8GHz。RSU 由高增益定向束控读写天线和射频控制器组成。高增益定向束控读写天线是一个微波收发模块，负责信号和数据的发送/接收、调制/解调、编码/解码、加密/解密；射频控制器是控制发射和接收数据及处理向上位机收发信息的模块。

研发和集成智能车路系统 RSU，将推动容纳国家基础地理控制点、连续运行参考站等公共基础设施的新一代高精度电子地图数据的采集、管理、增量快速更新及分发服务体系；推动路侧信息服务终端操作系统、中间件、重要应用软件的开发进程；建立新一代交通控制网中城际交通系统、城市交通系统中道路公共基础设施、专业设施的高精度空间信息数据资源库。

开展信息安全关键技术与基础设施的研发，将推动车路协同系统信息安全关键技术的研发与应用，建立健全以密码技术为核心的系统信息安全保障体系和技术标准体系；完成软硬件架构设计及原型系统开发，形成统一的安全服务管理平台；对车路协同系统中各交通实体实现统一的密钥管理和证书认证，并加强对安全事件的集中决策处理。

智能车路协同 RSU 放置于路侧，可以通过 GPS/北斗卫星导航系统获得位置、信息；通过专用通信网络技术（DSRC/LTE-V）实现 RSU 与车辆的通信；可以通过 4G/5G 接入互联网或控制中心。

3.8　人车意图智能融合驾驶技术

3.8.1　平行系统与平行驾驶

将平行智能的人车意图智能融合人车协同关键技术广泛应用于智能汽车企业、无人挖矿区、物流园区等场景，是提高安全驾驶的重要举措。智能网联汽车是一种将探测、识别、判断、决策、优化、优选、执行、反馈、纠控功能融为一体，集微电脑、微电机、绿色环保动力系统、新型结构材料等顶尖科技成果于一身，会学习、会总结、会提高技能的智慧型汽车，是先进人工智能技术的最佳应用与验证环境，也是未来汽车发展的方向。近年来，国内外对于智能网联无人驾驶技术的研发投入不断加大，为了改善汽车的可操控性，美国自 20 世纪 70 年代以来，对汽车侧向跟踪控制和纵向速度控制进行了大量的研究，取得了一系列重要成果。1980 年以后，各国军方和一些大型汽车公司也纷纷加入了对无人驾驶智能网联汽车的研发。

1. 平行系统

平行驾驶是新一代云端化网联的驾驶技术，对我国汽车产业、人车协同混合智能产业的发展具有强有力的支撑作用。复杂驾驶环境下驾驶员行为的不确定性、脆弱性和开放性，是造成交通事故的主要原因。为此，2004 年，中国科学院提出了平行系统的思想，其核心为构建虚实互动的真实系统和人工系统来研究复杂系统的控制优化策略。在平行系统中，所用的技术手段称为 ACP 方法：A 指人工系统（Artificial Systems），构建与真实系统相似的人工系统；C 指计算实验（Computational Experiments），利用高效、鲁棒的人工智能、机器学习等方法对构建的不同数学问题进行求解和分析；P 指平行执行（Parallel

Execution），用人工系统来指导真实系统，同时真实系统也可提升人工系统。

在人工系统的构建过程中，需要保证人工系统与真实系统的一致性，只有在足够准确的模型基础上获得虚拟控制和决策，才能对真实的系统起到指导作用。在具体的实施过程中，主要通过描述学习的方式对系统进行描绘和构建，模型的精度可以在平行执行的过程中实时提升。

计算实验是在人工系统和真实系统两个维度中同时进行的，具有越来越智能的趋势。计算实验在真实系统主要对过去和当前的数据信息进行处理，获得能够指导真实系统运行的知识；计算实验在人工系统中则主要体现为通过预测学习和引导学习来获取未来或未经历过的知识，从而使平行系统更加完备。

平行执行则无时无刻不在平行系统中体现，包括人工系统和真实系统之间的数据流、控制流、模型流等。反馈，是人工系统流向真实系统的描述，通过大量的人工智能、机器学习等算法来获得知识，用以引导真实系统；提升，是真实系统流向人工系统的描绘，真实系统的知识能够更好地反馈当前整个系统的走向和趋势，从而对人工系统的模型进行引导和修改。

2. 平行驾驶

平行驾驶是一种兼具运营管理、在线状态监测、应急驾驶安全接管等功能的先进云端化网联自动驾驶集成解决方案。它通过形式化地描述自动驾驶车辆的行为和交通环境特，以构建"信息-物理-生态"的车辆交互驾驶环境，在该环境中进行计算实验，对复杂的行车场景和工况进行监测、优化和预测，最终通过信息-物理车辆之间的实时交互引导物理车辆安全高效地驾驶。因此，平行驾驶系统也被称为"自动驾驶数字四胞胎系统"，即物理车、描述车、预测车和引导车的集成系统。与传统的单车自动驾驶和网联自动驾驶相比，平行驾驶的先进性和独特性体现为：通过构建和集成软件定义"物理车-描述车-预测车-引导车"系统，大幅度提升驾驶安全和运营效率，尤其适用于矿山、物流等应用场景。

① 平行智能理论作为平行驾驶的基础，关键技术包括平行区块链、平行感知和平行学习。L3级别自动驾驶汽车的行驶离不开人类驾驶员的协作接管，如何让二者和谐地共驾是平行驾驶的重点。

② 将平行驾驶关键技术用于驾驶员意图理解、人车协同决策、人车协同执行，实现自动驾驶过程中人车共驾技术的突破。

③ 通过平行驾驶测试验证，构建虚实平台来验证融合了人机意图的平行驾驶。

融合人车意图的平行驾驶技术结构如图3-45所示。

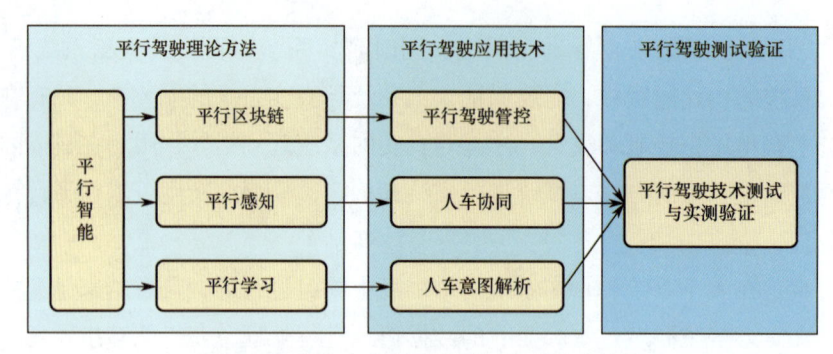

图 3-45 融合人车意图的平行驾驶技术结构

3.8.2 平行学习、平行感知、平行区块链及驾驶员意图理解

1. 平行学习

平行学习面向复杂数据的机器学习，是结合平行系统思想和机器学习方法的新型理论架构。它以平行驾驶中的特定任务为主体，包括三个阶段。

① 数据处理阶段。在人工系统中演化和迭代产生的因果关系明确、数据格式规整的人工大数据，训练和更新机器学习模型。具体步骤包括：构建模拟平行驾驶真实动态系统运行的人工场景，确定任务相关的输入/输出物理量，如速度、加速度、电池荷电状态、发动机转速、需求功率等；在构建的人工场景中输入具有代表性的真实数据，并通过变换操作环境和系统参数来获取与真实环境有别的仿真数据，保证数据的逻辑和因果的合理性；基于三元协同的数据融合方法（如预测学习或转移学习），明确平行驾驶任务在不同环境中关键参数的相互作用关系和演化迭代过程。

② 行动学习阶段。利用计算实验方法进行预测学习、转移学习，并将学习经验作为机器学习的输入，得到应用于某些特定场景或任务的最优对策。一个数据可能产生多个新的对策，平行学习允许输入数据和完成对策有着完全不同的频次和发生顺序。具体步骤包括：在马尔可夫理论和机器学习框架中，确定平行驾驶任务的状态、控制变量、代价函数和回报函数；结合数据融合方法得到的学习经验，利用数据驱动方法（如神经网络算法）对数据进行进一步处理，得到与优化目标相关的最优 Q 网络。

③ 知识实践阶段。将新的对策映射到平行空间，通过指示学习的方式使其在真实系统和人工系统中平行执行，实现通过大量仿真迭代来指导和改善实际行动的目的。具体步骤包括：在特定的平行驾驶任务中，基于指示学习理论，利用所得的平行驾驶任务对策对真实动态系统进行指导；基于集成学习，利用所得平行驾驶任务对策对构建的人工系统进行校正，通过平行执行的方式来不断地优化整个平行学习框架，提高模型性能。

2. 平行感知

平行感知基于平行系统理论，建立在实际场景和人工场景之上，是虚实互动的智能感知计算方法，包括平行视觉模块和平行多传感器融合模块。平行视觉模块旨在解决大规模多样性的复杂场景下视觉感知算法的有效性，以及视觉算法的全面、充分验证问题；平行多传感器融合模块将平行理论应用于多传感器融合。自动驾驶系统中多种物理传感器的使用存在成本高、维护难、易失效、难以部署等问题。平行视觉模块和平行多传感器融合模块架构如图 3-46 所示。

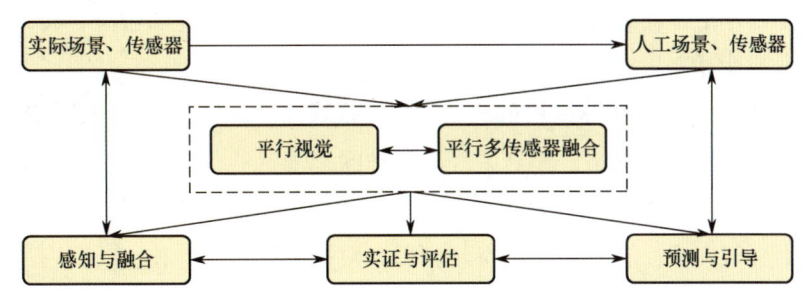

图 3-46　平行视觉模块与平行多传感器融合模块架构

在该架构中：

① 构建接近实际场景的人工驾驶员、人工车、人工交通场景，自动得到精确的标注信息，为平行视觉模块生成大规模多样性的场景和标注数据集。在人工模型中设置多个不同类型的人工传感器，包括视觉传感器、雷达、超声波等，获取驾驶员、车辆、外部环境的感知数据，进一步补充平行视觉模块中的人工场景数据。

② 结合人工场景数据集和实际场景数据集，进行计算实验，研发优化视觉算法，在人工传感器产生的大量冗余数据的基础上进行多传感器融合。平行视觉模块主要运用机器学习、领域适应、统计分析等技术设计、优化、评价视觉算法；平行多传感器模块运用人工神经网络、贝叶斯技术、Dempster-Shafer 证据推理等方法，进行多传感器融合，并验证融合方法的有效性。与单纯的基于实际场景的实验相比，平行感知计算实验过程可控、可观、可重复，可真正产生"大数据"，用于后续知识提取和算法优化。

③ 人工感知系统与实际感知系统平行执行：运用在线学习、知识自动化等技术使模型训练和评估在线化、长期化，通过与人工之间的虚实互动和人机混合，持续优化平行视觉模块；人工系统可以输入实际系统的传感器数据，进行多传感器融合方法验证和预测，同时指导和校正实际系统的多传感器融合方法，最终优化平行多传感器融合模块的性能。

3. 平行区块链

平行区块链是平行智能理论方法与区块链技术的有机结合，解决平行感知部分多传感器数据的校验及安全问题。具体内容包括：区块链驱动的多智能体共识机制与去中心化信任，基于智能合约的计算实验与平行决策。基于ACP方法，建立平行区块链：

① 基于多智能体主体方法对智能传感器及其构成的区块链点对点（Peer to Peer，P2P）网络进行人工建模，建立与之"等价"的虚拟传感器及虚拟区块链。

② 针对虚拟区块链进行基于智能合约的计算实验，编程的智能合约可实现复杂场景和复杂传感器的行为，计算虚拟区块链系统在不同场景（如传感器故障、网络延迟、黑客攻击等）、不同参数配置（如节点个数、区块大小、区块平均生成时长、各类共识算法）下的运行效果并进行评估，作为选择和支持最优决策的依据。在计算实验中，将先进人工智能方法融入已有的计算方法中。

③ 通过虚拟区块链和实际区块链的互动反馈形成对实际区块链的管理与控制。通过构建多传感器的区块链对等网络，建立区块链驱动的多传感器共识机制与去中心化信任。以传感器作为区块链节点，参与到数据校验与记账中。当某个传感器感知到数据时，将数据在对等网络中进行广播，它的相邻节点收到后对数据进行有效性校验，只有通过半数节点验证的数据才能被保留。

4. 驾驶员意图理解

驾驶意图是在驾驶过程中形成的，与行驶环境及车辆状态相关，并决定后续驾驶行为动作实施的一种自我内心状态。驾驶意图在驾驶过程中难以直接获取，只能依靠驾驶过程中驾驶员的动作与姿态、车辆状态、车外环境等间接信息进行推测和预估。其时序特性可简单归纳为：驾驶员受到外部交通环境的刺激而产生改变当前行驶状态的初步意图。根据该初步意图，驾驶员需要观察相应方向的行车信息来确保是否可以执行该意图。当行车环境安全时，驾驶意图可以被执行，驾驶员通过手、脚对车辆进行控制来实现该意图。反之，当周围行车环境复杂且不适合改变当前行驶状态时，该行驶意图将被取消。对驾驶员意图的识别需要根据来自驾驶员、车辆、外部环境等多传感器的感知来实现。

针对驾驶员意图识别，常用的传感器可分为三类：车辆本身状态传感器、驾驶员状态传感器和车外ADAS传感器。当驾驶员按正常速度行驶，车辆周围交通环境良好且无其他车辆时，驾驶员产生诸如换道或减速意图的可能性很小，因此周围行车环境是评估驾驶员意图的重要指标，也是驾驶员产生驾驶意图的直接刺激因素。

对于人机交互和意图识别中最重要的驾驶员行为特征，如头部朝向和视线方向，是反映真实驾驶意图的重要标志。驾驶员必须仔细观察周围行驶环境来确定是否可以改变当前行驶状态并对车辆进行控制。因此，针对驾驶员行为特征的检测是人机交互和意图识别的重点。通过机器学习和深度学习的方法，建立可以高效识别并精确预测的驾驶员意图模型。同时，利用视觉传感器检测驾驶员行为运动特征，进行图像信息提取与处理，应用计算机视觉技术感知驾驶员行为状态,实时监控、判断驾驶员行为状态,接收汽车失稳信号,判别车辆是否进入复杂驾驶工况,明确基于驾驶员状态的复杂工况边界与复杂工况进入/切出条件。

驾驶员在行驶过程中可能因为各种与驾驶无关的竞争性活动(如使用智能手机、观看导航系统等)或驾驶员本身的健康与精神状态(如疲劳驾驶等),造成驾驶员执行错误的操控动作,进而直接导致事故发生。因此,通过监测驾驶员行为状态以分析驾驶员驾驶意图的研究尤其重要,主要方法包括基于驾驶员眼部动作与面部表情的方法、基于驾驶动作与行为的方法及融合驾驶行为检测结果与驾驶员生理信息的检测方法。

针对复杂工况下驾驶员异常行为识别问题,驾驶员行为分析及意图识别算法将深度特征和长短时记忆递归神经网络进行结构化融合和端到端的训练,借鉴人类视觉信息处理与决策机制,从任务相关场景显示图的生成方法、驾驶员意图推断方法和驾驶员视动机理建模方法几个方面展开研究。

① 通过采用多传感器融合方法采集驾驶环境及周围车辆信息,并将相关特征与驾驶员行为特征及车辆状态特征进行同步与融合,最终建立驾驶员意图预测模型。设计多模式传感器信号采集与融合系统,采用常用车载雷达设备(如毫米波雷达或激光雷达)进行交通环境感知,并结合平行视觉理论建立基于视觉的道路图像分割系统,获得本车相对于附近车辆的位置和速度信息、道路标识牌及车道线等信息。利用深度递归网络结合来自驾驶环境、驾驶员行为状态及车辆行驶特征的信息,实时预测行驶于不同工况下的驾驶员的内在意图。

② 基于注视点的驾驶员异常行为识别算法,针对驾驶员头部大范围转动情况,结合表观特征设计基于卷积神经网络的驾驶员注视点估计算法。为应对个体差异性问题,网络结构允许同时将人眼图像、头部姿态、情感表象作为输入,提升复杂工况下算法的适应能力。

③ 基于面部特征的驾驶员异常行为识别算法,针对驾驶员在惊慌状态下对环境和车辆的感知、决策与操控能力下降,结合表观特征设计一种基于多尺度行为状态感知的驾驶员在复杂工况下的异常行为分析方法。通过研究不同照明和遮挡等复杂条件下驾驶员面部特征(眼部特征、面部朝向、面部表情)以及不同躯干动作等目标的定位、跟踪、分类功能,实现对动作运动轨迹的跟踪和预测。

通过上述方法,明确驾驶行为与驾驶意图的映射关系,进而探索驾驶员正常驾驶时的面部表情和动作特征界限及复杂驾驶工况下的面部表情和动作特征界限,并拟通过 GPU 并行运算提高算法的检测速度,实现实时多类别驾驶工况下的驾驶员多属性检测。

3.8.3 人车意图协同决策与控制

通过对国内外在协同决策方面的研究发展的回顾和总结发现，由于人类智能的引入，人车合作混合系统的可行域急剧扩大，需要使用高效的搜索算法以保证实时性；人类价值系统复杂，难以对其进行充分、全面、有效的估计；人车合作混合系统外部的不确定性和随机性因素的干扰等，使现有方法依然无法完全保证人车合作混合系统在执行动作时的绝对稳定性和安全性，无法确保人类在驾驶过程中的舒适性及对人车合作混合系统的信任度；此外，人车合作混合系统对于在执行过程中外界产生的干扰难以保证鲁棒性等。因此，需要建立一套新型的结构框架来支撑人车合作混合系统。

利用平行理论的平行智能方法建立人车合作智能系统，正是突破上述技术瓶颈的有效途径。针对人类驾驶过程中的价值损益函数难以估计的问题，通过实车实验与构建人工场景相结合的方法，来获取模拟和表示复杂交通状况的大数据，并从中提取和建立驾驶员价值损益的数学表达。针对人车合作混合系统可行域广阔的问题，建立基于平行学习的人机合作混合系统决策规划模型，并考虑驾驶员价值损益函数，采用原始数据与人工场景数据相结合的方式对其进行训练和更新，以获得人车合作混合系统的决策规划方法；针对需要保证人机合作混合系统安全性、稳定性、鲁棒性，同时增进人类驾驶员舒适性和信任度的问题，采用平行理论中的指示学习方法，在实际执行过程中发现训练方向，并采用人工系统中大量仿真迭代的方式，不断改善控制执行的效果。

针对智能驾驶车辆的行业热点和技术难点，研发基于平行驾驶的平行智能汽车。平行驾驶汽车不仅利用智能交通设备，还充分利用车上多传感器融合资源，将实时信息传输到后台监控系统，同时系统采用人工智能等技术，学习最佳的人工控制策略。后台的虚拟人工系统根据实际情况通过控制系统反向控制智能网联汽车。基于平行驾驶的平行智能汽车由智能车、信息传输和整个后台系统组成，基于平行驾驶的平行智能汽车的结构如图 3-47 所示。

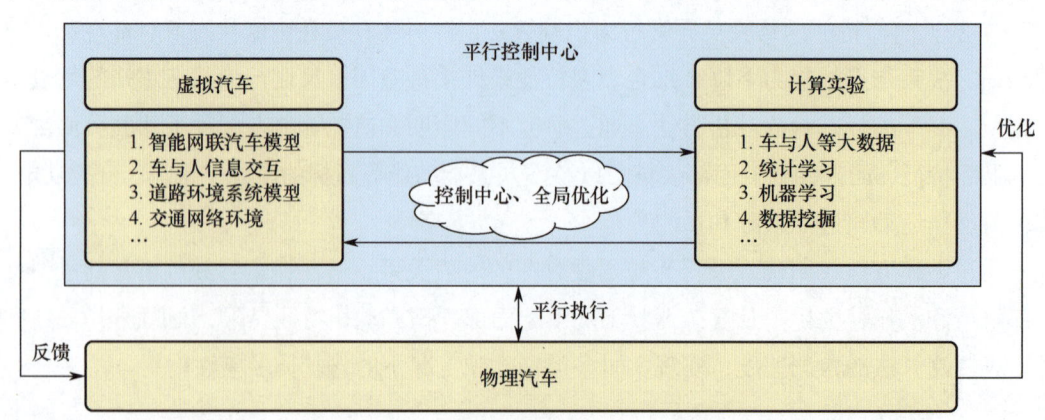

图 3-47 基于平行驾驶的平行智能汽车的结构

当平行智能汽车行驶在道路上,其行驶状态将被实时传送到后台,后台通过大数据学习系统对智能汽车进行控制。当遇到特殊情况时,车辆会主动请求协助控制,通过后台中心控制使车辆正常行驶,同时后台系统会学习相关操作,联合处理实际车辆和虚拟车辆上的信息,通过计算实验得到针对车辆状态预测和人机协同控制决策的建议等。遇到紧急工况(如驾驶员疲劳驾驶)时,系统会自动将控制指令传到车辆,从而保证车辆正常安全行驶。

3.8.4 人车协同平行测试与验证

目前,对智能网联汽车辆的自主驾驶能力和智能水平尚缺乏统一的评估标准和规范,现有的基于特定路段的场景测试,无法充分测试和量化评估车辆的自动驾驶性能,迫切需要有效的智能网联汽车辆系统平行测试方法,使用真实道路交通环境的多传感器感知数据,在实验室完成对智能网联汽车辆系统的交通仿真测试;建立一个与实际交通系统相平行的人工交通系统,通过与交通仿真测试系统的互动开展集成测试,有效评测智能网联汽车辆的智能水平、环境认知能力、自主驾驶能力及对道路交通环境的适应能力。真实测试场景与虚拟测试场景协同演化的循环更新方法的结构如图 3-48 所示。

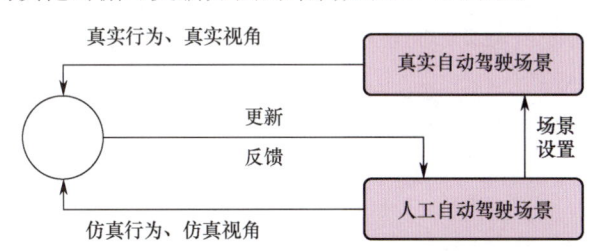

图 3-48 真实测试场景与虚拟测试场景协同演化的循环更新方法的结构

1. 建立人工交通仿真场景

基于所采集的交通环境的高精度图像、三维激光点云等数据进行建模,建立包含园区、城市的数字虚拟交通环境,以及包含智能网联汽车实体、模拟测试平台的试验场道路场景;基于真实交通环境采集的视频、三维激光点云等数据,构建更复杂的虚拟交通环境,包括不同道路、不同标牌、地下停车场等交通场景;构建更加复杂的天气环境,包括下雨、下雪、大雾等恶劣天气。

2. 智能网联汽车辆平行测试方法

在交通仿真环境下自动生成交通参与者、特殊天气和环境等要素,在测试园区道路场景的基础上,模拟更多的交通测试场景,保证其多样化和高覆盖率,在智能测试体系下通过设定测试任务完成智能网联汽车辆的各项功能测试。

智能网联汽车辆系统的研发需要在现场对实车的物理系统进行大量测试和验证工作,

智能车路协同管控 可视化推演平台

而现场测试费用高、安全性差、重复性低，对车辆系统出现的异常也缺乏有效的跟踪手段。智能网联汽车辆的测试数据收集能力不足，缺乏一致的数据共享接口，难以对智能网联汽车辆的感知、决策和执行状态进行实时和精确的评估。缺乏交通建模与仿真技术和集成测试系统，难以对智能网联汽车辆的环境认知、决策和执行算法进行高效、可靠的测试评估。因此，平行测试技术旨在提供真实的测试数据，不受试验场地和时间限制，达到安全可控、测试条件可重复、测试结果可跟踪的目标。

平行测试系统的核心思想是在虚拟交通仿真中进行可重复的试验，通过不同智能体之间的交互作用，复现实际观测到的多种交通现象及其中的车辆动态行为。选取紧急避障和行人避让这两种代表性工况来设计人车协同共驾系统的实验方案，通过控制相应的变量（如车速、天气、障碍物是否移动、行人移动规律），进行多次测试以获取测试评估试验后的失误率。

人车意图智能融合的平行驾驶技术大大降低了智能车辆的研发成本，减少了交通拥堵及整体人车协同程度，有效解决了现阶段车辆行驶安全问题。人车意图智能融合技术为解决驾驶行为状态感知和意图分析、驾驶员行为建模、人车协同行为决策机制驾驶、控制权优化分配及切换机制等问题提供了有效的方案，不仅在解决驾驶员与汽车控制系统的协同问题理论研究方面具有创新意义，而且在主动安全系统设计方面有着重要的应用价值。

第 4 章

智能车路协同管控平台体系架构

智能车路协同管控平台体系设计是建立在智能网联汽车与智能网联设施六大体系（协同智能网联产业开放的技术创新体系、跨界融合的新一代智慧交通生态体系、先进完备的智能网联设施基础环境体系、系统完善的智能网联车路法规标准体系、科学规范的智能交通系统产品监管体系、全面高效的数据/计算/通信网络安全体系）之上的概括与总结，是依托在智能网联汽车五大平台（高精度动态地图基础平台、云控基础平台、车载终端基础平台、计算基础平台、信息安全基础平台）与智能网联设施十大平台（交通运行监测平台、交通规划设计平台、智能交通管理平台、交通信息服务平台、智能公共交通调度平台、智能停车管理平台、智能车路协同管控平台、MaaS 平台、现代物流服务平台、交通仿真评价可视化推演平台）基础之上的提升与优化，无论其体系结构还是耦合机理与群体控制，都具有普遍的指导意义和实际应用价值。

4.1 智能车路协同管控平台架构

智能车路协同管控平台体系设计的核心是构建智能车路协同管控大脑，重点关注两个方面的设计，一是智能车路协同管控平台体系结构，二是智能车路协同管控平台内部的耦合机理与平台外部的群体控制。其体系结构将从智能网联汽车软件及系统、智能网联汽车硬件及系统、智能车路协同感知与融合、智能车路协同端/边/云计算、智能车路协同管控平台架构、智能车路协同管控新模式六个方面全面展开。

4.1.1 智能网联汽车软件及系统

智能网联汽车的无人驾驶软件分为车载端和云端两个部分。其中，车载端提供运行操作系统和无人驾驶系统。无人驾驶软件的底层是操作系统，操作系统主要负责智能网联汽车硬件资源（包括传感器、系统总线、网络等）的管理和计算资源的调度。对无人驾驶来说，操作系统的实时性非常重要，操作系统要保证任务能够在规定的时间内得到响应。无人驾驶系统实现了无人驾驶所需要的各种算法，包括定位、环境感知、路径规划、控制和执行等，是无人驾驶软件的核心部分。云平台提供无人驾驶所需要的各种基础服务。车载端和云端共同构成了整个无人驾驶软件。无人驾驶软件整体架构如图4-1所示。

从整体架构上看，自动驾驶包括存储、计算和基础服务三个基本需求。

① 存储包括车载端存储和云端存储。车载端的存储空间非常有限，只能存储少量数据，而云端存储的好处是大容量，能够存储海量数据。另外还需要考虑存储的效率，对数据的优先级、数据的保存格式及数据库类型进行区分。

② 计算分为在线计算和离线计算。在线计算主要是运行无人驾驶所需要的各种算法，主要关注算法的鲁棒性，能否适应各种环境；同时还要关注算法的时效性，通常需要在100ms内完成一次计算。离线计算主要是处理离线数据，要处理的数据量非常大，但对时效性的要求没那么高，可以通过并行分布式计算来提高效率。

③ 基础服务提供了自动驾驶所需要的各种基础能力。这些基础能力分为操作系统层面和软件服务层面的能力，操作系统层面主要是提供自动驾驶系统运行的环境、提供系统调度、协调硬件资源等。软件服务包括高精度地图和模型训练等基础服务，同时上层软件还提供无人驾驶出租车和物流等应用服务。

1. 操作系统

智能网联汽车的软件算法都运行在操作系统之上，对操作系统最主要的要求是稳定性和实时性。稳定性要求操作系统占用的资源少，出现故障之后系统不会崩溃，能够长时间运行；实时性要求操作系统能够及时响应控制指令，工业设备、汽车电子、航空航天等领域都要求采用实时操作系统，因为在这些领域操作系统如果不能及时响应控制指令，会产生很严重的后果。例如，智能网联汽车在驾驶过程中发出了紧急刹车的指令，而操作系统没有及时响应，会导致严重的交通事故。实时性在自动驾驶中非常关键。以百度的Apollo 5.0软件为例，其采用的操作系统是Linux操作系统，而Linux不是实时操作系统，需要打上系统补丁之后，才能升级为实时操作系统。

1）Linux 进程调度

操作系统最基本的功能就是管理进程，Linux的进程调度采用的是完全公平调度

（Completely Fair Scheduler，CFS）算法，在有调度和没有调度的情况下存在很大差异。如图 4-2 所示，在单个 CPU 核心的情况下，左侧是没有进程调度的情况，任务 1 在执行完成之后，会读取 IO（内存、硬盘等）数据，这时候 CPU 会进入等待状态，在等待的过程中没有做任何事情；右侧采用了调度策略，在 CPU 等待的过程中，任务 1 主动让出 CPU，下一个任务就可以在当前任务等待 IO 的过程中执行。综上所述，对任务进行调度可以合理利用 CPU 资源，使 CPU 的利用率更高，从而使任务执行得更快。

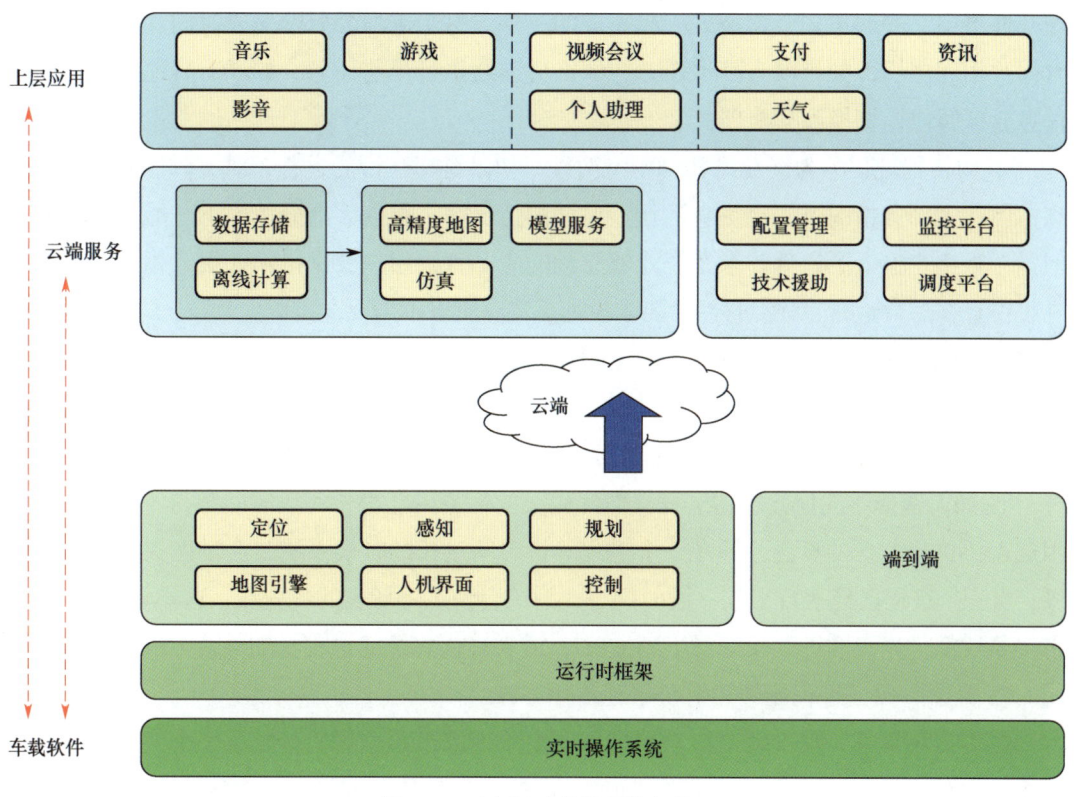

图 4-1 无人驾驶软件整体架构

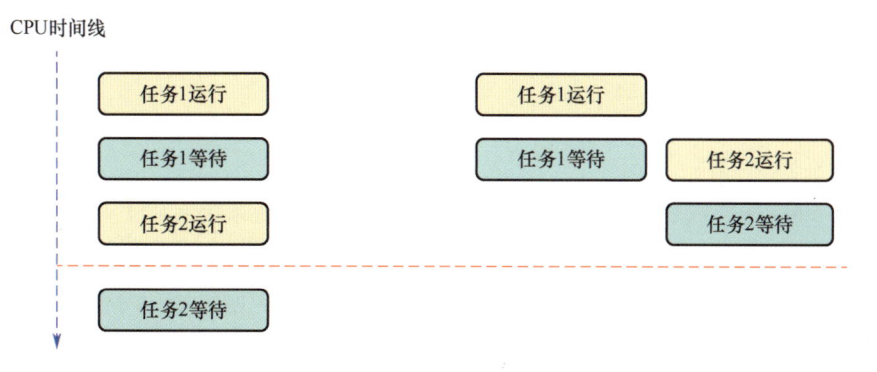

图 4-2 进程调度结构框架

① Linux 内核分为抢占式内核和非抢占式内核。非抢占式内核禁止 CPU 被抢占，即在一个任务执行完成之前，除非它主动让出 CPU，否则 CPU 会一直被这个任务占据，不能够被拥有更高优先级的任务抢占。抢占式内核则支持先执行优先级更高的任务，即在一个任务执行的过程中，如果有更高优先级的任务请求，那么内核会暂停当前执行的任务，转而执行优先级更高的任务。二者相比，显然抢占式内核的实时性更好。CPU 给任务划分时间片，通过时间片轮转，使 CPU 看起来像在同一时间执行多个任务，就好像一个人同时交叉做几件事情，看起来多个事情是一起完成的一样。每个进程会分配一段时间片，在进程的时间片用完之后，如果没有其他任务，那么会继续执行当前任务，如果有其他任务，当前任务会被暂停，切换到其他任务。

② 内核把进程分为交互型和脚本型两种。如果是交互型的进程，对实时性的要求比较高，但在大部分情况下不会一直运行。典型的情况是，键盘大部分情况下可能没有输入，但是一旦用户输入了，就要求系统能够立刻响应，否则用户会觉得输入很卡顿。脚本型的进程一直在后台运行，对实时性的要求没那么高，所以不需要立刻响应。Linux 通过抢占的方式，对任务的优先级进行排序，交互型进程的优先级要比脚本型进程的优先级更高，从而在交互型进程到来之时能够抢占 CPU，优先运行。还有一类进程是实时进程，这类进程的优先级最高，实时进程必须保证能立刻执行，因此会优先抢占其他进程。

③ 如何选择不同优先级的进程。低优先级的任务可能很长一段时间都得不到执行，即因此需要更加公平的算法，即在一个进程等待时间过长的时候系统，会动态提高它的优先级；当一个进程已经执行很长一段时间了，系统会动态降低它的优先级。这样做的好处是，不会导致低优先级的进程长期得不到 CPU，或者高优先级的进程长期霸占 CPU。Linux 采用 CFS 算法来保证进程能够相对公平地占用 CPU。

在多核场景下，由于每个核心的进程调度队列都是独立的，会导致一个问题：如果任务都集中在某个 CPU 核心，而其他 CPU 核心的队列都是空闲状态，就会导致 CPU 的整体性能下降。在这种情况下，Linux 会把任务迁移到空闲的 CPU 核心，使各 CPU 核心之间的负载均衡。Linux 进程迁移会带来开销，因此有时候会绑定任务到某个 CPU 核心，以减少进程迁移的开销。

2）无人驾驶进程调度

参考 Linux 进程调度进行无人驾驶进程调度。无人驾驶系统有以下几个进程：定位、感知、规划、控制、传感器、日志和地图，而 CPU 只有 2 个核心，那么应该如何规划这些任务的优先级呢？根据上述思路，可以得到无人驾驶的进程调度策略关联结构，如图 4-3 所示。

① 假设定位、感知、规划、控制和传感器读取的优先级比日志和地图更高。这一点很

容易理解，打不打印日志和地图读取得慢对系统影响不大，而定位、感知、规划、控制和传感器模块如果执行得慢，则会导致系统故障。

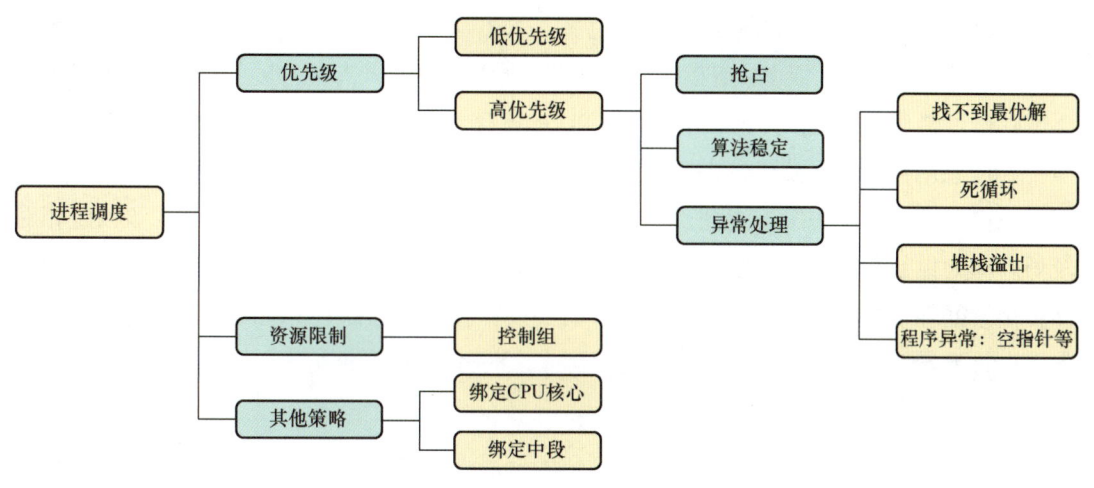

图 4-3　无人驾驶的进程调度策略关联结构

② 优先级高的模块。目前只有 2 个 CPU 核心，不可能同时执行上述所有模块，只能通过时间片轮转来实现，因此如何分配时间片就成为问题的关键。如果分配的时间片太长，会导致进程响应不及时，如果分配的时间片太短，又会导致进程切换开销，需要折中考虑。如果运行过程中感知和规划模块同时执行，并且分配的时间片还没有用完，那么控制模块就不会抢占 CPU，直到运行中的模块时间片用完。

③ 无人驾驶对模块的算法复杂度要求。如果感知模块采用了复杂度较高的算法来提高准确率，导致的结果是感知模块会占用更多的 CPU 时间，其他模块需要和感知模块竞争 CPU，系统总的执行时间会变长。假设感知模块的执行时间是 100ms，控制模块的执行时间是 100ms，CPU 的时间片是 50ms，那么感知模块需要 2 个时间片，控制模块也需要 2 个时间片，总的执行时间是 200ms，由于时间片轮转控制模块完成的时间为 200ms，如果感知模块为了提升效果增加了算法的复杂度，运行时间变为 200ms，则感知模块能够照常完成任务，因为感知模块只要求在 200ms 内完成任务，而系统总的执行时间是 300ms。但由于竞争 CPU，控制模块可能完成的时间会由 200ms 变为 300ms。上述情况带来的问题是控制模块的时延达不到要求。解决办法有 2 种：一种是升级硬件，增加 CPU 的核数；另一种是降低系统算法的复杂度，使每个模块尽可能高效，以占用较少的系统时间。

④ 系统算法的复杂度和稳定性。系统不能一下执行 50ms，一下执行 200ms，或者执行超时（这是最坏的情况）。如果各个模块的算法都不太稳定，当遇到极端情况时，每个模块需要的执行时间都会变长，系统的负载会一下子突然变高，导致 CPU 响应不及时，出现严重问题。

⑤ 智能网联汽车在极端情况下系统的进程会崩溃或一直占用 CPU。
- 找不到最优解，死循环。大部分情况下系统程序没有响应是因为找不到最优解或死循环。这种情况可以通过代码避免。
- 堆栈溢出、内存泄漏、空指针。这种情况属于程序编码错误，也可以通过代码避免。
- 硬件错误。在极小概率的情况下，CPU 的寄存器会出错，嵌入式 CPU 会有冗余校正，而家用和服务器级别的 CPU 没有这种设计，这种情况下只能重启进程或重启硬件。

把控制模块的优先级设置到最高，规划模块其次，感知和定位模块的优先级设置相对较低。因为控制和规划模块必须马上处理，感知和定位模块如果当前帧处理不过来，就丢弃，接着处理下一帧。当然，这些进程都需要设置为实时进程。将地图、日志等模块的优先级设置为最低，在其他高优先级的进程到来之时其 CPU 会被抢占。

3）性能优化

除了能够实时响应系统指令，操作系统的性能也至关重要，下面展示如何提高操作系统性能。

① 进程调度。Linux 对实时进程的调度有以下 2 种方式。
- SCHED_FIFO。先到的进程优先执行，后到的进程需要等待之前的进程执行完成之后才开始执行。基于 SCHED_FIFO 方式的平均等待时间和进程的顺序有关系，如果先到的进程执行时间很长，则后到进程等待时间就会变长；如果先到进程执行时间很短，则后到进程的等待时间就会变短。
- SCHED_RR。基于时间片轮转，先到的进程执行完对应的时间片之后放到队列尾部，任务在队列中循环执行。基于时间片轮转的方式没有进程的等待时间会变短这个缺点，但是先到的进程的执行时间会变长，因为基于时间片轮转的方式，需要循环执行任务，先到的进程在执行完自己的时间片之后需要等待其他进程的执行。要根据不同的应用场景来选择不同的调度策略。

② Cgroups。Cgroups 这一名称源自控制组群（control groups），是 Linux 内核的一个功能，用来限制、控制和分离一个进程组群的资源（CPU、内存、磁盘输入输出等）。Cgroups 的设计目标是为不同的应用提供统一的接口，从控制单一进程（如 Nice）到操作系统层虚拟化（如 OpenVZ、Linux-VServer、LXC）。Cgroups 提供以下四个功能：
- 资源限制：组可以被设置不超过设定的内存大小，包括虚拟内存。
- 优先级：一些组可能得到大量的 CPU 或磁盘 IO 吞吐量。
- 结算：用来衡量系统真正把多少资源用到了适合的目的上。
- 控制：冻结组、检查点或重启动。

利用 Cgroups 技术，我们可以设置一组进程的优先级，并且根据进程的重要程度和任务类型分配不同的资源。例如，给重要的进程组分配更多的 CPU 和内存，限制其他进程组的 CPU 和内存，防止其影响系统性能。

③ CPU 亲和性。CPU 亲和性是指进程要在某个给定的 CPU 上尽可能长时间地运行不被迁移到其他处理器的倾向性。现代 CPU 都有多个核心，如 Apollo 软件推荐的计算单元配置是 4 核 8 进程，多核心 CPU 的好处是可以同时执行多个任务。假设有以下场景，1 个核心上的任务很多，而其他核心都处于空闲状态，就会出现 1 个核心占用率为 100%，而其他核心都在等待的情况。操作系统采用 CPU 负载均衡技术来解决这个问题。当 1 个 CPU 核心上的任务很多，而其他 CPU 核心处于空闲状态时，操作系统会把这个核上的任务迁移到其他核心，这样系统整个 CPU 核心的利用率就提高了。对整个系统来说，CPU 负载均衡是一个好技术，但是对单个进程来说，就不是那么好了。进程迁移会导致额外的开销，如当前的 CACHE 需要刷新。把重要的任务绑定到单独的核心上，可以保证这个任务能够高效执行而不被打断。Linux 操作系统中通过"sched_setaffinity"来设置进程的 CPU 亲和性，通过"sched_getaffinity"来获取进程的 CPU 亲和性。

④ 中断绑定。中断绑定又叫 smp_affinity，通过"cat /proc/interrupts"可以列出系统中每个 I/O 设备中每个 CPU 的中断数、处理的中断数、中断类型及注册为接收中断的驱动程序列表。系统通过"smp_affinity"可以指定多核 CPU 是否会响应这个中断，这在有频繁中断的系统中相当有用。例如，CAN 总线会频繁通过中断来传递传感器消息，如果没有绑定中断，系统中每个核心都有可能被打断，从而带来中断上下文切换开销。如果把中断绑定到一个单独的核心上，让这个核心专门去处理中断，其他核心就不会被频繁打断。smp_affinity 的默认值为 f，即可为系统中任意 CPU 提供中断请求（Interrupt Request，IRQ）。将这个值设定为 1，则表示只有 CPU 0 会处理这个中断。

2. 运行时框架

智能网联汽车借鉴了很多机器人领域的技术，可以把智能网联汽车看作一个轮式机器人。Apollo3.5 之前的软件是以机器人操作系统（Robot Operating System，ROS）作为底层框架，Apollo3.5 之后用 Cyber 替换了这一框架。如果重新设计 ROS 框架，需要支持以下特性。

1）需求分析

通过分析 ROS 的功能，可以得到 Cyber 需要实现哪些功能。

① 分布式计算。现代机器人系统往往需要多个计算机共同执行任务，一个机器人搭载多台计算机，每台计算机分别负责机器人的一部分功能。即使只有一台计算机，仍然需要将程序划分为独立运行且相互协作的子模块来完成复杂的任务，这也是比较常见的做法。当多个机器人需要协同完成一个任务时，就需要互相通信，为此，ROS 提供了相对简单、

完备的消息通信机制。

②软件复用。随着机器人研究的快速推进，诞生了一批应对导航、路径规划、建图等通用任务的算法。如何将现有算法快速移植到不同系统一直是一个挑战，ROS 通过以下 2 种方法解决这个问题。

- ROS 标准包提供稳定、可调式的各类机器人算法实现。
- ROS 通信接口正在成为机器人软件互操作的事实标准，也就是说绝大部分最新的硬件驱动和前沿的算法实现都可以在 ROS 中找到。例如，在 ROS 的官方网站上有大量的开源软件库，这些软件使用 ROS 通用接口，从而避免为了集成它们而重新开发新的接口程序。开发人员可以将更多的时间用于新思想和新算法的设计与实现，尽量避免重复实现已有的研究结果。

③快速测试。为机器人开发软件比其他软件开发更具挑战性，主要是因为调试准备时间长、调试过程复杂。而且，由于硬件维修、经费有限等因素，不一定随时有机器人可供使用。ROS 提供两种策略来解决上述问题。

- ROS 框架将底层硬件控制模块和顶层数据处理与决策模块分离，从而可以使用模拟器替代底层硬件模块，独立测试顶层部分，提高测试效率。
- ROS 还提供了一种简单的方法，可以在调试过程中记录传感器数据及其他类型的消息数据，并在试验后按时间戳回放。通过这种方式，每次运行机器人都可以获得更多的测试机会。例如，可以记录传感器的数据，并通过多次回放来测试不同的数据处理算法。这类记录的数据叫作包（bag），rosbag 工具可以用于记录和回放包数据。

采用上述方案的一个最大优势是可以实现代码的"无缝连接"，因为实体机器人、仿真器和回放的包可以提供类似的接口，上层软件不需要修改就可以与它们进行交互，实际上甚至不需要知道操作的是不是实体机器人。参考上述实现，可以把网络需求细分为如图 4-4 所示的几个层面。

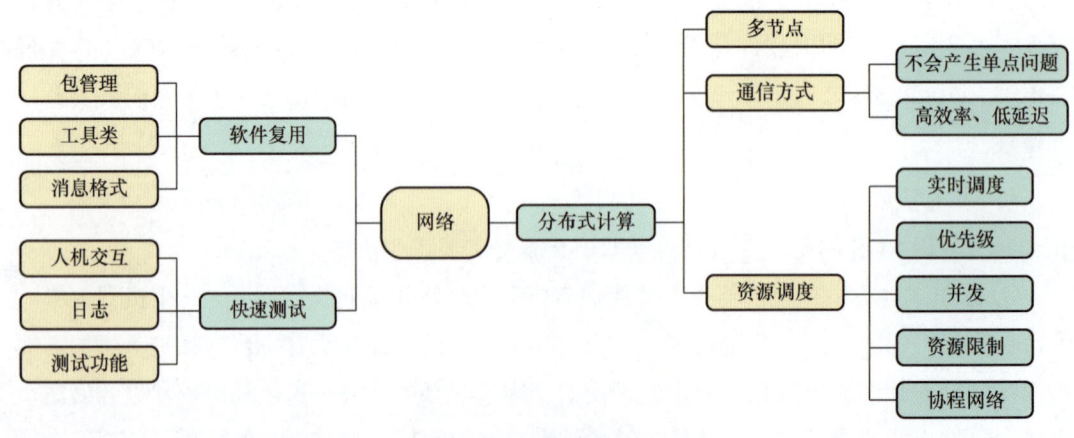

图 4-4 网络需求细分

实际上，Cyber 主要用到了 ROS 的消息通信功能，同时也用到了录制 bag 包等一些工具。

Cyber 的功能模块如图 4-5 所示。

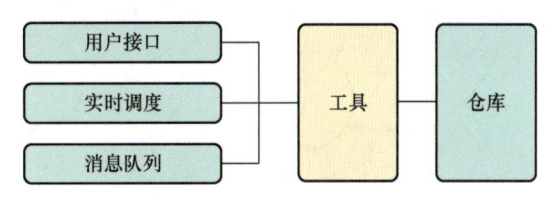

图 4-5　Cyber 的功能模块

- 消息队列模块。用于接收和发送各个节点的消息，负责消息的订阅、发布和缓存等。
- 实时调度模块。负责任务调度，保证算法模块能够实时处理消息。
- 用户接口模块。提供灵活的用户 API 接口。
- 工具模块。提供一系列的工具，如 bag 包播放、点云可视化、消息监控等。

综上所述，Cyber 是一个分布式消息收发和任务调度框架，同时对外提供一系列的工具和接口来辅助开发和定位问题。Cyber 与 ROS 相比有很多优势，唯一的不足是 Cyber 没有 ROS 丰富的开源算法库支持。

2）系统设计

按照上述需求，我们先实现一个分布式系统，并且系统的各个节点之间可以互相传递消息。分布式系统如图 4-6 所示。

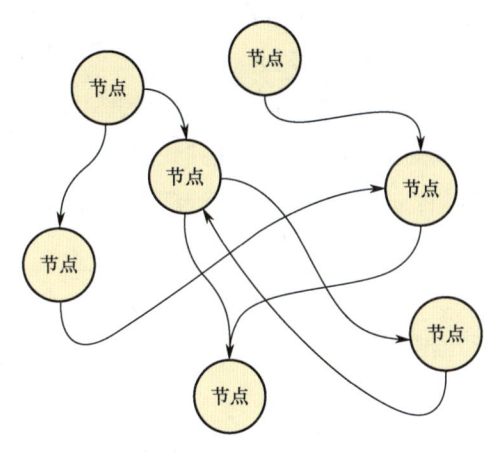

图 4-6　分布式系统

在图 4-6 所示的分布式系统中，每个节点作为一个 Node，节点之间可以相互通信，一个节点下线不会导致整个系统瘫痪，并且系统可以灵活地增加和删除节点。分布式系统（有主节点）如图 4-7 所示。

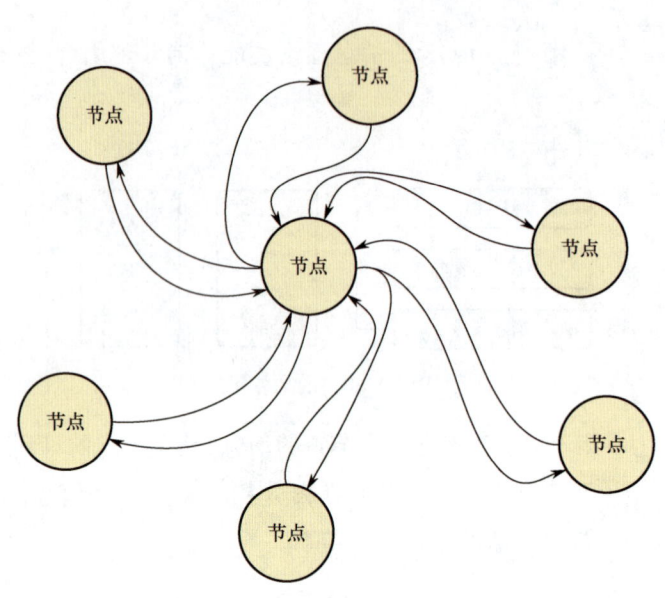

图 4-7 分布式系统（有主节点）

在分布式系统（有主节点）中采用了集中式消息管理，每个节点作为一个 Node，2 个节点之间通过主节点通信，主节点下线会导致整个系统崩溃。该系统还可以灵活地增加和删除节点。但是，该系统存在单点问题，如果主节点下线，所有节点间的通信都会失败，补救措施是再增加一个主节点作为备份主节点，当一个主节点下线时，启用另一个主节点，保证系统还能够正常工作。

上述 2 种分布式系统的主要区别是通信方式不同。虽然集中式消息管理会存在单点问题，但也有一定的优势，那就是它天然支持节点管理功能，而点对点的消息处理则不支持。例如，当一个节点 10s 都没有发送消息，集中式消息管理可以监控并发现这个节点是否出故障了。集中式消息管理可以知道哪些节点在线并找到这些节点，这在多机网络通信的时候很管用，节点只需要注册到管理节点，然后由管理节点告诉其他节点去哪里读取消息。集中式分布式系统如图 4-8 所示。

通过功能设计，Cyber 构成了无人驾驶系统运行时框架。通过 Cyber 运行时框架，无人驾驶系统可以灵活地增加和删除节点，各个节点可以订阅和发布消息，可以通过协同实现任务调度，该框架还提供了一些开发调试工具。

要让系统能够正常工作，网络运行时框架还需要实现以下功能。网络系统设计如图 4-9 所示。

① 多节点。
- 节点管理。节点管理支持节点的动态加载、卸载和注册，维护节点列表，管理节点状态。

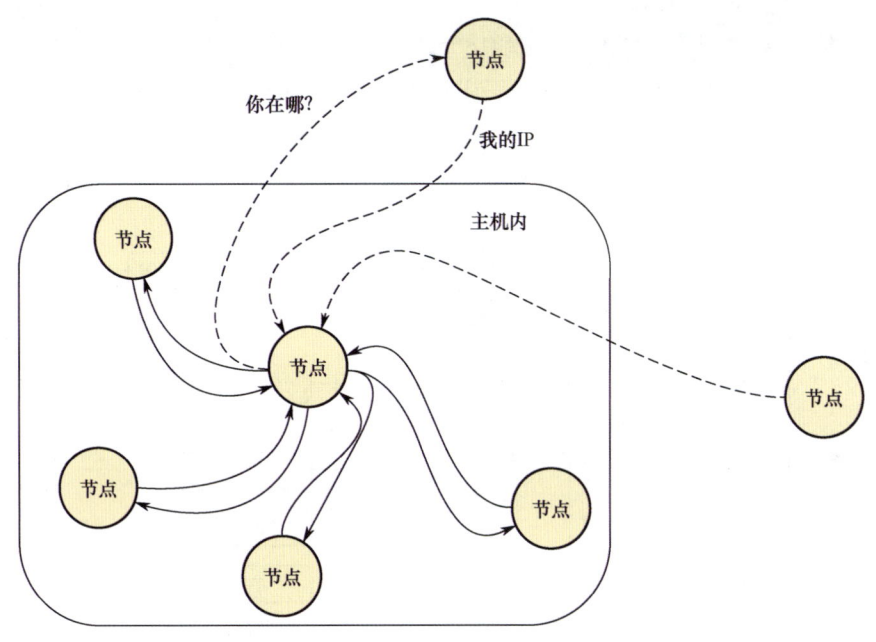

图 4-8 集中式分布式系统

- 节点依赖。当存在多个节点时，节点之间可能有依赖，需要按照顺序加载节点，解决节点的依赖问题。卸载节点时，需要注意节点是否被依赖，如果存在依赖，则不能卸载该节点。

② 通信方式。

- 点对点。多个节点之间采用点对点通信方式，节点采用广播的方式发布消息，通过订阅的方式接收消息。
- 共享内存。多个节点之间通过共享内存的方式进行消息传递。

以激光雷达为例，激光雷达拍摄了一帧数据，放到系统内存，之后感知和定位模块都需要激光雷达的数据，一个不太好的实现方式是把数据复制下来分别给感知和定位模块，但大数据的复制很耗时间，会影响系统性能。如果换一种方式，以传递内存地址的方式把数据给感知和定位模块，可以减少内存的复制，提高系统性能。

③ 资源调度。

- 实时进程调度。需要实时的进程调度算法，保证任务在规定的时间内完成。
- 进程有优先级。能够设置进程的优先级，优先级高的进程优先执行，优先级低的进程能够被优先级高的进程抢占。
- 支持并发。支持多个任务并行执行。
- 能够限制系统的资源占用。能够限制进程对系统资源（CPU、内存）的占用。
- 协程。协程是轻量级的进程，协程工作在用户态，切换的开销比进程小，不需要进行频繁的系统调度。此外，协程消耗的系统资源也比进程少。与进程不同，协程除非自己主动退出任务，否则会一直占用 CPU。Cyber 系统在进程的基础上，启用了协程，用于处理大量的消息队列。无人驾驶系统每秒会发送大量的消息，如果频繁地进行 I/O 切换，带来的系统调用开销将非常明显。

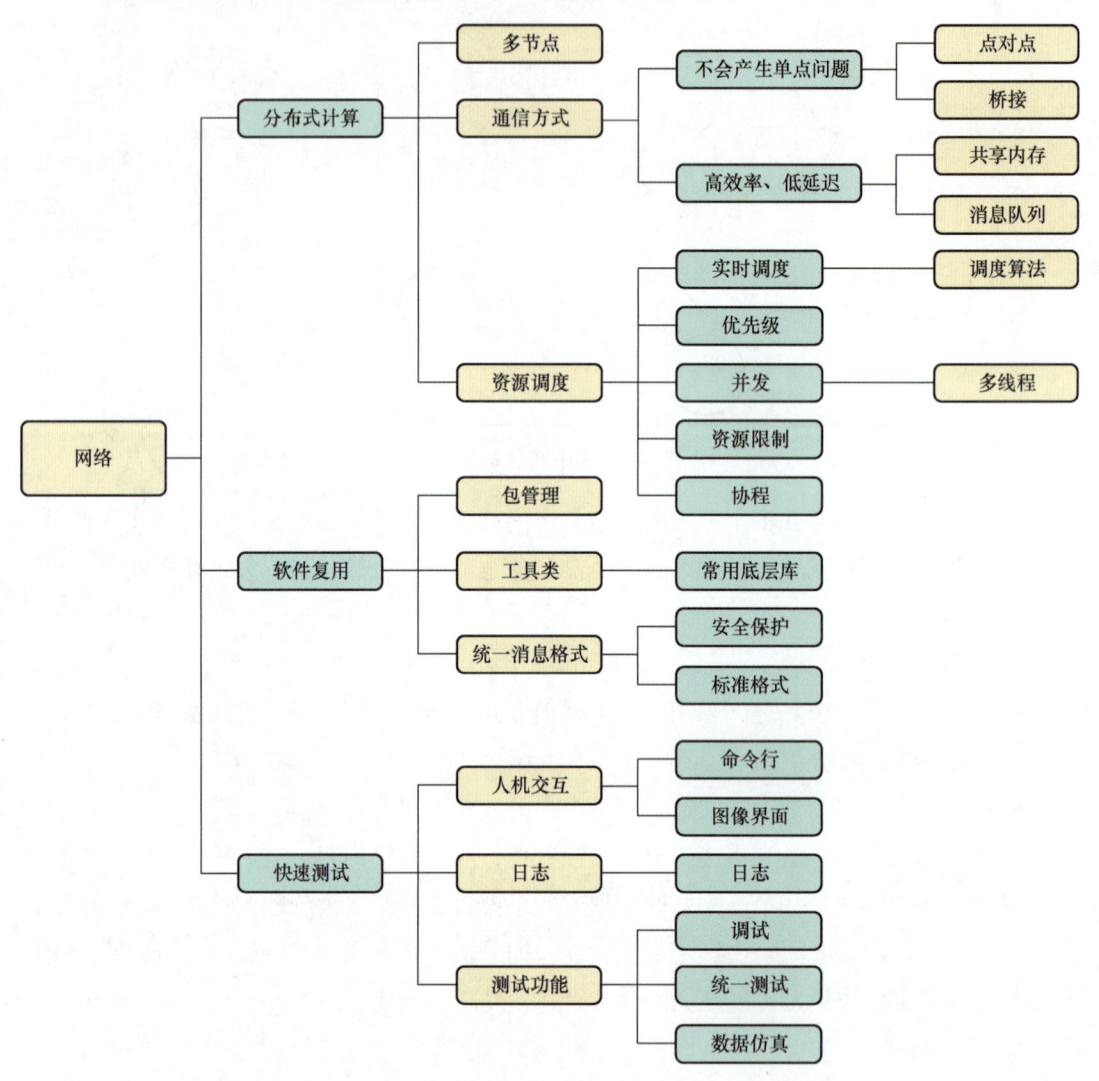

图 4-9　网络系统设计

④ 软件复用。

- 包管理。支持加载其他第三方的算法库。
- 工具类。有一些基础功能的公共组件。
- 统一的消息格式。具有统一的消息格式，避免因为消息格式不一样带来的重复开发。

⑤ 快速测试。
- 人机交互。具备可视化的人机交互界面。
- 日志。能够记录系统日志信息。
- 调试功能。

另外，实时监控无人驾驶系统消息通道、消息频率、消息格式等。提供消息持久化工具，能根据录制好的包进行场景回放。

3. 无人驾驶系统

前面介绍了运行时框架，运行时框架之上就是无人驾驶中最重要的算法实现。算法实现有两种不同的架构：一种是模块化的软件架构，这是目前无人驾驶系统的主流方案，世界上最大的两个无人驾驶开源社区 Apollo 和 Autoware 都采用这种架构；另一种是端到端的软件架构，与模块化的思路不同，端到端的自动驾驶直接采用传感器（如摄像头等）的数据作为输入，通过深度学习模型，直接输出控制信号（如油门、刹车、方向转角）控制汽车的行驶。端到端的自动驾驶结构非常简单，但性能高效。不过，由于深度学习模型不能安全硬编码，并且具有不可解释性，因此，目前端到端的自动驾驶更多的只是作为研究手段。

根据智能网联汽车是否联网，可以将智能网联汽车分为单车智能和网联智能，单车智能强调车本身的智能，即使在没有网络的情况下，也具备完全自动驾驶能力。网联车则强调车和车、车和环境的交互，通过整个车联网来实现更高级的智能，车本身可以具备自动驾驶能力，也可以只具备部分自动驾驶能力，通过网络获取更高级的智能。从目前的发展趋势来看，智能网联汽车要想更快地落地，单车智能和网联智能二者需要互相融合，共同发展。无人驾驶软件架构如图 4-10 所示。

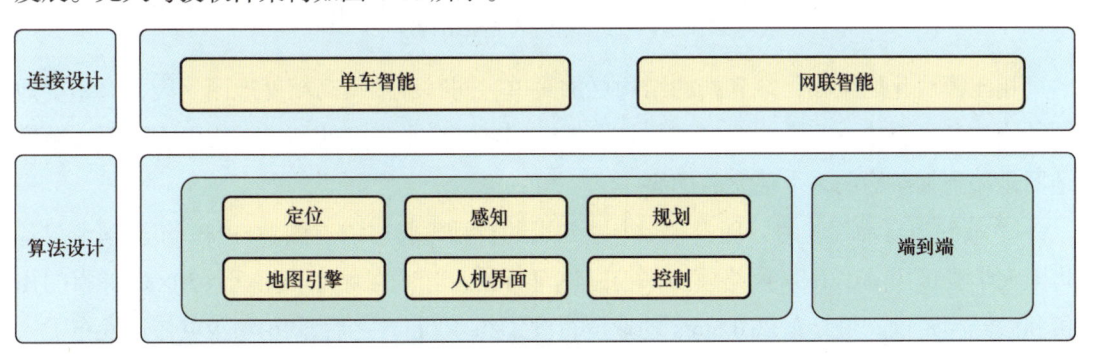

图 4-10 无人驾驶软件架构

1）模块化

模块化的思想是将无人驾驶这个复杂问题划分为几个相对容易解决的子问题，这些子问题可以在机器人技术、计算机视觉和汽车动力学方面找到解决思路，通过之前积累的经验来快速解决问题。此外,模块化的设计更加方便定界问题,修改一个模块的问题不会影响其他模块,这也是现代软件大量采用模块化设计的原因。模块化框架结构如图 4-11 所示。

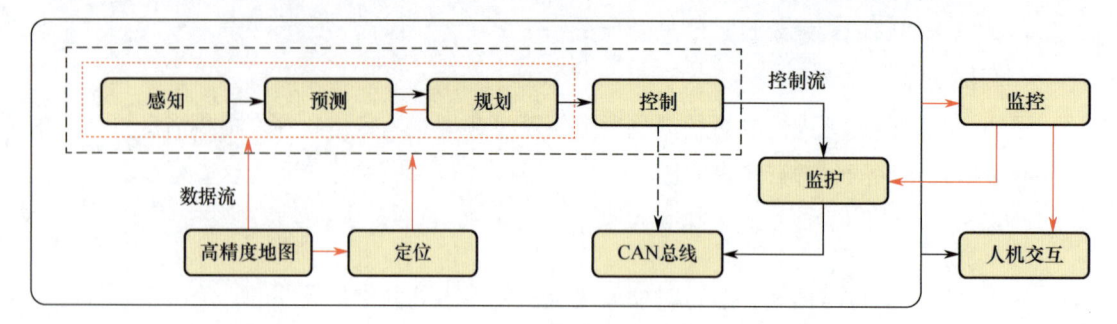

图 4-11 模块化框架结构

模块化设计的优点在于算法都是可控的,可以在系统中硬编码一些规则,确保算法出错的时候,智能网联汽车依然安全。模块化的设计方案是目前无人驾驶的主流方案,但同时也存在一些问题:设计结构过于复杂,一个模块的错误会传导到其他模块。例如,定位模块输出了错误的位置,会导致规划模块输出错误的行驶轨迹。

2)端到端

① 端到端的自动驾驶定义。端到端的自动驾驶在功能实现上直接把传感器的数据当作输入,利用深度学习模型,直接输出汽车的控制信号(油门、刹车、方向转角)。端到端框架结构如图 4-12 所示。

图 4-12 端到端框架结构

相比模块化的架构,端到端的结构更加简单,同时不依赖高精度地图。因为高精度地图的构建和更新成本很高,对自动驾驶大规模部署来说是很大的挑战,所以不需要高精度地图是端到端架构的一个很大的优势。

② 端到端自动驾驶的原理。实际上端到端的自动驾驶可以追溯到 1989 年美国卡耐基梅隆大学尝试用 ALVINN 网络模型来控制汽车行驶,当时的输入只有一个 30×32 像素的相机和激光测距仪,最终车以 0.5m/s 的速度行驶了约 400m。之后,2016 年英伟达发布了一篇有关端到端自动驾驶的论文 *End to End Learning for Self-Driving Cars*,采用 PilotNet 网络模型在真实道路测试中实现了 98% 的时间都保持自动驾驶,并且有一段 16km 长的路段实现了零人工干预。PilotNet 网络模型的输入为左、中、右 3 个摄像头,通过真实数据和随机信号之间的差值进行训练,先是在仿真器中运行,最后在真实的道路上进行了测试。

③端到端自动驾驶存在的问题。尽管端到端自动驾驶方法和人类的驾驶方式很相似，结构简单高效，且不依赖高精度地图，但要将其用于生产实践还需要解决以下四个问题。

- 端到端自动驾驶需要对不同的车型重新训练模型，生产和制造过程中迁移和升级的成本太高，达不到软件的零边际成本。即使车辆型号一致，车辆出厂之前还需要对摄像头等传感器的参数进行微调，以达到最佳效果。
- 可解释性差。自动驾驶过程中的感知、决策和规划都是通过深度学习模型完成的，出现故障后，无法分析具体的原因。
- 只能根据目前已知的数据进行推断，对陌生的数据适应性会变差，可能做出错误的决策。也就是说，在特殊场景下，算法可能失控。
- 不能硬编码安全规则。在算法失控的时候，不能保证安全。

④应用前景。端到端自动驾驶由于自身的局限性，目前还在实验阶段。未来，随着人工智能的发展，相信神经进化和深度强化学习等方法将推动端到端自动驾驶的发展。

3）网联智能

无人驾驶根据是否需要网络，可以分为网联智能和单车智能。网联智能的好处在于汽车可以通过网络与其他汽车和环境进行交互。目前智能网联汽车主要以V2X作为对外通信的标准。网联智能有以下三种应用场景。

①车辆编队。车辆编队有两种模式：一种是前车为人类驾驶员，通过记录人类驾驶员的驾驶行为，控制后面的车辆编队行驶；另一种是前车和后车都是自动驾驶汽车，区别是前车的自动驾驶能力更强，后车只具备部分自动驾驶能力，后者的一部分感知和控制任务通过前车完成，可以节省无人驾驶的落地成本。

②远程控制。在智能网联汽车出现紧急或无法处理的情况时，通过远程控制的方式可以减少现场维护的成本。远程控制的难点在于需要提供360°还原现场的视频画面，这对传输的带宽和时延都有要求，5G网络的带宽和时延可能会使远程驾驶成为现实。

③车联网。车联网是指车和车、车和环境之间通信。车联网是智慧交通的基础，通过整个汽车的联网，可以进行动态交通调度，合理规划交通线路，进一步提高城市的交通效率。车联网对无人驾驶来说是很好的补充，并且5G网络的高带宽、低时延特性，将来一定会在无人驾驶中有更用武之地。

4）单车智能

目前，无人驾驶的发展主要集中在单车智能上，全部依靠车辆自身的传感器和算法实现自动驾驶，因为不需要依赖网络，所以在没有网络的地方同样能够实现自动驾驶。单车智能的很多问题都能够被网联智能很好地解决，未来的发展趋势是单车智能和网联智能二者相互结合，共同发展，加快无人驾驶的进程。

4. 云服务

云服务是自动驾驶不可或缺的一环，自动驾驶相关的高精度地图、数据存储、模型训练、自动驾驶仿真等都依赖云服务。目前已经宣布能提供自动驾驶服务的云平台有百度 Apollo、亚马逊 AWS 和华为 Octopus，提供的主要功能包括数据采集和存储、数据 Pipeline、模型训练部署及自动驾驶仿真。

1）数据存储

一辆智能网联汽车配置有多种传感器，包括摄像头、激光雷达、毫米波雷达、GPS、IMU 等，每天使用的数据量高达 4000GB，这些数据需要收集并存储，用于高精度地图制作和模型训练。大数据存储涉及几个方面的问题：数据传输，数据管理和数据存储。

① 数据传输。数据传输需要对不同的数据类型进行区别对待。对于需要实时处理的数据，可以通过网络实时传回到数据中心。实时传输数据对网络的高带宽提出了要求，5G 网络支持的上行速率约为 50Mbps，也就是说每分钟可以上传 375MB 数据，远远低于智能网联汽车的数据上传需求。这就要求我们对智能网联汽车产生的数据做分级，把高优先级的数据优先发送，低优先级的数据先保存在本地，等网络空闲之后再上传。为了保证数据传输的经济性，需要先在本地对数据做预处理，只缓存最近 2min 的数据，对于不需要保存的数据，处理完之后直接丢弃，需要保存的数据压缩之后再上传。同时大部分不需要实时传输的数据可以在回到车库之后，通过 Wi-Fi 进行数据传输，从而降低 5G 网络数据传输的成本。

② 数据管理。数据上传到数据中心之后，还需要对数据进行元信息管理，详细记录数据的各项信息，包括数据录制时间、车辆编号、软件版本、天气情况及行驶路段等。

通过数据元信息管理，可以快速找到所需的数据，如果只有数据，而数据信息缺失，那就还是找不到需要的数据，类似图书馆没有对书的类目做划分，而是胡乱摆放。再加上自动驾驶的数据都是二进制文件，不具备可视化，场景也多种多样，路况、时间、天气不一样，产生的数据也不一样，数据管理就更有必要了。数据管理还可用于测试数据管理，对于每天测试产生的大量数据，它们是什么时候因为什么原因被接管的，在回归测试中很关键。

③ 数据存储。首先，数据存储需要一个分布式文件系统。大数据时代，分布式文件系统的好处已经被广泛证明，最主要的好处是容量可以水平扩展，而且可靠性高。自动驾驶每天产生的大量数据都可以通过分布式文件系统保存下来。其次，选择数据库。先分析一下自动驾驶大数据应用场景与传统互联网的区别。互联网的数据生产方式是几亿用户每人每天产生几条数据，所有用户加起来每天产生几 TB 的数据，而自动驾驶是一辆车每天产生几 TB 的数据，数据生产的方式差别很大。互联网针对几亿用户，一般选择 key-value 结

构的数据库，如 HBase。但如果把 HBase 照搬到自动驾驶的场景就很别扭，因为 HBase 的单条数据最好是 10M 以内，否则会影响读写性能。一种办法是对数据做拆分，把几个 T 的数据，根据地理位置信息或时间做拆分，把地理位置信息或时间作为 key，对应的数据作为 value，就可以实现一条数据很小，拆分成很多 key-value 结构的小数据了。再则，互联网的应用场景，互联网场景是拿用户的 ID 作为 key，如果同时频繁地命中相邻的 ID，被称为单点问题，每次访问都到一台机器上去了，导致容量上不去。而按照地理位置或时间的方式刚好又导致了这个问题，因为无人驾驶中数据读取是按照地理位置顺序读取的，刚好每次都命中到一台机器，导致整个系统的容量上不去。如果我们把 key 做哈希散列，把地理位置信息打散，这样容量提高上去了，而这又恰恰和应用场景有冲突。所以自动驾驶需要的不是高并发读取，即同时几十万的并发，而是一个用户连续读取大量数据，单台机器能够对数据做预取，这样反而是单台读取的性能最高。最后，高精度地图也不应该直接以 XML 格式保存，占用的空间太大，应该把地图分块序列化之后再保存，压缩之后存储的效率会高很多。日志文件则采用时间序列型数据库保存，当通过日志文件获取智能网联汽车位置的时候，可以准确反映出智能网联汽车从起点到终点的时间序列。

综上所述，不同的数据需要选择不同类型的存储和数据库。自动驾驶的一些大数据场景可能根本不需要数据库，只需要文件系统就可以了，如果需要管理结构化的数据，可以用数据库存储文件路径，而把文件本身放到文件系统中。如存储图片文件，可以只保存路径到 HBase 数据库，把真实的图片文件压缩之后放在对象存储中。当需要查找图片时，先通过索引找到图片对应的路径，然后再从对象存储中解压出图片。导航路线、车和用户信息等需要多用户并发访问的数据可以采用 HBase 保存。

2）数据处理

深度学习模型训练、高精度地图生成及自动驾驶仿真等都需要进行数据处理。自动驾驶的数据处理流程包括收集、清洗、标注、训练和部署。

用于自动驾驶模型训练的数据首先需要人工标注，然后进行模型训练，最后才能得到能够识别车辆和行人的深度学习模型。数据的自动化标注是一个很大的挑战，通过工程的方法尽量减少人工标注，可以大幅度提高标注效率。实现自动标注的方法通常有两种：一是通过机器自动标注，然后人工修正部分数据；二是通过仿真模拟生成大量标注好的数据。

数据处理的另一个挑战是大规模并行处理数据，由于数据量巨大，如何快速处理数据是一个问题。有很多优秀的分布式计算框架，其中 Apache Spark 可以构建大规模集群，并发执行多个任务，在大规模数据处理中有非常好的实践。

还有一部分离线计算是利用空间换时间，如规划模块参考基准的生成、选择路径线路事先计算保存、感知的 ROI 区域、定位用到的点云数据等。

总之，能够快速高效地处理数据，是自动驾驶数据处理的核心竞争力。

3）地图服务

云端应该实时提供自动驾驶所需要的地图服务。地图中包括道路信息和动态信息，道路信息就是传统的道路信息，动态信息是地图上出现堵车或交通管制等情况时需要实时动态更新的信息。

高精度地图对道路信息的要求比传统地图更加精细，不仅包括道路信息，还包括车道信息、红绿灯信息、交通标志信息等。同时高精度地图的精度要求也比传统地图更高，需要达到厘米级。除了地图本身，一些动态信息可以通过地图服务的方式下发给智能网联汽车，在高精度地图中，这部分信息被称为动态图层。例如，某条路上突然发生交通事故，这个信息就会下发到动态图层，智能网联汽车接收到信息之后选择避开拥堵路段。动态图层包括交通管制、交通拥堵状态、交通规则等，还包括车辆周围的银行、医院、便利店等生活信息，为无人驾驶提供更多更有价值的服务。高精度地图的维护是目前面临的最大问题，因为实时维护大体量的高精度地图涉及整个地图的采集、加工和标注，成本高昂，对此，一些高精度地图服务提供商提出采用众包的方式更新高精度地图。

4）仿真

自动驾驶仿真的目的是更早地发现问题。业界预测，要确保自动驾驶的安全，自动驾驶的安全性测试需要行驶至少 4 亿 km。如果全部采用真实环境测试，需要 1000 辆无人驾驶测试车每天测试 160km，不间断地测试 6.8 年，短期内不可能实现。如果采用自动驾驶仿真，通过模拟真实场景的数据，让智能网联汽车大规模部署在虚拟环境中测试，然后去真实场景路测，可以极大地提高发现问题的效率。无人驾驶测试流程如图 4-13 所示。

图 4-13　无人驾驶测试流程

除了要求能够大规模部署，仿真的另一个需求是问题快照，即在测试出现问题的时候能够保存现场。在测试过程中，仿真系统通过判断车辆是否发生碰撞、是否开出路面、是否遵守交通规则及是否安全距离过短等，对错误现场进行保存，记录发生错误之后一小段时间内的数据快照，用于数据回放从而解决问题。

除了自动驾驶功能测试，仿真还可以通过生成数据来帮助模型训练。数据的生成方式有两种：一种是生成标注好的数据，通过在仿真环境中模拟真实的车辆、行人、建筑物等，这些信息在仿真环境中都是已知的，可以直接生成标注好的数据用来进行模型训练；另一种是利用强化学习在仿真环境中模拟开车，进行端到端的自动驾驶模型训练，英伟达发布的端到端自动驾驶训练就采用此方法。

5）模型服务

自动驾驶需要利用深度学习模型来做感知任务。深度学习模型需要通过模型训练得到，模型训练包括数据采集、标注、模型训练、调参、测试、部署六个步骤。主流的云平台目前都支持这一模型训练部署过程。在云上训练的好处在于，计算资源动态调配，扩展和部署起来相当方便；同时云平台支持各种主流的机器学习框架，不需要重新搭建环境。

6）配置和升级服务

① 配置。要运营数量庞大的智能网联汽车队，车辆的配置管理必不可少。即使智能网联汽车的硬件配置基本一样，每辆智能网联汽车的参数还需要微调，同时根据运营的区域不同，获取的地图和交通规则也不同。配置服务通过以下方式对智能网联汽车进行配置管理：给每辆智能网联汽车设置一个唯一的车辆ID，在智能网联汽车启动的时候，先检查配置是否正确，然后检查配置是否需要更新，如果需要更新，则根据唯一的车辆ID去数据中心下载这辆车的配置信息。以下是智能网联汽车需要下载的配置参数：

- 车辆的唯一ID；
- 车辆的型号；
- 传感器的参数；
- 地图；
- 各个模块的策略等。

除了上述配置，智能网联汽车还用到了数目众多的传感器，虽然传感器出厂的时候已经对参数做了校准，但在车辆行驶之前，还要进行轻微的校准，以达到最佳效果。

② 升级。在线升级（Over the Air，OTA）服务，在汽车软件迭代快速的情况下通过软件升级汽车系统。OTA服务不需要召回汽车，通过软件升级的方式即可增加新功能、修复漏洞，既提升了用户体验，又节省了成本。

7）实时监控和调度

① 智能网联汽车监控。智能网联汽车的监控包括两个层面：应用层面和系统层面。

- 应用层面。为了确保行车安全，需要实时监控智能网联汽车的位置，如果智能网联汽车的位置丢失，或者偏离预定线路，监控系统需要及时给出警告，通知维护人员去处理。同时监控系统也需要在智能网联汽车主动触发警报之后，及时通知救援。
- 系统层面。在自动驾驶模式启动之前进行自检，确保汽车的各项指标都没有问题之后，才开始进入自动驾驶模式。在自动驾驶过程中，通过记录当前无人驾驶系统的日志信息，可以实时监控智能网联汽车的状态。

② 智能网联汽车调度。自动驾驶打车服务和货运服务都需要车辆调度算法。自动驾驶

打车服务要及时找到乘客附近的车辆，好的调度算法可以避免用户等待。在无人驾驶货运场景，特别是在一些港口，调度系统需要和专业的港口调度软件相结合，实现智慧物流，提高港口货运效率。调度平台还可以结合智慧城市，通过"城市大脑"动态调度智能网联汽车，从而改善交通拥堵，实现智慧出行。

8）应用服务

无人驾驶最主要的两个应用服务是无人驾驶出租车和无人驾驶物流。无人驾驶打车服务与现在的滴滴打车类似，只是不需要驾驶员。无人驾驶物流服务包括长途货运、港口运输和快递小车等。除了上述服务，随着智能网联汽车的高度智能化，会出现更多的应用软件，可提供资讯、天气、支付等服务。在解放了人类驾驶员之后，汽车可能成为另一个娱乐和办公场所，用户可以选择听音乐、游戏、视频会议等服务。可以预见，未来智能网联汽车将给人们的生活带来非常巨大的改变。

总之，智能网联汽车软件涉及系统的方方面面，不仅包括操作系统、中间件、云服务的构建，还包括各种软件算法、调试诊断工具、可视化工具、人机交互界面，同时还包括上层应用软件，以及为这些软件提供升级的 OTA 服务等。智能网联汽车软件未来将成为继 PC、手机之后最大的软件终端之一。

4.1.2　智能网联汽车硬件及系统

智能网联汽车主要由车辆、线控系统、传感器、计算单元等组成。车辆作为无人驾驶的载体，是智能网联汽车最基础的组成部分。除了车辆，还需要在车上安装线控系统。有别于传统汽车通过机械传动的方式控制汽车，线控系统通过电信号来控制汽车，这种方式显然更适合电脑控制。智能网联汽车还配备了数量众多的传感器，包括激光雷达、摄像机、毫米波雷达、超声波雷达、GPS、IMU 等。传感器是智能网联汽车的感知系统，负责感受外部环境（这部分内容前文已经介绍，本章不再累述。计算单元是智能网联汽车的"大脑"，传感器获取的信息经过计算单元计算之后，输出一条可以供汽车安全行驶的轨迹，控制汽车行驶。

1. 车辆

传统汽车由发动机、汽车底盘、中控系统和车身等组成。实际上，智能网联汽车的车身部分和传统汽车几乎没有区别，只是在传统汽车的基础上安装了汽车线控系统。

智能网联汽车目前主要包括以下四种形式。

① 无人驾驶出租车，通过小车改装而成。

② 无人驾驶公交巴士、摆渡车，通过公交巴士改装而成，有些甚至没有方向盘。

③ 无人驾驶货运车，由卡车改装而成。

④ 无人驾驶清洁车，通过特种车辆改装而成。

因此，很少有真正量产的智能网联汽车，智能网联汽车大部分都是根据现有车型改装而成的，计算单元都放在汽车后备厢中，需要将空调风道引入后备厢以供计算单元散热。同时，车上要增加按钮，将所有子系统从自动驾驶状态紧急切换到人工驾驶状态，在发生整车故障时，使系统能完全退出至人工驾驶模式，保障行车安全。电动车比燃油车更适合用来做自动驾驶，原因主要包括以下几个方面。

① 电动车比燃油车的反应时间更短。普通燃油车通过机械控制的方式,普遍延迟 200ms 左右，而电动车的控制响应时间不到 20ms。相比燃油车，电动车更容易控制，响应时间也更短。

② 电动车能够直接提供智能网联汽车所需要的电源。燃油车则需要通过发动机发电，效率转换比较低，同时也提供不了大功率的电源输出。除此之外，燃油车还要额外提供 UPS 设备保障电源供应，而电动车不存在这些问题。

③ 电动车比燃油车更具有作为智能网联汽车的先天优势。由于电动车目前还处于发展阶段，可以进行全新的设计，而燃油车的相关技术已经非常成熟，设计和改造有着诸多限制。

2. 线控系统

传统汽车通过机械传动的方式对汽车进行转向、油门和刹车等控制，而线控系统通过电信号对汽车进行转向、油门和刹车等控制。计算机能够更好地控制电信号，这就是智能网联汽车采用线控系统来控制汽车的重要原因。线控系统省去了机械传动的延迟，通过计算机可以更加快速地控制汽车，并且一些辅助驾驶任务也需要线控系统来完成，如定速巡航、自动避障、车道保持等。线控系统最大的问题在于安全性，线控系统如果被破解，黑客甚至可以控制汽车的行驶，造成很大的安全隐患。

1）线控系统的组成

线控系统从功能上可以分为以下四个部分。

① 线控油门，通过电信号控制汽车油门大小。

② 线控刹车，通过电信号控制汽车制动。

③ 线控转向，通过电信号控制汽车转向角度。

④ 线控挡位，通过电信号控制汽车挡位。

2）线控系统接收和反馈的信息

线控系统一方面需要接收智能网联汽车发出的控制指令，另一方面需要把指令执行的结果和车辆的状态反馈给智能网联汽车。

① 线控系统接收的信息如下。

- 油门、刹车、转向等的控制信号。
- 挡位信号。
- 车灯、雨刷器等的控制信号。

② 线控系统反馈给智能网联汽车的信息如下。

- 命令执行的结果。
- 底盘状态。
- 底盘详细信息。
- 线控系统需要能够及时响应控制命令。

3. 计算单元

如果说传感器是智能网联汽车的眼睛，那么计算单元就是智能网联汽车的大脑，传感器采集的数据经过计算单元运算之后，才能转化为控制信号，控制汽车的行驶。因此，一个性能强大的计算单元显得尤为关键。

1）计算单元性能

智能网联汽车的计算单元性能包括四个方面：CPU、GPU、内存和总线。

① CPU。CPU 主要运行自动驾驶操作系统和进行通用计算，目前主流的通用 CPU 是英特尔公司的 X86 架构和 ARM 公司的 ARM 架构。英特尔公司的志强系列处理器已经广泛应用于数据中心服务器和工控机中。目前各大公司发布的无人驾驶计算平台大部分都采用了 ARM 架构的处理器，主要原因是在汽车行业，芯片需要满足车规要求，而 ARM 处理器更方便集成。可以预见，未来发布的无人驾驶计算平台会大量采用 ARM 架构的处理器做通用计算。

② GPU。GPU 目前主流的深度学习框架都是通过 GPU 进行训练和计算的，因此无人驾驶计算平台大部分都采用 GPU 来进行深度学习计算。也有专门针对深度学习计算的芯片，如 TPU 等，但目前这类芯片应用的生态和成熟度还不是很高。此外，还有计算平台通过 FPGA 来做深度学习加速，成本会比 GPU 高。未来在无人驾驶大规模商业之后，可能会出现专门针对深度学习计算的芯片。

③ 内存。内存包括 CPU 内存和显存，内存容量太小和刷新频率太低都会影响系统性能。同时应尽量避免内存条的设计，采用贴片内存，防止内存震动失效。

④ 总线。总线智能网联汽车的传感器和 GPU 等硬件设备都需要通过总线和计算平台相连接，总线带宽是系统性能的保障。同时计算平台的 CPU 需要采用冗余设计，2 颗 CPU 之间通过总线连接，保证一颗 CPU 失效后，另一颗能继续工作。

2）计算平台

智能网联汽车的计算平台有三种。

① 工控机。工控机采用 CPU 和 GPU 的组合，非常通用，同时能够满足恶劣环境的要求。但工控机的性能不太强，接口也不太丰富，适合初期的无人驾驶验证。

② 芯片厂家推出的无人驾驶计算平台，如英伟达的 DRIVE、德州仪器基于 DSP 的 TDA 2X Soc、恩智浦的 Blue Box。这类平台都是采用开发板设计的，不太适合直接应用在无人驾驶中，优点是厂家提供了软件开发工具包（Software Development Kit，SDK），可以做到开箱即用。

③ 自研计算平台。特斯拉的 FSD 就是自研的计算平台，集成度非常高，采用冗余设计，集成有专门的安全模块，性能和接口也能够满足特定场景的要求。自研芯片的解决方案非常适合无人驾驶，但是研发成本太高。

3）边缘计算

边缘计算是无人驾驶未来的发展趋势之一，传感器会逐步集成融合和滤波算法，而不需要把所有的计算全都放在计算平台中完成。典型的应用场景是，为了处理摄像头拍摄的大量图像，可以先用 FPGA 处理，然后输出处理好的结果给计算平台使用，这样不仅可以减轻系统的带宽压力，还可以加快图片处理速度。

4. 辅助单元

除了上述实现无人驾驶必需的硬件，还需要一些辅助单元来辅助无人驾驶。例如，智能网联汽车没有驾驶员，因此需要人机交互设备实现人和车的交互。此外，智能网联汽车同外界进行通信需要使用 V2X 等网络设备。最后，智能网联汽车还需要类似飞机黑匣子的设备来记录智能网联汽车的状态，在发生交通事故之后，帮助分析事故原因。

1）人机交互

人机交互分为两个过程：一是人对车下达指令，二是车对人的反馈。人对车下达的最直接的指令就是告诉汽车要从哪里上车，目的地是哪里，这是出行最本质的需求。目前的无人驾驶打车服务提供的仍然是点对点的服务，也就是说人们无法选择起点和终点，只能选择固定线路，而真正的无人驾驶服务应该提供任意点到点的服务。例如，我们在使用滴滴出行软件打车时，可能不止一次因为手机定位不准而需要打电话给驾驶员沟通上车地点。而智能网联汽车没有驾驶员，如果乘客的定位不准，如何与智能网联汽车确认上车地点就成为问题，因此解决人和车的沟通问题在无人驾驶打车中显得尤为重要。

未来，人对车的指令会由单纯的机械指令变得更加抽象，只需要指定一系列行为，智能网联汽车就会自动完成这一过程，现在已经实现的功能有自适应巡航和自动泊车等。车对人的反馈包括通知乘客智能网联汽车当前的状态、位置、速度及电池电量等。同时人机交互系统还需要提示是否发现了潜在的威胁，以及车准备做出的决策，乘客凭借这些信息能够知道驾驶过程是否安全。如果智能网联汽车出现了故障，人机交互系统还需要发出警报提醒乘客。除了功能上的交互，还需要关注车载服务的交互。自动驾驶普及之后，车不仅仅是作为交通工具，更像一个私密场所，人们可以在车内办公、娱乐、游戏和休息。车内的娱乐和影音服务都会升级，乘车变得更有乐趣。

上述都是对乘客友好的交互设计。对工程师和维护人员而言，智能网联汽车最好能够提供一些诊断界面，方便查看当前的硬件健康状态、软件版本和车辆维护信息等。诊断界面是工程师发现问题和维护车辆不可或缺的工具。

按钮是最古老的人机交互方式之一，目前已经被越来越多的电子屏幕所替代。按钮的方式非常可靠，常常用来启动智能网联汽车的自动驾驶模式，或者当作紧急按钮使用。图形界面是目前采用最多的交互方式。通过图形界面可以下发控制命令，也可以显示智能网联汽车的反馈信息。目前，汽车中集成了越来越多的电子屏幕用来进行人机交互。最理想的方式是通过语音交互，我们经常在科幻电影中看到这样的画面：虽然飞船驾驶舱里有着各式各样的控制按钮，但是最后飞船指挥官都是通过简单的对话来给飞船下达指令的。智能网联汽车也与此类似，但目前的自然语言处理技术还远达不到这种程度。驾驶过程中的噪声也会对语音识别产生影响。当遇到多个乘客一起交谈的时候，如何理解语境也会变得非常困难。随着技术的发展，目前越来越多的交互方式被加入汽车之中，如指纹识别、人脸检测和手势控制等。相信未来智能网联汽车的交互方式会变得越来越智能和人性化。

2）V2X

V2X 是车和外界进行通信互联的技术。V2X 是车联网的重要组成部分，主要是为了保障道路安全、提高交通效率和节省汽车能源。美国国家公路交通安全管理局估计，如果实施 V2V 系统，至少可以减少 13% 的交通事故，从而每年减少 43.9 万次车祸。目前，有两种 V2X 通信技术：DSRC 和 C-V2X。

2012 年，IEEE 首先通过了基于局域网的 V2X 技术规范，它支持车和车、车和基础设施之间的直接通信，这项技术被称为 DSRC。DSRC 使用 802.11p 提供的基础无线电通信。2016 年，3GPP 发布了基于 LTE 的 V2X 标准，也被称为 C-V2X 技术，用以区别基于局域网的 V2X 技术。在直接通信的基础上，C-V2X 还支持通过蜂窝网络（V2N）进行广域通信。尽管存在一些争议，但是 5G 汽车协会在 2017—2018 年进行的一些研究和分析表明，基于蜂窝的 C-V2X 技术在性能、通信规范和可靠性等多个方面均优于 DSRC。

V2X 的应用场景分为两类：一类是道路安全；另一类是交通管理。V2X 可以有效避免交通事故，这类事故往往是刹车不及时，或者没有足够的视野范围导致的。V2X 能够在靠近车辆之前提供预警，在一些十字交叉口没有良好的视野范围的时候，能够提示乘客有车辆汇入。V2X 用于交通管理，可监控当前的交通状况，动态地控制交通，减少交通拥堵。

除了这两个应用场景，V2X 还能够解决目前无人驾驶面临的一些难题。例如，红绿灯和交通标志识别一直是无人驾驶中很重要的一个问题。在一些城市主干道交叉口，交通标志非常密集，逻辑也十分复杂，以目前的人工智能水平还不足以理解、分析交通标志的逻辑。同时，目前都是采用摄像头进行红绿灯识别，而摄像头在光照变化和夜晚的时候，识别效果会大打折扣，但采用 V2X 技术可以轻松解决上述问题。除此之外，视野范围一直是自动驾驶保持安全的重要指标。单独依靠智能网联汽车自身的传感器来获取远处的视野存在诸多限制，而依托 V2X 技术，不但能让智能网联汽车看得更远，还能够获取十字交叉口等一些传感器视野看不到的地方。最后，智能网联汽车往往无法有效预测紧急刹车的汽车和路边突然出现的行人。而装备有 V2X 设备的汽车在做出紧急刹车动作时，能够立刻通知后车减速，避免追尾，同时能够及时发现佩戴有 V2X 电子设备的行人，而不需要进行大量的感知运算。可以预见，未来 V2X 将能很好地辅助自动驾驶。

3）事件数据记录器

事件数据记录器（Event Data Logger，EDR）是用于记录汽车驾驶状态的设备。在现代柴油卡车中，EDR 在发动机出现故障或车速陡然变化的时候触发记录数据。在发生车祸之后，收集来自 EDR 的信息，并对其进行分析，可以确定事故发生的原因。EDR 一般将信息记录在防篡改的读写设备中。

一些 EDR 不停地存储数据，覆盖几分钟之前写入的数据，直到发生车祸之后停止覆盖。还有一些 EDR 通过碰撞之前的一些征兆，如速度突然变化触发写入数据，直到发生事故之后结束。EDR 会录制多方面的数据，包括是否使用了制动、撞击时的车速、转向角及座椅安全带状态等。虽然本地可以存储数据，但是一些车还是会把数据上传到远程的数据中心进行分析和保存。

目前，EDR 主要用来分析事故原因，以及提供事故发生时的相关证据。目前，行车记录仪实际上已经具备了部分记录功能，并且可以作为交通事故的证据。在无人驾驶领域，EDR 的主要目的是记录事故发生的原因，分析智能网联汽车是否做出了错误的决定。当然智能网联汽车需要保存的信息可能更多，用于方便地跟踪问题。

5. 处理与学习

根据自动驾驶传感器套件捕获的原始数据和它可以访问的现有地图，自动驾驶系统需要构建和更新环境地图，同时跟踪车辆位置。同步定位和映射（Simultaneous Localization and Mapping，SLAM）算法让车辆实现了这一点。一旦车辆在地图上的位置已知，系统就可以开始规划从一个点到另一个点的路径。

1）SLAM 与传感器融合

SLAM 是一个复杂的过程，因为定位需要使用地图，并且需要一个好的位置估计。自 20 世纪 80 年代中期和 90 年代在 SLAM 方面的研究获得了突破性进展以来，各种各样的

SLAM方法被开发出来，其中大多数使用概率概念。

为了更精确地执行SLAM，传感器融合开始发挥作用。传感器融合将来自多个传感器的数据与数据库相结合，以获得更好的信息的过程。它是一个多层次的过程，处理数据的特征、关联和组合，能够获得比单独使用单个数据源更便宜、更高质量或更相关的信息。

对于从传感器数据到运动所需的所有处理和决策，通常使用两种不同的人工智能方法。按顺序将驱动过程分解为层次管道的组件，每个步骤（传感、SLAM、路径规划、运动控制）由一个特定的软件元素处理，管道的每个组件将数据馈送到下一个组件；基于深度学习的端到端解决方案，可以实现处理这些任务的全部功能。

至于哪种方法最适合自动驾驶，目前没有定论，传统的，也是最常见的方法包括将自动驾驶问题分解成若干子问题，并用计算机视觉、传感器融合、定位、控制理论和路径规划的专用机器学习算法技术依次解决每个子问题。

端到端学习作为应对自动驾驶车辆复杂人工智能系统挑战的一种潜在方法，越来越受到人们的关注。端到端学习将迭代学习作为一个整体应用于复杂系统，并在深度学习的背景下得到了推广。端到端的方法试图创建一个自动驾驶系统，其中包含一个单一的、全面的软件组件，可以将传感器输入直接映射到驾驶动作。由于在深度学习方面的突破，端到端系统的能力得到了提高，并被认为是一个可行的选择。端到端系统可以用一种或多种不同类型的机器学习方法来创建，如卷积神经网络或强化学习，通过回顾如何处理来自传感器的数据，对机器人车辆的运动做出决定。根据车上使用的传感器不同，可以使用不同的软件方案从传感器信号中提取有用的信息。

有几种算法可用于识别图像中的对象。最简单的方法是边缘检测，即评估不同像素中光或颜色强度的变化。人们会期望属于同一对象的像素具有相似的光特性，因此，观察光照强度的变化可以帮助分离对象或检测一个对象转向下一个对象的位置。这种方法的问题在于，在低光照强度（如晚上）的情况下，算法不能很好地执行，因为它依赖光照强度的差异。此外，由于这种分析必须在每个镜头和多个像素上进行，因此计算成本很高。

激光雷达数据可以用来计算车辆的运动，通过比较在连续瞬间拍摄的两个点云，一些物体成像将离传感器更近或更远。一种被称为迭代最近点的软件技术迭代地修正了两个点云之间的转换，从而能够计算出车辆的平移和旋转。

虽然迭代最近点方法很有用，但它消耗了大量的计算时间，并且不容易扩展到自动驾驶车辆在不断变化的环境中运行的情况。这就是机器学习发挥作用的地方，它依赖已经学会从现有数据中提取执行任务的计算机算法。

2）机器学习

目前，不同类型的机器学习算法正被用于智能网联汽车的不同应用。本质上，机器学习根据提供的一组训练数据，将一组输入映射到一组输出。卷积神经网络、递归神经网络和深度强化学习是应用于自主驾驶的最常见的深度学习方法。

卷积神经网络（Convolutional Neural Network，CNN）主要用于处理图像和空间信息，提取感兴趣的特征，识别环境中的目标。这些神经网络由一个卷积层组成：一组滤波器，试图区分图像的元素或输入数据来标记它们。这个卷积层的输出被输入到一个算法中，该算法将它们结合起来预测图像的最佳描述。最后一个软件组件通常被称为对象分类器，因为它可以对图像中的对象（如街道标志或其他汽车）进行分类。

递归神经网络（Recurrent Neural Network，RNN）是处理视频等时间信息的强大工具。在这些网络中，前面步骤的输出作为输入保存在网络中，从而允许信息和知识在网络中持续存在并被上下文化。

深度强化学习（Deep Reinforcement Learning，DRL）结合了深度学习和强化学习。该方法允许软件定义的"代理"学习使用奖励功能在虚拟环境中实现其目标的最佳可能操作。这些面向目标的算法学习如何实现一个目标，或者如何在多个步骤中沿着特定维度最大化。尽管前景看好，但深度神经网络面临的一个挑战是设计正确的奖励功能来驾驶车辆。目前，深度强化学习在自主车辆中的应用仍处于初级阶段。

多任务同时训练网络是深度学习中的一种常见做法，目的是避免过度拟合，过度拟合神经网络的一个常见问题。当一个机器学习算法为一个特定的任务训练时，它可以变得如此专注于模仿它所训练的数据，以至于当系统试图进行插值或外推时，它的输出变得不现实。通过在多个任务上训练机器学习算法，网络的核心将专门寻找对所有任务都有用的通用特征，而不是只专注于一个任务。这可以使输出更真实，对应用程序更有用。

3）收集数据

为了使用上述算法，需要在表示真实场景的数据集上对它们进行训练。对于任何机器学习过程，数据集的一部分用于培训，另一部分用于验证和测试。因此，许多数据集，包括街道对象的语义分割、标志分类、行人检测和深度预测，已经被包括 Aptiv、Lyft、Waymo 和百度在内的研究人员和公司公开提供，这将大大有助于推进机器学习算法的能力。

收集数据的一种方法是使用原型车。这些汽车是由驾驶员驾驶的，车上的感知传感器用来收集有关环境的信息。同时，车载电脑将记录来自踏板、方向盘的传感器读数，以及描述驾驶员行为的所有其他信息。由于需要由人类收集和标记大量数据，这是一个代价高昂的过程。

也可以使用模拟器来收集数据。这种方法降低了数据采集的成本，但也带来了现实问题：这些虚拟场景是由人类定义的，比真实车辆所经历的随机性小。此类研究专注于"虚拟到真实的转换"，即在真实世界中传递虚拟场景中所收集的知识的方法。利用来自传感器和这些算法的所有数据，自动驾驶车辆可以检测到周围的物体。

4）路径规划

当车辆知道其环境中的物体及其位置时，可以使用 Voronoi 图（最大化车辆与物体之间的距离）、占用网络算法或驾驶走廊算法来确定车辆的大范围路径。但是，这些传统方法不足以满足车辆与周围的其他移动对象交互，其输出需要微调。

一些智能网联汽车不仅依靠机器学习算法来感知环境，而且依靠这些数据来控制汽车。路径规划可以通过模仿学习教给卷积神经网络，卷积神经网络试图模仿驾驶员的行为。在更先进的算法中，使用深度强化学习，奖励以可接受的自治系统方式驾驶。通常，这些方法与经典的运动规划和轨迹优化方法相结合，以确保路径的鲁棒性。此外，制造商还可以在模型试图确定最佳路径时考虑其他目标。

在车辆运行过程中训练神经网络和推理需要巨大的计算能力。直到最近，大多数机器学习任务都是在基于云的基础设施上执行的，计算能力和冷却能力都过大。对于自动驾驶车辆，这不再可能，因为车辆需要能够同时对新数据做出反应。因此，操作车辆所需的部分处理需要在车上进行，而模型改进可以在云端进行。

机器学习的最新进展集中在如何有效地处理由自动驾驶车辆上的传感器产生的大量数据以降低计算成本上，可使用诸如 Attention 或 Core Set 等概念。此外，芯片制造和小型化的进展正在增加计算能力，实现安装在自动驾驶车辆上。随着网络协议的进步，汽车可能能够依靠低时延的、基于网络的数据处理来帮助驾驶员进行自主操作。

6. 执行

目前，由人类驾驶的汽车中，车辆的转向、制动或信号等动作通常由驾驶员控制。来自驾驶员的机械信号由 ECU 转换为驱动指令，由汽车上的电动或液压执行器执行。目前有少数车型包含线控驱动系统，其中像方向盘柱这样的机械系统被电子系统取代。

在（半）自动汽车中，这种功能被直接与 ECU 通信的驱动控制软件所取代。这可以提供改变车辆结构和减少部件（特别是那些专门用于将驾驶员的机械信号转换为 ECU 的电信号的部件）数量的机会。目前的车辆包含多个 ECU，从标准车中的 15~20 个到高端车中的 100 个左右。ECU 是一个简单的计算单元，有自己的微控制器和内存，它使用这些处理输入数据，将其输入到它控制的子系统的输出命令中，如移动自动变速箱。ECU 负责控制车辆的操作、安全功能、运行信息娱乐和内部应用程序。大多数 ECU 支持单一应用程序，如电子动力转向、本地运行算法和处理传感器数据。

1）体系结构：分布式与集中式

不断增长的需求和复杂性要求工程师为需要进行传感器融合的系统设计正确的电子体系结构，同时以同步的方式将决策分发给执行指令较低级别的子系统。

理论上，在可能设置的一个端点，可以选择一个完全分布式架构，其中每个传感单元处理其原始数据并与网络中的其他节点通信。在频谱的另一端，有一个集中式体系结构，所有的远程控制单元（Remote Control Unit，RCU）都直接连接到一个中央控制点，该控制点收集所有信息并执行传感器融合过程。

在这个频谱的中间是混合解决方案，它将在更高抽象级别工作的中央单元与执行专用传感器处理和/或执行决策算法的域结合起来。这些域可以基于车辆内的位置，如车辆前部和后部的域、它们控制的功能类型或它们处理的传感器类型（如摄像头），实施对自动驾驶车辆的控制。

在集中式体系结构中，来自不同传感器的测量数据是独立的量，不受其他节点的影响。数据在系统边缘节点不被修改或过滤，为传感器融合提供了原始可能的信息，并且具有低时延特性。面临的挑战是，需要将大量数据传输到中央单位并在那里进行处理。这不仅需要一台功能强大的中央计算机，还需要一个高带宽的重型线束。目前的车辆包含超过1km的电线，质量达数十千克。

分布式体系结构可以用重量较轻的电气系统实现，但更复杂。虽然在这种架构中，与带宽和集中处理相关的需求大大减少，但它在驱动和感知阶段之间引入了时延，并增加了数据验证的挑战。

2）功率、热管理、质量和尺寸挑战

除了增加系统的复杂性，自动化还对车辆部件的功耗、热管理、质量和尺寸提出了挑战。无论体系结构是分布式还是集中式，自动驾驶系统的功率需求都是非常重要的。这方面的主要驱动力是计算需求，对完全自主的汽车来说，计算需求很容易比目前所生产的最先进的汽车高出100倍。智能网联汽车的这种"动力饥渴"增加了对电池性能和系统中半导体元件性能的要求。对于全电动汽车，行驶里程受到这一电力需求的负面影响。因此，像Waymo和福特等公司选择专注于研发混合动力汽车，而Uber则使用全汽油SUV车队。然而，由于内燃机在产生用于车载计算的电力方面效率低下，最终全电动成为自动驾驶动力系统的首选。

处理需求的增加和更高的功率吞吐量使系统升温。为了使电子部件正常可靠地工作，它们必须保持在一定的温度范围内，而不管车辆的外部条件如何。冷却系统，特别是那些基于液体的冷却系统，会进一步增加车辆的质量和尺寸。

额外的部件、布线和热管理系统对减轻车辆任何部件的质量、尺寸和热性能施加了压力。从减少大型部件（如激光雷达）的质量到微型部件（如构成电子电路的半导体部件），汽车部件供应商有很大的动力改变其产品。

半导体公司正在制造体积更小、热性能更高、干扰更低、可靠性更高的组件。除了发展各种硅元件，如 MOSFET、双极晶体管、二极管和集成电路，半导体行业还着眼于使用新型材料。基于氮化镓（GaN）的元件被认为对未来的电子产品有很大的影响。与硅相比，氮化镓能在给定的导通电阻和击穿电压下产生更小的器件，因为它能更有效地传导电子。

要执行所有的算法和进程以实现自动驾驶，需要大量的计算，因此需要强大的处理器。一辆完全自主的汽车可能比迄今为止开发的任何软件平台或操作系统都包含更多的代码行。GPU 加速处理是目前的行业标准。然而，越来越多的公司正在寻求不同的解决方案。英伟达的大部分竞争对手都把芯片设计集中在张量处理单元（Thermal Receiver Unit，TPU）上，这加速了张量运算，而张量运算是深度学习算法的核心工作量。另外，GPU 是为图形处理而开发的，因此阻止了深度学习算法充分利用芯片的能力。

4.1.3　智能车路协同端、边、云计算

智能车路协同管控平台体系结构中的智能网联汽车端，除智能网联汽车软件及系统、硬件及系统外，关注重点就是智能车路协同管控平台如何实现端边云计算与大数据数字孪生技术。

1. 智能网联汽车与智能网联设施端、边、云协同

边缘计算与云计算各有所长，边缘计算更适用于局部性、实时、短周期数据的处理与分析，能更好地支撑本地业务的实时智能化决策与执行；云计算擅长全局性、非实时、长周期的大数据处理与分析，能够在长周期维护、业务决策支撑等领域发挥优势。因此，边缘计算与云计算之间不是替代关系，而是互补协同关系，端、边、云协同将放大边缘计算与云计算的应用价值：边缘计算既靠近执行单元，更是云端所需高价值数据的采集和初步处理单元，可以更好地支撑云端应用；反过来，云计算通过大数据分析优化输出的业务规则或模型可以下发到边缘侧，边缘计算基于新的业务规则或模型运行。边缘计算不是单一的部件，也不是单一的层次，而是涉及 EC-IaaS、EC-PaaS、EC-SaaS 的端到端开放平台。端、边、云协同的能力与内涵涉及 IaaS、PaaS、SaaS 各层面的全面协同，主要包括六种协同：资源协同、数据协同、智能协同、应用管理协同、业务管理协同、服务协同。

车路协同是采用先进的无线通信和新一代互联网等技术，全方位实施车车、车路动态实时信息交互，并在全时空动态交通信息采集与融合的基础上开展车辆主动安全控制和道路协同管理，充分实现人、车、路的有效协同，保证交通安全，提高通行效率，从而形成的安全、高效和环保的道路交通系统。

边缘计算是在靠近物或数据源头的网络边缘侧，融合网络、计算、存储、应用核心能力的分布式开放平台（架构），就近提供边缘智能服务，满足行业数字化在敏捷联接、实时业务、数据优化、应用智能、安全与隐私保护等方面的关键需求。边缘计算可以作为连接

物理和数字世界的桥梁，使能智能资产、智能网关、智能系统和智能服务高效运行。

传统智能交通系统是建立在中心云计算的基础上的，在前端实现实时采集数据的情况下，将数据上传至云端，在云端实现计算，并将结果发布至交叉口信号机和移动终端，实现云端的信号灯系统战略控制和交叉口协调控制。但随着车路协同系统的推进，需要处理海量实时数据，车辆行驶安全服务需要在毫秒级时延的情况下通知开车人或控制车辆采取措施，因此原来的中心计算方式无法保证车路协同的时效性。而边缘计算可以将云端的计算负荷整合到边缘层，在边缘计算节点完成绝大部分的计算，并通过 LTE-V/5G 的 RSU 等传输手段，将结果实时发送给装置 OBU 的车辆，满足车路协同的需求。车路协同是智慧交通的重要发展方向之一，车路协同的能力构建涉及车内边缘计算、道路边缘计算、车路协同云等方面。

① 在车内边缘计算方面，车内通信多采用控制器车载总线（如 CAN 等）实现对车内各个子系统的检测与控制，未来将转变为高速实时车载以太技术（如基于 TSN 的 TCP/IP 的网络），汽车则成为边缘计算节点，结合边、云协同在本地提供车辆增值服务与控制能力。车内边缘计算属于特殊的应用场景，不在本书讨论范围内。

② 在道路边缘计算方面，未来新的道路侧系统将综合内置 LTE-V/5G 等多种通信方式，提供多种传感器接口和局部地图系统，并提供信号配时信息和周边运动目标信息，提供车辆协同决策等多种技术与能力，综合构建道路侧边缘计算节点。车与车之间、车与路之间协调驾驶可以通过事故预警与规避的手段来减少事故发生的概率。汽车需要将本地通过雷达、摄像头等取得的数据与周边车辆和道路基础设施通过边缘网关进行交互，并提升感知范围，从而达到车车、车路协同，为驾驶员提供碰撞预警、变道预警、自适应巡航等辅助，必要时接管汽车，防止事故的发生。

③ 车路协同云可以通过与车辆边缘计算节点和道路侧边缘计算节点之间的交互，以及对车辆密度、速度等的感知，引导道路上的车辆规避拥堵路段，实现交通的高效调度。在道路交叉口，车载边缘计算可以结合道路交通状况告知道路边缘计算节点当前的道路状况。而道路边缘计算节点则收集附近道路的信息，通过大数据算法，下发合理的道路交通调度指令，通过控制信号灯的状态为驾驶员提供拥堵预警等手段，实现道路的最大利用率，减少不必要的停留，从而减少道路拥塞，降低车辆燃油损耗。

2. 边缘计算模型驱动的参考架构

① 模型驱动的参考架构的功能是基于模型驱动的工程方法进行设计的。基于模型可以将物理和数字世界的知识模型化，从而实现以下功能。

- 物理世界和数字世界的协作。对物理世界建立实时、系统的认知模型，在数字世界预测物理世界的状态，仿真物理世界的运行，简化物理世界的重构，然后驱动物理世界优化运行，从而将物理世界的全生命周期数据与商业过程数据建立协同，实现商业过程和生产过程的协作。

- 跨产业的生态协作。基于模型化的方法，ICT 和各垂直行业可以建立和复用本领域的知识模型体系。ICT 行业通过水平化的边缘计算领域模型和参考架构屏蔽 ICT 技术的复杂性，各垂直行业将行业 Know-How 进行模型化封装，从而实现 ICT 行业与垂直行业的有效协作。
- 减少系统异构性，简化跨平台移植。系统与系统之间、子系统与子系统之间、服务与服务之间、新系统与旧系统之间等基于模型化的接口进行交互，简化集成。基于模型，可以实现软件接口与开发语言、平台、工具、协议等解耦，从而简化跨平台的移植。
- 有效支撑系统的全生命周期活动。包括应用开发服务的全生命周期、部署运营服务的全生命周期、数据处理服务的全生命周期、安全服务的全生命周期等。

基于上述理念，边缘计算产业联盟（Edge Computing Industry Alliance，ECC）提出了如图 4-14 所示的边缘计算参考架构 3.0。

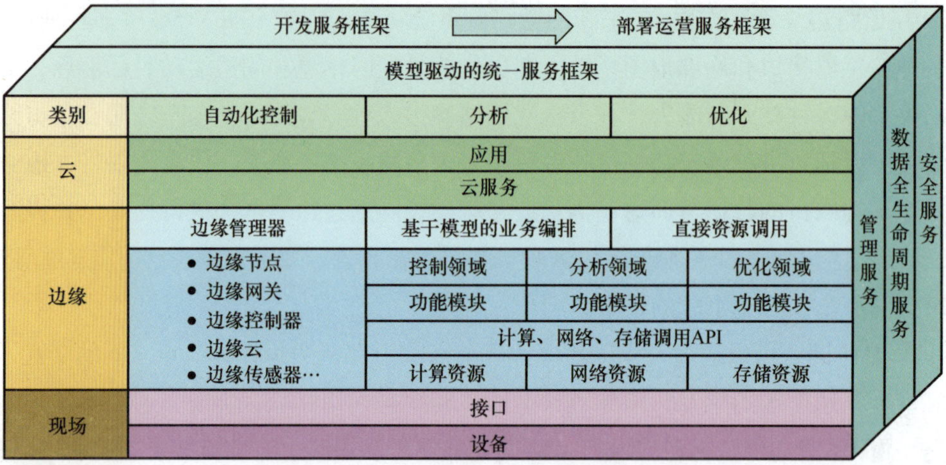

图 4-14　边缘计算参考架构 3.0

② 边缘计算参考架构 3.0 的主要内容。

- 整个系统架构分为云、边缘和现场三层。边缘层位于云和现场层之间，边缘层向下支持各种现场设备的接入，向上可以与云端对接。
- 边缘层包括边缘节点和边缘管理器两个主要部分。边缘节点是硬件实体，是承载边缘计算业务的核心。边缘节点包括以网络协议处理和转换为重点的边缘网关、以支持实时闭环控制业务为重点的边缘控制器、以大规模数据处理为重点的边缘云、以低功耗信息采集和处理为重点的边缘传感器等；边缘管理器的呈现核心是软件，主要功能是对边缘节点进行统一管理。

- 边缘节点一般具有计算、网络和存储资源,边缘计算系统对资源的使用方式有两种:一是直接将计算、网络和存储资源进行封装,提供调用接口,边缘管理器以代码下载、网络策略配置和数据库操作等方式使用边缘节点资源;二是进一步将边缘节点的资源按功能领域封装成功能模块,边缘管理器通过模型驱动的业务编排的方式组合和调用功能模块,实现边缘计算业务的一体化开发和敏捷部署。

3. 边缘计算 CROSS 功能

边缘计算具备 CROSS 功能,具体如下。

① 联接的海量与异构(Connection)。网络是系统互联与数据聚合传输的基石。伴随联接设备数量的剧增,网络运维管理、灵活扩展和可靠性保障等方面面临巨大挑战。同时,工业现场长期以来存在大量异构的总线联接,多种制式的工业以太网并存,如何兼容多种联接并确保联接的实时可靠是必须解决的现实问题。

② 业务的实时性(Real-time)。工业系统检测、控制、执行的实时性高,部分场景的实时性要求在 10ms 以内。如果数据分析和控制逻辑全部在云端实现,难以满足业务的实时性要求。

③ 数据的优化(Optimization)。当前工业现场存在大量的多样化异构数据,需要通过数据优化实现数据的聚合、统一呈现和开放,以灵活、高效地服务于边缘应用的智能。

④ 应用的智能性(Smart)。业务流程优化、运维自动化与业务创新驱动应用走向智能,边缘侧智能能够带来显著的效率和成本优势。以预测性维护为代表的智能化应用场景正在推动行业向新的服务模式和商业模式转型。

⑤ 安全与隐私保护(Security)。安全跨越云计算和边缘计算之间的纵深,需要实施端到端的防护。网络边缘侧由于更贴近万物互联的设备,访问控制与威胁防护的广度和难度因此大幅提升。边缘侧安全主要包含设备安全、网络安全、数据安全与应用安全。此外,关键数据的完整性、保密性,大量生产或人身隐私数据的保护也是安全领域需要重点关注的内容。

4. 边、云协同能力

边、云协同能力涉及 IaaS、PaaS、SaaS 各层面的全面协同。EC-IaaS 与云端 IaaS 应可实现对网络、虚拟化资源、安全等的资源协同;EC-PaaS 与云端 PaaS 应可实现数据协同、智能协同、应用管理协同、业务管理协同;EC-SaaS 与云端 SaaS 应可实现服务协同。

① 资源协同。边缘节点提供计算、存储、网络、虚拟化等基础设施资源,具有本地资源调度管理能力,同时可与云端协同,接收并执行云端资源调度管理策略,包括边缘节点的设备管理、资源管理和网络联接管理。

② 数据协同。边缘节点主要负责现场/终端数据的采集,按照规则或数据模型对数据进

行初步处理与分析，并将处理结果及相关数据上传给云端；云端提供海量数据的存储、分析与价值挖掘。边缘与云的数据协同，支持数据在边缘与云之间可控、有序地流动，形成完整的数据流转路径，高效、低成本地对数据进行生命周期管理和价值挖掘。

③ 智能协同。边缘节点按照 AI 模型执行推理，实现分布式智能；云端开展 AI 的集中式模型训练，并将模型下发边缘节点。

④ 应用管理协同。边缘节点提供应用部署与运行环境，并对本节点多个应用的生命周期进行管理调度；云端主要提供应用开发、测试环境，以及应用的生命周期管理能力。

⑤ 业务管理协同。边缘节点提供模块化、微服务化的应用/数字孪生/网络等应用实例；云端主要提供按照客户需求实现应用/数字孪生/网络等的业务编排能力。

⑥ 服务协同。边缘节点按照云端策略实现部分 EC-SaaS 服务，通过 EC-SaaS 与云端 SaaS 的协同实现面向客户的按需 SaaS 服务；云端主要提供 SaaS 服务在云端和边缘节点的服务分布策略，以及云端承担的 SaaS 服务能力。

5. 边、云协同参考架构

为了支撑边、云协同能力，需要相应的参考架构和关键技术。参考架构需要考虑如下因素。

① 连接能力。有线连接与无线连接、实时连接与非实时连接、各种行业连接协议等。

② 信息特征。持续性信息与间歇性信息、时效性信息与非时效性信息、结构性信息与非结构性信息等。

③ 资源约束性。不同位置、不同场景的边缘计算对资源约束性要求不同，带来边云协同需求与能力的区别。

④ 资源、应用与业务的管理与编排。需要支撑通过边云协同，实现资源、应用与业务的灵活调度、编排及可管理。

根据上述考量，边、云协同总体参考架构如图 4-15 所示，具体应该包括如下模块和能力。

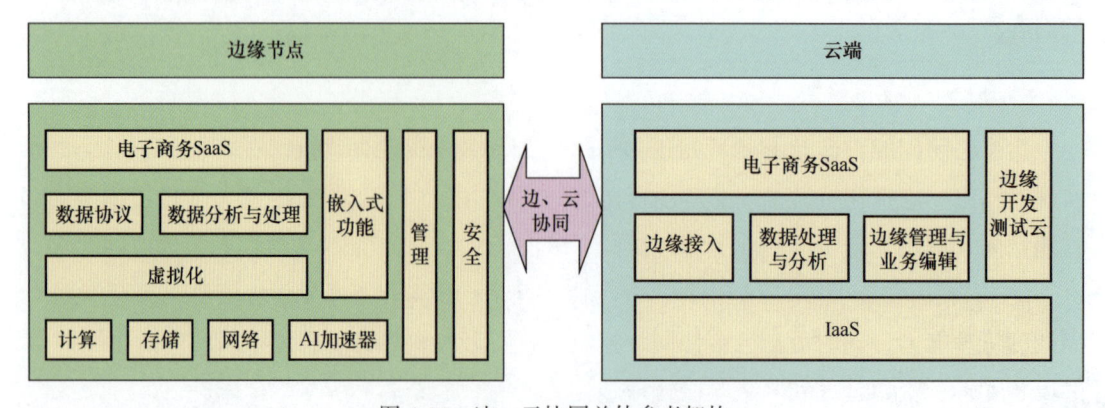

图 4-15 边、云协同总体参考架构

1）边缘侧

①基础设施能力。需要包含计算、存储、网络、各类加速器（如 AI 加速器）及虚拟化能力；同时考虑嵌入式功能对时延等方面的特殊要求，需要直接与硬件通信，而非通过虚拟化资源。

②边缘平台能力。需要包含数据协议模块、数据处理与分析模块。数据协议模块要求可扩展以支撑各类复杂的行业通信协议；数据处理与分析模块需要考虑时序数据库、数据预处理、流分析、函数计算、分布式人工智能及推理等方面的能力。

③管理与安全能力。管理包括边缘节点设备自身运行的管理、基础设施资源管理、边缘应用、业务的生命周期管理，以及边缘节点南向所连接的终端管理等；安全需要考虑多层次安全，包括芯片级、操作系统级、平台级、应用级等。

④应用与服务能力。需要考虑两类场景，一类场景是具备部分特征的应用与服务部署在边缘侧，部分部署在云端，边缘协同云共同为客户提供一站式应用与服务，如实时控制类应用部署在边缘侧，非实时控制类应用部署在云侧；另一类场景是同一应用与服务，部分模块与能力部署在边缘侧，部分模块与能力部署在云侧，边缘协同云共同为客户提供某一整体的应用与服务。

2）云端

①平台能力。包括边缘接入、数据处理与分析、边缘管理与业务编排。数据处理与分析需要考虑时序数据库、数据整形、筛选、大数据分析、流分析、函数、人工智能集中训练与推理等方面的能力；边缘管理与业务编排需要考虑边缘节点设备、基础设施资源、前向终端、应用、业务等生命周期管理，以及各类增值应用、网络应用的业务编排。其业务编排结构如图 4-16 所示。

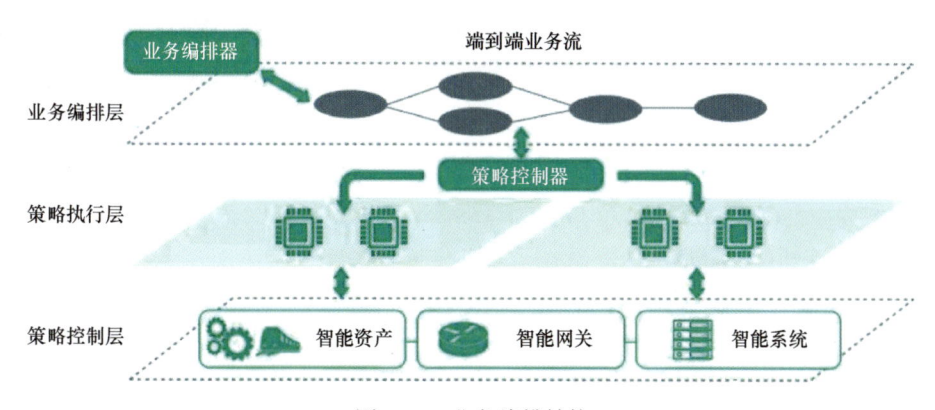

图 4-16 业务编排结构

②边缘开发测试云：在部分场景中，会涉及通过提供边、云协同的开发测试能力以促进生态系统发展的需求。

6. 边缘计算节点系统安全

边缘计算架构的安全设计与实现首先需要考虑：安全功能适配边缘计算的特定架构；安全功能能够灵活部署与扩展；能够在一定时间内持续抵抗攻击；能够容忍一定程度和范围内的功能失效，而且基础功能始终保持运行；整个系统能够从失败中快速完全恢复。

与此同时，需要考虑边缘计算应用场景的独特性：安全功能轻量化，能够部署在各类硬件资源受限的 IoT 设备中；海量异构设备的接入，使传统的基于信任的安全模型不再适用，需要按照最小授权原则重新设计安全模型（白名单）；在关键的节点设备（如边缘网关）实现网络与域的隔离，对安全攻击和风险范围进行控制，避免攻击由点到面扩展；安全和实时态势感知无缝嵌入整个边缘计算架构，实现持续的检测与响应，尽可能依赖自动化实现，但是人工干预也时常发挥作用；安全的设计需要覆盖边缘计算架构的各个层级，不同层级需要不同的安全特性。同时需要有统一的态势感知、安全管理与编排、统一的身份认证与管理，以及统一的安全运维体系，只有这样，才能最大限度地保障整个架构的安全与可靠。

① 节点安全。需要提供基础的边缘计算安全、端点安全、软件加固和安全配置、安全与可靠远程升级、轻量级可信计算、硬件安全开关等功能。其中，安全与可靠的远程升级能够及时完成漏洞和补丁的修复，同时避免升级后系统失效（常说的"变砖"）；轻量级可信计算用于计算 CPU 和存储资源受限的简单车联网设备，解决最基本的可信问题。

② 网络安全。包含防火墙、入侵检测和防护、DDoS 防护、VPN/TLS 功能，也包括一些传输协议的安全功能重用（如 REST 协议的安全功能）。真中 DDoS 防护在车联网和边缘计算中特别重要，近年来，越来越多的车联网攻击是 DDoS 攻击，攻击者通过控制安全性较弱的车联网设备（如采用固定密码的摄像头）来集中攻击特定目标。

③ 数据安全。包含数据加密、数据隔离和销毁、数据防篡改、隐私保护（数据脱敏）、数据访问控制和数据防泄露等。其中，数据加密，包含数据在传输过程中的加密、在存储时的加密；边缘计算的数据防泄露与传统的数据防泄露有所不同，边缘计算的设备往往是分布式部署，需要特别考虑这些设备被盗以后，相关的数据即使被获得也不会被泄露。

④ 应用安全。主要包含白名单、应用安全审计、恶意代码防范、WAF（Web 应用防火墙）、沙箱等安全功能。真中，白名单是边缘计算架构中非常重要的功能，由于终端的海量异构接入，业务种类繁多，传统的 IT 安全授权模式不再适用，往往需要采用最小授权的安全模型（如白名单功能）管理应用和访问权限。

⑤ 安全态势感知、安全管理与编排。网络边缘侧接入的终端类型广泛，数量巨大，承载的业务繁杂，被动的安全防御往往不能起到良好的效果。因此，需要采用更加积极主动的安全防御手段，包括基于大数据的态势感知和高级威胁检测，以及统一的全网安全策略

执行和主动防护，从而更加快速地响应和防护。再结合完善的运维监控和应急响应机制，则能够最大限度地保障边缘计算系统的安全、可用、可信。

⑥ 身份和认证管理。身份和认证管理功能遍布所有的功能层级。但是在网络边缘侧比较特殊的是，海量设备的接入，使传统的集中式安全认证面临巨大的性能压力，特别是在设备集中上线时，认证系统往往不堪重负。在必要的时候，去中心化、分布式的认证方式和证书管理将成为新的技术选择。

7. 边缘计算的部署

部署视图涉及边缘计算系统的技术表示，以及实现功能视图所需的技术和系统组件。边缘计算的三层架构模式包括现场层、边缘层和云计算层，相关部署结构如图 4-17 所示。

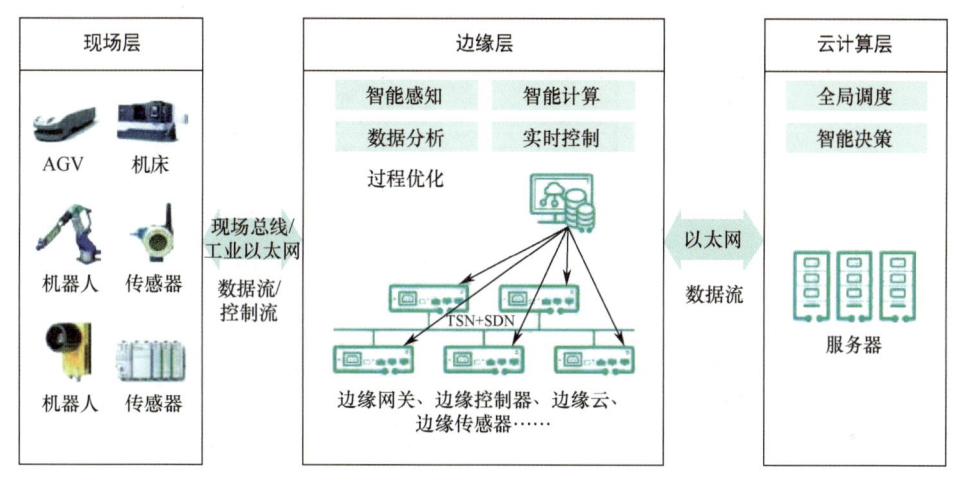

图 4-17 边缘计算三层架构模式部署结构

① 现场层。现场层是接近网络连接传感器、执行器、设备、控制系统和资产等的现场节点。这些现场节点通过各种类型的现场网络和工业总线与边缘层中的边缘网关等设备相连接，实现现场层和边缘层之间数据流和控制流的连通。网络可以使用不同的拓扑结构，边缘网关等设备充当将一组现场节点彼此连接及连接到广域网络的桥梁。它具有到集群中的每个边缘实体的直接连接，控制命令允许边缘节点的数据流入与边缘节点的数据流出。

② 边缘层。边缘层是边缘计算三层架构的核心。它接收、处理和转发来自现场层的数据流，提供智能感知、安全隐私保护、数据分析、智能计算、过程优化和实时控制等时间敏感服务。边缘层包括边缘网关、边缘控制器、边缘云、边缘传感器等计算存储设备和时间敏感网络交换机、路由器等网络设备，封装了边缘侧的计算、存储和网络资源。边缘层还包括边缘管理器软件，主要提供业务编排或直接调用能力，操控边缘计算节点完成任务。

③ 云计算层。云计算层提供决策支持系统，以及智能化生产、网络化协同、服务化延

伸和个性化定制等特定领域的应用服务程序，并为最终用户提供接口。云计算层从边缘层接收数据流，并向边缘层和通过边缘层向现场层发出控制信息，在全局范围内对资源调度和现场生产过程进行优化。

8. 端、管、云三层计算系统与要素

智能车路协同系统可以通过车与车、车与人、车与路实时交互实现信息共享，收集车辆、道路和环境的信息，并在信息网络平台上对多源采集的信息进行加工、计算、共享和安全发布，根据不同的功能需求对车辆进行有效的引导与监管。

1）端、管、云三层体系的构建

从平台网络结构上看，智能车路协同系统是一个端、管、云三层体系，城市综合交通运行指挥中心的主要任务是完成车路协同端、管、云三层体系的构建，如图4-18所示。

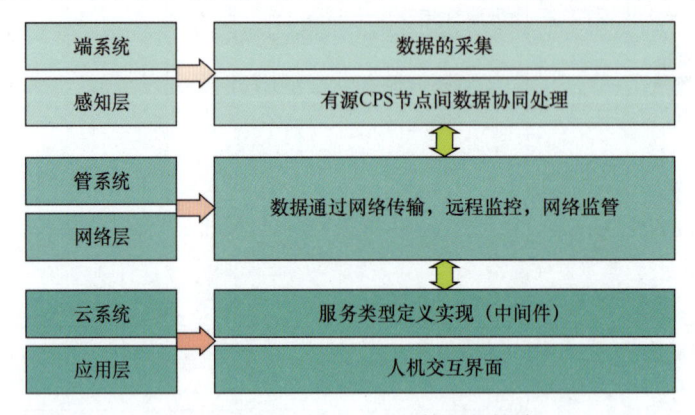

端系统	数据的采集
感知层	有源CPS节点间数据协同处理
管系统	数据通过网络传输，远程监控，网络监管
网络层	
云系统	服务类型定义实现（中间件）
应用层	人机交互界面

图4-18 端、管、云三层体系的构建

① 第一层（端系统）。端系统是汽车的智能传感器，负责采集和获取车辆的智能信息，感知行车状态与环境，是具有车内通信、车车通信、车网通信的泛在通信终端，同时还是让汽车具备寻址和网络可信标识等能力的设备。

② 第二层（管系统）。管系统解决车与车、车与路、车与人等的互联互通和实时交互，实现车辆自组网及多种异构网络之间的通信与漫游，在功能和性能上保障实时性、可服务性和网络泛在性。同时管系统是公网与专网的统一体。

③ 第三层（云系统）。智能车路协同系统的最终目标是构建一个云架构的车辆运行信息平台，它的生态链包含了智能交通系统、物流、客货运、危特车辆、汽修汽配、汽车租赁、企事业车辆管理、汽车制造商、4S店、车管、保险、紧急救援等，是多源海量信息的汇聚平台，因此需要虚拟化、安全认证、实时交互、海量存储等云计算功能，其应用系统也是围绕车辆的数据汇聚、计算、调度、监控、管理与应用的复合体系。

2)端、管、云三层体系应具备平台移植性

端、管、云三层体系还应具备平台移植性，不同平台的系统架构如图 4-19 所示。从图中可以看出，平台的三层软件中，仅 I/O 接口层中的软件模块与硬件平台相关，实现与硬件模块间的交互和格式转换等，模块内部实现简单，无复杂的逻辑处理。

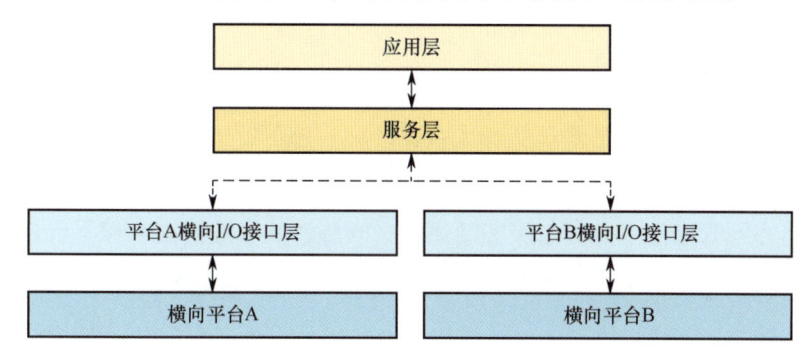

图 4-19 不同平台的系统架构

针对不常用的硬件接口，如串口或 4G 等，由应用直接操作即可，无须经过系统软件架构。车辆移植方案如图 4-20 所示。

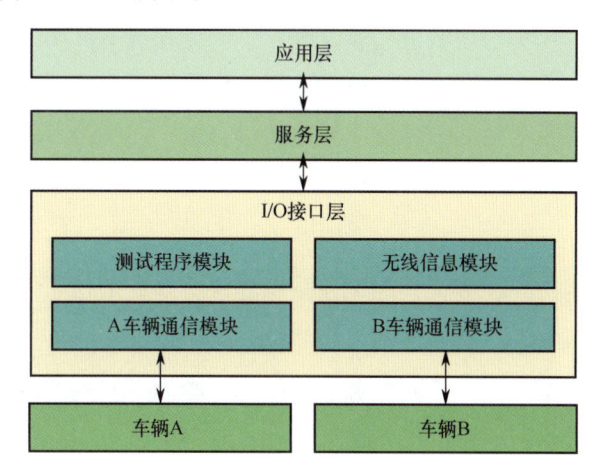

图 4-20 车辆移植方案

① 针对不同的硬件平台，实现预先设定的外部接口，替换该层软件即可，上层软件无须改动，方便在不同硬件平台间移植。

② 针对不同的车辆，与车辆之间的交互仅在 I/O 接口层中车辆接口服务模块中实现。针对不同型号的车辆，存在不同的通信方式和协议，实现预先设定的外部接口，替换该模块即可，其他模块无须改动，方便在不同型号车辆间移植。

③ 各安全应用采用独立的模块实现，模块之间相互独立，互不干扰。

④ 具体应用的更新直接替换其模块即可，其他模块无须改动。

⑤ 针对应用的扩展，实现预先设定的外部接口，直接增加新的模块即可，其他模块无须改动。同时为了方便应用的扩展，车辆通信模块和无线消息模块预留了用户自定义消息，可实现应用自定义无线消息及直接与车辆交互。

4.1.4 智能车路协同大数据孪生

1. 数字孪生智能车路协同的内涵

智能车路协同管控平台是基于交通大数据环境实施的，通过数字孪生智能车路协同管控所涉及的关键技术、技术之间的集成关系、核心可视化推演平台、平台之间的协同性，实现智能车路协同管控技术分析与服务新供给，实施智能车路协同管控平台新基建。

1）关键技术

与传统智能交通相比，数字孪生新一代智能交通技术要素更复杂，不仅覆盖新型测绘、标识感知、协同计算、全要素数字表达、模拟仿真、深度学习、智能控制、虚拟现实等多技术学科，而且对物联网、人工智能、边缘计算等技术提出了新的要求，多技术集成创新需求更加旺盛。其中，新型测绘技术可快速采集交通地理信息进行交通系统建模；标识感知技术可实现实时读写真实物理城市交通设施；协同计算技术可高效处理城市交通海量运行数据；语义建模（全要素数字表达）技术可精准描绘城市交通"前世今生"的发展；模拟仿真技术可助力在数字空间刻画和推演城市运行态势；深度学习技术可使城市交通具备自我学习、智慧成长的能力。

2）核心平台

数字孪生智能车路协同在传统智能交通系统建设所必需的物联网平台、大数据平台、应用支撑赋能平台的基础上，增加了城市交通信息模型平台。该平台不仅具有城市交通时空大数据平台的基本功能，更重要的是成为在数字空间刻画城市交通细节、呈现城市交通体征、推演未来交通趋势的综合信息载体。此外，在数字孪生理念的加持下，传统的物联网平台、大数据平台和应用支撑赋能平台的深度和广度全面拓展，功能、数据量、实时性大幅度增强，如数字孪生相关的智能网联汽车与智能网联设施交互场景服务、仿真推演、深度学习等能力将有重大提升。

3）应用场景

数字孪生城市交通智能化的全局视野、精准映射、模拟仿真、虚实交互、智能干预等经典特性正加速推动智能车路协同管控的应用创新发展，尤其在城市交通治理领域，将形成若干全视角的超级应用，如城市交通规划的空间分析和效果仿真，城市交通建设项目的交互设计与模拟施工，城市交通常态运行监测下的交通特征画像，依托城市交通发展时空轨迹推演未来的演进趋势，洞察城市交通发展规律支撑政府精准施策，城市交通流量和信号控制仿真时道路通行能力最大化，城市交通应急处置预案更贴近实战，等等。在智能车路协同公共交通服务领域，数字孪生模拟仿真和三维交互式体验，将重新定义智慧 MaaS、智能网联汽车 V2X、智能网联设施 I2X、智能车路协同管控等的服务内涵和服务手段的外延。同时，基于个体出行在数字空间的孪生体，智能车路协同管控将开启个性化服务新时代。

4）未来发展

随着数字孪生智能车路协同的持续深入和功能的不断完善，未来智能车路协同管控场景将发生深刻的改变，超级智能群体控制时代即将到来。同时，技术加速集成创新将打破智能车路协同现有产业格局，促使产业重新洗牌，新的独角兽企业可能纷纷出现。此外，技术的变革将倒逼城市交通管理模式的变革，实施流程再造，正如生产力进步引发生产关系的变化，数字孪生智能车路协同管控的建设和运行，将推动现有城市交通治理结构和治理规则的重塑新生。

2. 数字孪生智能车路协同管控平台"三横两纵"架构与核心

1）总统架构

数字孪生智能车路协同是面向新一代智能交通系统的一整套复杂技术和应用体系，并没有脱离新一代智能交通的总体架构布局，由智能车路协同管控应用体系、智能中枢、交通设施三大横向层，以及智能交通安全防线和标准规范两大纵向层构成，如图 4-21 所示。

数字孪生智能车路协同与当前新一代智能交通的区别在于核心支撑与延展服务，跨学科复合型技术集成、多源数据整合与各类平台功能互联互通是数字孪生智能车路协同管控的成功要素。一是技术体系内涵与外延，新增了新型测绘、标识感知、三维建模、仿真模拟等新技术的应用；二是核心平台能力增强，强化了全要素数字表达、大数据模型和反向智能控制；三是应用体系强调集约一体，突出跨领域、跨行业、全域视角的超级应用地位。

交通基础设施包括城市交通与区域交通全域感知设施、网络连接设施和智能计算设施。与传统智能交通不同的是，数字孪生智能车路协同的基础设施还包括激光扫描、航空摄影、移动测绘等新型测绘设施，旨在采集和更新城市交通地理信息和实景三维数据，确保两个世界的实时镜像和同步运行。

2）核心平台

智能中枢是连接底层感知终端设施、驱动上层行业应用于孪生互动的核心，也是数字孪生智能车路协同管控的能力中台。随着智能车路协同数据的不断汇聚和积累，各类新技术的交叉集成、创新赋能及共享应用支撑能力的进一步封装与提炼，智能中枢在传统智能交通组成平台的基础上，进一步丰富演变，形成四大核心平台。

① 城市交通与区域交通感知平台：实现智能网联设施的统一感知接入、设备管理与反

智能车路协同管控 可视化推演平台

向操控的基础平台。

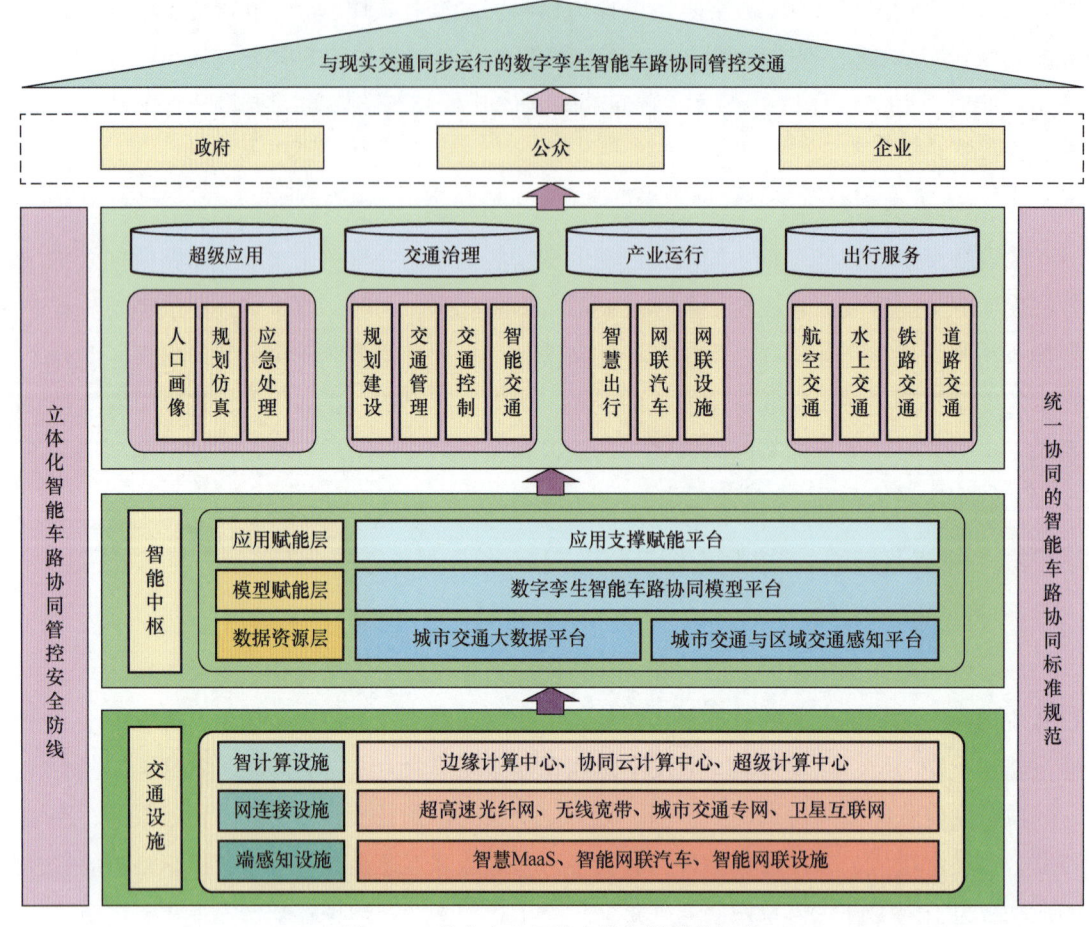

图 4-21 数字孪生智能车路协同总体架构

② 城市交通大数据平台：汇聚全域全量交通管理和控制运行数据，提供多层次、多元化丰富数据分析呈现服务，实现虚拟服务现实、数据驱动治理模式的关键平台。

③ 数字孪生智能车路协同模型平台：实现精准映射智能车路协同管控细节、模拟还原交通管控运行状态、挖掘提炼交通系统运行规律、推演洞悉未来交通趋势的综合交通信息载体与核心平台。

④ 应用支撑赋能平台：城市交通智能车路协同管控关键共性技术、统一应用组件和城市交通信息模型服务的基础性、枢纽型集成服务支撑平台。

3．从六个维度构建数字孪生体系环境

数字孪生是对物理实体或流程的实时数字化镜像，以数据为线索实现对物理实体的全周期集成与管理，实现数据驱动的信息物理系统双向互控及混合智能决策。人工智能贯穿

整个系统。

数字孪生的概念最早由密歇根大学的 Michael Grieves 博士于 2002 年在"产品全生命周期管理"课程中提出。数字孪生最初被称为"与物理产品等价的虚拟数字化表达",定义为一个或一组特定装置的数字复制品,能够抽象地表达真实装置,并能够以此为基础进行真实条件或模拟条件下的测试。

在当前的概念内涵下,数字孪生作为一种充分利用模型、数据并集成多学科的技术,其面向产品全生命周期过程,发挥连接物理世界和信息世界的桥梁和纽带作用,从而提供更加实时、高效、智能的服务。目前,国防、工业、城市等领域都纷纷提出了对数字孪生的理解,并着手开发相应的系统。但直到目前为止,从全球范围看,数字孪生并未诞生被普遍认可的确切定义,数字孪生的理论、技术、应用总体上处于起步阶段。不过,无论哪种定义下的数字孪生,都至少包含六个维度:系统仿真与多模型驱动、数据线索与数据全周期、知识模型与知识体系、CPS 双向自主控制、混合智能决策和全局人工智能。

1)系统仿真与多模型驱动

数字孪生与计算机辅助软件(尤其是广义仿真软件)关系十分密切。在工业界,人们用软件来模仿和增强人的行为方式。人机交互技术发展成熟后,出现了以下模仿行为:

① 用 CAD 软件模仿产品的结构与外观;
② 用 CAE 软件模仿产品在各种物理场情况下的力学性能;
③ 用 CAM 软件模仿零部件和夹具在加工过程中的刀轨情况;
④ 用 CAPP 软件模仿工艺过程;
⑤ 用 CAT 软件模仿产品的测量/测试过程;
⑥ 用 OA 软件模仿行政事务的管理过程;
⑦ 用 MES 软件模仿车间的生产管理过程;
⑧ 用 SCM 软件模仿企业的供应链管理;
⑨ 用 CRM 软件模仿企业的销售管理过程;
⑩ 用 MRO 软件模仿产品的维修过程管理;
⑪ 用 BIM 软件模仿建筑构件及建筑工程管理。

2)数据线索与数据全周期

数字线索是数字孪生的核心技术。美国空军认为,系统工程将在基于模型的基础上进一步经历数字线索变革。数字线索是基于模型的系统工程分析框架,特点是"全部元素建模定义、全部数据采集分析、全部决策仿真评估",它能够量化并减少系统寿命周期中的各种不确定性,实现需求的自动跟踪、设计的快速迭代、生产的稳定控制和维护的实时管理。

数字线索将变革传统产品和系统的研制模式,实现产品和系统的全生命周期管理。数字线索的应用将大大提高基于模型系统工程的实施水平,实现"建造前运行",颠覆传统"设计—制造—试验"模式,在数字空间高效完成大部分分析试验,实现向"设计—虚拟综合—数字制造—物理制造"的新模式转变。基于数字线索和数字孪生可构建智能应用场景,典型的有故障诊断、预测性维护等。

3)知识模型与知识体系

知识驱动是数字孪生系统的典型特征之一,知识工程是数字孪生工程中必不可少的一环。借助知识图谱、人工智能、大数据挖掘等技术,可建立通用知识体系和行业知识体系。知识体系能够有效吸纳、融合行业领域经验,将行业领域知识、经验、人、机器、专家等的智慧充分融合在一起,使定性的知识在信息系统中发挥更大的价值。基于碎片化的知识,可构建系统化的知识体系。知识体系作为"核心驱动力",应具有自我学习、自我完善、自我进化能力,通过持续丰富和完善系统运行的一般规律,找到与问题相关联的要素,以及要素间的相互影响关系。

4)CPS双向自主控制

数字孪生的本质是通过建模仿真,实现物理系统与赛博系统的相互控制,进而实现数据驱动的虚实一体互动和智慧决策支持。数字孪生的一个重要贡献是实现了物理系统向赛博空间数字化模型的反馈(逆向工程思维)。

5)混合智能决策

第三代人工智能的目标是真正模拟人类的智能行为,人类智能行为的主要表现是随机应变、举一反三。为了做到这一点,我们必须充分利用知识、数据、算法和算力,这样才能够解决不完全信息、不确定性环境和动态变化环境下的问题,才能实现真正的人工智能。

高度融合人工智能与人类智慧的混合智能决策是数字孪生的一个重要特征。这也凸显了数字孪生与第三代人工智能的高度吻合性。

6)全局人工智能

人工智能已经扩展到了制造业产品的全生命周期,包括产品创新设计、加工制造、管理、营销、售后服务、报废处理等环节,横向提升制造业的整体水平。人工智能还融入各个产业和城市,纵向提升产业和城市的整体水平。与人工智能无处不在的融合是数字孪生的一个重要特征。

4. 智能车路协同平台研究技术路线

智能网联汽车可依靠车载信息传感器获取道路交通信息,通过V2X技术达到协调人、车、路等交通参与者,显著改善汽车安全性,减少交通事故等,成为汽车技术发展的主要方向。智能网联汽车涉及汽车、信息通信、交通设施等多个行业，以及发改委、工业和信息化部、交通部、公安部、住建部等多个部门。智能网联汽车相关的标准法规协调正在成为全球标准法规相关国际组织的工作重点，而且是以竞争性的姿态展开。基于 5G 车联网和车联网产业链，结合数字孪生理论基础与核心技术，可构建新型数字交通基础设施体系，建设数字孪生交通基础设施。因此，提出以 5G 车联网为核心构建数字孪生交通基础设施体系架构，在此基础上深度开发建设智能车路协同的交通基础设施。

智能车路协同平台综合感知、通信、计算、控制等技术，基于标准化通信协议，实现物理空间与信息空间中人、车、路、环境四要素的相互映射，信息交互与高效协同、利用云计算大数据能力，解决系统性的资源优化与配置问题。智能车路协同体系支撑的新一代智能交通系统核心四要素主要包括：人-智慧出行服务 MaaS：行为管理与诱导系统；车-智能网联汽车 V2X：智能车载终端系统；路-智能网联设施 I2X：智能路侧设施系统；环境-智能车路协同平台：区域交通和城市交通管理与控制决策可视化推演系统。

当前，国内外广泛关注智能车路协同体系支撑的新一代智能交通系统总体结构研究，总体上包含以下三条技术路线："人-智慧 MaaS+环境-智能车路协同平台"组合路线；"车-智能网联汽车 V2X+环境-智能车路协同平台"组合路线；"路-智能网联设施 I2X+环境-智能车路协同平台"组合路线。

本书重点关注研究第二条和第三条技术路线的内容，第一条技术路线将在《智慧出行即服务理论方法与应用技术》专著中详细论述。智能车路协同管控平台为智能网联汽车及其用户、管理及服务机构等提供车辆运行、基础设施、交通环境、交通管理等动态基础数据，具有高性能信息共享、高实时性云计算、大数据分析、信息安全等基础服务机制，支持智能网联汽车与智能网联设施的实际应用需求的基础支撑平台。该平台包含面向效率和面向安全两个方面，其中面向效率包括基于智能车路协同信息的交叉口智能控制技术、基于车路协同信息的集群诱导技术、交通控制与交通诱导协同优化技术、动态协同专用车道技术、精准停车控制技术；面向安全包括智能车速预警与控制、弯道测速/侧翻事故预警、无分隔带弯道安全会车、车间距离预警与控制、临时性障碍预警。智能车路协同管控平台利用 LTE/5G-V2X 宽带、低时延通信技术实现从终端到路侧边缘端再到云端的瞬时通信，对实时交通大数据进行分析和研判，对车辆安全和高效行驶提供信息服务（甚至是远程遥控）。

智能车路协同管控平台面向产业链应用，向全行业提供体系化的安全、高效、节能的汽车智能网联驾驶应用，以及包括共享汽车、电子支付等一系列新型汽车应用形态；为测试开发体系、公共服务体系、保险体系、医疗体系等提供协同化的实际业务应用。智能车路协同管控平台是政府部门利用政策优势为智能网联汽车行业发展提供的最直接的服务，也是未来城市智慧交通发展的必由之路。智能车路协同管控平台可由政府建设，成立专门的运营公司运营。运营智能车路协同服务的公司可以通过为车企、保险公司提供大数据服务盈利，通过为政府交通相关部门提供数据而实现社会效益。

智能车路协同体系支撑的新一代智能交通系统总体结构如图 4-22 所示。

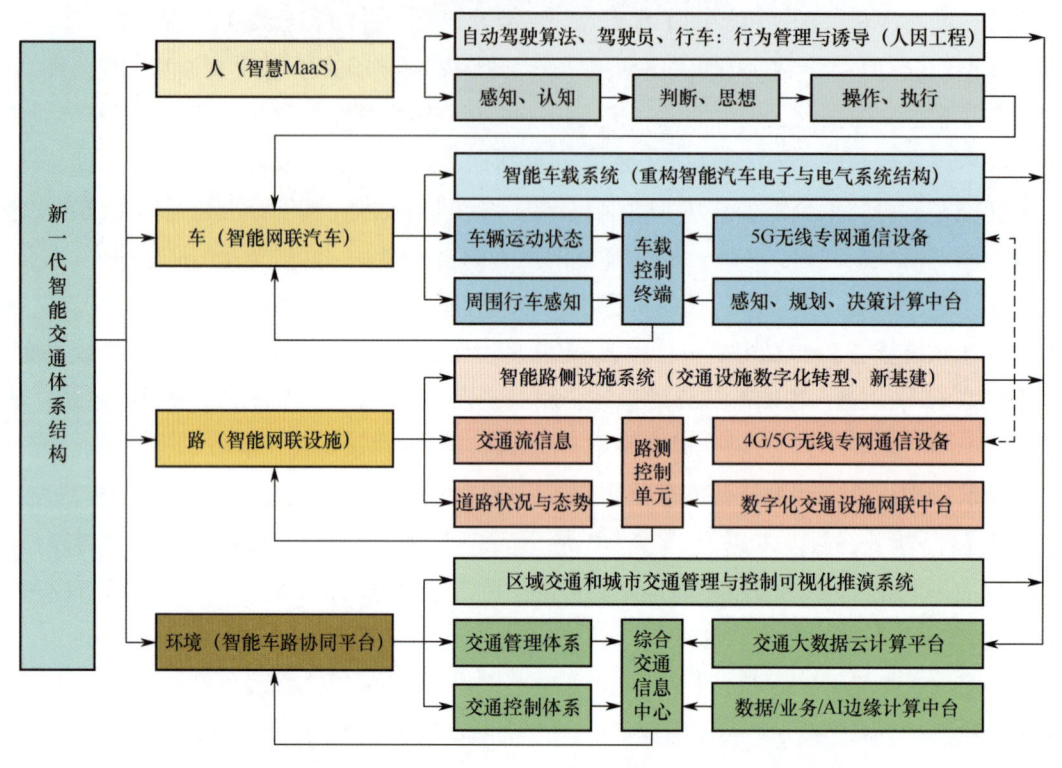

图 4-22　智能车路协同体系支撑的新一代智能交通系统总体结构

5. 智能车路协同管控平台体系架构

智能车路协同管控平台建设覆盖道路交通网络的智能感知终端，通过视频流量检测器、微波雷达检测器等设施，综合感知道路交通系统运行状态；基于边缘计算，将采集的各类原始交通数据进行分析融合，形成交通核心数据和主题数据，为各类交通系统管控应用提供数据基础；借助智能交叉交叉口的信息发布能力和车载单元的通信能力，实现车与车、车与路之间的信息交互；通过道路交通信息发布、交通出行诱导、交通事件预测预警、行驶安全辅助信息推送等功能，实现路网交通均衡通畅，提高交通安全出行指标系数，为城市交通与区域交通全网络自动驾驶提供技术和数据的在线支持。智能车路协同管控平台体系建设内容可概括为"五个一工程"，即一个中心、一个平台、一套系统、一个体系、一套标准，具体内容为：智能车路协同大数据云计算中心、智能车路协同管控平台、一整套城市交通与区域交通智能车路协同应用系统、一个智能车路协同安全体系及一套智能车路协同体系标准。智能车路协同管控平台体系架构如图 4-23 所示。

第 4 章　智能车路协同管控平台体系架构

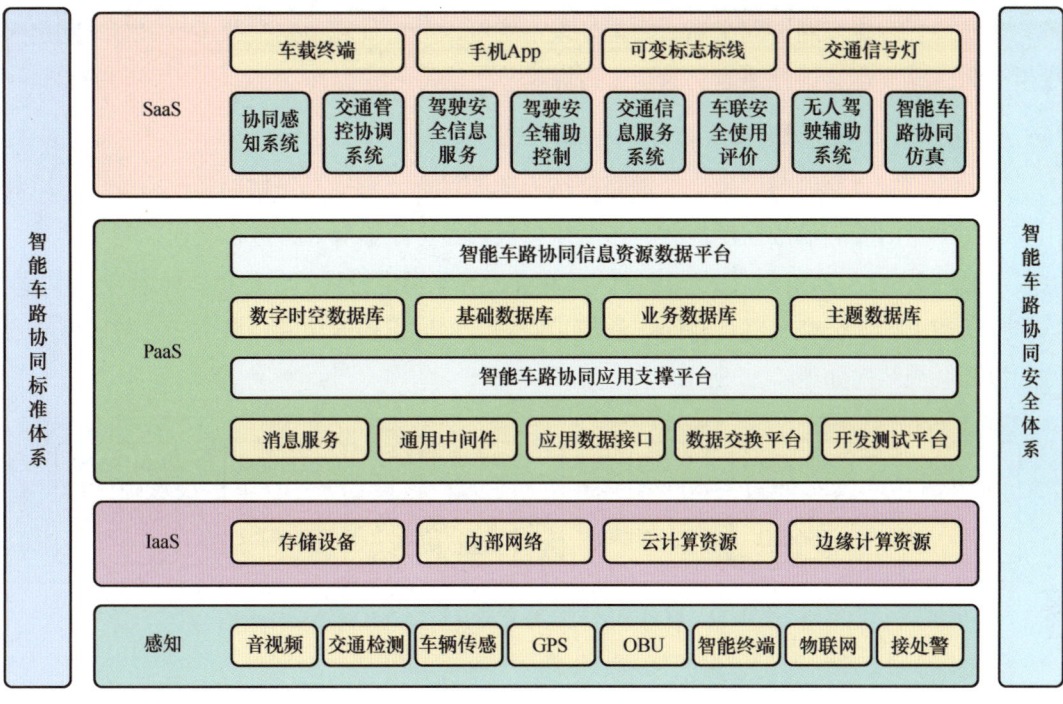

图 4-23　智能车路协同管控平台体系架构

1）智能车路协同管控平台网络架构

智能车路协同管控平台网络架构主要包括以下三个方面的内容。

① 智能车路协同云与综合交通运行指挥中心、路侧边缘计算云之间采用光纤连接。

② 智能网联联汽车的车与车、车与设施、车与行人采用 LET-V2X 或 5G-V2X 的 PC5 直连方式通信。

③ 智能网联设施的车与网采用 LET-V2X 或 5G-V2X 的空口 Uu 方式通信。

2）智能车路协同管控平台边云协同能力架构

智能车路协同管控平台边云协同能力涉及 IaaS、PaaS、SaaS 各层面的全面协同，EC-IaaS 应可实现对网络、虚拟化资源、安全等的资源协同；EC-PaaS 与云端 PaaS 应可实现数据协同、智能协同、应用管理协同；EC-SaaS 与云端 SaaS 应可实现服务协同。

3）智能车路协同感知与数据处理系统

① 智能车路协同感知系统。智能车路协同感知系统在结合现有的智能交通感知设备的基础上，增加了更加精密的路侧感知设备、车载感知设备和 5G 移动大数据的一体化时空感知系统。

② 智能车路协同数据处理系统。智能车路协同数据处理系统利用各类路侧感知终端和车载终端在空间和时间上的互补与冗余，依据优化算法形成对交通系统运行状态的一致性

解释和描述。智能车路协同交通大数据处理系统可以分析计算道路交通运行状态、制定大规模车辆诱导策略、进行智能交通调度指挥等。

4）城市交通与区域交通管控协调系统

为了达到城市交通与区域交通道路网络均衡的目标，智能车路协同管控系统应可以利用安装在道路沿线的信号控制装置、可变信息板和路旁广播等装置进行交通控制与诱导，并可以通过RSU与该路段或区域内群体车辆或指定车辆进行通信，包括智能信号灯预警、信号灯车速引导、公交车辆和特殊车辆信号优先、车道指示器功能。城市交通与区域交通管控协调系统结构如图4-24所示。

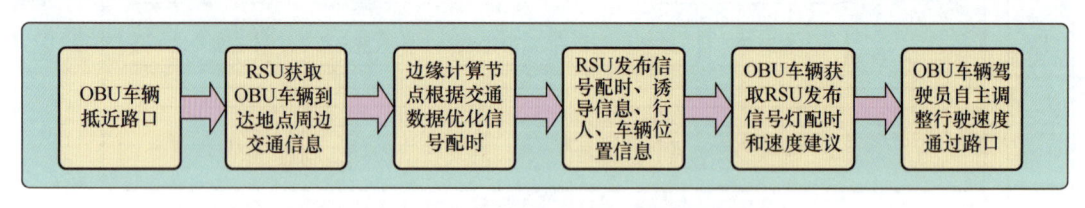

OBU车辆抵近路口 → RSU获取OBU车辆到达地点周边交通信息 → 边缘计算节点根据交通数据优化信号配时 → RSU发布信号配时、诱导信息、行人、车辆位置信息 → OBU车辆获取RSU发布信号灯配时和速度建议 → OBU车辆驾驶员自主调整行驶速度通过路口

图4-24 城市交通与区域交通管控协调系统结构

5）驾驶安全信息服务系统

驾驶安全信息服务系统主要用于对道路交通异常状态、单车运行异常状态、恶劣天气与路况异常变化等情况进行提前预警和实时报警，以便最大限度地减少交通异常所造成的损失。该系统主要包括以下功能：

① 追尾预警；

② 超车危险预警；

③ 交叉口盲区预警；

④ 排队预警；

⑤ 弯道预警；

⑥ 协作、车队行驶预警；

⑦ 自行车、行人预警；

⑧ 停车、充电提示；

⑨ 信号优化、速速建议；

⑩ 特种车警告。

6）驾驶安全辅助控制系统

驾驶安全辅助控制系统主要包括以下两个方面的内容。

① 对于特定生产或改装的、经过授权控制的特种车辆、公务车辆、公共汽车、营运车辆等，系统可以在紧急的情况下，对车辆进行控制，以避免交通事故的发生。

② 对车辆的自动控制，包括刹车、转向与油门控制。驾驶安全辅助控制系统可以利用

V2X 低时延通信网络，根据需要对车辆采取控制措施，避免因驾驶员反应不及时引发的交通事故。

以公交车队行驶控制方式为例的驾驶安全辅助控制系统结构如图 4-25 所示。

图 4-25 以公交车队行驶控制方式为例的驾驶安全辅助控制系统结构

7）交通信息服务系统

交通信息服务系统主要用于将前方道路交通拥堵状况、道路交通危险状况、交通事故状况、道路施工状况、车辆故障状况发布给驾驶员，实现提前预警和实时报警，提醒驾驶员避开拥挤道路，以便最大限度地减少交通异常所造成的损失。该系统主要提供以下服务：

① 路况提醒服务；

② 车况提醒服务；

③ 定位导航服务；

④ 路径诱导服务；

⑤ 车辆救援服务。

8）无人驾驶辅助系统

智能车路协同技术可以通过宽带、低时延的无线网将感知的道路和交通环境信息实时传递给智能网联汽车辆，拓展智能网联汽车辆的感知空间，辅助智能网联汽车辆达到 L5 级别的自动驾驶水平和能力。无人驾驶辅助系统结构如图 4-26 所示。

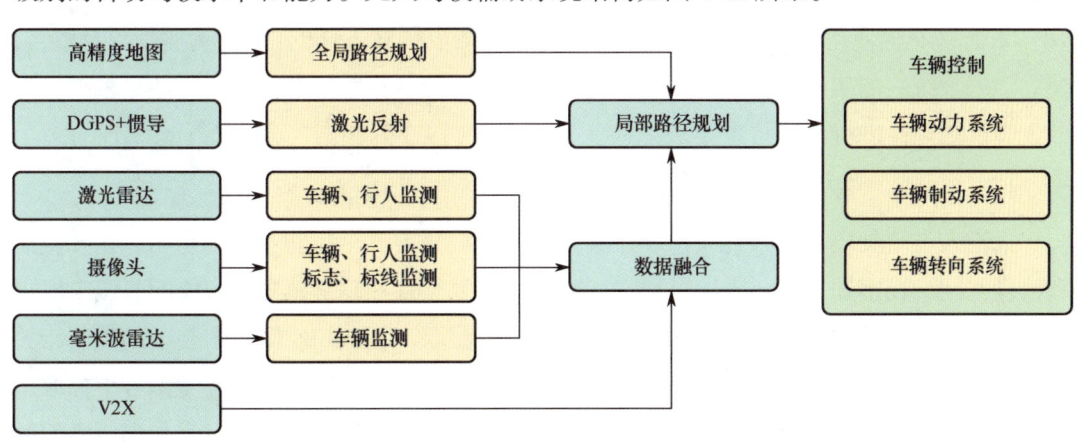

图 4-26 无人驾驶辅助系统结构

9）智能车路协同仿真系统

对于智能车载系统的车辆安全行驶控制进行仿真分析，为智能路侧系统随机产生突发的交通事件，仿真各种复杂交通状况下车辆安全通行的交叉口及区域路网的信号协同控制策略，基于路面状态的车速自适应控制方法，以及基于车车、车路协同的车辆主动避撞机制，并对其安全性和运行效率进行评估；对车辆自组织网络进行虚拟构建、典型无线通信模式、协议的配置和效率评价；为智能车路协同系统设计方案提供仿真与决策支持。

6. 智能网联汽车平台体系架构

智能网联汽车平台是人工智能科学、认知科学、控制科学等多个学科领域的最新理论与实践的成果，也是研究智能驾驶理论与技术的基础。不同智能驾驶试验平台的传感器型号、数量、安装位置各不相同，导致传感器信息处理模块也各不相同；不同的驾驶地图，其提供信息的粒度也没有固定标准，由此构成的智能驾驶系统软件模块的数量、接口各不相同。李德毅院士提出了以"驾驶脑"为核心的智能驾驶车辆软件与硬件架构，决策模块将不直接与传感器信息处理模块发生关联，通过驾驶认知的形式化语言，将驾驶认知形式化，由"驾驶脑"认知形成决策。驾驶认知的形式化降低了传感器数量、类型、安装位置的变化对整个软件架构的影响，使软件架构可以在不同传感器配置车辆平台上方便地移植。通过对人类驾驶员的驾驶活动进行分析，构建基于"驾驶脑"技术架构的智能网联汽车平台。

① 基于模式智能车辆测试平台，对大脑认知的工作原理和人类驾驶员的驾驶活动进行分析，建立驾驶大脑的不同功能区域和计算机软件模块之间的关系。通过驾驶认知语言进行驾驶认知表达，也就是说，以"驾驶脑"为设计核心，为智能车辆开发通用的智能驾驶软件体系结构。

② 智能车辆使用各种各样的传感器，这些传感器安装在不同的位置，为实现信息整合，建立了一个统一的架构。在本书中，智能决策模块和传感器之间低耦合的方法是根据自然的人类认知规律进行设计与建立，并对应上述设计（以"驾驶脑"为核心）来实现的。

1）"驾驶脑"与人脑功能区域的对应关系

无论人类驾驶还是无人驾驶系统，其驾驶活动均涵盖三个空间：感知空间、认知空间和物理空间。在感知空间，人通过视觉、嗅觉、触觉等各种感官感知，智能网联汽车辆通过各类传感器，完成对周边环境和自身状态的信号获取；在认知空间，人脑中的驾驶相关区域和智能网联汽车辆的"驾驶脑"通过选择性注意机制，从感知空间各类信号中抽取出与驾驶活动相关的交通要素，形成驾驶态势，并利用已有知识和经验，对当前和历史驾驶态势进行分析和理解，做出决策；在物理空间，人通过四肢，智能网联汽车辆通过机械结构及电信号，控制方向盘、油门、刹车，使车辆达到或接近预期状态，并将当前状态反馈给感知空间,形成闭环控制。

人脑通过不同区域的协同工作,完成学习与记忆,实现驾驶活动。"驾驶脑"利用计算机技术解构这一活动机制,分析并完成人脑各功能区域与驾驶脑功能模块的对应关系。人脑主要包括感觉记忆、工作记忆、长期记忆、计算中枢与思维、动机、性格、情绪等功能区域,可与无人驾驶系统"驾驶脑"的各项功能一一对应。

① 感觉记忆完成对感官信息的瞬时存储,尽管存储时间短,但信息量大,该功能区域对应智能车载传感器对周边环境的感知,传感器得到的图像、点云等原始信号(如存储在缓存区内),新数据迅速覆盖旧数据,这一机制与感觉记忆的工作原理相似。

② 感觉记忆中的感官信息,由计算中枢与思维迅速分析,通过选择性注意机制,抽取与当前活动相关的内容,传递给工作记忆,该功能区域对应驾驶脑中传感器的信息处理模块,完成各类车载传感器信息的预处理与分析,获取车道标线、红绿灯、交通标志、周车、行人、自车状态和位置等与驾驶有关的信息,与驾驶无关的信息则被迅速丢弃。

③ 长期记忆中存储重要的驾驶经验、知识、场景等信息;该功能区域对应智能驾驶的驾驶地图与驾驶操作模型,驾驶地图精确记录了与驾驶相关的地理信息,包括车道宽度、交通标志、静态障碍物信息等,驾驶操作模型包括轨迹跟踪模型、跟驰模型、换道模型、超车模型等,是智能驾驶车辆的操作规范。驾驶地图与驾驶操作模型共同构成了智能驾驶系统的先验知识。

④ 长期记忆中与当前活动相关的内容由计算中枢与思维完成抽取,传递给工作记忆。这一抽取过程对应于智能驾驶车辆的驾驶地图映射模块。工作记忆中暂存着与当前驾驶活动相关的重要信息。这些信息部分来自感觉记忆中抽取得到的实时信息,部分来自长期记忆中抽取得到的先验知识。这些实时信息和先验知识相互融合,为计算中枢与思维提供分析和决策的信息池。与之对应,智能驾驶系统包括一个公共数据池。数据池是驾驶认知的形式化表达,各传感器信息处理模块提供的多元异构实时驾驶信息,以及驾驶地图提供的驾驶先验信息,用驾驶态势形式化语言进行统一表达,全面反映智能网联汽车辆周边的驾驶态势。

⑤ 人类计算中枢与思维根据工作记忆中的信息实时进行决策,并由四肢控制执行机构做出反应;该功能区域对应于智能驾驶系统的智能决策与自动控制模块,智能决策模块根据当前或历史驾驶态势,结合先验知识,完成行为选择、路径与速度规划等功能;自动控制模块接收规划路径与速度,完成对油门、刹车、方向的协同控制,使车辆达到或接近预期状态。

⑥ 人脑中还有性格、情绪等功能区域。性格反映了不同驾驶员在不同时间、地点的驾驶风格。该功能区域智能驾驶系统,驾驶风格由驾驶操作模型中的参数决定。情绪是生物的特有属性,人类驾驶行为会受到情绪焦躁、恐惧等的影响,妨碍安全驾驶。"驾驶脑"的

实现不包括人脑中的情绪，因此有必要确保驾驶行为的安全性和稳定性。

2）基于智能"驾驶脑"的硬件架构

① 硬件配置。智能驾驶车辆试验平台的机械结构各不相同，如汽油车、电动汽车和公共汽车，机械及电气改造也有所差异。在完成了大量工程试验后，智能驾驶车辆试验平台均可通过 CAN 总线进行实时通信，实时准确地控制智能驾驶车辆的方向、油门和制动。经过智能驾驶车辆动力学性能测试，保证了智能驾驶车辆与成品车辆动力学性能的一致性。

智能驾驶车辆根据环境感知的可靠性和传感器配置的成本，进行车载传感器的配置。以雷达传感器为例，SICK 激光雷达、毫米波雷达可识别低矮障碍物，四线激光雷达可识别动态障碍物，八线激光雷达可识别道路可行驶区域，Velodyne 64 线激光雷达可识别动态障碍物的速度、道路边界、车身定位。根据决策程序的需要，可以部署一个 Velodyne 64 线激光雷达，也可以同时部署多个激光雷达的组合，但需结合智能网联汽车辆硬件平台的成本。以视觉传感器为例，视觉传感器的配置方案是可以在智能网联汽车辆某一位置部署一个广角摄像头或全景摄像头，通过多线程实现一个摄像头多目标的并行检测，如对停止线、斑马线、车道线、红绿灯、交通标志牌、行人、车辆、动态与静态障碍物等进行检测和识别；也可以在智能网联汽车辆不同位置部署多个广角摄像头或全景摄像头，实现每个摄像头完成一项专门的检测和识别任务。基于"驾驶脑"的智能驾驶车辆硬件平台已经验证了不同类型、不同厂商的多种传感器，并在不同的智能驾驶车辆试验平台进行了测试，保证了信息的可靠性和冗余性。

② 硬件连接。SICK 激光雷达和 Ibeo 激光雷达通过交换机与工控机连接。Delphi 毫米波雷达通过 CAN 总线与工控机直接相连。GPS 和 INS 通过 RS232 串行总线与工控机相连。AVT 1394 Pike F-100C 摄像机通过 1394 标准视频传输线与工控机相连。工控机完成数据融合、决策和规划、动态控制的功能。控制指令通过 CAN 总线发送给油门、制动和方向盘的执行器。

③ 硬件平台性能分析。基于"驾驶脑"的智能网联汽车辆架构将智能决策与传感器信息解耦。通过传感器信息处理模块的输出，由驾驶认知形式化语言进行统一，构成驾驶态势实时信息；驾驶地图中的信息则根据车辆实时位置及朝向，映射到驾驶态势中，与驾驶态势实时信息融合，形成全面反映当前驾驶态势的公共数据池。智能决策模块以这一公共数据池为基础，综合考虑交通规则、驾驶经验等先验知识，完成智能决策。通过驾驶认知的形式化语言，在驾驶信息完备的条件下，增加、减少一路或几路传感器，改变传感器型号或安装位置，不再对智能决策直接造成影响。整个架构只需做很少的改动，甚至完全不需调整，就可以在不同智能驾驶车辆试验平台上方便地迁移。

在长期试验过程中，我们认识到传感器代替不了大脑，感知代替不了认知。无论传感器有多完善,甚至包括人的感官在内,都只能实现有限的认知。只有代表脑认知的"驾驶脑"才是全局认知。"驾驶脑"的认知,不仅融合了感官信息,还融合了人脑中的先验知识和驾驶经验中的时空关联知识。同时,智能驾驶车辆智能决策也要由"驾驶脑"完成,而不能简单地基于任何一路传感器;驾驶决策也不完全基于多路传感器形成的当前和历史驾驶态势,还应结合各种驾驶先验知识。

4.2 智能车路协同耦合机理与群体控制

智能车路协同管控平台架构是在系统整合与提升优化智能车路协同的高精度定位平台,智能网联设施平台,智能网联汽车计算平台,区域交通与城市交通端、边、云控制平台,网络信息安全服务平台"五位一体"基础上开展设计的,重点关注平台管控体系内部构建理论方法、自动驾驶安全设计、平台管控体系外部构建理论方法、人-车-路-网要素智能协同管控四个方面。

① 在技术创新主线上,重点关注交通系统的智能运营与高效运行、运输服务与智能服务。

② 在重点任务方向上,关注交通设施(交通基础设施智能化、数字化、大型交通枢纽协同运行)、交通工具(运载工具智能协同、多模式综合运输一体化)、交通系统(城市交通运行监管与协调、区域交通综合运输服务与安全风险防控)。

③ 在技术实现目标上,重点关注交通系统智慧化、交通服务综合化,形成综合交通大脑服务。

面向国家"十三五"重点研发计划"综合交通与智能交通"的基础研究类、重大共性关键技术、应用示范类三大领域,以"智能车路协同环境下要素耦合特性与群体智能控制"为核心,开展智能车路协同管控系统集成与示范的应用试点。其中,在城市交通上实现封闭和半开放条件下智能车路和协同系统的测试评估与示范应用;在区域交通上实现高速公路智能车路协同系统的集成与示范。智能车路协同管控平台建设总体结构如图 4-27 所示。

在智能车路协同管控平台全面完成"四维合一"总体功能上,实现精准感知、精确分析、精细管理、精心服务的设计,主要涵盖:

① 在技术攻关创新上,围绕交通运载工具、交通基础设施、交通信息网络的变革进行共性关键技术创新;

② 在产业升级集聚上,围绕新一代智能交通体系落地,形成交通大数据、人工智能、车辆网 V2X 等高附加值全产业链;

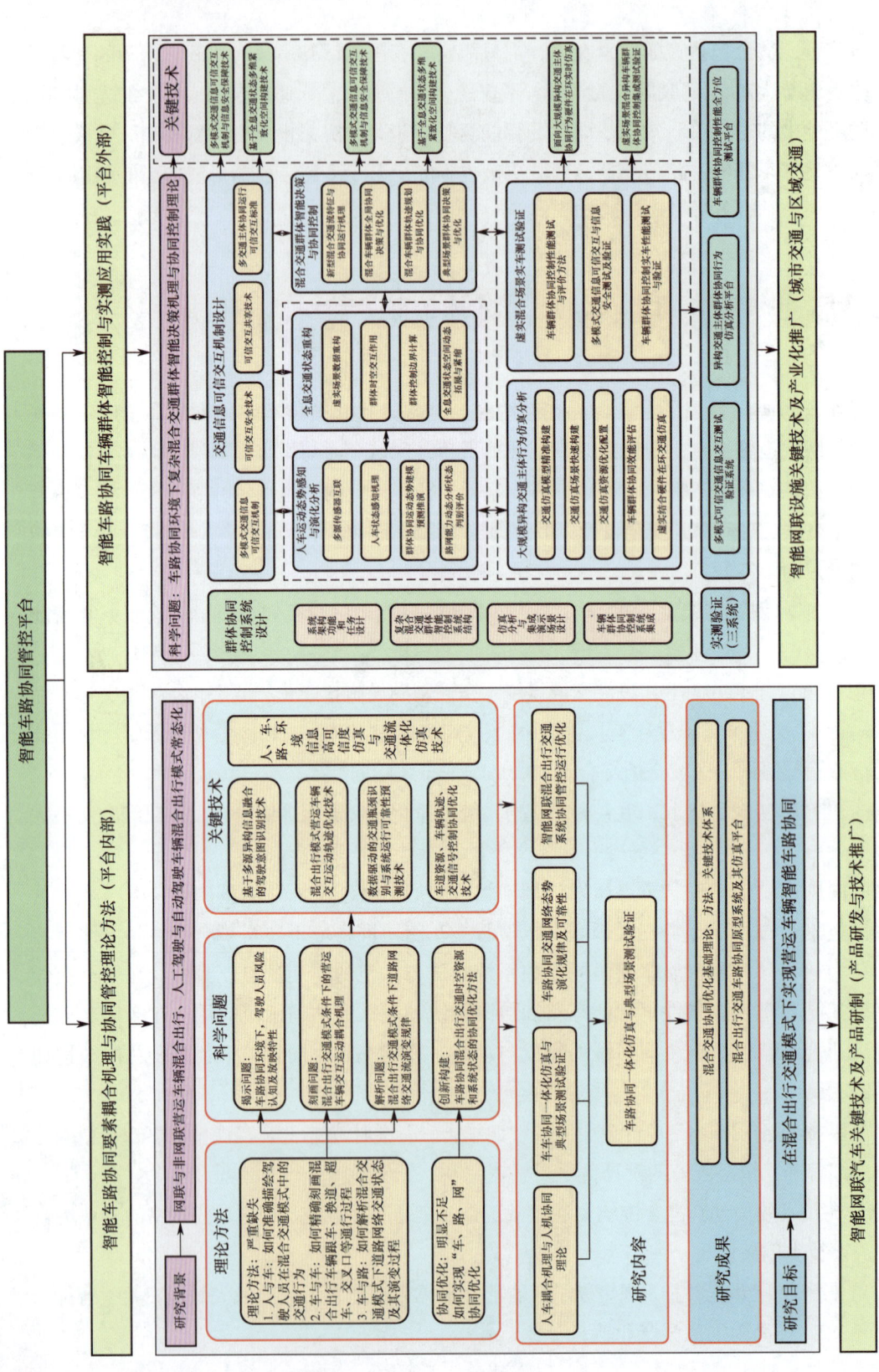

图 4-27 智能车路协同管控平台建设总体结构

③ 在引领试点示范上，依托粤港澳湾区、深圳都市圈、深圳中心城市三个层次的交通运载工具、交通基础设施、交通信息网络转型测试与试点示范应用；

④ 在国内外产学研合作上，由深圳市金溢科技股份有限公司作为单位牵头，国外吸引美国麻省理大学工学院智能交通实验室（MIT ITS Lab）、美国加州大学伯克利分校，国内吸引同济大学、清华大学深圳研究生院、交通运输部公路科学研究院、北京汽车研究总院、广东省交通集团等加入，加速推进智能车路协同产业化技术发展，形成国际化联合创新团队。

智能车路协同管控平台建设需求在粤港澳湾区、深圳都市圈中心支撑及深圳率先建设中国特色社会主义先行示范区的"双区驱动"形势下，城市交通与区域交通已经形成智能网联与非网联、无人驾驶与有人驾驶混合出行常态化新交通模式应运而生。依托交通运输部智能车路协同关键技术与装备行业研发中心，以深圳城市交通大数据信息源池为基础，以深圳综合交通运行指挥中心数字孪生为技术手段，以数据中台和业务中台为可视化推演工具，以创建智能车路协同管理与控制国家工程研究中心为远期目标，面向新交通模式的发展而创建设计。其主要内容包括：在智能车路协同管理与控制体系内部，解决交通领域智能车路协同系统要素耦合机理与协同管控理论方法；在智能车路协同管理与控制体系外部，解决区域交通与城市交通智能车路协同车辆群体智能控制与实测应用。

新一代信息技术与人工智能技术的发展，为交通信息化和智能化带来了新的发展契机，智能交通管理与控制系统成为《国家中长期科学和技术发展规划纲要（2006—2020年）》的优先主题。近年来，智能交通技术研究已从解决传统交通管控为重点的阶段，向以车与车、车与路通信为支撑的车路协同创新阶段发展，通过车路协同来提升交通系统的安全和效能水平已经成为世界各国的共识。面对巨大的社会经济效益和产业前景，美国、日本和欧洲均布局车路协同技术的研发，我国也在《"十三五"交通领域科技创新专项规划》中明确提出了重点开展车路协同相关研究的任务部署。

网联化、智能化、智慧化的发展，改变了交通系统内部诸元素的耦合关系。随着自动驾驶和智能网联技术的逐渐成熟，其体系内部研究面向混行条件下的车路协同系统，聚焦系统中驾驶员、车辆、道路三大要素，以人-车-路耦合机理解析、车-路-网协同运行优化、端-边-云计算分工合理为研究重点，构建基础理论、运行优化、评估验证的三层闭环研究架构。

① 基础理论：通过"数据耦合-运动耦合-控制耦合"解析人-车-路多要素耦合机理及交互作用机制。

② 运行优化：通过"车道资源-车辆轨迹-交通信号"实现交通时空资源和系统状态协同优化处置。

③ 评估验证：通过"场景设计-模拟仿真-实地测试"实现城市交通模型适应性评估与优化反馈闭环。

智能车路协同管理与控制体系内部研究重点解决混行车路协同环境下"驾驶员的风险认知及反应特性""车辆交互运动耦合机理""网络交通流演变规律""交通时空资源和系统状态的协同优化方法"四大科学问题；重点突破"混行车路协同环境下的驾驶意图识别""混行车辆交互运动轨迹优化""数据驱动的交通瓶颈识别与系统运行可靠性预测""车道资源-车辆轨迹-信号控制协同优化""车路环境高可信度模拟与交通流一体化仿真"五大关键技术。

智能车路协同管理与控制体系内部研究的创新性主要体现在以下 5 个方面：

① 多维度解析车路协同环境下人与车的新型耦合关系，揭示驾驶员对车路协同环境的认知机理及反应特性；

② 改变传统以单车轨迹重构为核心的微观交通流模型构建方法，从系统动态平衡的角度构建微观交通系统的车与车交互运动群体车辆关系模型；

③ 着眼于人工驾驶到全网联自动驾驶的过渡阶段，构建数据与模型混合驱动的新型网络交通态势演化模型；

④ 突破交通设计、信号控制、智能网联车辆控制的原有界限，建立以交通信号和网联智能车共同作为执行手段的"车道资源-车辆轨迹-交通信号"协同优化技术体系；

⑤ 考虑混行交通系统多级耦合和车辆运动行为的异质性，实现车路协同系统的可信仿真。

在车路协同系统要素耦合机理与协同优化方法方面，秉承"聚焦未来、问题驱动、协同创新"的原则，通过超前布局研究车路协同系统要素耦合机理与协同优化方法，以期构建具有学术权威性、技术先进性和行业代表性的理论与关键技术体系，为推进车路协同发展、全面提升我国道路交通运行效能提供基础理论和关键技术支撑，并汇聚培养一支具有国际学术影响力和技术创新力的研究团队，占领车路协同理论与技术前沿高地。

4.2.1 智能车路协同管控体系内部耦合机理

随着自动驾驶和智能网联技术的逐渐成熟，人车路系统耦合理论与优化方法是实现混行环境下车路协同运行的基础，其核心是揭示混行状态下驾驶员认知特性、车车运动特征和交通状态演化规律。显示了智能车路协同管控可视化推演平台在体系内部拟解决的四大科学问题、五大关键技术问题、开展五大主要研究内容的关联关系结构，如图 4-28 所示。

第4章 智能车路协同管控平台体系架构

图 4-28 科学问题-关键技术-研究内容的关联关系结构

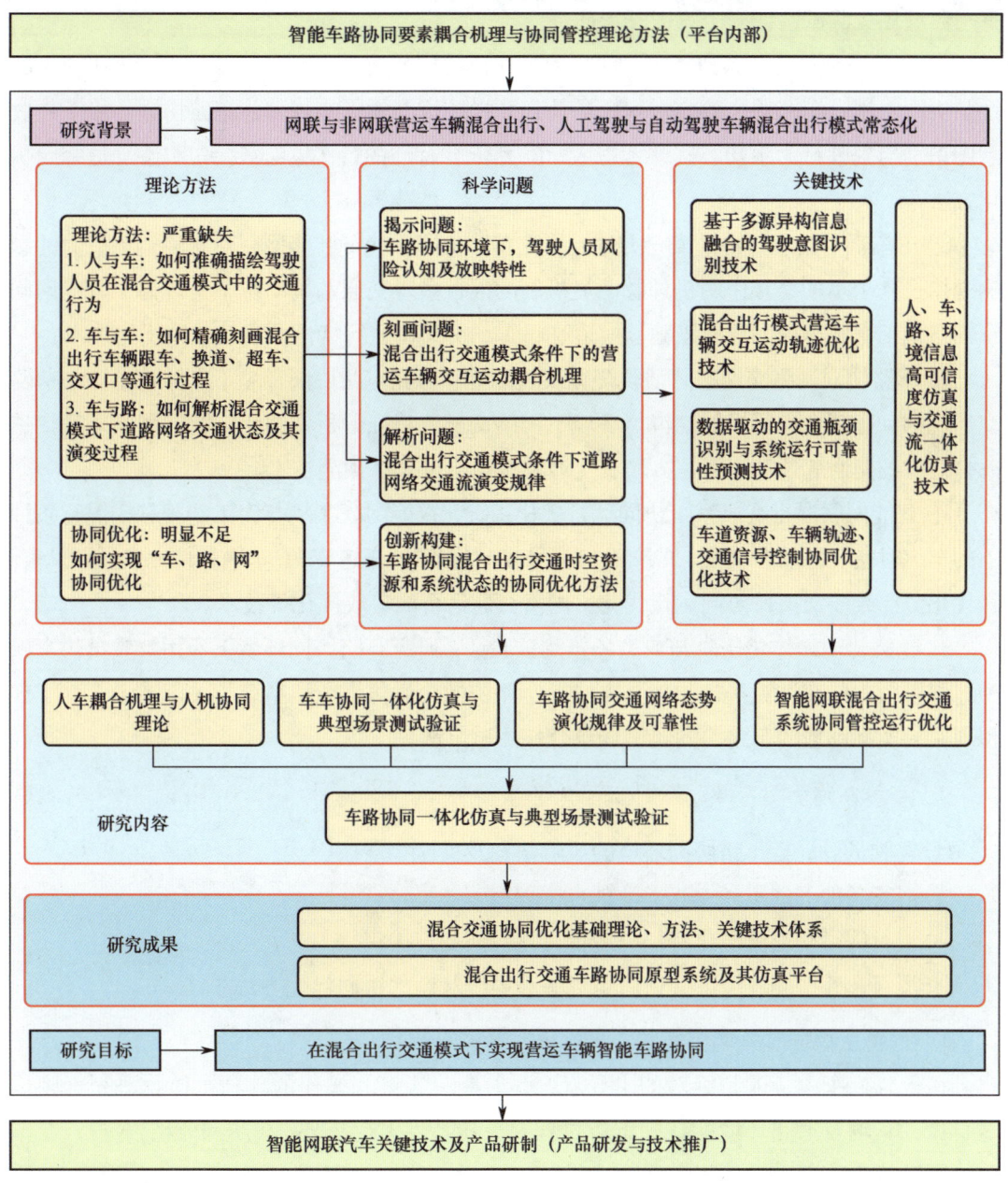

注释：源自鲁光泉教授

1. 智能车路协同管控体系内部研究内容

围绕上述拟解决的关键科学问题和关键技术，智能车路协同管控可视化推演平台在体系内部主要从人车耦合机理与人机协同理论、车车耦合机理与协同安全方法、车路协同网络交通态势演化规律及可靠性、智能网联混行交通系统协同运行优化、车路协同一体化仿真与典型场景测试验证五个方面开展研究。

① 人车耦合机理与人机协同理论：研究车路协同环境下驾驶员认知机理、人机交互特性与协同机制，车路耦合效应对驾驶员认知和操控行为的影响规律，车路协同环境下驾驶意图识别与驾驶行为感知方法，考虑人-车-路耦合特性的行车安全/效率/节能/舒适综合优化方法。

② 车车耦合机理与协同安全方法：研究车路协同环境下智能网联对车辆运动行为的影响规律，基于车辆交互作用机理及冲突机制的混行微观交通系统动态平衡规律，智能网联车辆与人工驾驶车辆混行的跟驰、换道、超车、交叉口通行特性及运动轨迹优化技术。

③ 车路协同网络交通态势演化规律及可靠性：研究车路协同环境下车路信息流与道路交通流的动态耦合作用机制，混行环境下网络交通流特征解析及演化，智能网联车辆渗透率自适应的交通瓶颈动态辨识方法和交通系统运行可靠性预测技术。

④ 智能网联混行交通系统协同运行优化：研究智能网联车辆与人工驾驶车辆混行条件下的车道时空资源动态调配，单交叉口信号控制优化，"车道资源-车辆轨迹-交通信号"合作优化，连续多交叉口协同运行优化，网络交通运行的集成优化等技术。

⑤ 车路协同一体化仿真与典型场景测试验证：研究车路协同环境下通用驾驶员仿真模型，驾驶行为与交通流一体化仿真方法，车路协同交通仿真原型系统与关键技术，基于虚拟现实与实际场地的车路协同典型场景合作测试方法。

2. 智能车路协同管控体系内部解决问题

① 驾驶员对混行车路协同环境的风险认知及反应特性；
② 混行条件下的车辆交互运动耦合机理；
③ 混行网络交通流演化特征与运行可靠性演变规律；
④ 混行车路协同环境下交通时空资源和系统状态的协同优化方法。

1）揭示车路协同环境下驾驶员风险认知及反应特性

在传统汽车中，人是绝对的主导者，是判断、决策和操作的单独主体，研究驾驶员对自身、车辆及道路环境的认知解析过程及反应特性尤为重要。相比于传统驾驶，在车路协同环境下，驾驶员可以获得更大范围的交通、路线、周围车辆及其他交通参与者等信息，大量附加信息的供给与决策判断的引入，必然会改变驾驶员的认知负荷，影响其风险感知与操作，进而使整个交通系统呈现出不同的运行特性和运动规律。因此，揭示车路协同环境下驾驶员风险认知及反应特性是提升驾驶体验、保障驾驶安全急需解决的关键科学问题。

2）刻画混行条件下的车辆交互运动耦合机理

在交通环境中，车与车交互影响下的运动关系构成了微观交通状态变化的基础，也影响着宏观交通状态演变过程，因此刻画车辆交互运动关系在交通理论研究和控制优化中显得尤为重要。在传统的人工驾驶环境下，国内外学者针对跟驰、换道、超车、交叉口通行等典型场景建立了系列模型，来刻画车辆的交互运动关系。与传统人工驾驶环境相比，在MV、CV、AV和CAV的混行环境中，车辆交互运动的耦合关系发生了变化。刻画混行条件下的车辆交互运动耦合机理，建立混行环境下微观交通系统车辆交互运动模型，已经成为建立车路协同系统理论与优化控制方法急需解决的关键科学问题。

3）解析混行环境下网络交通流演变规律

在智能网联环境下，车路信息从静态孤立转变为动态互联，MV、CV、AV和CAV的混行将影响车辆微观个体的运动行为，而这些微观行为的汇聚必然将改变交通流参数和特性，从而给网络交通流带来更加复杂的影响。传统仅针对MV的交通流理论将不再适用于MV、CV、AV和CAV混行环境下的网络交通流运行特点，无法解释新环境下的混行交通流态势演化规律。因此，解析车路协同对网络交通流的影响机理，构建MV、CV、AV和CAV混行环境下的路段/网络交通基本图，揭示混行交通流在车路协同环境下的动态演变规律是亟待解决的关键科学问题。

4）构架车路协同环境下混行交通时空资源和系统状态的协同优化方法

交通时空资源和系统状态协同优化是交通控制优化的核心问题。传统的基于有限检测数据和交叉口信号灯的交通控制优化是"控制点位稀疏"的集中式控制优化，车辆作为受控对象，被动响应交通控制指令。在车路协同环境下，交通信息获取和控制优化模式将发生巨大变化，智能网联车辆可以调控自身行为主动适应交通信号控制，相应的交通系统控制优化将是"控制点位混合稠密"（交叉口信号灯连同网联自动驾驶车辆）的集中-分散控制优化。如何充分利用相关技术优势与信息潜力，研究全新的交通时空资源动态配置、交通系统状态最优调控及两者的协同优化是一个亟待解决的关键科学问题。

3. 智能车路协同管控体系内部关键技术

① 混行车路协同环境下的驾驶意图识别；

② 混行车辆运动状态演化分析与建模；

③ 数据驱动的交通瓶颈识别与系统运行可靠性预测；

④ 车道资源-车辆轨迹-信号控制协同优化；

⑤ 车路环境高可信度模拟与交通流一体化仿真。

1）基于多源异构信息融合的驾驶意图识别技术

以车路协同环境下的典型工况（超车、换道、转向等）为基础，综合采用主观评价、客观行为与生理指标测量的方式，研究驾驶员的"感知-决策-操纵"过程，重点突破准确辨识及预测驾驶意图的关键技术。

2）混行车辆交互运动轨迹优化技术

以 MV、CV、AV 和 CAV 混行状态下的冲突分析、安全状态量化为基础，重点突破微观交通系统内车辆相互运动状态演化量化分析技术和混行环境下跟驰、换道、超车、交叉口通行模型构建技术。

3）数据驱动的交通瓶颈识别与系统运行可靠性预测技术

挖掘 MV、CV、AV 和 CAV 混行交通流的动态属性，重点突破 CV、CAV 分布不均情况下网络交通瓶颈辨识技术，从 MV、CV、AV 和 CAV 混行交通流演化特性、路网交通状态时空耦合特征、交通网络临界状态辨识角度，提出多尺度交通系统运行可靠性预测技术。

4）车道资源-车辆轨迹-交通信号协同优化技术

以复杂系统状态感知、深度学习、非线性优化与最优控制方法为基础，重点突破 MV、CV、AV 和 CAV 混行状态下的车道资源最优配置、车道资源-CAV 轨迹-交通信号协同优化、固定检测和网联车辆信息合作驱动的路网交通信号自适应控制技术。

5）人-车-路-信息高可信度模拟与交通流一体化仿真技术

基于驾驶员认知过程建立驾驶员心理生理表征参数集并解析其关联关系，进而构建通用驾驶员仿真模型；在此基础上，解析人-车-路-信息交互作用关系，基于交互空间理论，建立车辆运行空间上的人车单元（Driver-Vehicle Unit，DVU）状态识别-状态决策-状态执行三层架构，将 MV、CV、AV 和 CAV 驾驶行为与交通流进行一体化整合，实现人-车-路-信息的多级耦合高精度高可信度仿真。

4. 智能车路协同管控体系内部研究方法

1）解决的问题，拟采用的方法、原理、机理、算法、模型

智能车路协同管控可视化推演平台在体系内部面向 MV、CV、AV 和 CAV 混行条件下的车路协同系统，聚焦系统中的驾驶员、车辆、道路三大要素，以人-车-路耦合机理解析、车路-网协同运行优化为研究重点，构建基础理论、运行优化、评估验证的三层闭环研究架构，建立混行状态下人车路系统耦合理论与优化方法。基础理论层，通过"数据耦合-运动耦合-控制耦合"解析人车路耦合机理及交互作用机制。运行优化层，通过"车道资源-车辆轨迹-交通信号"实现交通时空资源和系统状态的协同优化。评估验证层，通过"场景设计-模拟仿真-实地测试"实现模型适应性评估与优化反馈。

① 人车耦合机理与人机协同理论。围绕人车耦合机理与人机协同理论的科学问题，首先通过模拟驾驶实验，分别研究驾驶员对自身、车辆、道路及风险的认知机理，结合驾驶员个性因子库建立全属性驾驶员认知量化模型和驾驶状态辨识输出。然后通过实车和仿真

实验，获取车路协同环境下驾驶操纵量、车路耦合状态和驾驶员心/生理状态，通过分析驾驶负荷传递机制、驾驶操纵行为谱、"车-车"和"车-路"相容性，揭示车路耦合强度对驾驶员认知和操控行为的影响机制，建立基于强化学习的驾驶员行为决策在线学习方法，采用模型预测理论对典型场景下驾驶意图进行识别；最终通过构建人-车-路系统动力学，建立安全/效率/节能/舒适多目标行车综合优化方法。

② 车车耦合机理与协同安全方法。围绕车路协同环境下车车耦合与协同安全问题：

- 通过实车/仿真试验，研究车车信息连接方式、类别、内容、通信延迟等因素对车辆运动的影响规律；
- 以模拟器驾驶试验研究不同类别车辆相互作用机理，构建微观交通系统动态平衡理论和车车安全协同方法；
- 在 MV、CV、AV 和 CAV 混行典型场景，基于自然驾驶员数据、仿真模拟器数据，采用离散选择模型和博弈论研究混行交通环境下的车辆跟驰、换道、超车、交叉口通行等行为；
- 以安全为目标，以车车协同为手段，建立基于强化学习的车辆轨迹引导/控制技术，采用蒙特卡洛微观仿真模拟分析不同混行车辆比例对车辆跟驰。

③ 车路协同网络交通态势演化规律及可靠性。围绕混行环境下网络交通流演变规律问题：

- 通过宏/微观多粒度交通信息融合研究混行交通流在车路协同信息扰动下的流动特性，构建 MV、CV、AV 和 CAV 混行环境下路段/网络交通基本图模型；
- 在此基础上，建立网络交通流特征与重大事件不同发展阶段的关联曲线，创建不同重大事件影响范围内，路网承载能力的时空变化函数；
- 通过随机过程分析方法解析不同 CV 和 CAV 渗透率下交通瓶颈的形成-发展-演变/突变状态，挖掘交通瓶颈间的关联规则，提出考虑瓶颈耦合关系的交通瓶颈疏解策略，挖掘 MV、CV、AV 和 CAV 混行交通流的动态属性，通过级联失效解释网络拥堵传播机理；
- 结合数值计算与交通流仿真对相关理论和方法进行验证。

④ 智能网联混行交通系统协同运行优化。围绕车路协同环境下混行交通系统协同运行优化问题，结合内容③形成的交通状态估计和预测理论，采用博弈论分析路段中不同类型车辆的竞合关系，建立车道资源动态调配方法；基于反馈控制和动态规划理论，开发交叉口信号自适应控制方法；基于模型预测控制和动态规划理论，建立交叉口信号配时和CAV轨迹协同优化模型；结合交叉口关联性分析，建立连续交叉口交通运行多目标优化模型；采用非线性规划和混合整数规划理论，建立混行条件下网络路径诱导模型，并结合网络信号自适应控制方法，形成混行条件下路网层级车道资源车辆轨迹-交通信号-路径诱导

合作优化技术。最后通过微观仿真、实地场景测试等，开展对合作优化技术测试验证和性能评估。

⑤ 车路协同一体化仿真与典型场景测试验证。基于认知过程建立驾驶员"感知-决策-操作"仿真模型架构和表征参数集，构建面向仿真的通用驾驶员模型；基于人-车-路-信息耦合机理，构建人车单元状态判别-状态决策-状态执行的仿真架构体系，并基于交互空间理论开发高可信度驾驶行为与交通流一体化仿真模型；分析车路协同交通仿真原型系统的功能需求和基本架构，搭建自适应性好、拓展性强的车路协同交通仿真原型系统；面向本项目理论模型和算法的测试需求，基于多源数据分别构建面向仿真测试和场地测试的多维场景，搭建虚拟现实仿真测试系统及仿真测试-场地测试双向映射系统。

2）智能车路协同管控平台在体系内部研究方法可行性、先进性

智能车路协同管控平台在体系内部针对车路协同系统要素耦合机理与协同优化方法的基础科学问题，设置了人车耦合机理与人机协同理论、车车耦合机理与协同安全方法、车路协同网络交通态势演化规律及可靠性、智能网联混行交通系统协同运行优化、车路协同一体化仿真与典型场景测试验证五大研究内容，面向"车路协同+混行环境"的典型场景，采用了"行为分析+驾驶模拟+虚拟测试+场地试验"的研究方法和"机理解析+运行优化+评估验证"的技术路线。研究方法与技术路线具有良好的可行性与先进性。

① "行为分析+驾驶模拟+虚拟测试+场地试验"是国际智能交通领域研究的前沿方法。与相关领域的国际最先进研究成果接轨。智能车路协同管控可视化推演平台在体系内部研究方案是基于驾驶行为分析、交通流理论、人工智能、数据挖掘、交通仿真等领域相关研究成果，进一步发展新的理论架构，探索高效优化方法对车路协同环境下新的交通问题进行研究。其中，采用多元信息融合的辨识方法提高驾驶行为识别准确率，采用深度生成模型扩充车路协同驾驶行为数据库，基于深度卷积网络进行驾驶操作行为分类预测，将深度学习应用到人车路协同环境下，紧跟人工智能领域最先进研究成果。具备先进的仿真架构和独特的研究方法。智能车路协同管控可视化推演平台在体系内部拟在驾驶行为与交通流一体化建模成果基础上，面向车路协同环境下的交通仿真、通信仿真、传感器仿真和车路协同应用多种异构模块融合需求，建立基于高可信度分布式仿真原型系统，形成高可信度仿真标定工具，实现车联网环境下人-车-路的协同推演。并采用虚实结合的方法，基于车路协同险态场景虚拟测试与实地测试双向映射技术，建立"交通仿真器+驾驶模拟器群+场地测试车流"一体化仿真体系，解决车路协同典型场景验证测试问题，优化测试效率，实现对典型场景测试的全覆盖。

② "机理解析+运行优化+评估验证"技术路线是国际车路协同系统研究范式。考虑全信息交通场景，技术路线具备执行可行性。以往研究未考虑车辆全信息条件下的驾驶行为

特性，对车辆轨迹的重构精度较差，而本项目融合通信拓扑结构和微观交通流理论，考虑信息缺失等多种典型场景，基于行为调查、机理解析、运行优化、在线仿真、实车测试的技术路线具有执行可行性。着眼混行研究缺口，研究方案具备实践可执行性。车路协同系统优化研究目前主要针对单交叉口交通流，有关车辆运行与交通信号调控的协同优化研究还很不充分，混行条件下路网层级的交通调控与优化研究也尚欠缺。本书"基于车联网的车道资源-车辆轨迹-交通信号-路径诱导合作优化"瞄准上述问题，立足于智能网联车辆信息，旨在实现车道资源智能调配、自动驾驶车辆运动行为和交通系统性能的协同优化，具有实践可行性。

③ 在解决车路协同系统要素耦合机理与协同优化等关键技术。研究基础雄厚，实验手段具备可行性。研究团队长期从事车路协同、网联自动驾驶、智能交通等方面的研究工作，并在交通信号调控、车辆运动检测与跟踪、复杂环境现场测试等方面积累了丰富经验。随着模拟驾驶技术和实车测试场景的发展，基于模拟驾驶和实车驾驶的试验方法逐渐成熟，开展了驾驶期望、驾驶负荷、驾驶操纵等相关研究，实验方法、成果也逐渐得到业内认可；此外，随着认知心理学相关实验方法和数据采集技术的发展，脑电、眼动等生理数据逐渐用于人的认知研究，并与汽车操纵数据相结合来实现定量评价。因此，基于驾驶模拟器和实车实验平台开展驾驶实验，并采用认知心理学相关技术采集和分析驾驶员行为特征和车辆运动状态，实验手段具有可行性。仿真、实测技术成熟，测试验证具备可操作性。

在车路协同一体化仿真与典型场景测试验证方面，智能车路协同管控平台在体系内部团队汇集了包括同济大学长期致力于微观驾驶行为建模与仿真研究，拥有自主研发的符合我国驾驶行为的微观仿真系统 TESSNG，系统道路环境和交通场景与实际场景高度吻合。拥有自主开发的并行交通仿真平台（TPSS）和微观交通模拟系统（MTSS）。合作单位经验丰富、成果丰硕，项目团队具备强系统性。智能车路协同管控平台在体系内部牵头及参与单位承担过多项合作项目，具有丰富的经验及视野。团队前期研究成果与申报内容密切相关，在车路耦合机理、系统协同优化、仿真测试验证都取得了丰富的成果，具有非常好的系统性。

4.2.2 智能控制视角自动驾驶设计实践

当前，我国道路交通的发展面临协同管理运行效率不高、主动安全防控能力欠佳、异构交通主体关系复杂等难题，迫切需要提升交通系统的网联化、智能化和协同化水平。智能车路协同技术是当今国际智能交通领域的前沿技术和必然发展趋势，是提高效率、优化能耗、降低排放的有效手段，将从根本上改变传统道路交通的发展模式，构建新一代智能交通系统。同时，车辆驾驶模式从人工驾驶发展至辅助驾驶、自动驾驶、人车混驾，直至高级无人驾驶，深入开展车路协同环境下的群体智能决策与协同控制理论方法、关键技术和测试验证研究，将对解决复杂混合交通车辆群体优化协同问题起到重要支撑作用。

智能车路协同管理与控制体系外部研究目标是：面向未来车路协同环境下人-车-路-环境异构交通主体构成的新型混合交通系统，针对其自组织、网络化、非线性、强耦合、泛随机和异粒度等特征，以车路协同环境为基础平台，以智能车路协同管理与控制为应用对象，以仿真分析和实车测试为验证手段，重点研究复杂混合交通群体智能决策机理与协同控制理论，攻克车辆群体智能协同控制关键技术，为提升我国道路交通管理与控制水平、引领世界智能交通发展打下坚实的基础。

基于以上研究目标，我们从群体协同控制系统与可信交互机制设计、人与车运动态势感知与演化分析、混合交通群体智能决策与协同控制、大规模异构交通主体硬件在线仿真评估、全息交通状态重构与真实场景集成测试验证五大研究内容出发，构筑交通状态计算、安全可信交互、协同决策控制和虚实混合验证四大层次化空间，深入研究复杂混合交通全时空行为特征，凝练车路协同环境下复杂混合交通群体智能决策机理与协同控制理论科学问题，突破全息交通状态重构、群体运动态势识别、信息安全可信交互、智能决策协同控制、大规模硬件在线仿真和虚实结合集成验证六大关键技术，构建多模式交通信息可信交互测试验证系统、大规模异构交通主体协同行为仿真平台和虚实结合的异构车辆群体协同控制集成与测试验证环境，保障信息交互安全，提升交通协同水平，验证群策群控效果。

在车路协同环境下车辆群体智能控制理论与测试验证方法方面，预期可形成基础理论、关键技术、标准规范和测试验证系列化成果，同时完成多模式交通信息可信交互测试验证系统、异构交通主体群体协同行为仿真分析与测试平台、车路协同环境下异构交通主体智能控制测试验证环境的构建，并制定一系列国家和行业相关标准与规范。系统与技术产业化后将取得巨大的经济效益，成果规模化应用后将取得良好的社会效益，可为提升我国道路交通管理与控制水平、引领世界新一代智能交通发展奠定坚实的基础。

1. 自动驾驶技术历程

智能驾驶是一个交叉学科，既需要车辆工程、控制工程、计算机科学等工程学科的知识，也需要数学、物理学等基础科学的支撑。智能网联汽车通过搭载先进的车载传感器、控制器和数据处理器、执行机构等装置，从而具备在复杂行驶环境下的传感感知、决策规划、控制执行等功能，以实现安全、高效、舒适和节能的智能行驶。无论物理意义上的传感器、控制器和执行机构，还是算法层面的传感感知、决策规划和控制执行，其实都是一种控制系统。本书就从控制理论与控制工程的角度讲述控制系统与自动驾驶安全设计的关系。

20世纪40年代是自动化技术和理论形成的关键时期，一批科学家为了解决军事上提出的火炮控制、鱼雷导航、飞机导航等技术问题，逐步形成了以分析和设计单变量控制系统为主要内容的经典控制理论与方法。例如，早期的定速巡航系统就是一个使用经典控制理论的 PID 控制系统设计的。

20 世纪 50 年代末到 60 年代初，大量的工程实践，尤其是航天技术的发展，涉及大量的多输入/多输出系统的最优控制问题，用经典的控制理论已难以解决，于是产生了以极大值原理、动态规划和状态空间法等为核心的现代控制理论。汽车防抱死制动系统就是一个使用现代控制理论的典型的最优控制系统设计。

智能控制的思想出现于 20 世纪 60 年代，智能控制是具有智能信息处理、智能信息反馈和智能控制决策的控制方式，是控制理论发展的高级阶段，主要用来解决那些用传统方法难以解决的复杂系统的控制问题。智能控制研究对象的主要特点是具有不确定性的数学模型、高度的非线性和复杂的任务要求，它适用于对环境和任务的变化具有快速应变能力并需要运用知识进行控制的复杂系统的控制问题。大多数复杂的汽车控制系统，如汽车动力系统，辅助驾驶系统和自动驾驶系统都属于智能控制研究对象。1971 年智能控制奠基人傅京孙教授提出了智能控制概念，归纳了三种类型的智能控制系统：

① 人作为控制器的控制系统；
② 人机结合作为控制器的控制系统；
③ 无人参与的智能控制系统。

自动驾驶等级与以上三种类型的智能控制系统也有着千丝万缕的关系。如果把整车看作被控对象，则 L0 和 L1 基本属于人作为控制器的控制系统；L2 和 L3 属于人机结合作为控制器的控制系统；L4 和 L5 属于无人参与的智能控制系统。智能控制系统的基本结构如图 4-29 所示。

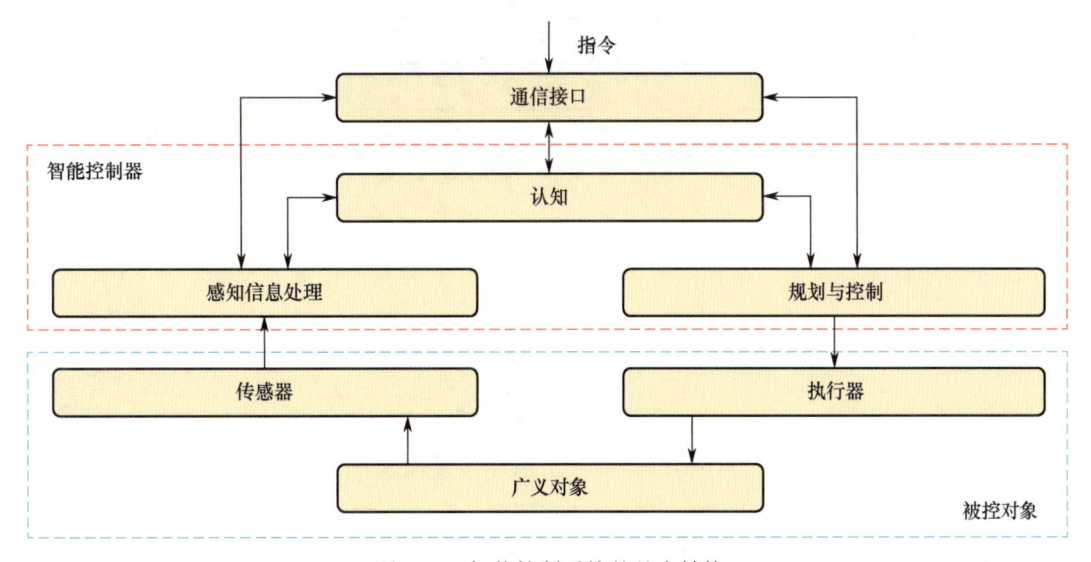

图 4-29 智能控制系统的基本结构

2. 自动驾驶的控制系统

自动驾驶的控制系统是指为了实现各种复杂的控制任务，将被控对象和控制装置按照一定的方式连接起来组成的一个有机整体。自动驾驶的控制系统结构如图 4-30 所示。

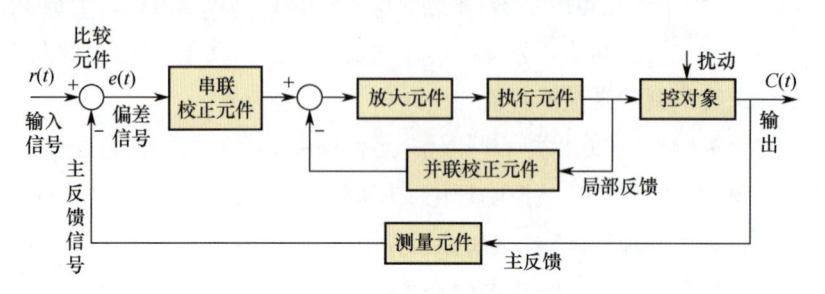

图 4-30 自动驾驶的控制系统结构

反馈信号是由系统（或元件）输出端取出并反向送回系统（或元件）输入端的信号。反馈有主反馈和局部反馈之分，它是实现控制系统三大性能指标（快速性、稳定性和准确性）的最重要和基础的要素之一。只有有了反馈信号，才能形成一个闭环系统，从而让系统拥有减小和消除由于扰动而形成的偏差值，以提高控制精度和抗干扰能力。如果把整个驾驶控制系统看作一个控制系统，分为传感感知、规划决策和控制执行等环节，则智能控制系统映射到各种驾驶控制系统的结构如图 4-31 所示。

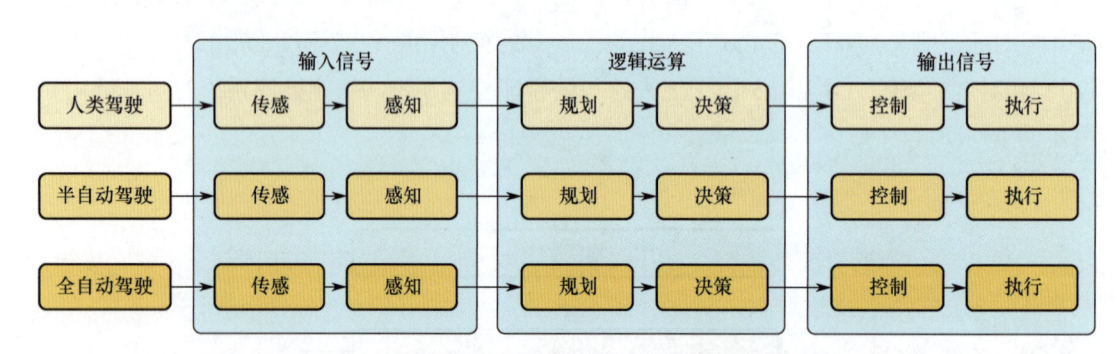

图 4-31 智能控制系统映射到各种驾驶控制系统的结构

输入信号有环境信息、车辆信息等，被控对象可以宏观地理解为车辆本身，输出的是横向和纵向控制等。在人类驾驶控制系统中，驾驶员在整个控制系统中扮演主要角色，车基本上只在执行环节起到相关作用。在半自动驾驶控制系统中，驾驶员虽然在一些情况下允许"脱手"或"脱眼"，但在整个控制系统中依然扮演着重要角色。例如，驾驶员会被要求识别一些车辆无法识别的边界场景；驾驶员可以按照需求接管车辆；驾驶员需要在车辆控制系统出现故障时作为备份执行完整的动态驾驶任务。由此可见，在半自动驾驶系统中，人类驾驶员的参与还是贯穿整个控制系统的。在全自动驾驶控制系统中，车辆被要求执行完整的动态驾驶任务和备份，人类驾驶员不再参与控制系统回路中的任何环节。车辆要独立运行并继续实现快速性、稳定性和准确性这三大控制系统目标，这将是一个非常大的挑战，这不是任何一个环节的提升就能实现的目标，而是整个控制系统的一次"大跃进"，传感器性能、处理器运算能力、执行器可靠性都需要大大提升。

3. 自动驾驶的安全控制系统

《道路车辆功能安全标准》（ISO 26262）中对功能安全的定义为：不存在由电子电气系统的功能异常表现引起的危害而导致不合理的风险。因此，自动驾驶的核心功能是安全控制，特别是电子电气相关的安全功能都是由输入、逻辑和输出等模块组成的控制系统。功能安全开发始于相关项定义，其目的也是定义清楚相关项的功能、接口和边界，从而为下一阶段的风险评估与危害分析中的功能故障定义和整车表现做好准备，这也是一种复杂的控制系统。

安全需求，包括功能安全需求、技术安全需求和软硬件安全需求。导出这些需求的关键输入除了安全功能的需求，相关的技术设计框图也是非常重要的，如系统设计框图、软件架构设计图等。可以将整个控制系统分为输入、逻辑和输出模块，分别导出相关的需求，再分配给相应的 ECU、系统部件或软硬件模块。

安全机制是由电子电气系统的功能、要素或其他技术来实施的技术解决方案，以探测故障、控制失效。如何探测故障，无论多复杂的控制系统，都可以按照功能和需求将其打散成多个简单的控制回路，从而探测故障。如果整个控制回路是个白盒，控制系统的输入是可预见的，传递函数是已知的，即已知的输入必定有已知的输出，这样的系统通常可以利用简单反馈被监控。

功能安全设计是由很多监控小模块组成。一旦控制系统出现任何问题或故障，监控模块就可以通过控制系统已知的特性和模型去判断、识别问题或故障。如果由于控制系统的局限性导致输入是未知的，传递函数和模型也是未知的或不精确的，如何保证控制系统的准确性？如果控制系统是安全相关的，又如何保证其安全性？这就是预期功能安全要解决的问题。数学模型复杂且不确定的控制系统流程如图 4-32 所示。

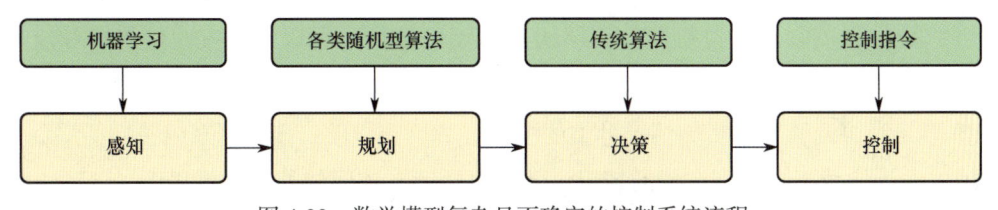

图 4-32 数学模型复杂且不确定的控制系统流程

对于输入信号不确定、数学模型复杂且不确定的控制系统，如何进行相关设计？在智能化程度比较高的系统中可以采用分级递阶的智能控制方法进行设计。分级递阶智能控制是在人工智能、自适应控制和运筹学等理论的基础上逐渐发展形成的，是智能控制最早的理论之一。当系统由若干个可分的、相互关联的子系统构成时，可将系统中的所有决策单元按照一定的优先级和从属关系递阶排列，同一级各单元受到上一级的干预，同时对下一级单元施加影响。若同一级各单元目标相互冲突，则由上一级单元协调。这是一种多级多目标的结构，各单元在不同级间递阶排列，形成金字塔形结构。此类结构的优点是全局与局部的控制性能都较高，灵活性与可靠性好，任何子过程的变化对决策的影响都是局部性的。从最低级执行级开始，其智能要求逐步提高，越高的层次越需要高的智能，而精度则递减。此类结构具有以下特点：

① 越是处于高层的控制器，对系统的影响越大；

② 越是处于高层，就有越多的不确定性信息，使问题的描述难以量化。

分级递阶智能控制系统结构如图 4-33 所示。

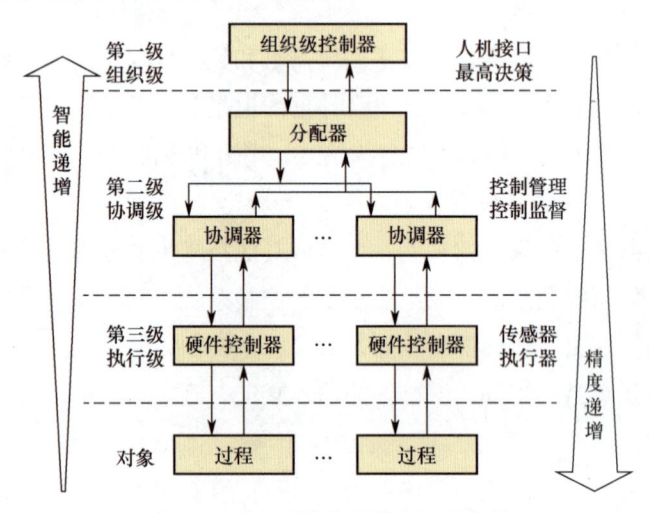

图 4-33　分级递阶智能控制系统结构

4. 映射到自动驾驶控制系统

将图 4-33 中的分级递阶智能控制系统映射到自动驾驶控制系统，具体如下。

① 第三级执行级对应反应层（或功能层）：该层负责执行上层要求的基本任务，执行较低级的操作和控制硬件执行器；该层的处理频率较高，可以满足实时性操作和反应的要求。

② 第二级协调级对应实施情况分类的主管层和反应导航：该层用来监督功能层，使用从传感器派生的数据来识别车辆的情况，并产生轨迹；该层的处理频率居中。

③ 第一级组织级对应规划层：该层生成高级计划（道路和交叉交叉口的预估），以及车辆从当前位置到目的地将遵循的路径等；该层的频率相对较低，不需要满足实时性的要求。

对安全的设计也可以按照与此相同的逻辑，对不同层级的特性和属性设计相应的安全机制。Conrad J. Pace 和 Derek W. Seward 就在一个自动挖掘机的应用中使用了这种设计方法。对底层的功能层来说，由于时间响应实时性的要求和硬件架构的原因，通常功能和安全机制是不需要进行隔离设计的。对第一层和第二层来说，由于采用非确定性算法、机器学习等算法，其本身无法满足安全设计的要求，因此需要单独设计相应的安全机制来满足其高安全等级的要求。这两层的安全设计与 Phillip Koopman 在 2016 年提出的 Checker/Doer 是一样的机制，这里的 Doer 就采用了复杂算法的功能，Checker 则是更传统的软件技术，用于执行安全要求。Checker 只检查 Doer 做出的决策是否违反相应的安全规则和假设。以路径规划为例，Checker 始终只检查被选择的规划方案是否会撞上任何已知的障碍物。通过通信获取反馈信号和信息交互是实现此方法的核心要素之一。

《道路车辆 预期功能的安全标准》（ISO/PAS 21448—2019）中对预期功能安全的定义为：不存在由于预期功能的性能不足引起的危害而导致不合理的风险。预期功能安全流程的最重要的目的之一就是不断降低未知场景的可能性，而这些场景是整个自动驾驶控制系统的重要输入之一。因此，这个过程就是不断地让输入变成可预见的。该标准还通过一系列的方法和流程定义了导致危害事件的起因，包括系统功能和需求的不足和局限，特别是传感器的感知和控制器的规划算法。这一过程就是不断地优化算法，让模型不断地完善。《自动驾驶安全评估标准》（UL 4600）将自动驾驶系统的安全要求分为 ODD、传感器、感知、机器学习和人工智能、规划、预测、决策，控制等环节，其实就是对控制系统的解耦，化繁为简，为安全设计提供指导。UL 4600 还利用一种快速迭代的方法，根据现场数据的反馈不断地完善标准的要求，这一过程就是利用反馈手动地优化输入信息以完善模型。从控制系统的角度看自动驾驶及其安全设计，就是设计一个稳定、快速、准确的自动驾驶控制系统。

4.2.3 智能车路协同管控体系外部群体控制

为适应未来车路协同技术与系统的发展需要，提升道路交通管理与控制水平，智能车路协同管控可视化推演平台在体系外部拟解决的关键科学问题。智能车路协同管控可视化推演平台在体系外部研究内容及其相互关系如图 4-34 所示。

智能车路协同管控体系外部将围绕车路协同环境下复杂混合交通群体智能决策机理与协同控制理论的科学问题，引入全息状态重构、信息可信交互、群体决策控制、混合测试验证等新技术，构筑交通状态计算空间、安全可信交互空间、协同决策控制空间、虚实混合验证空间四大层次化空间，以车路协同环境下感知的人车状态交通大数据为基础，以全息交通状态重构为计算处理方法，以群体运动态势为智能决策与协同控制依据，以群体车辆和交通管理控制为实施手段，形成复杂混合交通群体协同控制系统体系架构，并研制大规模异构交通主体协同行为仿真分析与验证平台，建设虚实场景混合的异构车辆群体协同控制集成与测

智能车路协同管控 可视化推演平台

试环境,最终达到保障信息交互安全、提升交通协同水平、验证群策群控效果的目的。

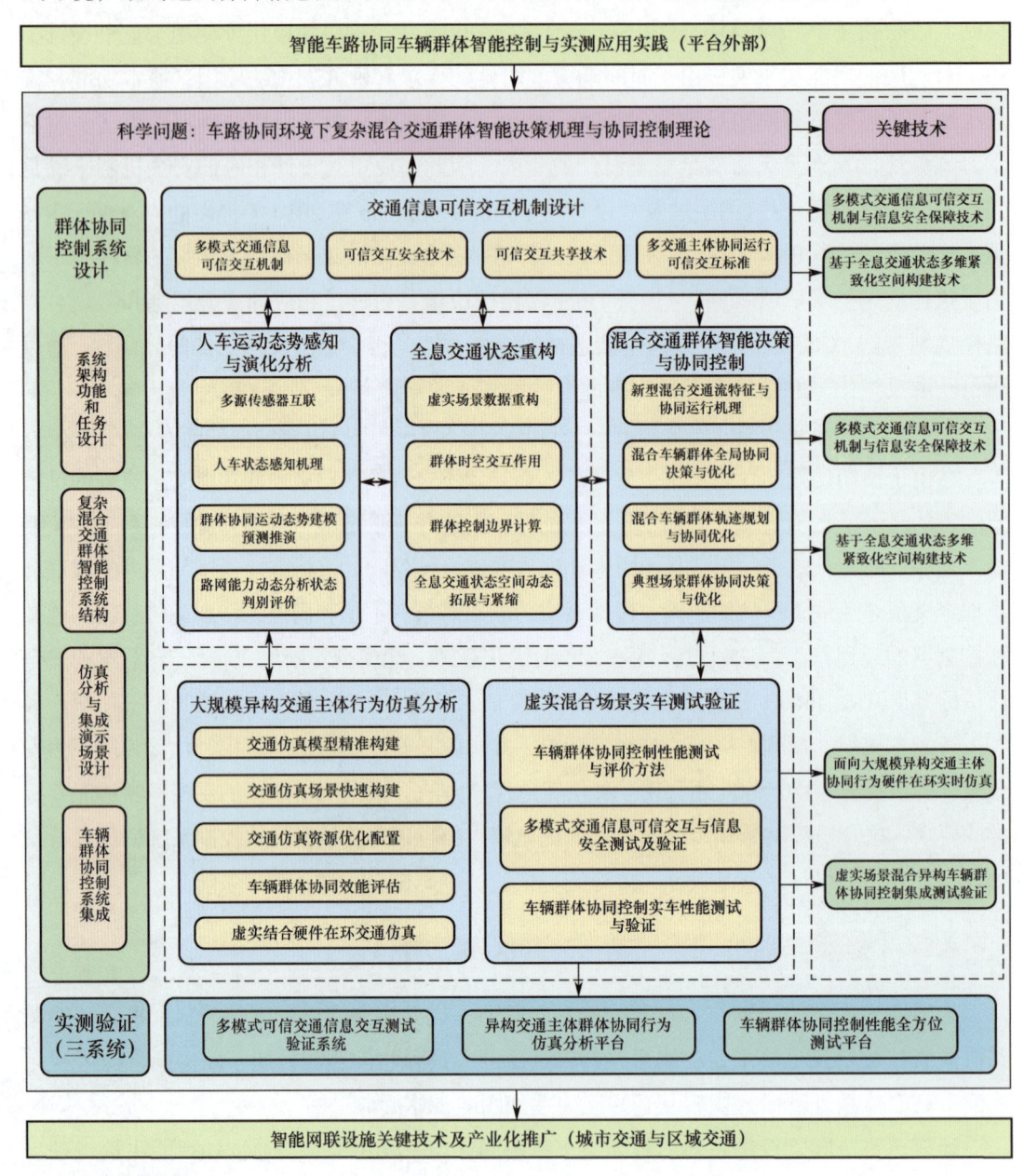

注释:源自张毅教授

图 4-34 智能车路协同管控可视化推演平台在体系外部研究内容及其相互关系

1. 智能车路协同管控体系内部研究内容

1)混合交通群体协同决策与优化控制理论方法

① 研究车路协同环境下新型混合交通流基本特性与机理。解析混合车辆群体微观特

性、混合车辆车队运行特性和混合交通流宏观运行特性。

② 研究面向混合交通的车辆群体协同决策理论与方法。提出混合车辆群体全局协同决策与优化理论，研究基于车辆群体智能的路权分配协同优化方法，实现对混合车辆群体轨迹的规划与协调优化。

③ 研究城市道路混合交通协同控制理论与方法。建构全息条件下城市道路混合交通协同控制理论和实现方法，研究不同渗透率下的城市道路混合交通协同控制理论，设计人工/自动混驾城市道路交通协同控制方法。

④ 研究快速路混合交通协同控制理论与方法。提出全息条件下快速路混合交通协同控制理论与方法，探索不同渗透率下的协同控制快速路混合交通的理论与方法，研究人工/自动混驾快速路交通协同控制理论与方法。

⑤ 研究典型场景混合交通协同决策与优化控制实现方法。提出新一代城市道路交通控制系统协同决策与优化控制技术，研究面向公交优先的城市道路混合交通协同决策与优化控制技术和面向可变限速的快速路混合交通协同决策与优化控制技术。

2）异构交通主体群体智能协同行为仿真分析与验证评估

① 研究异构交通主体群体智能行为仿真建模与协同优化方法。构建异构交通主体的动力学仿真模型并分析模型参数动态特性，建立基于信息交互支撑的多车运动学协同决策仿真模型，实现大规模异构多交通主体群体智能协同建模与优化。

② 研究可信交互的异构交通主体深度认知协同仿真控制方法。提出基于可信交互的交通主体主被动仿真控制策略，研究基于深度认知的异构交通主体协同仿真方法，实现对仿真资源的自组织性能最优智能配置。

③ 研究大规模异构交通主体协同仿真运行场景设计与构建方法。实现对大规模交通仿真环境的特征提取与模块化快速构建，动态生成异构交通主体运行仿真序列，完成对仿真场景的定制化设计，研究虚实结合的车路协同仿真场景注入式动态配置技术。

④ 研究大规模异构交通主体协同行为仿真平台构建方法。设计异构交通主体行为仿真系统一体化开放式架构，构建面向真实应用场景的"近零现场"仿真环境，搭建支持人工/自动混驾的多层级硬件在环实时仿真技术与平台。

⑤ 研究基于交通大数据的群体智能协同行为仿真验证与效能评估方法。构建基于交通大数据的群体智能协同行为仿真分析与效能评估体系，对基于大规模路网的多节点多主体全覆盖场景进行仿真验证，研究混合仿真场景下群体智能协同能力验证与评估方法。

3）全息交通状态重构与车辆群体协同控制测试验证

① 研究面向车辆群体协同控制性能测试的全息交通状态重构技术。构建车路协同系统全息交通状态多维紧致化空间，解析基于全息交通状态空间的车路协同系统关系，提出面

向车辆群体态势预测与协同控制性能提升全息交通状态空间优化方法。

②研究车辆群体协同控制性能测试与评价方法。基于所构建的车辆群体协同控制性能测试指标，自主生成车辆群体协同控制性能复合测试方案，研究车辆群体协同控制性能测试结果分析与反馈方法。

③研究多模式交通信息可信交互与信息安全测试与验证技术。测试异构交通群体多模式交通信息可信交互性能、异构交通群体多模式交通信息安全技术，从系统层面测试异构交通群体多模式交通信息可信交互与信息安全。

④研究车辆群体协同控制实车性能测试与验证技术。对异构交通主体状态感知与运动态势预测效果进行测试，采用实车测试车辆群体协同控制元功能，提出车辆群体协同控制综合性能的测量与提升方法。

⑤研究车辆群体协同控制典型应用演示方法。设计车路协同环境下车辆群体协同控制性能演示系统、虚实混合车辆群体协同控制智能演示平台，在封闭测试环境中对典型场景下异构交通群体协同控制性能进行集中演示。

2. 智能车路协同管控体系内部解决问题

1）群体协同控制系统设计与信息可信交互机制

①研究车路协同环境下的车辆群体协同控制系统设计方法。提出车路协同环境下的车辆群体协同控制系统体系架构，设计车辆群体协同控制系统主要功能和任务，研究车辆群体协同控制系统集成技术。

②研究面向混合交通的车辆群体决策与控制机制。设计面向混合交通的车辆群体动态决策机制、面向自动驾驶的车辆群体协同控制机制和面向人工/自动混驾的车辆群体协同控制机制。

③研究多模式交通信息可信交互机制与信息安全技术。建立支持多交通主体协同运行的多模式交通信息可信交互机制研究，研究基于可信交互机制的交通信息可信交互安全技术，构建基于可信交互机制的交通信息可信交互共享平台。

④研究车辆群体协同控制仿真分析与集成演示场景设计技术。设计车辆群体协同控制仿真分析与验证环境、车辆群体协同控制实车测试典型应用场景、车辆群体协同控制仿真分析与集成演示方式。

⑤研究车路协同环境下异构交通系统与信息交互标准。制定车路协同环境下异构交通系统标准、车路协同环境下交通信息可信交互标准、面向混合交通的车辆群体决策与控制协议。

2）现代人车状态感知与群体运动态势演化机理

①研究车路协同环境下的人车状态感知与运动行为理解方法。基于多源传感器互联的

人车状态感知信息，研究基于深度学习的高维感知信息自适应关联匹配方法，在车路协同环境下理解人车运动行为特征。

②研究面向混合交通群体的交通大数据处理与运动状态识别技术。实现对交通大数据的异常检测智能诊断和自动修复，综合计算和分析面向车辆群体智能的交通大数据，基于交通大数据识别混合交通群体运动状态。

③研究基于交通大数据的混合交通群体协同运动态势分析方法。基于交通大数据分析混合交通群体运动状态特征，对混合交通群体协同运动态势进行建模，分析全时段多场景混合交通群体运动态势及协同控制影响。

④研究复杂交通环境下混合交通群体运动态势预测与推演技术。分析复杂交通环境下混合交通群体运动态势演化特征，建模并预测复杂交通环境下群体车辆协同运动态势演化趋势，基于预决策信息推演混合交通群体运动态势。

⑤研究车辆群体智能作用下路网运行状态判别与评价方法。动态分析车辆群体智能作用下路网通行能力，判别车辆群体智能作用下路网混合交通流运行状态，以多目标导向对路网混合交通群体运动态势进行综合评价。

3. 智能车路协同管控体系内部关键技术

为适应未来车路协同技术与系统的发展需要，提升道路交通管理与控制水平，智能车路协同管控可视化推演平台在体系外部拟解决的关键科学问题。智能车路协同管控可视化推演平台在体系外部拟解决的关键技术包括：

①基于全息交通状态的多维紧致化空间构建技术；
②基于交通大数据的人车状态感知与运动态势识别技术；
③多模式交通信息可信交互机制与信息安全保障技术；
④面向道路新型混合交通的群体智能协同控制技术；
⑤面向大规模异构交通主体协同行为的硬件在环实时仿真技术；
⑥虚实场景混合的异构车辆群体协同控制集成测试验证技术。

智能车路协同管控可视化推演平台在体系外部将在深入研究复杂混合交通全时空行为特征的基础上，解析车路协同环境下车辆群体的协同行为关系与智能决策机理，构建大规模异构交通主体协同行为仿真平台，设计虚实场景混合的异构车辆群体协同控制集成与测试验证方案。

4. 智能车路协同管控体系内部研究方法

1）研究方法

针对智能车路协同管控可视化推演平台在体系外部研究拟解决的问题，采用的方法、

智能车路协同管控 可视化推演平台

原理、机理、算法、模型项目围绕智能车路协同环境下复杂混合交通群体智能决策与协同控制的科学问题，拟解决协同控制系统设计、交通信息安全交互、群体运动态势识别、群体协同决策控制、超高维状态计算、大规模仿真分析和虚实场景实车验证等关键技术问题，形成包括基础理论、关键技术和测试验证等在内的系列化成果，制定一批国家和行业标准。

① 群体协同控制系统设计与信息可信交互机制研究。针对面向智能网联、自动驾驶和人工/自动混驾等混合交通环境下的车辆群体智能决策与协同控制的需要，基于全局分布式、局部动态集中式的结构理念，研究具有通用架构的交通群体决策与控制机制；针对车路协同系统的低时延和高移动性特点，基于PKI公钥机制，引入机器学习、区块链等新技术，研究基于车路协同和群体智能的交通业务流程与功能特性的可信交互机制，突破能够支持多交通主体协同运行的多模式交通信息可信交互安全关键技术，并开发信息安全交互共享平台；结合车辆群体协同控制仿真与实车测试验证结果，制定车路协同环境下异构交通系统智能决策与协同控制的协议与规范，并制定支持多交通主体协同运行的多模式交通信息可信交互通信标准。

② 现代人车状态感知与群体运动态势演化机理研究。针对复杂交通环境下人车状态繁杂、识别不精确、感知不全面等问题，利用卡尔曼滤波、深度学习和证据推理的方法，研究人车状态感知和信息关联匹配方法，建立高维感知信息的自适应关联匹配模型，提出准确完备的人车综合运动行为理解方法；针对交通数据的复杂性、多样性以及传感器的限制性，利用大数据技术挖掘交通数据特性，实现多交通主体运动状态和动作行为的精确感知；针对复杂交通环境的强随机、大时延、异粒度等特点，研究预决策信息作用下运动态势推演过程中的扰动传播特性；针对混合交通群体车辆运行交通流特征，分析不同时空条件、各类交通运行环境下混合交通流特征规律，构建路网承载能力动态分析方法，进而评价混合交通群体运动态势演化效果。

③ 混合交通群体智能决策与协同控制理论方法研究。新型混合交通群体协同决策与优化控制理论及方法是本项目核心之一，首先针对不同自动化等级的网联自动驾驶车辆在感知能力、控制决策、交互行为等方面与传统人工驾驶车辆存在的差异，研究车路协同环境下混合交通流基本特性与协同运行机理；利用网联车的交互能力，以及自动驾驶车的可控性，充分考虑人类驾驶车辆的随机性和动态性，构建新型混合车辆群体协同决策理论和方法；面向多模式车辆交通流条件下四种交通控制模式，即信号灯控制、网联车辆诱导、自动驾驶车辆自主控制及通过网联和自动驾驶车辆间接控制常规车辆等，设计城市道路间断混合交通流协同控制理论与方法；针对网联自动驾驶车辆的混入所造成的交通流运行规律变化，整合系统整体、车道及个体车辆的优化控制手段，提出快速路连续混合交通流协同控制策略，并通过典型场景混合交通协同决策与优化控制进行展示。

④ 异构交通主体群体智能协同行为仿真分析与评估。针对混合交通群体协同决策与优

化控制问题,研究从单车微观、多车中观到群体宏观的智能协同控制方法,实现从单体到群体的异构交通主体仿真模型建立;针对车路协同环境下信息可信交互模式,研究单车动力学控制、多车运动学协同的主被动仿真策略;针对大规模交通系统中异构交通主体高效可信协同运行需求,研究适应建模、仿真、评估一体化的开放式仿真架构,研究在数据感知、可信交互与协同决策层面面向真实应用场景的"近零现场"仿真环境,实现支持人工/自动混驾的多层级硬件在环实时仿真;针对群体智能协同控制方法在车路协同环境下的应用效能评估问题,研究基于大数据的异构交通主体协同行为仿真分析与效能评估指标体系,结合多节点、多主体的大规模路网全覆盖场景仿真验证,实现群体智能协同控制方法在安全、效率方面的多维度评估。

⑤ 全息交通状态重构与车辆群体协同控制测试验证。考虑车辆动力学、群体几何构型、信息流拓扑结构、分布式控制机制等情况,基于金字塔模型构建多尺度多层次车路协同控制性能评价指标体系,建立涵盖安全性、合规性、时效性、经济性、舒适性等多目标的评价决策函数,基于渗透测试原理提出兼顾渗透深度和广度的最优测试方案自主生成技术;根据车路协同环境下多交通主体协同运行的通信需求,对车车/车路通信系统中网络层、节点层和进程层各模块功能进行建模;在各类城市道路及快速路典型行车场景中测试实车群体的交通状态感知与协同控制性能,使用延缓纠正策略的测试性增长试验技术迭代,改善车辆群体协同控制性能;利用蒙特卡洛方法优化封闭测试场景布局及组合测试序列,构建虚拟、硬件在环及实车等一体化的车路协同测试平台,建立车载-路侧-监控中心三级测试数据记录系统。

2)智能车路协同管控平台在体系外部研究方法可行性、先进性分析

智能车路协同管控可视化推演平台在体系外部提出的研究方法和技术路线是在对每个环节所涉及的科学问题和难点进行深入分析的基础上,结合合作建设各单位前期相关研究而设计的,具备创新性和可行性。

① 可行性分析。智能车路协同管控可视化推演平台在体系外部需求清楚,科学问题凝练准确,有针对性地对项目关键研究内容提出了有效的解决方案,并已开展大量前期研究工作。项目组在理论技术支撑、应用测试示范和科研团队保障方面确定的实施方案具备极强的可行性。

• 在理论技术支撑方面。

多维紧致化空间的构建为车路协同协调决策控制、虚实混合的测试验证等提供了不可或缺的数据处理手段。提出的用于车路协同系统元素静态属性和运动状态全景信息的新型紧致化空间的构建方法,可有效实现全息交通状态的重构,并可建立紧致化空间与实体化车路协同系统之间的闭环反馈信息交互机制,以服务于群体运动态势的快速识别和预测。

智能车路协同管控 可视化推演平台

交通流、"熵"及"决策场"理论等为车路协同环境下的混合交通群体运动态势表征分析、演化预测奠定了良好基础；基于车载的各种摄像头、雷达、GNNS 等传感器性能的提升，交通传感器的铺设，通信信息网络的普及，为课题研究提供了交通大数据源；数据融合算法、人工智能技术等，为交通大数据分析提供了合适工具。

多分辨率建模、仿真资源优化配置等新理论新方法能够有效地解决大规模异构交通主体仿真性能低下的问题，能够高效地实现可信交互、智能控制、效能评估、交通建模一体化仿真，为异构交通主体群体智能协同行为分析提供保障，能够解决信息不对称环境下群体协同仿真交互问题。

虚实混合测试验证技术实现仿真的规模化和可拓展化，以及通信仿真、交通仿真、三维可视化与指标评估一体的多联邦合作仿真，建立了国内首套车路协同系统仿真、测试及验证平台、基于虚拟现实的人工/自动混驾仿真平台和基于硬件在环仿真与虚拟现实的智能汽车室内测试系统，为异构交通主体群体智能协同行为仿真提供了必要的基础条件。

- 在应用测试示范方面。

智能车路协同管控可视化推演平台在体系外部研发了国内首套车路协同系统，在车辆控制、可靠通信、场景测试方面进行了深入研究，并且在青岛、上海、南京、武汉等国际会议上成功演示。项目组建立了国内首套车路协同仿真系统，拥有交通运输部认定的自动驾驶封闭场地测试试验场、车联网教育部-中国移动合作实验室及具有自主知识产权基于硬件在环仿真与虚拟现实智能汽车室内测试系统，能够保证车辆群体协同控制实车验证顺利实施。

- 在科研团队保障方面。

智能车路协同管控可视化推演平台在体系外部包含众多技术骨干和青年技术人才，长期从事车路协同相关领域研究，具有深厚的理论造诣和实践经验，具有完善的科研创新团队机制与组织，在智能交通理论方法研究、技术实现和实验保障方面具备首屈一指的业务能力。智能车路协同管控可视化推演平台在体系外部先后与国际知名科研院所开展了广泛合作，能够为基于车路协同的交通群体智能决策与协同控制的研究拓展提供国际化视野。

② 先进性分析。智能车路协同管控可视化推演平台在体系外部引入状态空间构建、可信交互设计、群体智能控制等新技术，基于交通主体感知网联化、群体协同控制智能化、规模仿真资源适配化、测试验证场景规模化的理念，实现车路协同环境下车辆群体智能控制理论与测试验证，其先进性主要体现在以下几个方面：

- 研究内容先进。

面向未来车路协同环境下人车路异构交通主体构成的新型混合交通系统，针对其自组织、网络化、非线性、强耦合、泛随机和异粒度等特征，构建国内首创、国际领先的新型混合交通流群体协同决策与控制理论及方法体系，并设计相应的混合驾驶车辆群体智能决策与控制原型软件系统，实现全息道路条件下人工/自动混驾不同渗透率交通流背景下城市道路及快速路的协同管控，不仅在理论和关键技术上是先进的，还可为全面提升我国道路交通管理与控制水平，引领世界智能交通发展打下坚实基础。

- 研究理念先进。

针对传统欧几里得坐标体系下交通主体运动状态数据重构中存在的稀疏性与冗余性并存的难题，构建承载人车状态、运动态势和决策预测的多维紧致化交通状态空间，将多源异构交通主体的静态属性和运动状态全景信息转换到高效的紧致化空间，建立新型多维紧致化空间与实体化车路协同系统之间的闭环反馈信息交互机制，攻克智能群体决策与控制的超高维状态计算难题。

- 技术手段先进。

交通数据由于其复杂性、多样性、庞大性，对人、车、路进行协同处理难度巨大。项目研究交通主体群体智能行为仿真建模与协同控制方法，将路网精确描绘与主体动态参与相结合，突破大规模异构场景模块化快速构建技术与群体智能控制技术，构建技术水平一流、研究手段领先的异构交通主体群体智能协同行为仿真分析与测试平台，可实现仿真的规模化和可拓展化，实现大规模、高性能、多场景仿真，并满足智慧城市规划路网扩展、主体增多的需求。

- 验证方式先进。

针对车路协同环境下车辆群体智能控制性能测试与验证，构建虚实混合交通群体智能协同行为仿真与集成测试环境，生成规模可扩展、粒度可变化、场景可重构的车辆群体协同控制智能测试平台，实现车辆群体智能控制功能与性能多尺度、多层次的测试评价。

4.2.4 智能车路协同管控人-车-路-网-云要素

当前，5G 车联网不仅要实现车路协同，更要实现"人-车-路-网-云"五维高度协同。人方面，以 MaaS 为核心，为消费者提供一站式出行服务，让消费者成为"自由的人"；车方面，未来的车不仅是数据发送方和接收方，还是计算节点，更是数据分享节点，"聪明的车"将越来越聪明；路方面，将兼具各类通信方式（LTE、5G、LTE-V2X、5G NR-V2X 等），具备集成路侧交通信息采集发布，具备本地边缘计算能力等，通过一体化路侧智能设施打造"智慧的路"；网方面，5G 网络两大核心能力——移动边缘计算和网络切片，将构建"灵活的网"；云方面，将构建一体化开放数据公共服务平台和云控平台，同时通过云边协同形成"强大的云"。

1. 5G 车联网发展自动驾驶与智慧交通

1）5G 车联网发展赋能实现自动驾驶和自主交通

① 自动驾驶方面。目前主流车企正从 L2/L2.5 迈向 L3，陆续发布 L3 量产车型，并逐

步向 L4/L5 演进。自动驾驶初创公司绝大部分直接切入 L4/L5。而实现自动驾驶 L4/L5，存在仅仅依靠单车智能无法解决的场景，如前方大车遮挡住红绿灯、大车遮挡鬼探头、前方几千米外交通事故预知等。这些场景，依靠车联网技术的上帝视角可以较好地解决。

② 单车智能长尾效应

仅仅依靠单车智能虽然能够较好地解决小规模测试问题，但依然存在长尾效应。所谓长尾效应，是指 99%力量用于解决 1%的问题。如依靠单车视觉识别交叉口红绿灯信息，由于存在树木遮挡、强光效应、极端天气等因素，无法做到 100%准确。对于这样存在自动驾驶长尾效应的场景，可以利用车联网的车路协同技术共同解决。

③ 自动驾驶不能仅依靠单车智能

需要依托多传感器融合，包括视觉、雷达、激光雷达、高精度地图和定位等技术。采用车联网技术将有效降低实现 L4/L5 自动驾驶的汽车端成本压力。可以省掉激光雷达或大幅度降低激光雷达规格，以及高精度地图采集成本。

以上三方面因素，意味着 5G 车联网是实现 L4/L5 自动驾驶的必要条件之一。这是为什么网联自动驾驶（CAV），即网联（Connected Vehicle，CV）+自动驾驶（Autonomous Vehicle，AV）是美国自动驾驶发展的重点方向之一。现阶段车联网技术按照标准定义仅能实现信息告警类业务，还不足以达成此目标，需要车联网标准持续演进。

2）智慧交通经历不同的发展阶段

智慧交通发展出现 ITS1.0 是信息化阶段，ITS2.0 是网联化+协同化阶段，ITS3.0 是自主交通阶段。智慧交通的本质是实现道路交通安全和出行畅通，ITS1.0 主要实现交通各个环节信息化，ITS2.0 主要实现人、车、路、环境的网联和协同，ITS3.0 主要实现人、车、路、环境等全要素的自主感知、自主决策和自主控制。智慧交通的持续演进，已经不能只依靠解决道路侧的问题，而是需要综合解决人、车、路、环境的问题。车联网恰好可以助力智慧交通从 1.0 迈进 2.0，并进一步演进到 3.0 阶段。5G 车联网是实现自主智慧交通的必要条件之一。

2. 人-车-路-网-云"五位一体"协同

5G 车联网发展需要依托人-车-路-网-云"五位一体"协同，打造"自由的人""聪明的车""智慧的路""灵活的网""强大的云"。

1）"自由的人"

5G 车联网的目标是解放人的双手、双脚和大脑，让人类出行变得自由自在。车联网提供的业务从信息娱乐服务类业务，向安全出行类业务和交通效率类业务快速迭代发展，并逐步向支持实现自动驾驶协同服务类业务演进。

早期车联网实现的是 Telematics，通过 2G/3G/4G 网络连入互联网，可以进行实时导航、网页浏览、在线音视频、车辆数据监控、车载 App 应用，并且可以通过手机 App 对车辆进行远程监控和操作等。车载信息娱乐系统（In-Vehicle Infotainment，IVI）在 5G 时代来临之后，产品形态将发生变化，如 AR 导航产品等；而且能提供的业务类型也将更加丰富，如 VR 实时通信业务等。除了面向 C 端的车载信息娱乐服务外，还有大量面向 B 端的信息娱乐服务类业务。例如，汽车远程服务提供商提供车队管理、共享出行等业务；保险公司提供基于用户行为的车辆保险业务等。

当前车联网重点关注的是安全出行类业务和交通效率类业务。3GPP 已经发布了 LTE-V2X 的 27 种应用场景标准，主要实现辅助驾驶功能，包括主动安全（如碰撞预警、紧急刹车等）、交通效率（如车速引导）、信息服务等。

中国汽车标准委员会制定的《合作式智能运输系统 车用通信系统 应用层及应用层数据交互标准》（T/CSAE 53—2017）应用列表中定义了 17 种典型车联网应用层标准，包括 12 种安全类业务、4 种效率类业务、1 种近场支付信息服务。而 5G 车联网定义了实现自动驾驶功能的 25 种（3GPP TR 22.886）应用场景，包括车辆编队、高级驾驶、远程驾驶、扩展传感器四大类功能，加上基础功能，共 25 种应用场景。

① 车辆编队。实现多车自动编队行驶，编队中后车通过车-车实时连接，根据头车操作而变化驾驶策略，整个车队以几米甚至几十厘米的车距编队行驶。头车做出刹车指令后，通过 V2V 实现前后车之间的瞬时反应，后车甚至可以在前车开始减速前就自动启动制动，从而实现后车跟随式自动驾驶。

② 高级驾驶。实现半自动或全自动驾驶，每辆车都与周边车辆和 RSU 共享各自的驾驶意图，车辆之间可以实现运动轨迹和操作协同。例如，主车在行驶过程中需要变道，将行驶意图发送给相关车道的其他车辆和 RSU，其他车辆进行加减速动作，或者由路侧基础设施根据主车请求统一协调，使车辆能够顺利完成换道动作。

③ 远程驾驶。实现对车辆的远程驾驶操作，可用于驾驶员无法驾驶车辆，或者车辆处于危险环境等驾驶条件受限场景；也可用于特定封闭园区、矿山、港口、公共运输等行驶轨迹相对固定的场景。

④ 扩展传感器。实现车端和路侧传感器采集的数据或实时视频数据在车辆、行人、RSU 和云平台之间的交换，从而扩展车辆传感器的探测范围，使车辆对周边情况，甚至是几千米以外的情况能有更全面的了解。

2）"聪明的车"

聪明的车不仅是车本身聪明，而且能和外界实现联网交互，即聪明的车=单车智能+智能网联。单车智能主要包括决策层、高精度地图和定位、传感器、处理器等核心组件。L4/L5 自动驾驶决策层主要依靠人工智能算法、深度学习等技术，为车辆提供驾驶行为决策判断；

高精度地图和定位是实现自动驾驶的关键能力之一，是对自动驾驶传感器的有效补充；传感器是自动驾驶的"眼睛"，主要包括摄像头、毫米波雷达和激光雷达等；处理器是汽车的"大脑"，车载计算平台包括芯片、显卡、硬盘、内存等。

智能网联主要通过 OBU 实现。OBU 是一种安装在车辆上用于实现 V2X 通信的硬件设备，可实现与其他 OBU（PC5）、RSU（PC5）、行人（PC5）和 V2X 平台（Uu）之间的通信。OBU 上需要集成通信网络，包括 4G/5G Uu 通信芯片和模组、LTE-V2X/5G NR-V2X 通信芯片和模组。OBU 的基本功能包括业务功能、管理功能和安全功能。

交互的数据主要包括：上报类信息，如车辆安全消息，发送频率为 10Hz；下发类信息，如信号灯消息，发送频率为 2Hz；下发类信息，如地图消息，发送频率为 2Hz；下发类消息，如路侧单元消息，发送频率为 1Hz；下发类消息 RSM（Road Side Message，路侧安全消息），发送频率 1Hz。

目前的 LTE-V2X OBU 主要用于消息展示与提醒，对应前装和后装有不同的产品形态。

① 前装方面。除了将 C-V2X 功能集成到 T-BOX，消息显示与提醒功能可以放到液晶仪表盘或中控显示屏。2019 年 4 月 15 日，广汽、上汽、东风、长安、一汽、北汽、江淮、长城、东南、众泰、江铃集团新能源、比亚迪、宇通 13 家车企共同宣布支持 C-V2X 商用路标，并规划于 2020 年下半年到 2021 年上半年实现 C-V2X 技术支持汽车的规模化量产；福特公司在 2019 年 9 月 6 日宣布计划于 2020 年上半年推出基于 C-V2X 的部分预商用功能，即基于中国道路交通法规与实际路况，结合驾驶员意图、速度、距离等信息，对算法模型进行优化，为车主准确、适时、智能地推送道路交通信息与最佳驾驶方案，避免不必要的信息干扰；奥迪公司作为在我国首家进行 V2X 交通信号灯信息演示的车企，也在无锡展示了城市交通环境下的全新自动驾驶功能。

除了乘用车，C-V2X OBU 会在商用车型中先行部署，如出租车、公交车、物流卡车、矿卡、港口车辆等。这些类型的商用车型相比乘用车型具有更为清晰的商业模式。以物流行业为例，高昂的人力成本为物流行业引入自动驾驶和车联网提供了最基本的驱动力。

② 后装方面。在国内第一个车联网先导区无锡，移动发布了 YJ801 后视镜 V2X 试商用版本，能够实现红绿灯信号推送、导航、定位等功能；在美国怀俄明州交通局 DSRC 项目中使用 Onboard HMI 设备，可以看到严重告警信息（如极端大雾天气、道路施工等）、普通告警信息（如雨雪天气等）、限速信息、前向碰撞预警、车辆速度信息等；在美国佛罗里达州 Tampa，由坦帕-希尔斯堡高速公路管理局牵头的 DSRC 项目中部署了智能后视镜 HMI 设备，可显示前车紧急刹车信息、限速信息、车辆速度信息等。

3）"智慧的路"

车联网路侧基础设施主要包括：通信基础设施，即 4G/5G 蜂窝基站。C-V2X 专用通信基础设施，即 RSU。路侧智能设施，包括交通信号灯、标志、标线、护栏等交通控制设施智能化，以及在路侧部署的摄像头、毫米波雷达、激光雷达和各类环境感知设备。多接入边缘计算/移动边缘计算（Mobile Edge Computing，MEC）设备。

一体化路侧智能设施由上述四类设备综合构成，除明确由运营商投资建设的之外，其他设备投资规模巨大，投资建设主体碎片化。

C-V2X RSU 是部署在路侧的通信网关。RSU 基本功能包括业务功能、管理功能和安全功能，业务功能主要包括数据收发、协议转换、定位、时钟同步等。RSU 具有不同的产品形态。基础版本支持 LTE-V2X PC5 通信能力，汇集路侧智能设施和道路交通参与者的信息，上传至云平台，并将 V2X 消息广播给道路交通参与者。RSU 还有 LTE Uu + LTE-V2X PC5 双模版本。

5G 时代到来后，RSU 产品形态将更加多样化，如 5G Uu + LTE-V2X PC5 版本、LTE-V2X PC5 + 5G NR-V2X PC5 版本、5G Uu + LTE-V2X PC5 + 5G NR-V2X PC5 版本。除此之外，交通运输部主推的 ETC 路侧设备、公安部主推的汽车电子标识路侧设备，甚至交通信号灯都存在和 V2X 合一的产品形态。RSU 产品形态除了具备丰富的通信能力，还种可能向智能化 RSU 演进，即在 RSU 上集成智能化边缘计算能力。从部署的节奏看，预测未来 2～3 年将以 LTE-V2X PC5 RSU + 5G Uu 蜂窝基站这样的网络部署为主，即点对点（V2I）通过 LTE-V2X 专网支撑，蜂窝（V2N）通过 5G 网络或已有的 4G 网络支撑。

路侧智能设施包括智能化交通控制设施（如交通信号灯、标志、标线、护栏等）和摄像头、毫米波雷达、激光雷达、各类环境感知设备。采用单一传感器存在诸多挑战。例如，摄像头无法获取深度信息、受外界条件影响大；毫米波雷达无法获取高度信息、行人探测效果弱（多适用于高速公路）；激光雷达距离有限（16 线约 100m，32 线约 200m）、角分辨率不足（识别小动物的能力远弱于视觉方式）、环境敏感度高（受大雪、大雨、灰尘影响）等。因此，路侧可以考虑采取多传感器融合方式，如大于 200m 采用毫米波雷达，200m 以内采用激光雷达+毫米波雷达，80m 以内采用摄像头+激光雷达+毫米波雷达。

毫米波雷达和激光雷达实时采集环境信息，分析路面所有大机动车、小机动车、非机动车、行人等的位置、速度、角度和距离，判断障碍物的危险系数，有效提前预警；雷达和摄像头在路侧安装得越近越好，有利于激光雷达三维坐标标定到图像上，这样摄像头可以为雷达检测到的障碍物提供融合识别数据，并能提供障碍物真实的图像信息。MEC 可部署在路侧，或者由运营商部署在其边缘主数据中心和综合接入机房。

4）"灵活的网"

5G 网络的两大核心技术 MEC 和网络切片将与车联网深度融合，为 C-V2X 提供灵活性高、鲁棒性强的网络能力。

① MEC。5G 车联网的 MEC 需要具备多设备连接能力，接入 RSU、OBU、智能化交通控制设施（如交通信号灯、标志、标线、护栏等）、摄像头、毫米波雷达、激光雷达、各类环境感知设备的信息，同时向上连接云平台；MEC 需要具备多传感器融合处理能力，如摄像头+激光雷达+毫米波雷达融合分析算法；MEC 还需要具备 ITS 相关协议处理能力，如针对交叉交叉口防碰撞预警业务，在车辆经过交叉交叉口时，MEC 通过对车辆位置、速度及轨迹进行分析研判，分析出可能存在的碰撞风险，通过 RSU 传输到车辆 OBU，起到预警目的。

② 网络切片。网络切片是 SDN/NFV 技术应用于 5G 网络的关键服务，一个网络切片将构成一个端到端的逻辑网络，涵盖所有网段，包括无线网络、有线网络、传输网、核心网、业务应用，按切片需求方的需求灵活地提供一种或多种网络服务。5G 网络可以为车联网提供 eMBB、mMTC、uRLLC 不同类型的网络切片。其中，eMBB 网络切片可以承载车载 VR 实时通信、全景合成等业务；Mmtc 网络切片可以承载汽车分时租赁等业务；Urllc 网络切片可以承载 AR 导航等业务。网络切片在 5G SA 网络中由运营商投资建设。未来需要界定各类车联网业务到底是在 LTE-V2X PC5 + 5G NR-V2X PC5 专网中部署，还是在 5G 网络切片上承载。

5）"强大的云"

"强大的云"将构建一体化开放数据公共服务平台和云控平台，可为车载终端、一体化路侧智能设施、第三方车联网应用平台提供高并发接入、实时计算、应用托管、数据开放、决策控制等能力。海量微观数据和宏观数据，如微观的个人驾驶行为数据、宏观的交通数据等，将接入云平台。车联网数据经过清洗、脱敏、建模、分析及可视化后，一方面可用于提供一体化开放数据公共服务，衍生出大量面向主机厂、车厂一级供应商、运营商、行业客户、政府管理者、普通消费者的增值服务；另一方面可用于提供云控服务，实现智能决策和实时调控。"人-车-路-网-云"五维协同发展，将赋能 5G 车联网探索个人服务、行业服务和公共管理服务。

第 5 章

智能车路协同管控平台应用实践

　　智能车路协同管控平台是指利用新一代信息技术和人工智能技术的系统，让城市交通与区域交通相关决策、研发、管理与服务人员清晰、直观地掌握有效信息，实现透明化和可视化推演，尤其适用于交通规划、建设、管理、运营全过程一体化服务，在交通管理与控制学科上，实现数据采集可视化、模型体系可视化、交通仿真可视化、分析评价可视化；在交通系统服务上实现人员可视化、管理对象可视化、评测指标可视化、流程可视化等。可视化推演能让流程更加直观，使城市交通与区域交通的信息易于表达、理解、发布、传播和共享，从而消除交通规划、建设、管理过程中不同角色之间的认知偏差和监管盲区，实现服务的透明化，提升过程可控度。一句话，智能车路协同管控平台就是将需求服务的对象用一目了然的方式展现出来。

5.1 智能车路协同管控技术分析研判

　　2020—2030 年是自动驾驶发展的"黄金十年"，在各国政策的驱动下，全球自动驾驶技术有望快速发展。2020 年 2 月，国家发改委等 11 部委联合印发了《智能汽车创新发展战略》，提出了 2025 年实现有条件智能网联汽车的规模化生产（L3 级别），2035 年全面建成中国标准的智能汽车体系的愿景。

　　美国和欧洲也推出了多项政策、法案支持自动驾驶发展，美国车联网协会预计，2025—2030 年，大多数汽车达到全自动化，更多消费者会使用共享出行。根据欧盟的自动驾驶规划，2030 年有望步入全自动驾驶社会。

　　交通管理与控制是交通运输工程学的主要研究对象之一，其内容涉及交通立法、法律性或行政性的管理措施、工程技术性的管理措施及信号控制技术等各个方面，也就是交通综合治理中的各种治理措施。进入智能车路协同发展新时期，在智能网联汽车与智能网联设施中引入新一代信息技术和人工智能技术手段，将大幅度提升智能车路协同管控技术水平和能力。

5.1.1 智能网联汽车最优路径规划算法

智能网联汽车的路径规划算法最早源于机器人的路径规划研究，但就工况而言比机器人的路径规划复杂得多，因为自动驾驶车辆需要考虑车速、道路的附着情况、车辆最小转弯半径、天气环境等因素。常用的四种路径规划算法分别是搜索算法、随机采样、曲线插值和人工势场法。

1. 搜索算法

搜索算法主要包括遍历式和启发式两种，其中 Dijkstra 算法属于传统的遍历式，A*算法属于启发式，在 A*算法的基础上，还衍生出了 D*Lite 算法、Weighted A*算法等。

Dijkstra 算法最早由荷兰计算机学家狄克斯特拉于 1959 年提出，该算法的核心是计算从一个起始点到终点的最短路径，特点是从起始点开始向周围层层扩展，直到扩展到终点为止，再从中找到最短路径。

A*算法在 Dijkstra 算法的基础上结合了最佳优先算法，在空间的每个节点定义了一个启发函数（估价函数），启发函数为当前节点到目标节点的估计值，从而减少搜索节点的数量，提高效率。A*算法中的启发函数包括两部分：表示从初始点到任意节点 n 的代价和表示节点 n 到目标点的启发式评估代价。在研究对象从初始点开始向目标点移动时，需要不断计算其值，从而选择代价最小的节点。

一般来说，遍历式算法可以取得全局最优解，但是计算量大，实时性不好；启发式算法结合了遍历式算法和最佳优先算法的优点，具有计算小、收敛快的特点，该算法有一定的选择性，但是面对 U 形障碍物会出现计算效率低的情况。而 A*算法完美地结合了 Dijkstra 算法和最佳优先算法，不仅有一定的选择性，并且计算量也相对最少，从而更快地找到了最短路径。

2. 随机采样

随机采样主要包括蚁群算法和快速扩展随机树算法。蚁群算法是由 Dorigo M 等人于 1991 年首先提出的，并首先使用在解决旅行商问题上。其算法的基本原理如下：

① 蚂蚁在路径上释放信息素；

② 碰到还没走过的交叉口，随机选一条走，同时释放与路径长度有关的信息素；

③ 信息素浓度与路径长度成反比，后来的蚂蚁再次碰到该交叉口时，就选择信息浓度较高的路径；

④ 最优路径上的信息素浓度越来越大；

⑤ 信息素浓度最大的路径为最优路径。

蚁群算法在小规模旅行商中性能尚可，在大规模旅行商问题中性能下降，容易停滞。实际道路环境是比较复杂的，不光有道路、障碍物等的限制，也有道路自身动力学的约束，所以该算法更适合做全局路径规划，不太适合做局部路径规划。

3. 曲线插值

曲线插值是按照车辆在某些特定条件（安全、快速、高效）下，进行路线的曲线拟合，常见的有贝塞尔曲线、多项式曲线、B 样条曲线等。一般就多项式算法而言，主要考虑以下几个几何约束，从而确定曲线的参数：

① 起始点的位置与姿态；

② 最小转弯半径；

③ 障碍物约束；

④ 目标点的位置与姿态。

根据考虑的几何约束不同，多项式算法的阶数从三阶到六阶甚至更高阶，阶数越高的算法复杂度越高，收敛速度越慢。四次多项式的形式如下式所示，参数由几何约束条件确定。

$$X(z) = \alpha_0 + \alpha_1 u + \alpha_2 u^2 + \alpha_3 u^3 + \alpha_4 u^4$$
$$y(z) = b_0 + b_1 u + b_2 u^2 + b_3 u^3 + b_4 u^4$$

这种类型的算法基于参数化曲线来描述轨迹，优点是结果比较直观，可以更加准确地描述车辆所需满足的道路条件，规划出的轨迹也十分平坦，曲率变化连续并可进行约束；缺点是计算量较大，实时性不太好，并且其评价函数也比较难以找到最优的。未来的研究方向主要集中在简化算法和完善评价函数。目前，曲线拟合算法是采用比较广泛的规划方法。

4. 人工势场法

人工势场法是由 Khatib 于 1986 年提出的。该算法假设目标点会对自动驾驶车辆产生引力，障碍物对自动驾驶车辆产生斥力，从而使自动驾驶车辆沿"势峰"间的"势谷"前进。这种算法的优点是结构简单，有利于底层控制的实时性，可大大减少计算量和计算时间，并且生成相对光滑的路径，利于保持自动驾驶车辆的稳定性；缺点是有可能陷入局部最优解，难以对规划出的路径进行车辆动力学约束，复杂环境下的势场搭建也比较棘手。人工势场法的基本步骤如下。

① 搭建势场，包括障碍物势场和目标点势场。

② 通过求势场负梯度，可以得到车辆在势场中所受的障碍物斥力和目标点引力。将所受的所有障碍物斥力与目标点引力叠加，就可以得到车辆在势场中任意位置的受力情况。

③ 根据受力情况不断迭代更新位置，就可以得到从起始点到终点的完整路径。

上述四种算法的对比如表 5-1 所示。从表中不难发现，人工势场法的计算速度最快，实时性也最好，但是存在局部最优解、复杂势场难以搭建的问题，这也是未来该算法的研究热点和难点；曲线插值虽然计算效率不高，但是相信未来随着车载计算机的计算能力大幅度提升，该算法可以被更广泛地使用。

表 5-1 四种算法的对比

算法	优点	缺点	计算效率
搜索算法	适合做全局规划	算法收敛慢，环境建模复杂	低
随机采样	计算量适中	路径不平滑，算法收敛慢	一般
曲线插值	路径平滑，曲率连续	评价函数求解较慢	低
人工势场法	实时性好	存在局部最优解，复杂环境势场描述困难	高

5.1.2 智能网联汽车国外测试安全保障

近年来，为推动自动驾驶技术的发展和促进汽车行业技术变革，美国、德国、英国、瑞典、日本等国家已陆续允许智能网联汽车在特定路段或公共道路上开展测试，但其中大部分国家均要求智能网联汽车在开展公共道路测试前需进行充分的封闭场地测试，以确保安全风险管控。各国针对智能网联汽车开展公共道路测试时的相关安全性能要求，尤其是封闭场地的测试要求如下。

1. 美国自动驾驶测试场建设

2015 年 7 月，全球首个自动驾驶封闭测试区 M-City 正式开园并引发世界各国广泛关注，也推动了世界各国竞相开展自动驾驶测试场的建设。2016 年 11 月，美国交通部公布"自动驾驶试验场试点计划"，并于 2017 年 1 月 19 日确立了 10 个自动驾驶试点试验场。这 10 个自动驾驶试点试验场分布于 9 个州，分别位于美国的东北部、东部、东南部、北部、中西部、南部、西部、西南部，实现了美国交通部希望的"地区发展平衡"。这些分布在美国各地的试验场具有差异化的气候条件和地貌特征，使智能网联汽车可以在更加丰富的条件下开展测试。美国交通部指定自动驾驶试点试验场及所在州如表 5-2 所示，美国自动驾驶试点试验场测试场景构成如表 5-3 所示。

表 5-2 美国交通部指定自动驾驶试点试验场及所在州

序号	自动驾驶试点试验场	所在州
1	匹兹堡市和宾夕法尼亚州托马斯·D.拉尔森交通研究所	宾夕法尼亚州
2	得克萨斯州智能网联汽车试验场合作伙伴	得克萨斯州

(续表)

序号	自动驾驶试点试验场	所在州
3	美国陆军阿伯丁测试中心	马里兰州
4	位于Willow Run的美国移动中心	密歇根州
5	康特拉科斯塔交通管理局和Go Mentum Station	加利福尼亚州
6	圣迭戈政府联合会	加利福尼亚州
7	艾奥瓦城市地区开发集团	艾奥瓦州
8	威斯康星大学麦迪逊分校	威斯康星州
9	佛罗里达州中部智能网联汽车合作伙伴	佛罗里达州
10	北卡罗来纳州收费公路管理局	北卡罗来纳州

表5-3 美国自动驾驶试点试验场测试场景构成

序号	自动驾驶试点试验场	模拟实验室	封闭测试区	园区	城市区	公路通道
1	匹兹堡市和宾夕法尼亚州托马斯·D.拉尔森交通研究所		√		√	
2	得克萨斯州智能网联汽车试验场合作伙伴	√	√	√	√	√
3	美国陆军阿伯丁测试中心	√	√			
4	位于Willow Run的美国移动中心		√			
5	康特拉科斯塔交通管理局和Go Mentum Station		√	√	√	√
6	圣迭戈政府联合会					√
7	艾奥瓦城市地区开发集团				√	√
8	威斯康星大学麦迪逊分校		√			
9	佛罗里达州中部智能网联汽车合作伙伴	√	√	√		√
10	北卡罗来纳州收费公路管理局					√

① 密歇根大学 M-City。M-City 自 2013 年开始设计，2014 年正式建设，启动资金总计 1000 万美元，由密歇根大学和密歇根州交通部共同出资，2015 年 7 月正式开园运营，是世界上首个测试智能网联汽车、V2V/V2I 车联网技术的封闭测试场。测试场位于密歇根州安娜堡市密歇根大学校园内，占地约 0.129km^2，车道线总长约 8km，设置有多种道路和路侧设施模拟实际道路环境，主要包括用于模拟高速公路环境的高速实验区域和用于模拟市区与近郊的低速实验区域。其中，模拟市区与近郊的低速试验区域完全模仿普通城镇建造，包含两车道、三车道和四车道公路，以及交叉交叉口、交通信号灯和指示牌等，提供了真实的路面、标志标线、斜坡、自行车道、树木、消防栓、周边建筑物等真实道路场景元素。M-City 引进了大量合作企业，包括 17 家"领导圈"会员和其他 49 家联盟成员，涉及汽车制造商、大数据管理、通信、货运和重型车辆、交通控制系统、保险、公共交通、支付系统、智能停车场等诸多行业。M-City 是一个封闭的场地，出于安全和保密考虑，访问仅限于参与试验的研究者，并按照不同级别的会员进行测试收费。

② 匹兹堡市和宾夕法尼亚州托马斯·D.拉尔森交通研究所。美国交通部将匹兹堡市

和宾夕法尼亚大学合并为一处自动驾驶试点试验场。匹兹堡市在智能主干道走廊的主要路段开展自动驾驶测试;宾夕法尼亚大学则在乡村地区拥有封闭的测试车道,开展低速自动驾驶公共及商业运输测试,以及可控的安全碰撞测试。匹兹堡市拥有山丘、桥梁、隧道等多样化的道路,以及浓厚的自行车氛围、不同的季节天气,是在不同地理环境、气候条件和交通密度下进行自动驾驶测试的理想城市。

③ 得克萨斯州智能网联汽车试验场。得克萨斯州交通部和得克萨斯科技特别小组共同促成了分别位于得克萨斯州 10 座城市和地区的 32 家公共机构及相关组织,与得克萨斯州农工大学交通研究所、得克萨斯州大学奥斯汀分校交通运输研究中心和美国西南研究院进行合作,共同建设得克萨斯州智能网联汽车试验场,从而使得克萨斯州成为美国首个"智能州"。该试验场拥有封闭的测试设施、真实的城市和乡村测试环境,如装卸站台、海港码头、机场等,还引入了无人机系统,从而提供了丰富的设施环境。该试验场既有位于研究园区内的可控测试环境,可以对智能网联汽车的完整产品周期进行评估,也有城市交通和货运试验场的真实测试环境,从而提供了丰富的交通场景。

④ 阿伯丁测试中心。阿伯丁测试中心位于马里兰州哈福德郡境内,其中的彻奇维尔测试区是一片由越野测试车道组成的丘陵区,具有大量的自然陡坡和急转弯。测试区包含总长度 18km 的道路网络和占地面积 1km^2 的测试场,其中两条闭合环形车道分别长 4.8km 和 6.4km,另外还有泥地、土路和砂石路面,以及坡度范围为 7%~29% 的斜坡。

⑤ 美国移动中心。美国移动中心位于密歇根州的伊普西兰提镇,占地面积约 1.33km^2,是密歇根州的网联和自动驾驶技术测试场。美国移动中心为自动驾驶制造商提供了更逼真的环境(一条 4km 的高速公路、2 处高架道路、200 多米长的曲线隧道等)和高风险场景(模拟美国主干道多车道交叉交叉口),用于自动驾驶测试、卡车队列行驶测试、无人驾驶班车测试,以及无人机装载货物、无人机与汽车通信辅助的地面交通测试等,目前正在规划建设"国家汽车信息安全测试实验室",研究如何保护智能网联汽车的通信安全。美国移动中心的测试场具备多种气候条件(包括冰雪天气)的测试环境,面积是 M-City 的 10 倍,具备扩展空间,并可根据不同的技术需求做出调整。现有的多处公共基础设施和建筑结构均可灵活利用,如双层高架公路、铁路道口、混凝土基础路面、制造结冰和湿滑路面的水塔等。美国移动中心测试场的测试功能包括:高速和城市环境中避免碰撞和自动化技术;V2X 通信,包括基础设施和手持设备;道路偏离、发生故障、破损路面的自动化操作;DSRC 设备的通信协议和接口;信息安全措施的验证;自动货运;实际路面的自动驾驶安全技术测试;车辆和设备的实时监测等。

⑥ 康特拉科斯塔郡交通管理局 GoMentum Station。加利福尼亚州康特拉科斯塔郡交通管理局与汽车制造商、通信公司、科技公司等共同建设运营智能网联汽车测试中心 GoMentum Station,并在 80 号州级公路、4 号州级公路建设智能走廊和开展其他智能交通

项目，包括共享智能网联汽车等，最大限度地提升旧金山湾区道路的运输效率。GoMentum Station 位于旧金山硅谷以北 65km，占地 20km^2，是目前全美最大的智能网联汽车技术安全测试场。测试场位于旧金山湾区，靠近自动驾驶技术革命的"心脏"地区——硅谷，使其天然亲近苹果、谷歌等世界顶级科技公司。GoMentum Station 已铺设 32km 的公路和街道，其中立交桥、隧道、铁路等城市设施一应俱全，其独特多样的地形、基础设施，吸引了包括梅赛德斯-奔驰、大众和日产等汽车制造商的研发部门纷纷进场测试。GoMentum Station 实际可测试用地面积 8.5km^2，具备如丘陵、斜坡和各种路面的地质特征，用于实现多样的测试场景，主要提供的功能包括：数个停车场用于测试多用户并发停车；2 条 400m 的隧道用于测试导航、传感器与通信技术；超过 30km 的道路（包括 11km 长的直道）用于高速测试；铁路道口和轨道；地下通道和可变路网；类似城市街区的道路网格系统等。GoMentum Station 测试中心主要为商业化用途的车联网设备和智能网联汽车技术提供测试服务。

⑦圣迭戈政府联合会。圣迭戈政府联合会是由加利福尼亚州圣迭戈郡政府主导组成的协会。其试验场包括 15 号州级公路快速车道和南海湾高速公路。15 号州级公路快速车道长 30 多千米，从圣迭戈的 163 号州级公路一直延伸至埃斯孔迪多的 78 号州级公路。该公路拥有多项先进的设施，包括：具有可移动护栏的中间隔离带，能够重新划分车道；可通往现代公交枢纽的多处匝道；快速交通服务；动态收费系统，可让驾驶员充分利用车内剩余空间，在合用车道搭载其他乘客并获得一定的收入。15 号州际公路快速车道通常被称为"高速公路中的高速公路"，它已经被作为开展现代交通管理技术测试的平台。南海湾高速公路是一条 16km 的收费公路，从丘拉维斯塔东部通向美国-墨西哥边境。这条收费公路具备丰富的交通管理设施，为智能网联汽车测试提供了非常理想的条件，包括实时监控系统、交通运营中心，并具备部署其他设备的空间。

⑧艾奥瓦城市地区开发集团。艾奥瓦城市地区开发集团由艾奥瓦州交通部、HERE 公司（一家数据创新和地图绘制公司）与艾奥瓦大学组成，计划将艾奥瓦城与锡达拉皮兹市之间的第 380 号州际公路改造成为数据密集型走廊，为先进汽车技术的开发工作提供帮助。艾奥瓦城-锡达拉皮兹走廊具备各类真实动态的测试元素，包括各种天气、地形和路面条件等。艾奥瓦大学国家先进驾驶模拟中心拥有全美最大、最昂贵的模拟试验场，且艾奥瓦大学在汽车安全、计算机模拟和建模等研究领域均处于国际领先地位。艾奥瓦地区可在艾奥瓦大学国家先进驾驶模拟中心进行各种人为因素的测试、高度可定制化的虚拟环境测试；可在整个约翰逊郡进行真实道路测试；具有封闭的测试场；具有工程设计、保险和交通运输车队等合作资源。

⑨威斯康星大学麦迪逊分校。威斯康星大学麦迪逊分校交通运行安全实验室负责运营的试验场有：MGA Research 封闭设施，面积 1.67km^2；Road America 赛道，全长 6.5km；Epic Syste 毫秒公司园区；威斯康星大学麦迪逊分校校园；麦迪逊市部分街道；威斯康星州

部分公路。未来将在 Epic 公司园区和威斯康星大学麦迪逊分校校园内部署 EasyMile 自动驾驶接送班车；在特定区域使用小型公交车按需提供交通服务，将使用者送往公交车站点，完善自动驾驶短途公交系统；为威斯康星州麦迪逊市所有信号化交叉口和铁路交叉口、所有公交车及部分出租车安装专 DSRC 设备。

⑩佛罗里达中部地区自动驾驶合作组织。2016 年 11 月，佛罗里达州奥兰多市与 9 家学术组织、私营企业和政府机构合作，建立了佛罗里达州中部地区智能网联汽车合作组织。该合作组织充分利用组织成员优势，将各成员拥有的设施分为 3 个层次，对智能网联汽车分阶段进行测试。层次一是高校资源：包括中佛罗里达大学、佛罗里达农工大学、佛罗里达州立大学工程学院及佛罗里达理工大学，可以为跨学科工程项目制定方法。目前，佛罗里达理工大学已开展智能网联汽车开发项目；中佛罗里达大学和佛罗里达理工大学负责制定测试方法；佛罗里达农工大学与佛罗里达州立大学工程学院主要负责基于法律学的相关审核，确保测试工作安全进行并符合相关政策法规。层次二是两处可控测试设施：首先是在建的 SunTrax 交通运输技术测试设施，总占地面积 1.67km^2，拥有一条 3.6km 的椭圆形车道，车道围绕的内部区域面积达 0.8km^2，用于模拟主干公路并专门作为自动驾驶与网联汽车的可控测试环境；其次是美国国家航空航天局的肯尼迪航天中心，具备理想的可控环境和广阔的道路网络，可进行可控的极端环境测试，包括模拟极端天气和反常路况。层次三是佛罗里达州中部地区选定的公路和公交线路，包括佛罗里达州中部地区的 540 号、528 号、4 号州际公路等。佛罗里达州收费公路公司、佛罗里达州中部地区高速公路管理局和佛罗里达州交通部第 5 区正在进行相关设施的筹备工作。

⑪北卡罗来纳州三角园区高速公路。北卡罗来纳州的 540 号州际公路-三角园区高速公路，全长 30.5km，从三角研究园区穿过，将三角研究园区与卡瑞、埃佩克斯和霍利斯普林斯三座城镇连接起来。这条公路从 2018 年 1 月 1 日起用于开展自动驾驶测试。三角园区高速公路是第一条在设计之初就计划使用自动收费技术的全新收费公路，具备全新的电子收费系统和交通实时监控系统，堪称全美最先进的高速公路之一，能够兼容美国种类众多的计费器。

2018 年，美国政府对即将上市销售的传统汽车仅要求汽车制造厂商根据相关法规和标准开展自行检验，对智能网联汽车则开展严格监管。2016 年 9 月，美国政府发布的《美国智能网联汽车政策指南》中要求智能网联汽车制造厂商在申请开展公共道路测试前，需从数据记录与分享、隐私、系统安全、整车网络安全、人机界面、防撞性、客户教育与培训、注册与认证、碰撞后反应、联邦政府与州政府法规、道德考量、设计的适用范围、目标和意外的检测和响应、自动驾驶功能退出、测试方法 15 个方面进行安全性评估。其中，测试方法应包括一系列仿真测试、封闭场地测试及上路测试，可以自行测试，也可由第三方实施；测试内容应包括车辆在正常操作时、在碰撞情况下及退出自动驾驶策略时的性能参数等。汽车制造厂商应建立合适的测试验证方法，以确保智能网联汽车在高安全等级下运行。政策还鼓励汽车制造厂商与美国公路交通安全管理局或其他标准组织（如美国汽车工程师协会、美国国家标准与技术研究院）开展合作，以发展升级新的测试方法、测试设备及相关标准。

2. 德国自动驾驶测试场建设

德国现有的机动车管理模式遵循严格的强制认证制度，智能网联汽车管理模式则沿用现有的管理模式。智能网联汽车在开展公共道路测试前，必须在汽车制造厂商自主检验的基础上，由第三方技术机构对其开展检验认证，通过审查核发测试许可后，方可在指定的高速公路或城市道路上开展测试。其中，联邦政府负责高速公路测试审批，州政府负责该州的城市道路测试审批。

与此同时，德国和法国联合开展了智能网联汽车公共道路测试。2017年2月8日，德国交通部在柏林宣布，德国和法国计划在两国之间的一段跨境公路上测试智能网联汽车。这一路段长约70km，从德国西部萨尔兰州的梅尔齐希市延伸至法国东部的梅斯市。两地之间相距约1小时车程，将用于"在真实的跨境交通中测试自动驾驶与网联汽车技术"。这条公路开展的测试包括：车辆与基础设施之间的5G无线通信、自动驾驶技术及应急警报和呼救系统等。

3. 日本自动驾驶测试场建设

2016年5月，日本警察厅制定了《自动驾驶测试实验规定》，对智能网联汽车开展公共道路测试安全保障措施、测试流程、自动驾驶系统、测试数据记录、交通事故处理等方面提出了要求，包括：智能网联汽车在开展公共道路测试前，需根据公共道路的测试内容，充分考虑行驶条件和情况，在封闭测试场地内进行试验；封闭测试场地可以是自有的，也可以使用第三方场地；在开展公共道路测试前，需对相关的公共道路设施进行确认（包括安全性、环境变化等），防止意外情况发生；测试使用的公共道路应尽量选择行人、自行车较少的道路，或者行人、自行车不允许通行的高速公路；公共道路测试应分阶段实施，等等。

日本政府及汽车制造商在自动驾驶技术方面一直持谨慎态度。随着2020年东京奥运会申办成功，日本政府在《日本再兴战略2016》中提出，为了在东京奥运会之前实现无人自动驾驶交通服务，2017年年底前需制定必要的自动驾驶实验制度，准备好相关试验环境。2016年2月12日，日本经济产业省制造产业局汽车课正式公布"无人驾驶评价据点整备项目"并征集承接单位，最终该项目落户筑波市茨城县的日本机动车研究所，并于2016年开始建设。

整备项目对日本国内外企业、科研院校实行资金补助,资助其进行相应的无人驾驶安全测试模拟设施建造,实现以下主要目的:积极参与国际相关自动驾驶规则与标准的制定;加速具有节能效果的自动驾驶技术研发;降低交通运输过程中的 CO_2 排放量。整备项目要求中标单位建设 3 块测试区域以进行不同项目的测试,分别是恶劣环境测试区域、城市道路测试区域和多功能测试区域。目前,日本机动车研究所共有 9 条车辆测试道路,全部位于占地 3.02km^2 的城市测试中心内,企业、研究机构均可付费使用所需的道路进行测试。

4. 英国自动驾驶测试场建设

2015 年 7 月,英国政府发布了《智能网联汽车发展道路:道路测试指南》,针对智能网联汽车开展测试时涉及的驾驶员、助手、车辆等进行了规定。针对智能网联汽车,要求其必须符合英国现行道路交通法的相关规定;必须能够对所有道路使用者(包括更易受伤害的道路使用者,如残疾人、有视力或听力障碍的人、行人、骑自行车的人、骑摩托车的人、儿童和骑马者)做出合适的响应;必须配备数据记录装置,以至少 10Hz 的频率记录车辆传感器和控制系统的相关数据(包括当前自动驾驶模式、车速、转向、制动、车灯和指示器、声音报警、周边环境传感器、远程命令等),以备管理部门检查等。

为确保智能网联汽车开展公共道路测试时不给其他道路使用者带来额外风险,汽车制造厂商必须确保其车辆已在封闭道路或测试场地成功完成内部测试,并保存相关证据以供管理部门审计跟踪。

① 英国网联与智能网联汽车测试设施集群。英国政府计划投资 1 亿英镑用于建设网联与智能网联汽车测试设施,2017 年 3 月 30 日,英国宣布启动第一阶段投资竞标。该计划的目标是沿伯明翰和伦敦之间的 M40 走廊建设网联与智能网联汽车先进技术集群,同时基于英国现有的部分网联与智能网联汽车测试中心,在英国汽车产业核心区域(包括西米德兰兹郡的考文垂、伯明翰、米尔顿凯恩斯,以及牛津和伦敦)集中建设测试设施集群。通过打造完整的全国性集群,英国政府和汽车行业能够迅速推动英国网联与自动驾驶技术发展,增加该领域智力资本,吸引海外投资,并构建起国家级生态系统,满足从计算机编程到上路测试的所有技术发展需求。第一阶段的竞标包括在复杂城市环境中建设公共测试设施、模拟城市驾驶场景的可控测试环境、真实可控的高速测试环境等多种网联和智能网联汽车测试环境项目。

② Horiba Mira 和考文垂大学网联与智能网联汽车研究中心。英国 Horiba Mira 汽车工程与开发咨询公司和考文垂大学联合成立了网联与智能网联汽车技术研究中心,该研究和测试新的研究成果。该研究中心位于 Mira 科技园的核心区域。

该研究中心的核心目标是构建模拟、测试与评估网联和智能网联汽车安全性的环境,开展研究工作,以推动网联和自动驾驶领域的新产品、新服务开发,为该领域的发展输送人才。该研究中心内部设施将网联与智能网联汽车真实和虚拟研究环境相结合,能够基于一系列模拟器实现"真实-虚拟"环境交互。

5. 瑞典自动驾驶测试场建设

2017年5月,瑞典政府颁布了一项关于智能网联汽车开展测试的法令。该法令规定汽车制造厂商开展智能网联汽车公共道路测试前必须拥有许可证,而瑞典运输机构负责审查并有条件地授予许可证。汽车制造厂商在申请许可证时应明确说明在开展公共道路测试时将如何确保道路安全,包括在模拟器或封闭测试场地上开展测试的报告和结果,以及其他道路使用者的安全保障等。另外法令还要求测试车辆外部必须安装摄像机和麦克风,并对数据进行永久保存。

瑞典AstaZero主动安全测试区已投入运营,AstaZero是位于瑞典哥德堡附近的大型测试区域。Asta是Active Safety Test Area的英文首字母缩写意为主动安全技术测试区,Zero代表了瑞典政府交通事故零死亡的目标。AstaZero主要研究如何通过主动安全技术来避免事故,其采用政府与社会合作的模式,由政府、行业学会及企业共同出资7000万美元建设,由瑞典SP技术研究院和查尔姆斯理工大学共同所有,沃尔沃公司是AstaZero的主要投资和使用方。该区域占地面积2km^2,在这里几乎能够基于任何实际交通场景进行测试,测试重点为自动驾驶技术和刹车技术,并对驾驶员注意力分散情况进行研究。

根据规划,AstaZero将分两个阶段进行建设。第一阶段已于2014年8月完成并开放使用。目前正在进行第二阶段建设准备工作,通过收集汽车行业的需求信息,以确保可以提供汽车主动安全相关领域最全面的测试和研究环境。第二阶段将增加隧道、造雾机、雨水发生器、喷水、干燥设备等测试环境和设施。

1)AstaZero测试环境

AstaZero包含四种测试环境,可针对不同场景系统化地进行测试。

① 乡村路段。乡村路段环绕整个测试区域,总长5.6km;车道两侧生长的落叶树木会对视野形成遮挡,用于模拟意外因素等路况;路段限速分别为70km/h和90km/h;道路中设置了2处丁字形交叉口、1处十字交叉口和2处公共汽车站/临时停车处,并可自行选择指示牌文字,满足不同测试需求。

② 城市区。城市区位于测试区域南部,与乡村路段有两个交汇点。城市区目前包含4座方形建筑物,并将再增加5座建筑物;主要用于测试汽车与周围环境的交互能力,测试(汽车)是否能够避免与公交车、骑行者、行人或其他道路使用者发生碰撞;城市区包含多个不同区域,如市中心、公交车站、人行道和自行车道,还布置了逼真的房屋外观;城市区道路系统具备转盘、丁字交叉口、环形车道和实验区等多种测试环境,并可制造路灯出现故障等复杂情况。

③ 高速区。高速区位于测试区域中心，包含 1 个圆形区域和 2 个水滴形的加速路段区域，其中圆形区域直径 240m，2 条加速路段分别长约 1km；高速区主要用于测试汽车高速行驶情况下的安全性能问题，如高速车辆的避免碰撞技术等。

④ 多车道路段。多车道路段总长 700m，共有四条车道；该路段与高速区相连，包含一条加速路段，长约 300m，宽 7m，并为大型车辆设置了环形车道；多车道路段可用于测试多种不同的交通场景，包括交叉交叉口、变道行为和多种碰撞情形等；多车道路段可以改变不同车道的行驶方向，也可以设置不同类型的护栏。

2）AstaZero 测试设施

AstaZero 提供了不同业务情景所需的测试设施，用于位置测量、控制设备和通信设备测试，主要包括如下测试设施。

① 路侧基础设施。全部路段均部署有电力、通信、控制线缆，每隔 150m 设置有数据读取点设施，经地下线缆通过 V2V 和 V2I 技术与远端相连。

② 差分 GPS。覆盖全区域基站，测试实时定位跟踪系统。

③ 通信基础设施。全区域 Wi-Fi、移动信号覆盖，控制室与车库高速联网。

④ 模拟测试系统。瑞典国家道路和运输研究所为 AstaZero 开发的模拟系统，测试车辆可以先在虚拟环境中运行模拟测试，再进行实地测试。

⑤ 控制中心。测试场地的交通控制中心可以精确定位场地内不同的测试车辆，可随时中止测试。

5.1.3 国外自动驾驶发展及对中国的启示

在美国，网联自动驾驶是美国自动驾驶发展的重点方向之一。这里从政策、典型试验场、典型公司三个方面分析美国网联自动驾驶现状，并得出其对中国网联自动驾驶产业发展的启示。

1. 美国自动驾驶政策

1）国家层面政策分析

美国自动驾驶政策立法走在世界前列，美国交通部 2015 年发布了《美国智能交通系统（ITS）战略规划（2015—2019）》，2016 年发布了《联邦智能网联汽车政策指南》，2017 年发布了《自动驾驶系统 2.0：安全愿景》，2018 年发布了《智能网联汽车 3.0：为未来交通做准备》，2020 年 1 月 8 日，正式发布了《自动驾驶 4.0——确保美国在自动驾驶技术方面的领导地位》。

当前，美国在国家层面确定了六项自动驾驶原则：

① 安全作为优先考虑；

② 保持技术中立；

③ 使规则现代化；

④ 鼓励一个始终如一的监管和操作环境；

⑤ 积极地为自动驾驶做准备；

⑥ 保护并提升美国人所青睐的自由。

与此同时，美国交通部正在实施五项核心战略：

① 让利益相关者和公众成为解决自动驾驶问题的召集人和领导者；

② 提供最佳实践和政策考量，以支持利益相关方更好地了解自动驾驶；

③ 支持自愿的技术标准，通过与利益相关方及标准开发组织合作以支持技术标准和政策的制定；

④ 开展有针对性的技术研究，为决策提供参考；

⑤ 规则的现代化。

网联自动驾驶层面，美国联邦公路管理局正在进行一项研究，旨在衡量利用车联网技术实现网联自动驾驶带来智能网联汽车效率和安全性能的提高。美国公路交通安全管理局提出车联网目标是为消费者提供安全、效率、便捷三个方面的优质服务：

① 安全方面，中轻型车辆避免80%的交通事故，重型车避免71%的事故；

② 效率方面，交通堵塞减少60%，短途运输效率提高70%，现有道路通行能力提高2~3倍；

③ 便捷方面，停车次数可减少30%，行车时间降低13%~45%，实现降低油耗15%。

2）各州政策分析

除了国家层面，美国多州都在积极推进无人驾驶法规的制定，其中道路测试是智能网联汽车法律法规的核心。目前已有加利福尼亚州、密歇根州、俄亥俄州、佛罗里达州、亚利桑那州、宾夕法尼亚州、弗吉尼亚州、马萨诸塞州、内华达州等及华盛顿颁布了道路测试法规。按照上路测试是否需要许可，以及是否需要安全驾驶员同行这两个基本原则，可将这些法规分为三大类。

① 采取上路许可的原则，即需要申请测试许可，但是不强制安全驾驶员同行；

② 采取普遍授权的原则，既不需要申请测试许可，也不需要安全驾驶员同行；

③ 采取循序渐进的原则，既需要申请测试许可，也需要安全驾驶员同行。

内华达州是全美第一个接纳自动驾驶的州，早在2011年，该州便通过了智能网联汽车合法化的法律，颁布了一系列相关管理法规，其中包括智能网联汽车概念的界定、申请路测的流程等，并开始接受大家对实地测试的申请。加利福尼亚州在2012年9月，由州长杰里·布朗签署了允许智能网联汽车合法上路的SB 1298法案。在之后的几年内，加利福尼亚州车辆管理局允许测试车辆在驾驶室内不设置安全驾驶员的情况下上路。密歇根州、佛罗里达州、宾夕法尼亚州与加利福尼亚州、内华达州类似，采取上路许可的原则。俄亥俄州、亚利桑那州、弗吉尼亚州、华盛顿采取普遍授权的原则，准许在州内任何公共道路上测试智能网联汽车，包括驾驶室内不设置安全驾驶员，还准许传统汽车厂商及科技型公司在州中任何公共道路上开展车辆共享等商业运营服务，甚至还允许企业将智能网联汽车销售给用户。另一些州则采取循序渐进的原则，如马萨诸塞州。

2. 美国自动驾驶典型试验场

美国有60多处自动驾驶试验场，2017年1月19日，美国交通部指定了十个国家级"智能网联汽车试验场"，如表5-2所示。虽然美国交通部基于中立客观的原则，考虑到全美所有州内正在进行相关研究和测试活动的试验场，不会对各地的研发和测试活动进行褒贬评价，也不会特别偏向某个或某几个自动驾驶试验场，最终在《智能网联汽车3.0：为未来交通做准备》中取消了上述十个试验场的名义，但是，这些试验场依旧是美国自动驾驶试验场的典型代表。

3. 美国自动驾驶典型公司

1）加利福尼亚州机车辆管理局评估的自动驾驶企业实力

加利福尼亚州机车辆管理局要求所有在该州测试智能网联汽车的汽车制造商、科技公司和初创公司都要提交年度报告，反映该公司当年自动驾驶行驶模式下的行驶里程、人工干预频率/车内人类驾驶员接管次数。接管是指由于系统故障，或者交通、天气和道路出现特殊情况，智能网联汽车需要脱离自动驾驶模式（接受人工干预），并交给人类驾驶员控制。接管可以作为间接判断自动驾驶技术好坏的标准，即自动驾驶技术越好，接管干预次数越少，自动驾驶技术越差，接管干预次数越多。2015年，只有7家公司向加利福尼亚州机车辆管理局提交报告，共71辆车；2016年，这两项数据增长为11家公司、103辆车；2017年，这两项数据增长为19家公司、235辆车；2018年，这两项数据增长为48家公司、496辆车。测试里程方面也是如此，2017年只有815963km，2018年有3258074km，增长了近300%。

加利福尼亚州机车辆管理局的《2018年自动驾驶接管报告》披露了48家自动驾驶公司的数据，虽然不能完全说明各家公司的实力，但是可以作为参考。科技公司的排名从高到低是Waymo, Zoox, Nuro, Pony.AI, Baidu, AIMotive, AutoX, Roadstar.AI, WeRide/JingChi, Aurora, Drive.ai, PlusAI, Nullmax, Phantom AI, NVIDIA, CarOne/Udelv, Qualcomm, Apple, Uber。车企的排名从高到低是GM Cruise, Nissan, SF Motors, Telenav, BMW, Toyota, Honda, Mercedes Benz, SAIC。

2）Navigant Research 评估的自动驾驶企业实力

Navigant Research 在 2019 年 3 月按照 10 个评分标准评估了自动驾驶企业的整体实力，这 10 个评分标准包括愿景，进驻市场战略，合作伙伴，生产战略，技术，销售、营销和分销，产品能力，产品质量和可靠性，产品组合，持久力。

4．美国自动驾驶对中国的启示

通过对美国网联自动驾驶相关国家和州政策、典型试验场、典型公司的分析，对中国网联自动驾驶产业发展有以下启示。

1）政策方面

中国自动驾驶技术发展与国家的《公路法》《道路交通安全法》《网络安全法》《保险法》《测绘法》《民法典》等存在一定冲突。例如，《公路法》《公路安全保护条例》明确禁止将公路作为检验车辆性能的试车场地，《道路交通安全法》《道路交通安全法实施条例》明确禁止在高速公路测试车辆；《道路交通安全法》基于自然人作为驾驶主体判断交通事故责任人，不适用于自动驾驶；《道路交通安全法实施条例》《机动车交通事故责任强制保险条例》《机动车登记规定》使智能网联汽车难以投保包括交强险在内的机动车保险。此外，中国目前仅北京、重庆、上海出台了地方上路测试规范。

从对美国网联自动驾驶的国家和地方政策的分析中得到启示，中国应该加强网联自动驾驶领域的综合性立法，使中国的智能网联汽车道路测试，尤其是高速公路测试、城市道路测试、无人驾驶/远程驾驶测试、载客示范及商业化试运营等做到有法可依。

2）试验场方面

中国目前各地正如火如荼地建设网联自动驾驶试点示范区和先导区，从对美国网联自动驾驶典型试验场的分析中得到启示，中国试验场建设一定要避免"一哄而上"，而应重点考虑如下三个方面。

① 因地制宜，突出特色。美国陆军阿伯丁测试中心可以进行各种丘陵地形测试工作，亚利桑那州的沙漠地区夏季炎热，可以进行高温条件下的车辆测试，因此中国各地试验场的建设应充分考虑因地制宜，突出各地自然条件、道路情况、交通情况特色。美国弗吉尼亚智能道路具备制造雨、雪、冰、雾天气条件的能力，因此中国各地试验场的建设也应充分考虑模拟各类自然条件。

② 多层级化，同步建设。美国佛罗里达州是自动驾驶试验场的典型代表，采取高模拟仿真测试+封闭测试场+公共交通环境三级模式，因此中国各地试验场的建设应充分考虑同步建设多层级化的试验场。另外，美国密歇根州的 M-City 和美国移动中心两处测试场在功能定位上相辅相成，因此中国各地试验场的建设应充分考虑相互之间的协同性。

③ 多种场景，典型应用。美国交通部关注协作式自动驾驶和互联互通，以及美国交通

部还关注联运港口的自动驾驶技术等多种特定场景。除此之外，公共运输、货运物流、个人出行是网联自动驾驶技术的三大典型应用。中国各地试验场的建设应充分考虑多种场景，验证各类典型应用。

3）自动驾驶公司方面

实现自动驾驶，一方面需要研究算法、视觉和传感器的科技人才，及科技公司的敏捷开发和快速迭代管理模式；另一方面需要能解决汽车工业问题的产业人才，以及传统车企的产业链。因此，美国自动驾驶方面正在形成车企和科技公司联盟的格局，如 Waymo 联合菲亚特克莱斯勒，Cruise 联合通用和本田，Argo AI 联合福特和大众，Uber ATG 联合丰田、电装和软银。中国投入自动驾驶的科技公司和传统车企也应深度合作，加快自动驾驶落地。

5.1.4 中国智能网联汽车测试设计试验

1. 智能网联汽车道路测试管理规范

中国智能网联汽车测试区布局道路测试是开展智能网联汽车技术研发和应用不可或缺的重要环节，未来具备高级别自动驾驶功能的智能网联汽车将逐步实现特定场景规模应用。在工业和信息化部、公安部、交通运输部发布的《智能网联汽车道路测试管理规范（试行）》的指导下，我国部分地区积极出台地方智能网联汽车道路测试管理实施细则，选定开放测试路段，推进智能网联汽车封闭区测试工作，目前已取得了一定的成绩。各测试示范区在测试场地建设、基础设施、测试能力、服务配套、开放路测等方面都取得了一定的进展，并进一步加大了建设和投入力度，同时形成了一定的差异性和特色。

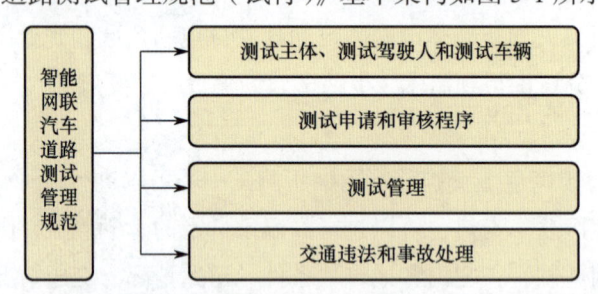

《智能网联汽车道路测试管理规范（试行）》基本架构如图 5-1 所示。

图 5-1 《智能网联汽车道路测试管理规范（试行）》基本架构

2. 智能网联汽车道路检测项目

中国智能网联汽车道路测试检测项目内容如表 5-4 所示。

3. 智能网联汽车部分开放道路测试地区和城市

我国的智能网联汽车测试示范区包括封闭测试区和开放道路测试两部分。在封闭测试区中，有工业和信息化部等部委支持推进的国家级测试示范区。中国智能网联汽车部分开放道路测试地区和城市情况统计如表 5-5 所示。

表 5-4　中国智能网联汽车道路测试检测项目内容

序号	检测内容
1	交通标志和标线的识别及响应
2	交通信号灯的识别及响应
3	前方车辆（含对向车辆）行驶状态的识别及响应
4	障碍物的识别及响应
5	行人和非机动车的识别及响应
6	跟车行驶（包括停车和起步）
7	靠路边停车
8	超车
9	并道行驶
10	交叉路口通行
11	环形路口通行
12	自动紧急制动
13	人工操作接管
14	网络通信

表 5-5　中国智能网联汽车部分开放道路测试地区和城市情况统计

序号	地点	法规名称	出台时间	牌照数量
1	北京	《北京市关于加快推进自动驾驶车辆道路测试有关工作的指导意见（试行）》	2017-12-15	68
2	保定	《关于做好自动驾驶车辆道路测试工作的指导意见》	2018-01-02	—
3	上海	《上海市智能网联汽车道路测试管理办法（试行）》	2018-02-22	7
4	重庆	《重庆市自动驾驶道路测试管理实施细则（试行）》	2018-03-14	14
5	深圳	《深圳市关于规范智能驾驶车辆道路测试有关工作的指导意见（征求意见稿）》《智能网联汽车道路测试管理规范（试行）》《深圳市智能网联汽车道路测试开放道路技术要求（试行）》	2018-03-16　2018-05-22　2018-10-26	≥2
6	平潭	《平潭综合实验区智能网联汽车道路测试管理办法（试行）》	2018-03-28	7
7	长春	《长春市智能网联汽车道路测试管理办法（试行）》	2018-04-16	5
8	长沙	《长沙市智能网联汽车道路测试管理实施细则（试行）》	2018-04-16	5
9	广州南沙	《广州市南沙区关于智能网联汽车道路测试有关工作的指导意见（试行）》	2018-04-26	—
10	天津	《天津市智能网联汽车道路测试管理办法（试行）》	2018-06-25	3
11	肇庆	《肇庆市自动驾驶车辆道路测试实施管理细则（试行）》	2018-06-25	≥1
12	济南	《济南市智能网联汽车道路测试管理办法（试行）》	2018-07-17	≥1
13	杭州	《杭州市智能网联汽车道路测试管理实施细则（试行）》	2018-08-20	2
14	无锡	《江苏省智能网联汽车道路测试管理细则（试行）》	2018-09-11	≥3
15	河南	《河南省智能网联汽车道路测试管理办法（试行）》	2018-11-05	
16	武汉	《武汉市智能网联汽车道路测试实施管理细则（试行）》	2018-11-27	≥1
17	广东	《广东省智能网联汽车道路测试管理规范实施细则（试行）》	2018-12-03	—

注：数据统计时间为2019年2月22日，"—"表示尚未授发牌照。

4. 智能网联汽车部分开放道路测试区

中国智能网联汽车部分开放道路测试区建设，主要包括以下地区与城市：
① 国家智能网联汽车应用（北方）示范区；
② 国家智能汽车与智慧交通（京冀）示范区；
③ 国家智能交通综合测试基地（无锡）；
④ 国家智能网联汽车（上海）试点示范区；
⑤ 浙江 5G 车联网应用示范区；
⑥ 武汉智能网联汽车示范区；
⑦ 国家智能网联汽车（长沙）测试区；
⑧ 广州智能网联汽车与智慧交通应用示范区；
⑨ 智能汽车集成系统试验区（i-VISTA）。

在开放道路测试方面，北京、上海、广州、深圳、天津、重庆、武汉、长春、杭州、无锡、长沙、保定、济南、平潭、肇庆等多个城市出台了道路测试管理规范，划定了具体道路开放区域。据不完全统计，截至 2019 年 2 月 21 日，全国共有 22 个省、区、市出台了智能网联汽车测试管理规范或实施细则，其中有 14 个城市发出了路测牌照，牌照数量总计 100 余张。

围绕测试场地建设、基础设施、测试能力、服务配套、开放路测等，我们综合分析了国内测试示范区发展现状及水平，归纳了具备突出性和共性的潜在问题。

① 国家智能汽车与智慧交通（北京）示范区。国家智能汽车与智慧交通（北京）示范区包括海淀基地测试场和亦庄基地测试场两部分，由北京智能车联产业创新中心运营。其中，海淀基地测试场于 2018 年 2 月正式对外开放，具有丰富的测试经验，包括城市和乡村道路类型，有环岛、苜蓿叶式立交、隧道、公共汽车站、停车区、雨区道路、雾区道路、学校区域、湿滑路面、夜间行驶等场景；亦庄基地测试场尚未开放运营，其场景覆盖全，测试功能丰富，封闭试验场二期设置了 1.2~1.5km 的高速直行跑道，有高速公路、城市快速路、环道、支路、铁路交叉口、学校、服务器、公交港湾、障碍区等场景。截至 2018 年 10 月底，北京自动驾驶测试道路已开放 44 条，总计达 123km。截至 2019 年 1 月，北京市已累计发放路测牌照 59 张，数量位居全国第一。

② 国家智能汽车与智慧交通（河北）示范区。国家智能汽车与智慧交通（河北）示范区于 2018 年 11 月 29 日正式对外开放，由长城汽车股份有限公司运营。该示范区结合城市典型工况和乡村典型工况，布有十字交叉口、五岔交叉口、环岛、匝道及 15 种特殊路面，配有完善的交通信号灯、路灯、街景、行人、模拟加油站、通信及智能交通管制系统等设施，充分模拟城市和郊外工况，可实现 200 余种场景，可用于 ITS、ADAS、智能网联汽车

等研究及开发试验,目前暂未开放实际道路测试。

③ 上海国家智能网联汽车示范区。上海国家智能网联汽车示范区于 2016 年 6 月正式对外开放,由上海市智能网联汽车创新中心运营。该封闭测试场地主要以城市场景为主,场景搭建比较完善,测试功能齐全,可以允许三家企业同时测试。城市道路里程 3.6km,已建设完成,涵盖弯道、隧道、坡道、桥梁、十字交叉口、环岛、机非混行场景,目前尚无高速公路和乡村道路场景,但有林荫道场景。在开放道路测试方面,该示范区目前共完成上汽、蔚来、宝马、初速度、图森未来共 5 家企业 7 张路测牌照的发放,累计开放道路 37.2km。

④ 智能汽车集成系统试验区(i-VISTA)。智能汽车集成系统试验区(i-VISTA)分为三期建设。其中,一期工程为城市模拟道路测试评价及试验示范区,运营主体是中国汽车工程研究院股份有限公司,目前已对外开放,主要以城市道路为主,包括弯道、隧道、坡道、桥梁、十字交叉口场景;二期工程为重庆西部汽车试验场智能汽车可靠性试验区,位于重庆西部汽车试验场内,目前正在建设中,包括各种特殊道路、乡村道路及高速环道;三期工程为两江新区智能汽车与智能交通开放道路试验区,将着力打造开放交通场景。在开放道路测试方面,重庆市礼嘉社区环线道路全程约 12.5km,九龙坡区 5.5km 道路。截至 2019 年 1 月,重庆市已累计为 9 家企业发放路测牌照 11 张。

⑤ 国家智能网联汽车(长沙)测试区。国家智能网联汽车(长沙)测试区于 2018 年 6 月 12 日正式对外开放,由湖南湘江智能科技创新中心有限公司运营。该测试区分为高速公路测试区、城市道路测试区、乡村道路测试区、越野测试区、研发管理与调试区等主要功能分区,园区内测试道路里程达 12km,测试场景复杂程度高,测试道路总里程长,研发办公配套齐全,有 3.6km 的高速公路模拟测试环境,以及无人机起降跑道。开放路试方面,目前开放路试里程 7.8km,2019 将完成 100km 智慧高速和 100km 开放道路的建设。截至 2019 年 1 月,已累计发放路测牌照 5 张,测试车辆覆盖乘用车、商用车、特种车等多种车型。

⑥ 国家智能网联汽车应用(北方)示范区。国家智能网联汽车应用(北方)示范区于 2018 年 7 月正式对外开放,由启明信息技术股份有限公司运营。该示范区具有丰富的设施和测试场景,有冰雪气候测试优势,同时具备较强的研发能力。场景有六大类 99 个基本场景,通过行驶场地驾驶情景的组合可以扩展到 300 多个场景;设施包括四大类 100 多个,测试场地可同时容纳 10 辆车测试。城市道路已建设完成,涵盖弯道、隧道、坡道、十字交叉口、环岛、林荫道场景、砂石路、水泥路、铁路道口(模拟)。在开放道路测试方面,长春市正式公布的第一批开放道路总长 8km。截至 2019 年 1 月,长春市已累计发放路测牌照 5 张。

⑦ 国家智能交通综合测试基地(江苏)。国家智能交通综合测试基地(江苏)目前封

闭基地正在建设中，该基地封闭高速公路已经开放，能够开展高速行驶场景下的驾驶能力测试。该基地具体规划了公路测试区、多功能测试区、城市街区、环道测试区和高速测试区等，包括不少于 150 个由多种类型道路、隔离设施、减速设施、车道线、临时障碍物、交通信号、交通标志等组成的实际道路测试案例。半开放测试道路在 2018 年 9 月开放，测试道路长 10km，灯控交叉口 9 个，测试过程监控点 146 个；二期规划将扩展至 23km，覆盖城市道路、山区道路、农村道路、邻崖道路、临水道路、封闭高速。公共测试道路 50 多千米，灯控交叉口 100 多个，测试路网 C-V2X 基站全覆盖，目前发放路测牌照数量不少于 3 张。

⑧ 浙江 5G 车联网应用示范区。浙江 5G 车联网应用示范区包括两部分，分别是以云栖小镇为核心的（杭州）西湖区和以乌镇为核心的（嘉兴）桐乡市。（杭州）西湖区已初步建设成了 5G 车联网应用示范项目，实现了基于 LTE-V 车联网标准的智能汽车的车-车、车-路信息交互场景。（嘉兴）桐乡市构建了以视频技术为核心的透明示范路，搭建了 4G+ 的宽带移动测试网络，可完成多项辅助驾驶和自动驾驶的研究与测试，并推出了智能化停车应用。在开放道路测试方面，杭州市自动驾驶测试管理联席工作小组委托浙江赛目科技有限公司作为杭州市智能网联车辆道路测试第三方测试机构，目前阿里云拿到了 2 张路测牌照。

⑨ 武汉智能网联汽车示范区。武汉智能网联汽车示范区选定武汉开发区智慧生态城——车都生态智谷为核心区域。测试区封闭场地正在建设中，示范道路总长 159km，其中测试道路总长 68.3km。场景包括高速环路、城市工况测试区、柔性测试区、强化测试区、无人军车测试区、极限性能测试区和研发实验群，将建成城市级的智能网联汽车开放测试区、多领域的应用示范区、规制先行的示范区。

整体而言，目前我国的智能网联汽车测试示范区主要分布于东北、华北、沿海等汽车产业发达的地区，具有差异化的气候条件和地貌特征，可形成区域性互补。丰富的测试环境能够使智能网联汽车在不同的条件下开展测试，为各测试示范区测试数据共享后的数据多样化和全面性提供了基础条件。已建成的测试示范区基本涵盖了城市道路、乡村道路等场景，具备较为完善的场景设施和智能网联设备，部分测试区已经搭载了 5G 通信设备，信号可以覆盖全封闭测试区。上海、长春、北京、长沙等测试区积极同高校和企业合作，具备一定的科研能力，参与了智能网联汽车的改装和开发，融合了研究和测试工作。例如，长春测试示范区改装了红旗、大众等品牌汽车及观光巴士，还自主研发了模拟和测试设备。部分测试区建立了自己的实验室，组建研究团队开展实验研究工作。例如，长沙测试示范区建立了智能系统检测实验室，开展智能网联汽车的仿真实验。

5.1.5　深圳智能网联汽车测试试点示范

1. 深圳市推进智能网联汽车应用示范

2019年8月,中共中央、国务院印发了《关于支持深圳建设中国特色社会主义先行示范区的意见》(以下简称《先行示范区意见》),明确要求深圳实施创新驱动发展战略,支持深圳强化产学研深度融合的创新优势。2019年9月,中共中央、国务院印发了《交通强国建设纲要》,提出大力发展智慧交通,强化新一代信息技术、人工智能等可能引发交通产业变革的前沿关键科技研究,推动大数据、互联网、人工智能等新技术与交通行业的深度融合,积极推进无人机(车)等新业态、新模式的发展。2019年10月,交通运输部召开交通强国建设试点工作启动会,确定深圳为首批交通强国试点城市。2020年2月国家发展改革委、交通运输部等11个国家部委联合印发了《智能汽车创新发展战略》,提出建设智能汽车强国,构建协同开放的智能汽车技术创新体系,开展特定区域智能汽车测试运行及示范应用。

为贯彻落实新时期国家战略赋予深圳的新使命、新要求,响应工业和信息化部、公安部及交通运输部印发的《智能网联汽车道路测试管理规范(试行)》(工业和信息化部联装〔2018〕66号,以下简称《管理规范》)和《深圳市关于贯彻落实〈智能网联汽车道路测试管理规范(试行)〉的实施意见》(深交规〔2018〕4号,以下简称《实施意见》),加快推动智能网联汽车技术研发,推进智能网联汽车技术产业发展与应用示范,结合深圳市工作实际,深圳市交通运输局与相关单位联合印发了《深圳市关于推进智能网联汽车应用示范的指导意见》(以下简称《应用示范指导意见》),统筹推进深圳市智能网联汽车应用示范。

智能网联汽车是国家汽车产业转型升级、由大变强的重要突破口,是关联众多重点领域协同创新、构建新型交通运输体系的重要载体,在塑造产业生态、推动国家创新、提高交通安全等方面将发挥关键作用,是汽车产业未来战略的制高点。

国际上,美国、德国、英国、荷兰等国家先后出台相关立法,承认自动驾驶(智能网联)的合法性,大力推进自动驾驶技术测试及商业化试运营。以美国为例,美国在亚利桑那州和得克萨斯州之间开展自动驾驶货物运输商业试运营,并在凤凰城等局部地区允许无人驾驶出租车落地应用。国内各市依据三部委印发的《管理规范》,紧密推进智能网联汽车道路测试工作,同时长沙、上海、武汉等市均出台了智能网联应用示范的举措。例如,长沙制定了智能网联汽车载人测试和高速公路测试的实施细则,上海出台了面向应用示范的管理办法,武汉发放了智能网联汽车道路运输经营许可证。可见,智能网联汽车商业化运营诉求越发强烈,应用示范工作势在必行。

深圳在《管理规范》《实施意见》的指导下开展智能网联汽车测试工作,取得了良好效果。现已发布124km的开放测试道路，覆盖9个行政区域，并向腾讯、大疆、海梁等企业发放了12张路测牌照，深圳市海梁科技有限公司在福田保税区开展"阿尔法巴"智能公交车试运行，同时汇聚60多家自动驾驶相关企业组建深圳市智能网联汽车产业创新促进会，《实施意见》为深圳市智能网联汽车道路测试管理有关工作打下了坚实的基础。

但是，随着智能网联汽车技术的飞速发展，现存政策的局限性逐步显现，主要包括以下几个方面：一是不能进行载人或载货测试，缺乏对智能网联细分领域成熟技术应用示范的支持和引导；二是应用示范道路局限于已公开的首批开放道路，与开展智能网联汽车应用多元化测试存在一定的差异；三是政策对市层面的测试工作做出了规定，未考虑各个区的多场景测试需求。

围绕深圳新时期创新性城市的发展定位，结合智能网联汽车技术发展现状及深圳市实际情况，深圳市有必要尽快制定面向应用示范的智能网联汽车发展政策，加快深圳市智能网联汽车技术的研发和应用，抢占新一轮科技革命和产业变革的先机。

2019年7月，针对智能网联汽车技术细分领域成熟的发展现状，交通局组织开展了《应用示范指导意见》的编制工作，界定适用道路、适用场景及应用示范要求等条件，对于《应用示范指导意见》是《实施意见》的补充还是替代进行多次研讨，最后确定《应用示范指导意见》是原有测试框架的补充，其申请审核条件须满足《实施意见》的要求。

2019年8月，交通局组织进行宝能汽车、大疆、小马智行等企业的调研工作，深入了解企业技术能力及其政策诉求，在保障安全的情况下，《应用示范指导意见》将应用示范聚焦于低速载人、低速载货、低速城市环卫三种场景，针对不同场景的应用示范主体、应用示范车辆、应用示范管理等条件做出了相应规定。

2019年9月，在《先行示范区》《交通强国建设纲要》及国内外智能网联汽车应用示范政策解读的基础上，结合市场实际需求，交通局逐步修改完善智能网联汽车应用示范要求，定义载人应用示范、城市环卫作业应用示范、载货及其他特种作业应用示范三大应用示范场景，在保障安全的前提下支持智能网联汽车多元化道路测试需求，建立机制保障，形成《应用示范指导意见》征求意见稿。

2019年12月，深圳市交通运输局就《应用示范指导意见》向深圳市发展改革委、市工业和信息化局、市公安交警局、各区政府（管委会）和前海管理局等15个部门单位征求意见，反馈意见合计14条，其中采纳4条，解释说明10条。

以习近平新时代中国特色社会主义思想为指导，全面落实深圳建设先行示范区的要求，加快实施创新驱动发展战略，按照"改革创新、安全底线、先行先试、统筹推进"的基本原则，积极支持推动智能网联汽车技术研发及应用，科学规范应用示范相关工作。

①改革创新，开放包容。支持智能网联汽车相关技术研发与创新，鼓励和支持国内外企业、科研机构和技术团队开放合作，促使深圳市智能汽车技术跨越式发展。

② 安全底线，科学有序。根据智能网联汽车技术发展现状，在保障公共安全的前提下，科学有序地推进智能网联汽车应用示范工作。

③ 先行先试，稳步推进。鼓励安全可控场景下的应用示范先行先试，循序渐进，按照计划稳步推动智能网联汽车产业发展。

④ 统筹推进，政府引导。把握整体方向，围绕智能网联汽车重点领域和关键环节推动技术创新，加快政府制度创新步伐，做好智能网联汽车示范应用引导服务。

《应用示范指导意见》包括总体要求、示范场景、示范条件、事故和违法处理、机制保障和附则内容，主要内容如下。

① 定义载人、城市环卫作业、载货及其他特种作业三种应用示范场景。其中，载人应用示范是指以智能网联汽车为载体在指定的开放道路开展非营利性的载人测试示范活动；城市环卫作业是指以智能网联汽车为载体在指定的开放道路开展非营利性的城市道路无人清扫和无人洒水作业测试示范活动；载货及其他特种作业是指以智能网联汽车为载体在指定的开放道路开展非营利性的货物运输（危险货物除外）和其他特种作业测试示范活动。

② 规定应用示范要求。申请开展载人应用示范、城市环卫作业应用示范、载货及其他特种作业应用示范的主体、车辆、驾驶员及安全员应首先满足《实施意见》中测试主体、测试车辆、测试驾驶员及测试安全员的要求。在取得深圳市智能网联汽车道路测试通知书和临时行驶车号牌基础上，申请开展应用示范需满足《应用示范指导意见》的有关规定，统一安装车载终端，制定完备的应急预案，经深圳市智能网联汽车道路测试联席工作小组（以下简称联席工作小组）研究同意，获得深圳市智能网联汽车道路应用示范资格，按规定的时间、区域和项目开展应用示范工作。

③ 规定应用示范事故和违法处理办法。智能网联汽车应用示范过程中发生交通违法或责任事故，应用示范主体应立即制动并暂停所有应用示范计划，由公安机关交通管理部门按照现行道路交通安全法律法规及《管理规范》认定当事人的责任，由联席工作小组根据事故认定结果决定恢复或取消其应用示范资格。

④ 明确保障机制，支持多元化的测试需求。市交通运输局、市发展和改革委员会、市工业和信息化局、市公安局交通警察局、各区政府及相关管理部门应通力协作，高度重视应用示范工作，积极完成相关职责任务，确保应用示范申请科学公正、应用示范管理精准全面，建立支撑深圳市智能网联汽车产业可持续发展的基础环境，加快推进深圳市智能网联汽车应用示范落地，助力深圳创新发展。应用示范道路不局限于已公开的首批开放道路，对应用示范主体提出有应用示范需求的其他道路，在保障安全的前提下尽快纳入开放道路目录。

⑤ 附则说明，充分体现深圳创新开放性、包容性。鼓励半封闭独立功能区（即大学校园、港口、物流园、工业园、公共绿化公园、景区等具有明显围蔽特征的场地）进行智能

网联汽车应用示范。

2. 深圳市出台智能网联汽车应用示范的指导意见

在深圳市道路测试里程达 1000km 的智能网联汽车，未发生交通违法行为或有责任交通事故，可在相应区域开展载人应用示范。交通局为加快推进智能网联汽车技术产业发展与应用示范，会同有关部门起草了《深圳市关于推进智能网联汽车应用示范的指导意见》。其中明确，鼓励半封闭独立功能区进行智能网联汽车应用示范，即大学校园、港口、物流园、工业园、公共绿化公园、景区等具有明显围蔽特征的场地，开展载人、城市环卫作业和载货及其他特种作业等。

1）深圳市已开放测试道路124km，发放 12 张智能网联汽车测试牌照

智能网联汽车是国家汽车产业转型升级的重要突破口，是构建新型交通运输体系的重要载体，在塑造产业生态、推动国家创新、提高交通安全等方面将发挥关键作用，是汽车产业未来战略的制高点。美国、德国、英国、荷兰等国家先后出台相关立法，承认自动驾驶（智能网联）的合法性，大力推进技术测试及商业化试运营。美国在亚利桑那州和得克萨斯州之间开展自动驾驶货物运输商业试运营，并在凤凰城等局部地区允许无人驾驶出租车落地应用。国内各市也在推进智能网联汽车道路测试工作，长沙市制定智能网联汽车载人测试和高速公路测试的实施细则，上海市出台面向示范应用的管理办法，武汉市发放智能网联汽车道路运输经营许可证。

深圳市在智能网联汽车测试工作取得良好效果，现已发布 124km 的开放测试道路，覆盖 9 个行政区域，并向腾讯、大疆、海梁等企业共发放 12 张牌照，海梁在福田保税区展开"阿尔法巴"智能公交试运行，同时汇聚 60 余家自动驾驶相关企业组建深圳市智能网联汽车产业创新促进会。但随着智能网联汽车技术的飞速发展，现存政策的局限性逐步显现，一是不能进行载人或载货测试，缺乏对智能网联细分领域成熟技术应用示范的支持和引导；二是应用示范道路局限于已公开的首批开放道路，与开展智能网联汽车应用多元化测试存在一定差异；三是政策对市层面测试工作做出规定，未考虑各个区的多场景测试需求。

2）鼓励在大学校园等半封闭独立功能区开展无人驾驶载人载货试验

《应用示范指导意见》明确提出了，鼓励在半封闭独立功能区（即大学校园、港口、物流园、工业园、公共绿化公园、景区等具有明显围蔽特征的场地）进行智能网联汽车应用示范，支持智能网联汽车开展载人、城市环卫作业和载货及其他特种作业三种应用示范。

载人应用示范是指以智能网联汽车为载体在指定的开放道路开展非营利性的载人测试示范活动。开展载人应用示范的车辆在申请开展应用示范所在区域道路测试的里程累计应不低于每车 1000km，且未发生交通违法行为或有责任交通事故，并提交相关证明；申请应用示范车辆自动驾驶功能检测项目应包含行人和非机动车的识别及响应、交通信号灯识别

及响应、交叉交叉口通行、环形交叉口通行,并获得合格证明;应用示范主体可通过互联网、媒体、手机App、微信小程序等方式采用实名制招募年满18岁并具有完全民事行为能力的志愿者,在向志愿者充分告知安全风险的前提下签订相关责任协议,且应保证志愿者具备座位险、人身意外险等必要的商业保险,并采取有效措施保障志愿者人身安全;应用示范主体不得向志愿者收取费用或报酬,不得利用应用示范车辆从事或变相从事运输经营活动。

城市环卫作业是指以智能网联汽车为载体在指定的开放道路开展非营利性的城市道路无人清扫和无人洒水作业测试示范活动;载货及其他特种作业是指以智能网联汽车为载体在指定的开放道路开展非营利性的货物运输(危险货物除外)和其他特种作业测试示范活动。

3)测试主体需要获得深圳市智能网联汽车道路应用示范资格

意见稿明确,申请开展载人应用示范、城市环卫作业应用示范、载货及其他特种作业应用示范的主体、车辆、驾驶员及安全员应首先满足《实施意见》中测试主体、测试车辆、测试驾驶员及测试安全员的要求。在取得深圳市智能网联汽车道路测试通知书和临时行驶车号牌基础上,申请开展应用示范需满足《应用示范指导意见》的有关规定,统一安装车载终端,制定完备的应急预案,经深圳市智能网联汽车道路测试联席工作小组研究同意,获得深圳市智能网联汽车道路应用示范资格,按规定的时间、区域和项目开展应用示范工作。

智能网联汽车应用示范过程中发生交通违法或责任事故,应用示范主体应立即制动并暂停所有应用示范计划,由公安机关交通管理部门按照现行道路交通安全法律法规及《管理规范》注明条款认定当事人的责任,并依照有关法律法规及司法解释确定损害赔偿责任,构成犯罪的依法追究刑事责任。由联席工作小组根据事故认定结果决定恢复或取消其应用示范资格。

《应用示范指导意见》明确提出,智能网联汽车载人载货应用示范道路不局限于已公开的首批开放道路,对应用示范主体提出有应用示范需求的其他道路,在保障安全前提下尽快纳入开放道路目录。

3. 深圳市智能网联汽车道路测试首批开放道路

深圳市智能网联汽车道路测试首批开放道路是用于智能网联汽车道路测试的开放路段。符合《深圳市关于贯彻落实〈智能网联汽车道路测试管理规范(试行)〉的实施意见》要求的测试主体提出智能网联汽车道路测试申请、组织测试并承担相应责任的单位可根据测试需求及拟测试期间申请道路的实际路况,选取合适的道路,向深圳市智能网联汽车道路测试联席工作小组办公室提出申请。深圳市智能网联汽车道路测试首批开放道路涵盖多个场景,充分考虑人、车、路、环境等道路测试影响因素,在安全可控、湿度开放的原则

智能车路协同管控 可视化推演平台

下尽可能地提供开放测试场景，助力智能网联汽车科研实验与行业发展。

测试道路涵盖工业区、旅游区、商务区、金融区，场景包括信号控制交叉口、无信号控制交叉口、十字交叉口、T字形交叉口、直线、曲线、坡度等不同道路地形条件，覆盖单行道、警示、指路等多重交通标志标识。

首批开放道路选择合围区域 19 个，总面积约 30km^2，道路里程合计约 124km，覆盖深圳市福田、南山、盐田、宝安、光明、龙华、龙岗、坪山、大鹏 9 个行政区域。具体开放道路如下。

① 福田区。福田区可供道路测试片区为福田保税区，具体为金葵道—市花路—瑞香道—绒花路—红花路合围区域。

② 南山区。南山区可供道路测试的片区为西丽、大学城、赤湾、前海、深圳湾口岸和深圳湾，具体为创科路—打石二路—石鼓路—茶光路—创研路—打石一路合围区域、留仙大道辅道—丽水路—丽山路合围区域、赤湾六路—赤湾七路—赤湾四路—赤湾九路—赤湾二路—赤湾五路合围区域、白石路—深湾二路—白石三道—深湾四路—白石四道—深湾五路合围区域、听海路—前湾四路—临海大道—妈湾大道合围区域、工业八路—后滨海路—望海路—中心路—科苑南路合围区域。

③ 盐田区。盐田区可供道路测试的片区为梅沙、沙头角和海山，具体为环梅路—盐梅路合围区域、深盐路—海山路—海景二路—金融路—沙深路合围区域。

④ 宝安。宝安区可供道路测试的片区为宝安机场和尖岗山片区，具体为领航三路—领航一路—领航四路—机场南路合围区域、上川路—留仙一路—留仙二路—隆昌路合围区域。

⑤ 光明区。光明区可供道路测试的片区为光明南片区，具体为牛山路—创投路—观光路—茶林路—光侨路—华夏路合围区域。

⑥ 龙华。龙华区可供道路测试的片区为大浪片区和观湖片区，具体为大浪北路—石龙仔路—浪荣路—浪花路合围区域、观乐路—澜清二路—观盛五路—翠幽路—观盛一路—观清路—观盛二路合围区域。

⑦ 龙岗区。龙岗区可供道路测试的片区为南约—宝龙—同乐片区，具体为宝龙一路—南同大道—锦龙四路—清风大道合围区域。

⑧ 坪山区。坪山区可供道路测试的片区为聚龙片区，具体为丹梓东路—荣田路—聚青路—金辉路合围区域，以及翠景路—青松西路—青兰二路—兰竹东路合围区域。

⑨ 大鹏新区。大鹏新区可供道路测试的片区为葵涌、大鹏新区和南澳，具体为鹏飞路—银滩路—滨海二路—坪西路合围区域、金岭路—金业大道—金葵东路—葵坪路合围区域。

4. 深圳市智能网联汽车《道路车辆功能安全标准》测试实证

《道路车辆功能安全标准》(ISO 26262)（以下简称《标准》），是智能网联汽车开发测试中的重要依据，基于场景的测试方法则是自动驾驶功能测试的重要手段。在基于功能安全标准开展自动驾驶测试的过程中，为保持场景描述的一致性，确保场景的可执行性和可复现性，测试场景标准化尤为关键。功能安全标准中不同开发流程对场景描述的需求不同，根据不同的需求将场景划分为三个抽象级别并与各级别场景建立转化关系。从功能安全标准对场景描述的需求出发，提出的场景标准化方法及场景与测试用例的转化方式，被应用到一般的自动驾驶系统测试与验证之中。

2016年更新的《标准》ISO 26262，引入了涉及车辆安全的关键电气、电子系统开发与测试的最新进展，可以应用于高级驾驶辅助系统（ADAS）和自动驾驶系统的开发和验证。《标准》规定了基于V型开发模式的各个阶段所要求的工作内容和输出产品。在V型开发模式的各个阶段，均可应用基于场景的方法，来获得相应的工作输出产品。在应用基于场景的方法时，不同开发阶段对场景细节程度的需求存在矛盾。《标准》ISO 26262中不同阶段对场景描述的要求，提出了满足一致性的场景描述方法，并演示了如何系统建立满足不同阶段需求的场景。

1）场景设计与测试过程的需求分析

智能网联汽车的场景可以应用到《标准》的整个开发过程中以得到各中间产物，从概念阶段到产品开发，再到系统验证和测试。而在整个开发周期中，要求在不同抽象级别上对所用场景有一致性表述。这里分析基于场景的方法在《标准》ISO 26262定义的开发过程中的可行性，以及各流程对场景的需求。

（1）概念阶段的场景

在《标准》第3部分的概念阶段，该《标准》对项目进行了定义，进行了危险分析和风险评估，并引出功能安全概念。项目定义包括功能定义、系统边界、操作环境、法规需求以及对其他项目的依赖关系的描述。基于这些信息，可以派生出可能的操作场景。此过程中的操作场景应以较抽象的方式描述，并以一种易于理解的方式表示。危险分析和风险评估包括两个步骤：首先分析出所有故障行为，并描述导致危险事件的所有操作场景，将操作场景和故障行为加以组合从而得到危险场景；然后依据汽车安全完整性级别（ASIL）对所有危险场景进行评级。现有对危险场景的分析为了便于专家之间的沟通理解，应使用自然语言来表述，并需要一个统一的术语表，以半正式的方式组织起来。

因此，在《标准》提出的概念阶段，场景必须满足以下需求：

- 人类专家应该能够用自然语言来描述该场景；
- 场景应以半正式的方式表示。

（2）系统开发阶段的场景

智能网联汽车系统一旦分析了危险场景，就会形成功能安全概念。为了实现功能安全，须提出安全需求。与功能需求不同，安全需求描述了可量化的条件。例如，保持与其他交通参与者的安全驾驶距离的安全需求通过以米为单位的距离来确定。因此，每个危险场景都必须从半正式的自然语言表述转换为利用状态量表述的方式。为了减少场景的数量，可以给定状态量的取值范围，或者可以进一步划分有效/无效的取值范围，即安全、不安全的取值，从而明确系统边界。场景的详细表述确保了能以可验证的方式制定开发项目的需求。

因此，在系统开发阶段，场景必须满足以下需求：

- 场景应包括用于场景表示的状态量的参数范围；
- 场景应为每项参数指定一个标记，以支持自动处理。

（3）测试阶段的场景

智能网联汽车在测试阶段，将验证系统是否满足了前述流程中指定的需求。这一过程，测试必须依据标准，系统地计划、制定、执行、评估和记录。测试用例生成的一个难点在于输入数据的规范性，包括每个参数的时间序列。概念阶段已经给出了系统的操作环境和可能的操作场景，这是为测试用例派生一致的输入数据的基础。在安全需求的制定过程中对场景进行了详细说明，包括系统如何对可能影响安全目标的外部影响做出反应，以及满足系统安全需求的参数范围。为了生成测试用例的输入数据，必须从指定场景连续参数范围中选择离散参数值。此外，还必须将场景转换为正式表达，以确保之后测试用例可执行性及可复现性。

具体而言，必须通过不同的测试方法（如模拟或场地测试），确定用于执行基于场景的测试用例所需的所有参数，并从基于术语的半正式表达转换为基于系统状态值参数的正式表达。最终，系统地导出参数化场景，作为被测系统的一致输入参数，用于验证系统功能。

因此，在系统测试阶段，场景必须满足以下需求：

- 场景应该通过具体的状态值来描述，以确保其可执行性和可复现性；
- 场景应具备一致性；
- 场景应该以一种高效的机器可读的方式表示，以确保自动化测试的执行。

（4）对场景需求的分析

智能网联汽车的各阶段对场景的需求是存在矛盾的。一方面，要求抽象的、自然语言的表述形式；另一方面，要求高效的机器可读的表述形式。类似的要求场景表述的细节程度不同：要求通过状态空间中的参数范围来表述场景，这样在确定待测量时提供了多个自由度；要求表述中包括具体的参数值，这是测试用例可重复执行的必要条件。因此，机器可读的场景必须支持两种不同的细节程度。

2）设计和测试过程中的场景术语定义实现

在《标准》ISO 26262 的开发过程中应用场景时，对场景的细节程度的需求是存在矛盾的。这一章节我们将场景划分为三个抽象级别：功能场景（Functional Scenarios）、逻辑场景（Logical Scenarios）和具体场景（Concrete Scenarios）。

（1）功能场景

智能网联汽车功能场景是场景表述的最抽象级别。在概念阶段，这些场景可用于项目定义、危险分析和风险评估。这里提出了以下定义：

- 功能场景是通过语义描述的操作场景。通过语言场景符号来描述域内的实体以及实体间的关系，场景描述是一致的，用于描述功能场景的术语表应由一般用例或域内专用的术语组成，并且可以具有不同的详细程度。
- 功能场景的表述包括实体和实体之间的关系，不同场景的描述方式必须是一致的。首先需要制定一个术语表，这个术语表包括不同实体的术语（车辆 A、车辆 B）和这些实体的关系短语（车辆 A 超越车辆 B）。为了生成一致的功能场景，术语表的所有术语必须是明确的，其来源可以是实际的标准和法规，如道路交通规则。
- 功能场景的详细程度取决于实际的开发阶段和正在开发的项目。例如，高速公路行驶需要描述道路的几何结构和拓扑结构、与其他交通参与者的交互及天气状况。而在停车库行驶则需要描述建筑物的布局，而天气条件却无关紧要。

（2）逻辑场景

基于状态空间变量，逻辑场景是对功能场景的进一步详细描述。在智能网联汽车系统开发阶段，可以利用逻辑场景派生出安全需求。这里提出了以下定义：

- 逻辑场景以状态空间呈现操作场景。通过定义状态空间内变量的参数范围，可以表达实体特征和实体间的关系，参数范围可以选择用概率分布来确定。此外，不同参数的关系可以通过相关性或数值条件来确定，逻辑场景应包含该场景的形式标记。
- 逻辑场景涵盖了提出安全需求所需的所有元素。为了在标准规定的开发过程中逐步规范场景，必须在状态空间中通过形式标记来表述逻辑场景，并从取值范围中确定参数。可以通过概率分布（如高斯分布、均匀分布）为每个参数指定范围。参数范围间的关系可以由数值条件或相关函数来指定（如超车速度必须大于被超车速度、车道宽度与曲线半径相关）。
- 功能场景中衍生出的逻辑场景。功能场景术语表中的每一项都必须分配一个描述该术语的参数。车道都是通过车道宽度来描述的，几何结构是由一个半径来表示的，车辆由其纵向位置来描述。在实际应用中，可能需要多个参数来描述单个术语，例如，一辆卡车可以通过规定其尺寸、重量和发动机功率来定义。

（3）具体场景

智能网联汽车具体场景由某个确定的参数值来表示状态空间中实体和实体间关系。每个逻辑场景都可以通过从参数范围中选择具体值来转换为具体场景，具体场景可以作为测试用例的基础。这里提出了以下定义：

- 具体场景以状态空间详细描述了操作场景。通过确定状态空间中每个参数的具体值来明确描述实体和实体间的关系。
- 对于每一个具有连续取值范围的逻辑场景，都可以派生出任意数量的具体场景。为保证生成具体场景的效率，应选择有代表性的离散值进行组合。必须强调的是，只有具体场景可以直接转化为测试用例。要将具体场景转换成测试用例，需要增加被测对象的预期行为表现，以及对相关测试设施的需求。而被测对象的预期行为则可以从操作场景、逻辑场景或项目定义中导出。
- 逻辑场景中得出的一个具体场景。每个参数都从指定的参数范围内确定了一个具体的参数值，从而确定了一个特定的测试条件。

5.2 智能车路协同管控系统建设实践

5.2.1 深圳市中心区域智能车路协同管控

深圳市于 2019 年 11 月 18 日发布了《深圳建设交通强国城市范例行动方案（2019—2035 年）（公众咨询稿）》征求意见，明确提出全面建设国际性综合交通枢纽发展典范、区域交通一体化发展范例、城市交通可持续发展标杆和全球交通科技创新高地，并开启了以中心区域为代表的智能车路协同管控建设试点。

1. 中心区域智能车路协同管控功能与建模

深圳市中心区域的智能车路协同管控项目主要关注以下内容。

①加强交通科技基础研究和应用基础研究；加强交通信息基础设施推广应用，推进基于 5G、物联网、人工智能等技术的智慧交通新型基础设施试点应用；实现中心区域信号灯"一张网"在线平衡智慧调控，推进中心区域智慧停车等建设工作；推动中心区域交通基础设施规划、设计、建造、养护、运行管理等全要素、全周期数字化；促进政府跨部门数据共享共用，推进建立城市综合运输一体化大数据平台，探索城市公交 MaaS 系统多个场景服务。

②推动形成中心区域跨方式区域交通大数据共享机制。在城市层面构建无缝化旅客联运系统，着力解决中心区域不同交通方式间信息、服务、安检整合难等问题，形成全程出行定制服务典范；建立五跨（跨层级、跨地域、跨系统、跨部门、跨业务）交通大数据共享机制。

③依托自由流收费等交通新技术提高道路通行效率。建立基于运行水平的中心区域动态收费调节机制，推动中心区域自由流收费等新型收费技术应用和政策体系建设。在中心区域交通网络智能设施运行监测系统的智慧路段功能建设中，结合交通设施的设备集约化管理和区域交通网络景观的因素，集成交通流检测器、视频监控/识别、车路协同交互信息、智能路侧设施，集成发布交通信息、出行行人检测等功能于一身，全面感知智能路侧交通设施运行状况，形成集成化的交通在线数据采集与共享环境。

深圳市中心区域是新一轮科技革命推动交通基础设施、交通技术、交通服务、交通管理重大变革示范区。下面将对中心区域智能车路协同示范区进行仿真分析。

移动互联网、云计算、物联网、大数据、5G通信等新一代信息技术加速向交通领域渗透，对客货运输模式产生了全面、深刻的影响。其中拥堵区域交叉口与路段动态分组、在线监测、可视建模、仿真推演实现中心区域智能车路协同管控治理，客货携手、自动驾驶、自由流收费、北斗高精定位等技术已具备实验基础并逐步进入中心区域建设应用。中心区域交通将发生颠覆性改变，共享移动性、汽车电气化、自动驾驶、新型公共交通、可再生能源、新型基础设施、物联网成为主要建设实践模式。

中心区域交通网络智能设施运行监测系统的智慧交叉口功能设计，主要包括广域网雷达和4G/5G集群通信模块，以及视频识别与监控。广域网雷达的多目标车辆检测器安装在智慧信号灯杆上，通过雷达信号跟踪128个目标，监测车辆的实时位置和速度，覆盖双向12车道、160m检测距离，全面检测交叉口车流量和排队长度等技术指标。行人斑马线检测器在斑马线通行绿灯时亮灯状态下，自动检测过街行人，确保行人通过斑马线的安全。中心区域交通网络智能设施运行监测系统的智慧路面功能设计，主要实现智慧道钉、智慧信号灯、智慧路标识模式。中心区域交通网络智能设施运行监测系统的综合管理平台功能设计，主要涵盖看清现场、寻找问题、预测态势、及时处置、高效运维、多层共享、多元服务等功能。基于此，深圳市中心区域针对交通运行现状建立片区交通模型，实现交通拥堵、安全、污染动态分析研判。深圳市中心区域交通动态建模结构如图5-2所示。

2. 中心区域智能车路协同管控总体设计

中心区域作为深圳市的"窗口"，正在从金融中心、商务办公中心，向金融、商办、科创、文化、休闲、交流等多中心融合跃升，承载了超过134万人次的日均出行需求。受到物理空间的限制，亟待依托智慧化建设挖掘现有交通设施的潜力，提供安心、舒适、愉悦、智慧的出行服务体验。深圳市中心区域以"体验的革命"为主线着力实现5G基础设施全覆盖，旨在打造"高质量发展高地"全球标杆，同时通过持续优化出行结构、不断增强安全保障、显著提升出行效率、明显改善体感舒适、全面包容弱势群体，推动中心区域的城市生活和政府治理双双迈入"体验时代"。

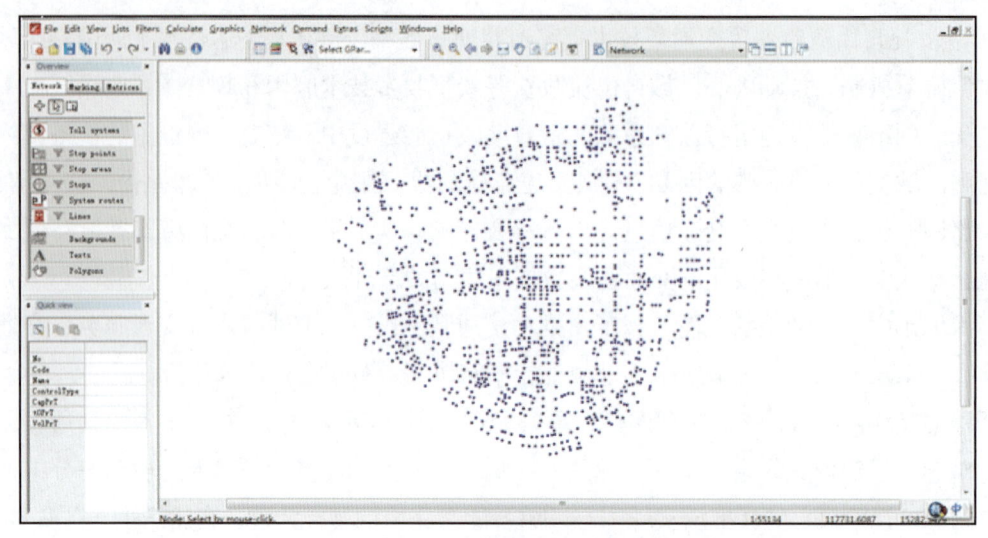

(a) 中心区域道路网络关键交通节点

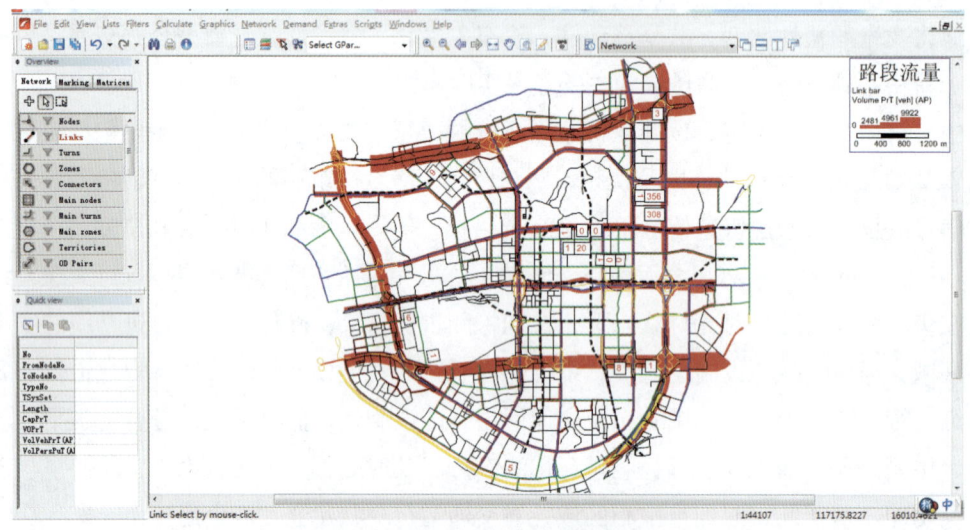

(b) 中心区域交通网络出行路段流量状况

图 5-2　深圳市中心区域交通动态建模结构

  目前，工业和信息化部公布了 2021 年产业技术基础公共服务平台"建设 5G+车联网先导应用环境构建及场景试验验证公共服务平台项目"的中标结果，深圳中心区域的这一项目成为全国的三项之一。行驶在福田中心区域道路上的公交车是一辆拥有神奇装备的"超能力"公交，通过与智慧交通设备进行双向实时通信，可以主动控制交通信号灯，做到延长绿灯或让红灯转绿灯，实现一路畅行。中央电视台《新闻联播》、深圳卫视《深视新闻》均报道了深圳市中心区域智能车路协同管控项目，如图 5-3 所示。

  中心区域智能车路协同管控项目主要针对由新洲路—北环路—皇岗路—滨河大道围合而成的 5.3km² 区域的 35 条内部道路（不包括新洲路、红荔路、皇岗路、滨河大道、彩田路和深南大道)及周边的公共空间进行优化设计,道路总长 33km。

(a)深圳市中心区域智能车路协同管控交叉口　　(b)深圳市中心区域智能车路协同管控公交线

图 5-3　深圳市中心区域智能车路协同管控效果

① 通过车辆动态限速管理、慢行安全主动预警、行人过街信号优先等措施,实现快慢有序,人车分离;充分考虑到各类人群的差异化需求,特别是老、幼、病、残、孕的行为能力特性,打造"零高差""零事故"连续无障碍慢行空间。

a. 实施动态限速管理,降低安全隐患,提升道路资源的可调控能力。例如,在上下班的高峰时段,将道路限速动态降低至 10~20km/h;非慢行出行高峰时段,道路限速恢复 40~60km/h;在福中一路黄埔中学路段、中心书城段、少年宫段等慢行集中路段设置动态测速装置,对机动车超速行驶行为进行警示。

b. 以过街特征为导向进行动态管控,实现过街效率最大化。目前,交叉口存在行人过街等待过长、等待次数多等问题。针对这些问题,在福华一路-民田、福华三路-民田路交叉口,根据人流密度的大小,按需采用"对角线过街"的组织方式,在慢行高峰时段,向行人提供绝对通行时空路权的方式,提高慢行效率;在金田路-福华三路等 6 个交叉口,根据早晚高峰、平峰、夜间等不同时段的行人过街流向,实施"慢行轨迹跟踪""慢行绿波"先进技术,使行人过街平均等待时间减少约 40%。

c. 提升过街安全指数。早晚高峰时段,平均每个交叉口转向车辆与过街行人之间的冲突超过 1500 次/h,存在明显的安全隐患。针对"低头族"等问题,在福中一路-益田路、福华三路-民田路等 10 个交叉口布设新型"地面红绿灯"装置,提高过街行人的注意力;在民田路-福中一路、民田路-福中路等 4 个学校周边交叉口,实施"步态和行为识别"人工智能技术,检测老年人、儿童过街需求,提高安全指数。

② 积极支持定制巴士、需求响应巴士、电动汽车分时租赁等服务的多元化包容发展,打造高效率、全息化、可探索、优秩序的绿色出行服务完整谱系,建立健全出行链无缝衔接的综合信息服务体系。

a. 提升公共交通出行的吸引力。基于公交指数大数据平台,对中心区域区百余条公交线路服务水平进行综合评估。将在中心区开展试点,打造福田生活智慧微枢纽,弥补公交可靠性低、候车时间长等短板。

b. 适度发展共享交通，降低中心区市民出行对私家车的依赖。利用路外停车场，围绕交通枢纽、商务办公区、商业中心适度发展分时租赁，为商务和公务出行提供高端、个性化的选择。

c. 提供"精确到门，体贴到人"的全链条信息服务。针对出行者对交通相关的位置、精度、内容、碎片化、发布方式的"五个不匹配"问题，推动服务承诺的精准化、静态信息的智能化、辅助决策的定制化、发布载体的轻量化、"海陆空铁"的一体化及慢行导航的立体化，采用全链条信息服务，为有需求的出行者在恰当的位置提供有用的信息。

③ 建设"聪明的车+智慧的路"道路模式，重塑城市交通人车关系，优化"文明优序"的在途体验。超前部署车路协同路侧终端、视频人工智能监控等数字化的基础设施，同时在每个灯杆上预留了5G微基站安装接口，在各路段预留了智慧城市建设所需的管道资源，建成可调节、可对话、可服务的智慧道路。通过平台对接车载终端，拓展在途车辆信息服务，实现行车有序、停车有位、用者自付、主动管理。

a. 机动车全轨迹跟踪无死角。通过视频人工智能监控技术，对出入中心区域境及过境车辆实施无死角轨迹跟踪，为未来拥堵收费、超低排区收费、停车价格动态精准调节等精细化需求的实施奠定良好的基础。

b. 路外停车泊位预约领风尚。通过平台打通数据壁垒，实现区域路内外停车泊位动、静态数据"一张图"；路内停车泊位、经营性停车场停车泊位及公建配建停车场停车泊位均须纳入预约管理，引导建立主动出行管理的习惯等。

c. 共享单车监控治理无漏洞。通过智慧路灯杆的视频监控，建立共享单车监管电子围栏，通过单车正、负面清单相结合，实施总量控制与秩序治理。通过负面清单划定单车停放严管区，根据智能监测实时预警，责令企业及时调度；利用电子围栏对停放到指定区域的车主予以正向激励等。

d. 车路协同示范试点促创新。引导人、车、路之间的关系从被动适应转向主动协同，当车辆接近交叉口时，获取交叉口信号控制状态和倒计时信息，根据车辆当前的位置、速度、乘客数量等信息推荐通过红绿灯的车速，提升交叉口通行效率，减少行人过街等待时间。

④ 实现以数为据，精明治理，构建"智慧精明"的治城体验。

a. 利用数据可视化技术，建设一个交通综合运行监测平台，对中心区域的可持续增长进行持续监测，建成后可向相关政府部门及企业实现共享。同时，平台将对交通运行实施定期、持续的跟踪评估，面向社会发布月度评估报告。

b. 特征诊断全面化，通过大数据追本溯源，对工作场所与居住地的职住及出行需求特征进行深度挖掘；针对重要功能片区的出行与活动特征分析，以片区改善带动中心区域品质的整体提升。

c. 交通综治档案化，与全市交通综治工作形成对接，筛选后形成综治项目库，采用标准化方法对交通综治项目实施前后进行自动化评估，形成"举措—效果—反思—措施优化"的交通综治闭环。

3. 中心区域道路环境设施及空间环境综合提升

作为粤港澳大湾区的核心引擎，深圳将打造中国特色社会主义先行示范区和社会主义现代化强国的城市范例，城市发展正迈向质量新时代。中心区域位于原深圳经济特区的几何中心，建设用地 4.13km^2，深圳历届城市总体规划均将其定位为金融商贸中心、行政文化中心和交通枢纽中心，是深圳 40 多年城市规划建设的典型缩影，也是中国改革开放后快速城市化的样板。

在深圳市 40 多年的发展历程中，中心区域顺应城市发展需求并把握住了开发机遇，已基本按照规划蓝图完整实施和建成，实现了 CBD 功能。中心区域内各项基础设施均按较高标准规划建设，整体空间和环境条件优越，拥有高密度的轨道和道路网络，规划轨道线网密度达到 4.0km/km^2，道路网密集且两侧均预留了建筑退线空间。但是，街道空间仍以机动车通行功能为主导，道路尺度越来越难以满足人们多元化的出行活动需求。与国际一流中心区相比，深圳市中心区域区尚有差距。

① 街区空间被"大街区、宽马路"割裂，60%的道路以交通功能为主，70%的街道界面由围墙、建筑围合而成，全天候街道活力仍有不足；

② 由于建设时序的不同，步行空间不连续、慢行空间不合理、高差起伏出行不友好、慢行出行体验不佳等问题逐步显现；

③ 活动空间"碎片化"，缺乏统筹，消极空间占比较高，空间利用率低；

④ 街道设施布局混杂，陈旧损坏情况严重；

⑤ 绿化缺乏特色植物景观及记忆点，封闭式大尺度种植的植物普遍、缺乏参与感；

⑥ 城市生态可持续性不佳，存在暴雨积水问题。

建设充满活力的多元化城市中心，是国际大都市中心区发展的普遍趋势。深圳市致力于将中心区域打造成为国际一流、国内领先的独具特色的中央活力区，可媲美东京、纽约核心区；将中心区域打造成为高品质街道示范区和城市治理的先行示范区，通过营造多元活力街区，打造安心有序交通，塑造品质和谐街道，智慧交通建设，提升交通出行安全、舒心体验并兼顾弱势群体的出行需求，吸引全球高端人才、商务人士加入，为市民和来访者提供极致出行体验，提升市民的获得感。

1）构建以"轨道+慢行"为主导的绿色交通体系

依托大数据，识别各类交通需求数量及特征，在保证既有机动车通行效率的基础上，在主要慢行通道上增设 27.7km 自行车道、4km 风雨连廊；对人车冲突集中区域实施分区域、分时段的动态限速管理,以期实现中心区"零伤亡"目标;同时通过交叉口缩窄、交叉口做平、扩容行人等候区等措施,建立国内首个高品质的无障碍街区。

2)重塑公共空间

街道是人们居住空间、工作空间之外的"第三空间"。通过对片区市民的行为活动进行持续观察和数据分析,识别不同使用群体在不同时间段对活动空间的需求,统筹道路红线内外空间,重新划定街道空间的使用功能;通过机动车道优化,增加慢行及景观空间约 0.09km²;整合利用碎片绿地,打开封闭绿化空间 0.12km²,使公共空间不再只用来欣赏,还能让人亲近,如骑行、散步、休闲,不断提升市民美好出行的幸福感和获得感。

3)设施品质、工艺对标国际

项目的目标是打造百年工程,通过与国际专业机构合作,研究德国、日本等国家的先进技术理念及工艺做法,对街道铺装及路灯、车挡、座椅等各类家具设施从选材、规格、加工工艺等方面进行精细化设计,设计师从方案到加工、施工安装全过程参与,确保实施效果。

4)建设数据驱动交通治理体系

在项目建设中,中心区域区综合运用了云边端协同、平行推演、数字孪生、5G车路协同、知识图谱等前沿技术,成为国内首个以"四大体验的革命"(安心、高效、文明、精明)为主题实现智慧交通综合提升的超大城市中央活力区,未来将进一步推动新技术在改善交通出行体验方面的规模化应用,引领构建数据驱动城市交通治理的全新格局。

4. 中心区域智能网联汽车实际场景测试类别

中心区域智能网联汽车的道路驾驶应用测试实现了 28 个实际功能场景的仿真测试,分别如图 5-4 ~ 图 5-31 所示。

图 5-4 前向碰撞实际场景测试

图 5-5　紧急刹车预警实际场景测试

图 5-6　车辆盲区/变道预警实际场景测试

图 5-7　异常车辆提醒实际场景测试

图 5-8　交叉交叉口防碰撞（V2V）实际场景测试

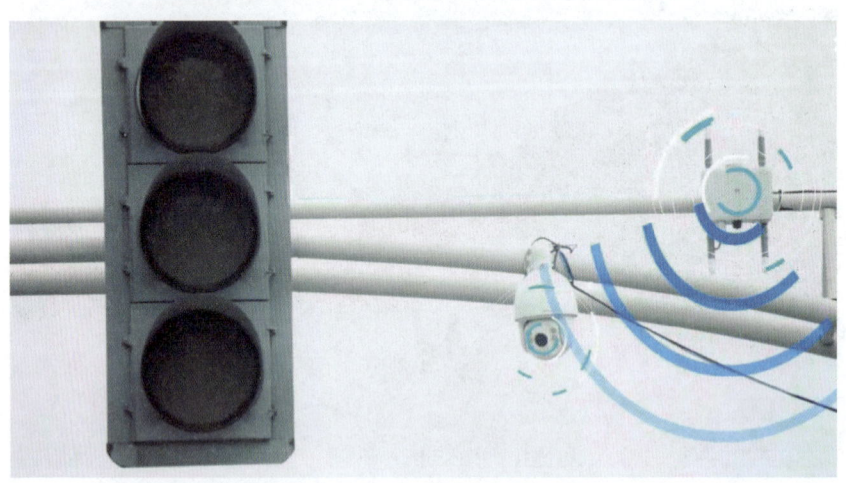

图 5-9　交叉交叉口防碰撞（摄像头）实际场景测试

图 5-10　左转辅助实际场景测试

图 5-11 电单车出没预警实际场景测试

图 5-12 V2P 行人穿越马路实际场景测试

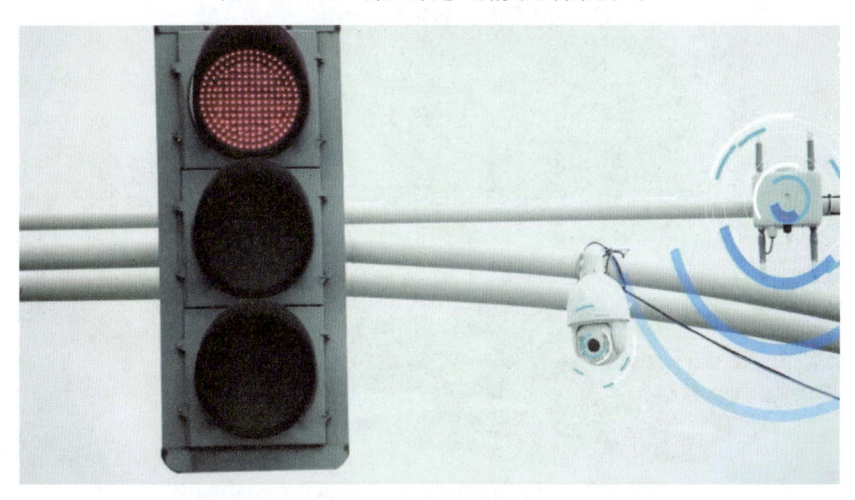

图 5-13 信号灯信息推送实际场景测试

图 5-14　红绿灯车速引导实际场景测试

图 5-15　闯红灯预警实际场景测试

图 5-16　交叉口排队状态实际场景测试

图 5-17　前方拥堵提醒实际场景测试

图 5-18　道路危险状况提醒/道路事件情况提醒实际场景测试

图 5-19　高优先级车辆让行实际场景测试

智能车路协同管控 可视化推演平台

图 5-20　匝道车辆汇入预警实际场景测试

图 5-21　车内标牌实际场景测试

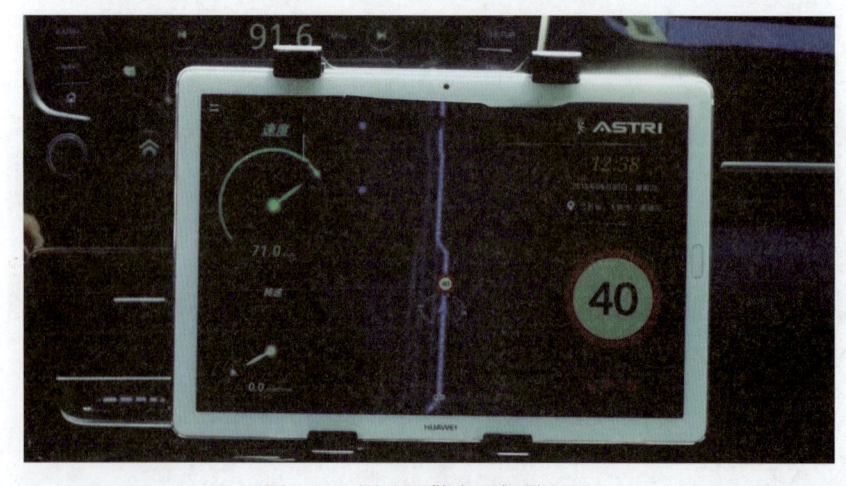

图 5-22　限速预警实际场景测试

第 5 章　智能车路协同管控平台应用实践

图 5-23　寻找空闲停车位实际场景测试

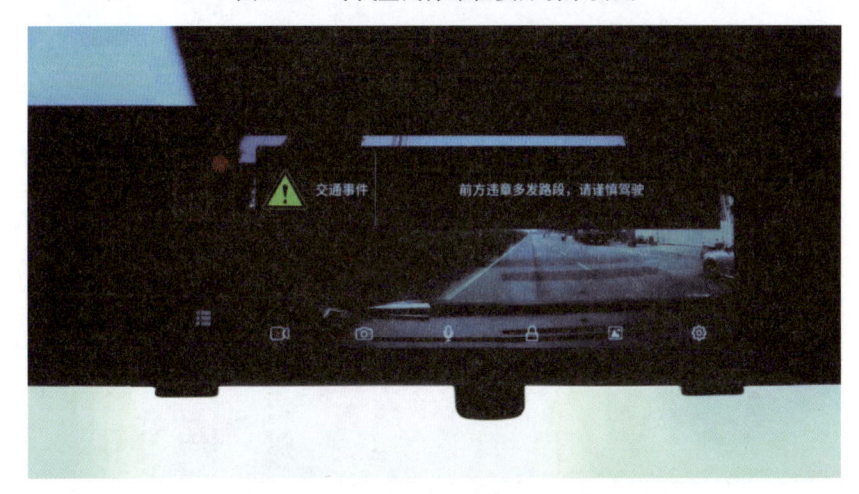

图 5-24　历史违法多发路段实际场景测试

图 5-25　车辆动态信息上报实际场景测试

图 5-26　超视距路况预警实际场景测试

图 5-27　公交车优先实际场景测试

图 5-28　绿波通行实际场景测试

第 5 章　智能车路协同管控平台应用实践

图 5-29　"开车前，出行信息早知道"实际场景测试

图 5-30　展会信息推送（城市交通大脑）实际场景测试

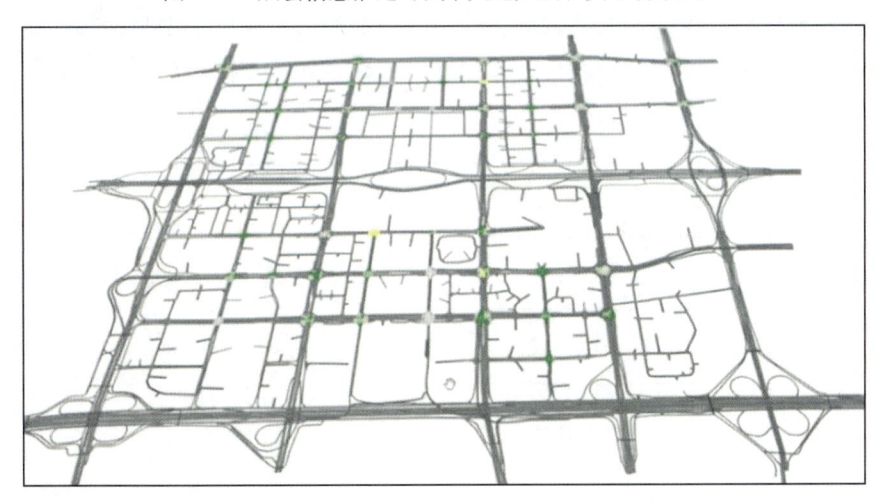

图 5-31　中心区域智能驾驶测试场景环境仿真

5.2.2　深圳市主干路新洲路智能车路协同

新洲路是深圳市中心区域的南北向主干路，自其智能车路协同管控试点应用开展以来，针对如何利用在线仿真技术实现从实时交通监测到动态交通管控的深化服务，进行了智能车路协同的交通建模与在线仿真、交通管控集成应用的深度融合设计实践，开展了中心区域智能车路协同管控平台架构和关键技术分析研判。基于交通数字孪生技术建模分析与仿真评价新洲路，可是结果通俗易懂、生动形象。从交叉口单点到全路段集成，数字孪生技术发挥着不可替代的作用。

① 整合交通管控系统的数据资源，建立实时在线仿真系统，实现交通运行监测与预警，并通过短时交通预测，提前知悉综合交通变化态势，实时发布预警交通信息。

② 根据交通运行状况识别关键流向，并利用交通出行需求和出行路径数据制定针对性的管控策略，通过仿真评估与实地运行评价进行控制效果反馈和自学习，支撑实时的信号优化应用，实时响应随机的交通出行需求和交通事件下的非常态交通变化。

③ 形成"采集—研判—控制—评估"的业务闭环，让交通系统实现实时监督、自主诊断、自我优化的智慧化转型升级。

深圳市新洲路交通状态监测是智能车路协同管控平台应用的重要基础，可以实现对城市主干路—新洲路的体检。通过交通状态感知和评估，交通参与者能够掌握实时的路网运行状况。多年的新洲路治理研究发现，当前新洲路分析研判存在智能车路协同管控的技术集成和城市交通体检的治理协同两个问题没有从根本上解决。虽然二者都统筹在智能交通道路监控指挥中心一体化的 ICT 框架内，交通运行实施一网统管的模式，但始终没有找到合适的破解之道。

引入数字孪生技术重构新洲路智能车路协同治理架构，通过识别与预测拥堵路段，从根源上分析拥堵成因，区分拥堵程度，从而提供有针对性的、快速的、高效的拥堵治理策略。新洲路交通状态监测与诊断流程如图 5-32 所示。

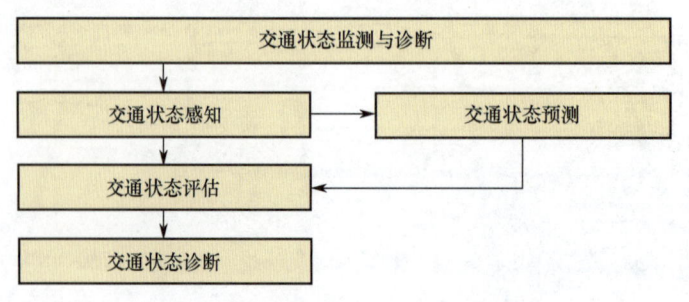

图 5-32　新洲路交通状态监测与诊断流程

1. 交通状态监测与评估

实时在线仿真的核心是对交通状态的还原和预测,能够输出交通起止点(Origin Destination, OD)分布和车辆路径分配结果,提供比检测数据更全面的数据。基于在线仿真结果,建立交通运行评价指标体系,对交通状态进行评估。道路交通运行评价指标如表 5-6 所示。

表 5-6 道路交通运行评价指标

类 型	指 标
出行需求	实时的交通生成量、实时的交通完成量、道路网络上的车辆数(包括不同车辆类型统计)、不同出行方式的客流量、每个OD对间的车流分布及路径选择比例、交通运行指数
路段运行情况	动态密度、动态交通流量、动态速度、动态排队、动态排放(包括不同排放统计)、路段运行指数
交叉口运行情况	转向流量、转向排队长度、转向停车次数、相位饱和度、车均延误、交叉口服务水平、交叉口通行能力
干线运行情况	通过量、停车次数、车均延误、平均速度
片区运行情况	基于流向(路径)的通过量、最大排队长度、总延误、总停车次数;基于区域的平均行程时间、平均车速、交通负荷数

表注:① 路段运行指数:利用路段速度数据,计算路段的平均行程速度与路段自由流速度的比值;
② 交通负荷度:通过宏观基本图标定区域的临界密度,计算区域密度与临界密度的比值。

2. 交通运行状态诊断

交通运行状态诊断包括拥堵预警和拥堵成因分析。通过路段运行指数判断是否发生拥堵,通过路段运行指数与历史平均路段运行指数的对比,判断是否为常态化拥堵。在线仿真的预测功能在发生交通拥堵时,能够辅助交通管理者掌握拥堵的变化趋势,提前判断交通拥堵程度,决定是否需要采取一定的管控措施加以干预。在识别出拥堵后,通过对交通出行需求和交通运行状态的分析,判断造成拥堵的原因,从而制定有针对性的管控措施。

常态化拥堵成因主要包括早晚高峰时段通勤出行需求增大、路网结构存在瓶颈、信号配时不合理三个。通勤需求造成的拥堵可以根据拥堵发生的时间来判断,在通勤时间之外拥堵情况会消失。路网瓶颈造成的拥堵可以根据通行能力和平均车速来判断,通常表现为瓶颈点上下游的通行能力和车速均大于瓶颈点。信号配时不合理造成拥堵通常发生在信号交叉口进口道,表现为不同进口道或转向之间的不均衡性,可以通过相位饱和度差异、进口道排队长度差异进行量化。交通拥堵预警流程如图 5-33 所示。

偶发性拥堵成因主要包括道路施工、交通事故、恶劣天气、节假日和大型活动,其中道路施工、节假日和大型活动属于计划性事件,交通事故和恶劣天气属于随机性事件。对于计划性事件,交通管理者可以提前将事件信息输入系统实现在线仿真,利用在线仿真技术对事件的影响进行监视和评估。对于随机性事件,交通管理者录入事件信息往往是滞后的,也难以判断事件的持续时间。交通事故会占用部分车道,导致路段通行能力下降,在路网的局部形成临时的瓶颈点;恶劣天气则会造成路网大面积的通行能力下降和车速下降,且持续时间较长。根据不同类型事件的特征,通过在线仿真对事件进行自动识别,实时标定道路通行能力,捕捉事件的发生和结束。

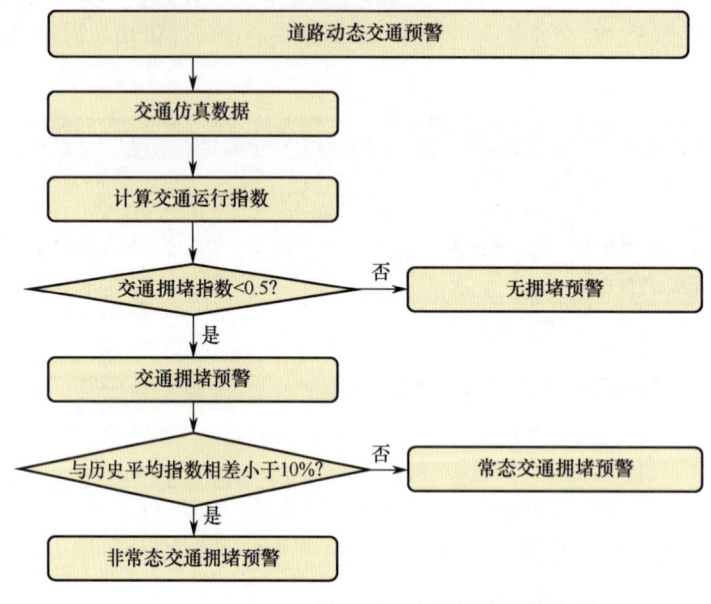

图 5-33 交通拥堵预警流程

3. 交通信号战略级优化

基于在线仿真进行数据积累和自主学习是实现交通管控系统智能化的一项关键技术。在线仿真通过循环迭代与参数校核,能够输出每天每个时间片的 OD 和路径数据。通过分析这些数据,可以掌握交通出行需求的特征和变化趋势。基于在线交通仿真的信号管控流程如图 5-34 所示。

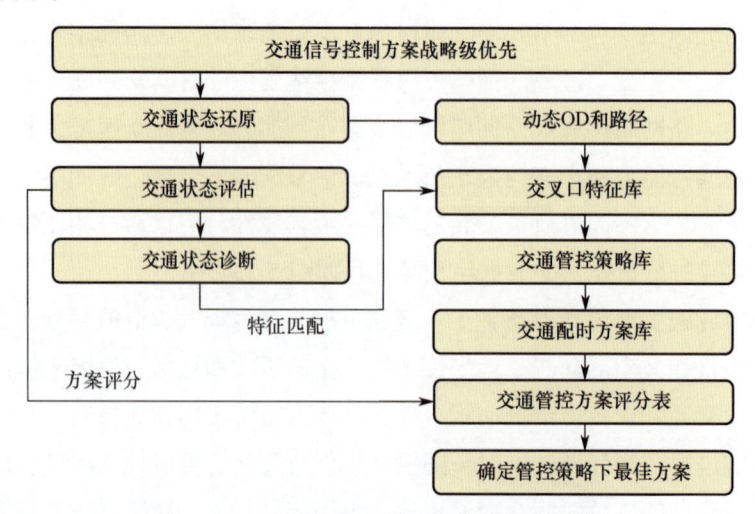

图 5-34 基于在线交通仿真的信号管控流程

① 根据交通出行需求特征和车流流向的分布情况，对交叉口进行分类和特征标记。

② 针对每种类型的交叉口确定管控策略和目标，包括是否需要协调、与哪些交叉口进行协调、优化目标是什么。

③ 设计信号配时方案，调整相位结构、周期、相位差等。

④ 利用仿真技术对信号配时方案进行评估和打分，对每个交叉口在每种管控目标下都建立一张配时方案得分表。

⑤ 基于交通状态监测、评估与诊断结果，进行实时信号方案优化与控制效果反馈，并学习不同交通状态下采用哪种信号配时方案能够达到最佳的期望控制效果。

4. 基于在线交通仿真的信号管控方案优化

① 基于在线仿真能够实时地优化信号方案，快速响应时变的交通状态。

② 基于在线仿真能够实时地获取信号控制效果反馈并学习，形成控制闭环。

需要特别说明的是，基于在线交通仿真生成的是战略级的信号配时方案，在此基础上，由信号机根据检测数据进行战术级的配时参数调整后执行方案。

5. 关键流向识别

利用交通仿真 OD 和路径数据，筛选研究范围内交通需求量最大的几个关键流向。新洲路相关交叉口的分析研判分别如图 5-35 ~ 图 5-42 所示。

图 5-35 新洲路相关交叉口早高峰拥堵分析

图 5-36 新洲路出入口车道运行状态分析

图 5-37 新洲路南北方向路况状态分析

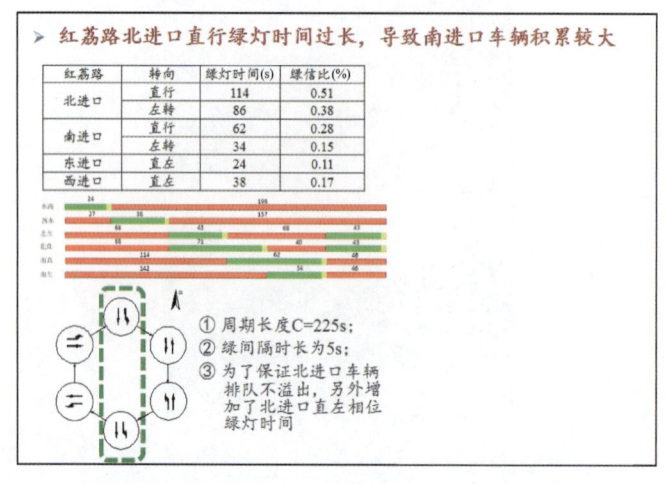

图 5-38 新洲路的红荔路北进交叉口运行状态分析

图 5-39　新洲路相关交叉口仿真对比分析

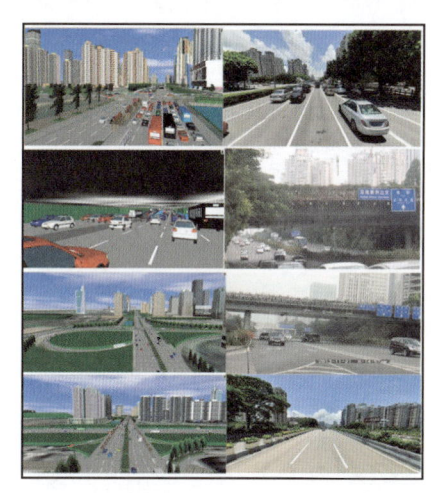

图 5-40　新洲路相关交叉口仿真定性评价

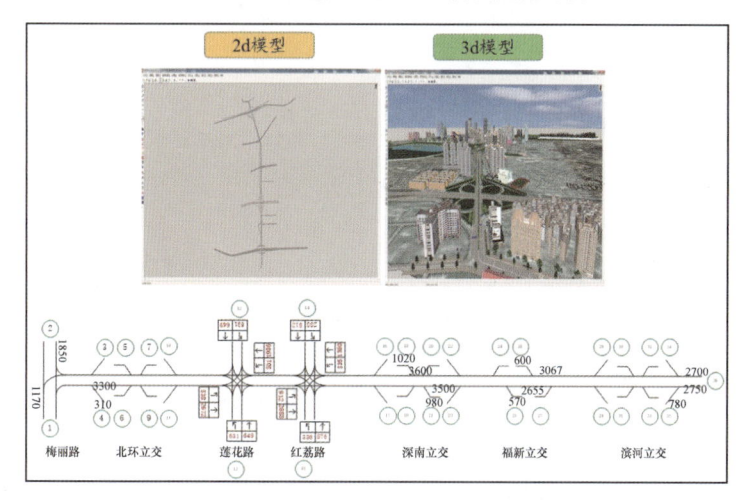

图 5-41　新洲路路段与交叉口交通分析优化设计

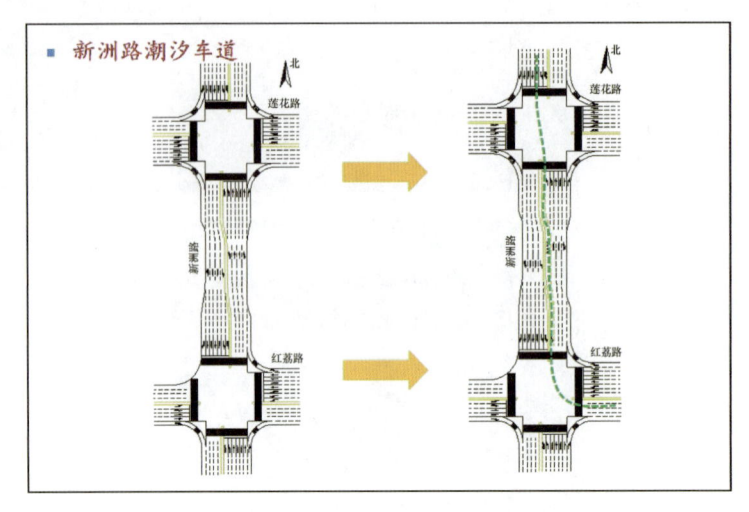

图 5-42　新洲路关键交叉口节点增设潮汐车道设计

这些流向在经过通行能力不足的路段或交叉口时，往往容易发生拥堵，且在突发交通事件时交通状态容易受到影响。快速疏导这些流向的交通量，并重点监视这些流向的交通状态变化，对交通拥堵管理与控制具有重要意义。

6. 交通信号管控策略

1) 选择控制目标

信号管控策略的首要原则是防止交叉口排队溢出，保证交通秩序。对各个转向的通行需求比较均衡的交叉口而言，选择以交叉口的总通过量最大或停车延误最小。通常在饱和度较大的时段以最大化通过量为目标，在饱和度较小的时段以最小化停车延误为目标。对各个转向的通行需求不均衡的交叉口而言，如主次干路相交的交叉口，则为不同转向赋予不同的权重，优先考虑关键转向的通过最大或停车延误最小。新洲路与红荔路、莲花路两个交叉口的优化控制仿真分析如图 5-43 所示。

（a）新洲路与红荔路交叉口的优化控制仿真分析　　（b）新洲路与莲花路交叉口的优化控制仿真分析

图 5-43　新洲路与红荔路、莲花路两个交叉口的优化控制仿真分析

2）选择协调子区

交叉口的协调控制一般考虑子区的协调时段和子区结构。基于不同时段下的关键流向识别，确定协调子区为关键流向所经过的交叉口，协调相位为组成关键流向的交叉口转向所在相位。以新洲路为例，对北环大道立交至深南大道立交之间的新洲路段（包含新洲路—莲花路和新洲路—红荔路两个信号交叉口）进行关键流向识别。基于深圳市实时在线仿真系统，获取每 15min 的 OD 和路径数据。通过与地磁数据和卡口数据的断面流量进行对比，在新洲路搭建的实时在线仿真系统精度达到 90%以上。通过分析不同特征日全天 96 个时间片的 OD 和路径数据发现，在早高峰时段，新洲路北往南方向的需求量最大，南往北方向次之，北往南方向车流左转进入红荔路的需求量也较大。因此，建议对新洲路—莲花路和新洲路—红荔路两个信号交叉口南北方向直行车流进行协调控制，同时对新洲路—莲花路北进口直行与新洲路—红荔路北进口左转进行协调控制。

3）方案生成

基于专家经验预先配置不同管控策略下的信号配时方案，包括相位结构设计和配时参数设计，组合形成信号配时方案库。相位结构的设计在相位不冲突的前提下，考虑协调需求和同一相位中的转向需求，防止在同一相位中部分转向的空放。当需要提高部分转向的通过量时，还可以设计相位搭接、一周多次等方案，通过给予部分转向更多的绿灯时间来提高通行能力。配时参数的设计在战略层面主要考虑周期的大小和相位差的选择，绿信比可以根据相位关键流量比划分，再由信号机根据检测数据进行调整。

7. 交通信号控制方案评估与反馈

交通信号控制方案评估与反馈是在线仿真对信号管控方案进行自主学习的重要环节，新洲路沿线交通信号控制方案评估与反馈研判如图 5-44 所示。

① 通过对信号方案进行预评估，根据给定的管控目标对评估结果进行评分，对比信号方案优劣，建立不同管控目标下信号方案得分表。在生成信号方案时，选择当前管控策略下得分最高的信号方案。

② 以实际运行状态的评价结果作为反馈，更新信号方案的评分，形成自主学习闭环。

8. 新洲路实时交通信号优化

实时信号优化是动态交通管控的重要手段。结合实时监测与诊断对不同类型拥堵成因的识别与分析，虽然常态拥堵因规律性较强可以离线完成信号方案优化，但调查研究表明，随着城市居民出行多样性的提升，城市居民的通勤出行占总出行需求的比例在逐步下降，交通出行特征的随机性和时变性将增强。传统的多时段定周期控制在逐步地细分时段，以适应出行需求的快速变化，也体现了对实时信号优化的需求。当连续监测到交叉口的运行

智能车路协同管控 可视化推演平台

特征发生改变时，启动信号方案优化，重新生成信号管控方案，实现动态时段过渡。新洲路智能车路协同管控系统设计的交叉口仿真场景如图 5-45 所示。

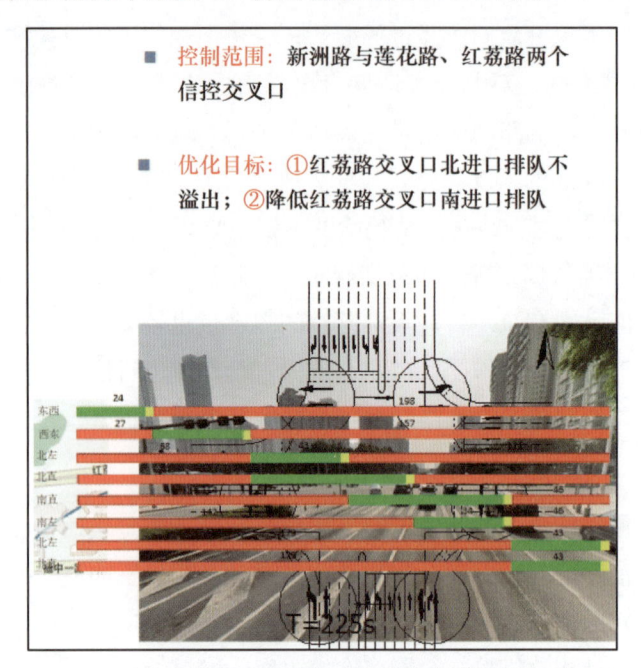

（a）新洲路—莲花路交叉口智能车路协同设计

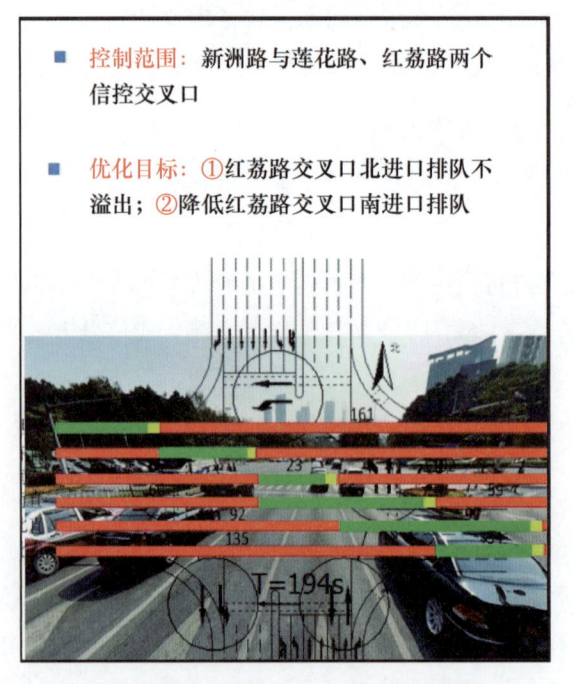

（b）新洲路—红荔路交叉口智能车路协同设计

图 5-44　新洲路沿线交通信号控制方案评估与反馈研判

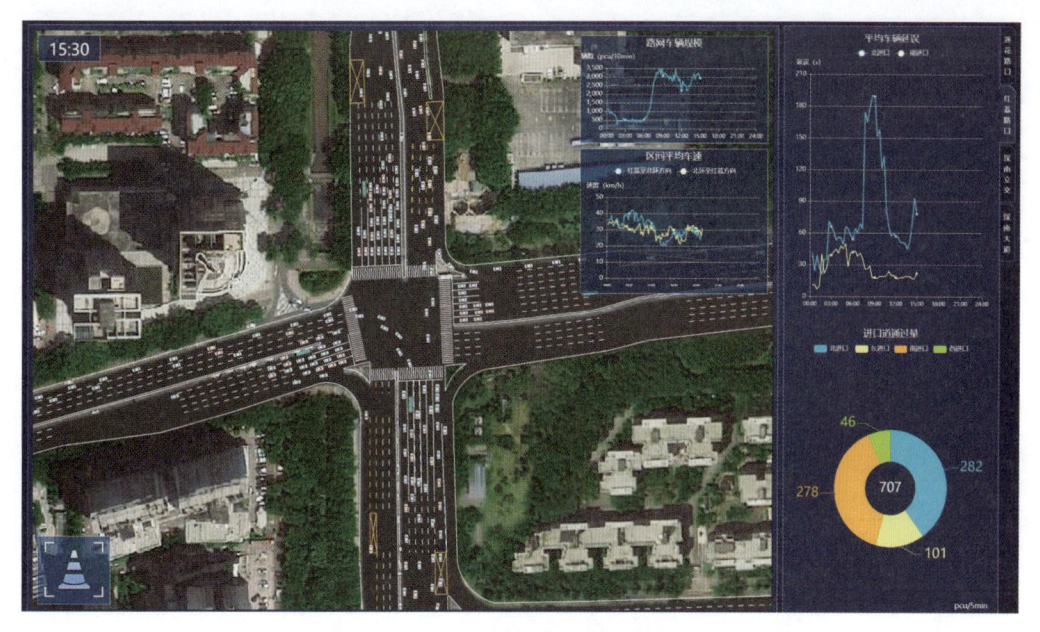

图 5-45 新洲路智能车路协同管控系统设计的交叉口仿真场景

实时交通信号优化对偶发性交通事件管控的意义更加显著。对于计划性事件，虽然交通管理者可以提前生成管控预案，包括交通出行引导方案、车辆调度方案、交通管制方案等，但是在复杂的交通组织方式及出行需求预测存在误差的情况下，对事件场景下的交通运行状态预估难度较大。在信号方案预案基础上进行实时信号调整有助于提升交通控制效果。对于无法生成预案的突发事件管理，通过对车辆的溯源和交通运行状态的研判，联动上下游信号协调方案和配时参数，控制突发事件下的拥堵蔓延和排队溢出，有助于保障交通秩序。此外，实时信号优化还可以与动态交通诱导和车辆控制等管控措施相结合，响应动态交通重分配后的车辆流向和流量变化。

9. 新洲路两个交叉口点控、路段线控应用实践

基于在线仿真的交通管控应用模式在新洲路进行了实地测试。测试范围为北环大道立交至深南大道立交之间的新洲路段，全长约 3km。其中，新洲路—莲花路和新洲路—红荔路是两个十字形信号交叉口，包含 17 个受控转向和 5 个不受控右转渠化，形成 30 个交通流向。交通流向及转向组合如表 5-7 所示。

表 5-7 交通流向及转向组合

流向	转向组合	流向	转向组合
莲花北路—红荔南路	莲花路NT、红荔路NT	红荔西路—红荔南路	红荔路WR
莲花北路—红荔西路	莲花路NT、红荔路NR	红荔西路—红荔东路	红荔路WT
莲花北路—红荔东路	莲花路NT、红荔路NL	红荔西路—莲花北路	红荔路WL、莲花路ST
莲花北路—莲花西路	莲花路NR	红荔西路—莲花西路	红荔路WL、莲花路SR

(续表)

流向	转向组合	流向	转向组合
莲花北路—莲花东路	莲花路NL	红荔西路—莲花东路	红荔路WL、莲花路SR
莲花西路—红荔南路	莲花路WR、红荔路NT	红荔南路—莲花东路	红荔路SR
莲花西路—红荔西路	莲花路WR、红荔路NR	红荔南路—红荔西路	红荔路SL
莲花西路—红荔东路	莲花路WR、红荔路NL	红荔南路—莲花北路	红荔路ST、莲花路ST
莲花西路—莲花北路	莲花路WL	红荔南路—莲花西路	红荔路ST、莲花路SL
莲花西路—莲花东路	莲花路WT	红荔南路—莲花东路	红荔路ST、莲花路SR
莲花东路—红荔南路	莲花路EL、红荔路NT	红荔东路—红荔西路	红荔路ET
莲花东路—红荔西路	莲花路EL、红荔路NR	红荔东路—红荔南路	红荔路EL
莲花东路—红荔东路	莲花路EL、红荔路NL	红荔东路—莲花北路	红荔路ER、莲花路ST
莲花东路—莲花北路	莲花路ER	红荔东路—莲花西路	红荔路ER、莲花路SL
莲花东路—莲花西路	莲花路ET	红荔东路—莲花东路	红荔路ER、莲花路SR

表注：S、N、E、W分别表示南、北、东、西；L、T、R分别表示左、直、右。

根据确定的交通管控策略，生成如表5-8所示的6套交通信号方案（方案0为原始方案），并利用仿真对交通信号方案进行评估，评估时段为上午7:30—10:30。如表5-9所示为仿真输出的两个信号交叉口的转向及流量、通行能力、延误、饱和度、最大排队长度的部分结果（以方案1中的上午7:30—7:45时间片为例）。通过组合转向得到30个流向每个时间片的通过量、最大排队长度和车均延误，再统计各个流向的指标结果，对24套方案进行对比和选择。方案选择策略为：

① 排队长度不超过原方案。
② 上午7:30—9:30以通过量最大为目标；
③ 上午9:30—10:30以延误最小为目标。

表5-8 交通信号配时方案

相位结构	周期（s）	方案编号
莲花路相位搭接+红荔路相位搭接	红荔路180，莲花路多时段	1
莲花路相位搭接+红荔路相位搭接+一周多次	180	2
	150	3
	120	4
莲花路相位搭接+红荔路相位搭接	180	5
	150	6
	120	7

方案选择结果为：上午7:30—8:15执行方案3（小周期+一周多次），上午8:15—9:00执行方案1（大周期+一周多次），上午9:00—9:45执行方案3，上午9:45—10:30执行方案6（小周期）。

根据方案评估结果，在2020年6月4日上午9:40—10:50实地测试缩短新洲路—红荔路交叉口信号周期。方案对比评估结果如表 5-10 所示。

表 5-9　信号交叉口评估结果

转向	流量（pcu/15min）	通行能力（pcu/h）	延误（s）	饱和度	排队长度（m）
莲花路NL	630	2397.70	35.45	1.05	6.97
莲花路NT	2275	9590.80	9.58	0.95	12.67
莲花路WL	90	1013.79	64.97	0.36	22.85
莲花路WT	54	1013.79	63.43	0.21	9.62
莲花路SL	22	201.15	68.07	0.44	13.63
莲花路ST	350	2960.92	53.81	0.47	32.38
莲花路EL	68	663.79	61.94	0.41	13.98
莲花路ET	108	1858.62	59.76	0.23	10.61
红荔路SL	53	427.78	73.82	0.50	7.12
红荔路ST	354	2395.56	60.06	0.59	11.45
红荔路EL	81	805.00	72.18	0.40	11.92
红荔路ET	41	1431.11	69.49	0.11	5.65
红荔路NL	356	560.00	756.29	2.54	42.11
红荔路NR	78	500.00	56.79	0.62	10.53
红荔路NT	1224	4853.33	54.96	1.01	52.63
红荔路WL	29	455.00	68.40	0.25	19.95
红荔路WT	64	758.33	69.25	0.34	11.51

表注：S、N、E、W分别表示南、北、东、西；L、T、R分别表示左、直、右。

表 5-10　方案对比评估结果

时间 编号	上午 9:30—9:45			上午 9:45—10:00			上午 10:00—10:15			上午 10:15—10:30		
	排队长度（m）	总延误（s）	总通过量（pcu/h）	排队长度（m）	总延误（s）	总通过量（pcu/h）	排队长度（m）	总延误（s）	总通过量（pcu/h）	排队长度（m）	总延误（s）	总通过量（pcu/h）
1	1206	61	4004	1206	103	5227	836	94	5051	617	85	4784
2	617	96	4084	1206	122	5542	617	83	5040	617	80	4768
3	1206	107	4084	617	100	5030	617	77	4982	617	74	4694
4	1206	57	3308	1207	72	4336	1206	104	5614	617	118	5506
5	617	90	3758	617	84	4435	617	71	4357	617	71	4198
6	1207	80	3730	1207	79	4364	1206	60	4130	617	60	4065
7	1207	76	3934	1207	72	4762	617	51	4608	617	55	4423

根据测试时段内的地磁流量统计结果，可见方案优化后新洲路的车流通过量增大。实地运行测试的地磁流量统计结果如表 5-11 所示。

新洲路在线交通仿真通过实时的交通状态还原、预测、评估技术，提供交通出行需求、车辆路径数据和交通运行状态评估数据，从交通运行实时监督、自主诊断、交通信号战略级优化三个方面支撑交通管控应用。实地测试分析验证了基于在线交通仿真的智能车路协同管控应用的有效性。

表 5-11 实地运行测试的地磁流量统计结果

位置	地磁流量（2020-05-21）	地磁流量（2020-06-04）	相对误差	位置	地磁流量（2020-05-21）	地磁流量（2020-06-04）	相对误差
北环路北进口	1981	2036	0.03	莲花路南进口	328	368	0.12
北环路北进口右转	215	251	0.17	莲花路南进口右转	1631	1610	−0.01
北环路东进口辅道	78	21	−0.73	莲花路西进口右转	1825	1899	0.04
北环路辅道东进口	1329	1353	0.02	深南路北出口	426	463	0.09
北环路立交	948	920	−0.03	深南路北进口	664	411	−0.38
北环路立交	420	467	0.11	深南路北进口	75	59	−0.21
北环路立交	355	656	0.85	深南路北进口右转	1116	1029	−0.08
北环路南进口右转	744	377	−0.49	深南路东进口	1193	1228	0.03
北环路西进口右转	1003	1017	0.01	深南路东进口	115	90	−0.22
福中路出口道	941	1061	0.13	深南路南出口	1285	1369	0.07
福中三路出口道	193	187	−0.03	深南路南进口右转	1065	988	−0.07
福中三路东进口	209	156	−0.25	深南路西出口	993	931	−0.06
红荔路北进口	193	217	0.12	深南路西进口	1026	598	−0.42
红荔路东进口	214	215	0.00	深南路西进口	1186	947	−0.20
红荔路南进口	197	311	0.58	景田南三街出口道	2039	1938	−0.05
红荔路南进口右转	306	474	0.55	景田南三街进口道	257	303	0.18

5.2.3 新国际会展中心智能网联公交管控

新一代信息技术有效地集成应用于公共交通、道路交通等系统，具有非常广阔的市场。交通安全与秩序管理已从以交通管控为重点的阶段向以载运工具与基础设施的智能协同与交互为特征的自主式交通系统发展。交通参与者、载运工具、基础设施一体化的智能协同成为智能交通系统发展的大趋势。

深圳市新国际会展中心地处宝安区空港新城片区，如图 5-46 所示，位于宝安国际机场北侧，西邻沿江高速，总占地面积 1.48km^2，展览面积 0.5km^2，建成后将成为全球第一大会展中心，项目共分两期建设，其中一期展馆用地 1.21km^2，展览面积 0.4km^2。该会展中心的定位为国际一流的中国会展中心。

图 5-46 深圳市新国际会展中心外景结构

目前，该中心周边规划的地铁、云巴未建成通车，为满足会展客流需求，在市、区两级政府的统一部署下，受深圳市交通运输局宝安管理局委托，开展了新国际会展中心快速智慧公交接驳工程的规划设计工作，采用新技术、新手段、新策略，挖掘道路时空资源，实现人、车、路和谐共赢，实现会展高峰期车辆享有专用路权、全程 15min 可达、两端无缝衔接的一站式高品质接驳体验。与传统的 BRT 技术相比，该工程项目具有按需动态响应控制、空间集约高效利用、注重全交通参与者的体验、投资少、运维成本低等特点。

1. 动态调节控制，使道路资源利用更高效

会展交通具有需求量大、高峰时段需求集中、季节性和波动性明显等特征，会展时间规模不固定，不同会展交通出行需求不同，因此需要有针对性地制定控制策略，在应对不同展会需求的同时，兼顾城市交通出行需求，减少二者相互间的影响。

通过动态调节控制，在大型会展或客流高峰期间，要保障智慧公交路段享有专属路权，交叉口全程双向绿波控制，提高接驳效率和运能；在小型会展或客流非高峰期间，仅在交叉口范围内享有优先路权，少量交叉口信号绝对优先；而在无会展期间，道路资源完全释放供社会车辆使用，优先控制系统不启用。

2. 人-车-路智能协同管控，使交通参与者更和谐

通过在全部交叉口覆盖高精雷达车检器、行人红外检测、地面红绿灯设备、公交车加

315

智能车路协同管控 可视化推演平台

装车路协同车载终端设备和辅助驾驶系统等，支持交叉口交通流运行参数的实时采集，同时与其他交通数据进行融合，为沿线交叉口的流量自适应控制和人车感应控制，以及拥堵交叉口防溢出控制提供支持条件，让信号控制更高效，公交出行体验更顺畅，行人过街更安全。

3. 场站设计人性化，使公交地铁无缝接驳

场站的建设是公交组织调度的重要保障，项目组提出紧邻地铁 11 号线塘尾站 D 出口设置智慧公交接驳场站，通过搭建风雨连廊与地铁出入口实现无缝对接。乘客由市区乘坐地铁 11 号线至塘尾站出地铁后，通过地铁出入口自动扶梯可直接到达接驳场站。深圳市新国际会展中心智能车路协同管控系统各项应用实践分别如图 5-47～图 5-52 所示。

图 5-47 智能网联公交车路协同管控系统中的信号灯交互控制

图 5-48 智能网联公交车路协同管控系统中的信号灯预测设计

第 5 章　智能车路协同管控平台应用实践

图 5-49　智能网联公交车路协同管控系统中的零距离换乘接驳

图 5-50　智能网联公交车路协同管控系统中的信号灯公交优先控制

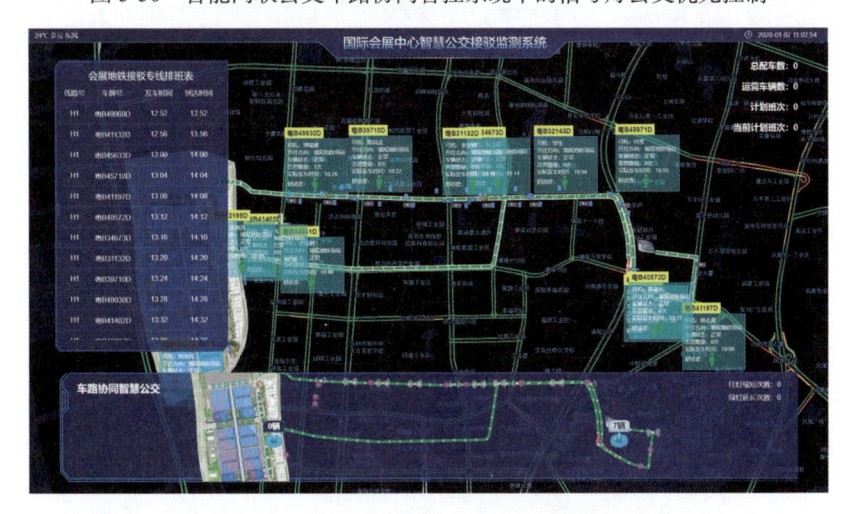

图 5-51　智能网联公交车路协同管控系统中的大屏幕调度指挥运行

智能车路协同管控 可视化推演平台

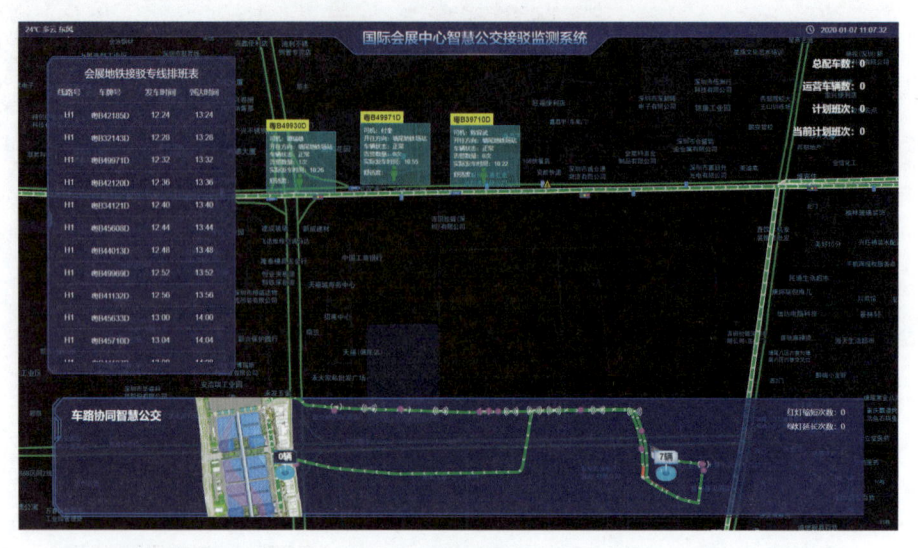

图 5-52　智能网联公交车路协同管控系统中的公交优先交通信号控制

智慧公交场站是市民进入深圳市新国际会展中心的第一站，场站在规划设计中注重安全、秩序和品质的同时，还着重强调其整体风格与会展建筑风格和谐一致，因此在风雨连廊的设计中融入"海风""星汇""展翅"等元素，营造简洁、大气、舒适的候车环境。

4. 提升慢行空间，使居民出行体验更便捷

深圳市新国际会展中心结合智慧走廊建设，同步完善慢行系统，整治人行道，增设非机动车道，并梳理沿线绿化设施，提升通道沿线慢行品质，打造具有高辨识度的城市印象。

深圳市新国际会展中心"智能网联公交协同管控系统"已完成机动车道、智慧交叉口、公交场站建设及专用车辆改造，为支撑会展首展的顺利进行，已先期投入使用，并取得明显成效。随着相关道路的建成及智慧公交沿线慢行系统的不断完善，智慧公交运行效率将大幅提高。随着公交出行的宣传力度不断加大，以及会展运营的常态化，智慧公交将在会展交通保障系统中发挥显著作用。

会展专用公交线路利用 V2X 车载高精度车路协同 OBU，可以与沙福路 RSU 实现实时通信交互，路侧车路协同设备可以实时感知专用公交车的速度、位置、驾驶状态等实时数据，并与交通信号控制红绿灯进行实时联动，实现交叉口的专用公交优先通行。智能网联公交协同管控系统规划路段全长 7km，设计时速是 40km/h，争取保障 15～20min 到达新国际会展中心，途经 11 个十字交叉口，充分考虑了周边社区居民的过街需求，避免智慧公交系统对周边居民造成太大的干扰；结合居民的出行环境，设置了 4 个过街安全岛，供行人过马路，而且在相应的地方设计了红外线感应的红绿灯，使行人快速通过。

5.2.4 城市交通智能车路协同管控试点

1. 智能车路协同端、边、云应用服务

智能网联汽车是指搭载先进的车载传感器、控制器、执行器等装置,并融合现代通信与网络技术,实现车与人、车、路、云端等的智能信息交换、共享,具备复杂环境感知、智能决策、协同控制等功能,可实现安全、高效、舒适、节能行驶,并最终实现替代人来操作的新一代汽车。

智能车路协同管控平台综合感知、通信、计算、控制等技术,基于标准化通信协议,实现物理空间与信息空间中车、交通、环境等要素的相互映射,标准化交互与高效协同,利用云计算大数据能力,解决系统性的资源优化与配置问题。

智能车路协同管控平台是为智能网联汽车及其用户、管理及服务机构等提供车辆运行、基础设施、交通环境、交通管理等动态基础数据,具有高性能信息共享、高实时性云计算、大数据分析、信息安全等基础服务机制,支持智能网联汽车实际应用需求的基础支撑平台,主要包含标准化互联互通和共性基础支持两方面。其中标准化互联互通包括统一交互标准化语言,减少多领域协同时在理解和认识上的差异化;针对车辆与各类资源互联互通的实际应用需求,设计标准化基础设施体系部署与分段实施路径。共性基础支持包括提供针对智能网联具体应用需求的基础、共性基础服务,包括数据的安全性管理、存储、运维,以及大数据计算、仿真与测试评价技术等;为满足异构集成、互操作等实际业务需求提供一系列标准化开发接口与工具集。

2. 智能车路协同管控平台服务的需求与应用场景分析

车路协同服务的需求可以从政府、企业和个人三方面进行分析。

① 政府监管部门通过智能车路协同管控服务实现交通实时监管、交通行业管理和交通规划管理。

② 企业包括智能汽车研发企业和运营企业两大类。智能汽车研发企业可以通过智能车路协同管控服务提供的超视距信息服务、地图服务等为智能网联汽车提供更完备的服务;运营企业可以通过智能车路协同管控服务提高运营效率和安全性。

③ 个人现阶段可以通过智能车路协同管控服务得到安全和交通诱导信息,后期智能车路协同管控系统完善后可以实现车辆远程遥控和自动控制。

智能车路协同管控服务的需求与应用场景分析如图 5-53 所示。

3. 智能车路协同管控平台总体方案

1) V2X 分级体系架构

当网络具备边缘计算能力后,许多核心层和终端层的计算负荷都可以整合到边缘层进

行，可极大地降低网络传输的数据量，也为低时延赋能。

交通管理与控制（交警局）
① 交通状态监管
② 交通控制优化
③ 特种车辆优先
④ 交通安全管理
⑤ 事故现场处置

交通运输管理与控制（交通局）
① 道路运行状态监测与监管
② 公共交通服务监管
③ 现代物流货运监管
④ 城市停车监管
⑤ 道路交通设施监管

交通规划与管理（规划局）
① 城市交通土地利用监管
② 道路交通网络综合评价
③ 道路交通出行预测
④ 交通运力规划设计
⑤ 交通发展战略策略决策

面向政府服务

智能网联汽车：
① 超视距安全信息服务
② 动态高清地图服务
③ 车辆失控辅助处置
④ 大数据辅助决策

智能车路协同管控平台服务

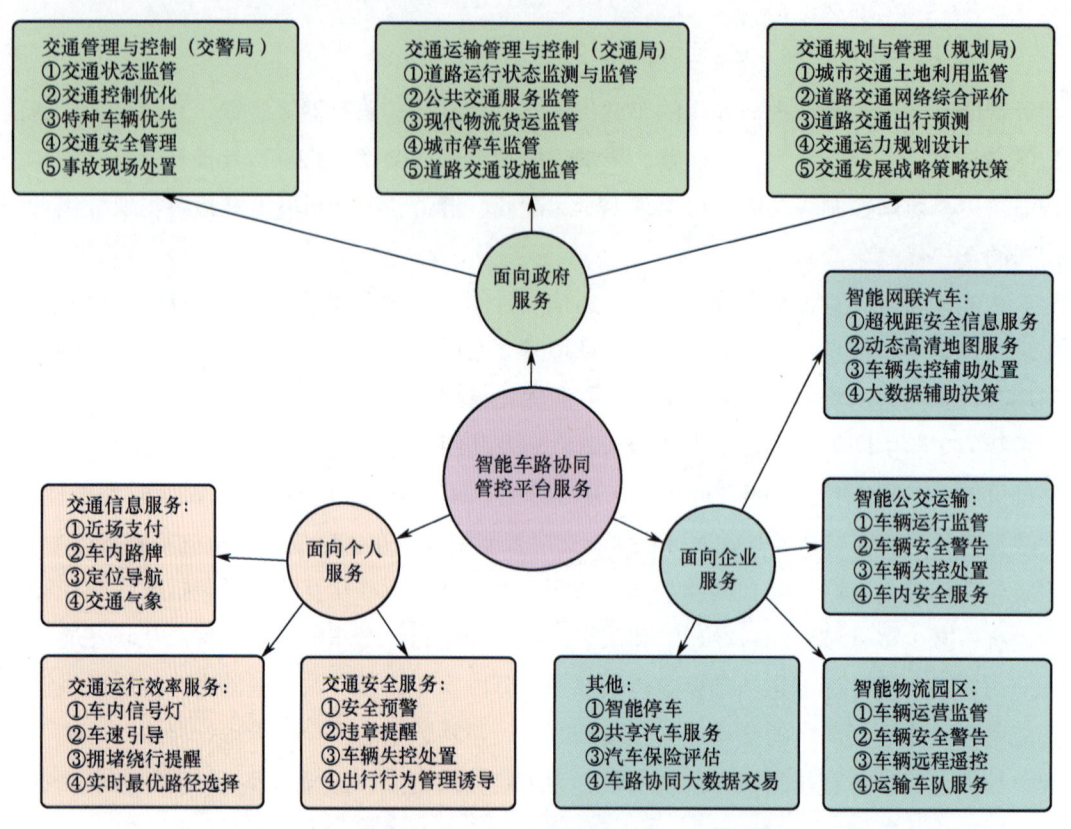

交通信息服务：
① 近场支付
② 车内路牌
③ 定位导航
④ 交通气象

面向个人服务

面向企业服务

智能公交运输：
① 车辆运行监管
② 车辆安全警告
③ 车辆失控监控
④ 车内安全服务

交通运行效率服务：
① 车内信号灯
② 车速引导
③ 拥堵绕行提醒
④ 实时最优路径选择

交通安全服务：
① 安全预警
② 违章提醒
③ 车辆失控处置
④ 出行行为管理诱导

其他：
① 智能停车
② 共享汽车服务
③ 汽车保险评估
④ 车路协同大数据交易

智能物流园区：
① 车辆运营监管
② 车辆安全警告
③ 车辆远程遥控
④ 运输车队服务

图 5-53　智能车路协同管控服务需求与应用场景分析

① 终端层。车辆终端层决策的最大优势为时延小，主要进行与车辆安全紧密相关的决策，如紧急刹车制动等。

② 边缘云。边缘层配备的 MEC 平台具有强大的计算能力和虚拟化能力，能够承载多种自动驾驶应用，并且能够对基站数据进行匹配分流，在移动网络边缘完成对自动驾驶车辆数据的分析处理。

③ 核心层。核心层覆盖范围极广，计算能力强大，但由于距离机动车较远，传输时延相对较大，主要进行对时延要求不是特别敏感的初始规划、道路级规划、宏观交通调度、车辆大数据监管、全局路径规划和全局高精度地图管理。例如，实时完成每个自动驾驶车辆的道路规划，优化整个道路交通网的车流。

2）云平台总体架构

智能车路协同管控平台建设的主要应用都部署在云上。参考云计算分层模型，智能车路协同管控平台方案云计算数据中心在横向上分为数据源层、IaaS 层、PaaS 层、SaaS 层。

① 数据源层感知设备通过采集视频监控数据、交通流检测、违章监测数据、事件监测

数据、GPS 数据、互联网大数据、手机信令数据、热线或投诉电话的事件报告数据等，汇聚接入云计算平台，为云计算平台提供基础数据支撑。

② IaaS 层对政务云的服务器、存储、网络等资源，进行统一、集中的运维和管理。利用虚拟化技术，按照用户或业务的需求，从池化资源层中选择资源并打包，形成不同规模的计算资源。根据本方案的特点，IaaS 层还包括边缘云计算资源，主要用于交叉口和小区级别的车路协同感知信息处理和实时信息发布。

③ PaaS 层通过开放的架构，提供共享云计算的有效机制。PaaS 层构建在虚拟服务器集群之上，把端到端的分布式软件开发、部署、运行环境及复杂的应用程序托管当作服务提供给用户。PaaS 层依托 IaaS 层，建立系统应用所必需的基础数据库、业务数据库和主题数据库，为系统提供共享数据服务。

④ SaaS 层包括协同感知系统、交通管控协调系统、驾驶安全信息服务系统、交通信息服务系统、终端 App 应用系统和无人驾驶服务系统等应用系统。

客户端车载终端、移动终端、可变诱导屏、智慧城市指挥中心大屏幕等可为政府部门、交通管理部门、企业和普通民众提供交通相关的各种服务。

4. 车路协同应用系统

1）协同感知系统

车辆获取的信息既有来自车载传感器（如激光雷达、毫米波雷达、视频、GPS/BD 等）的各种数据，包括车辆的位置、状态、周边目标的位置、速度；也有来自外部传感器（如协同获取的其他车辆 GPS/BD、路侧设备微波雷达、信号机等）的数据，包括车辆周边目标的位置、速度、特征、状态，周边道路状态，交叉口信号灯状态等，这些数据的特征差异很大，需要在协同感知系统中进行融合。

① 道路交通路侧感知系统。道路交通路侧感知系统由安装在道路上的地磁、超声波、红外、RFID、信标、视频检测器和道路气象站、路面、路况检测器等组成，该子系统可分为道路交通感知模块、道路气象感知模块和路面状况感知模块三个部分。

② 车载感知系统。车载感知系统由安装在车辆上的各种车辆运行参数传感器、车载摄像头和雷达、GPS 卫星定位装置及车载微处理单元等组成。该子系统可分为车辆感知模块、环境感知模块和 GPS 定位模块三个部分。

③ 多传感器信息融合系统。多传感器信息融合系统是协同感知系统的关键技术之一。该系统利用计算机技术将来自多个传感器或多源的观测信息进行分析、综合处理，从而得出决策和估计任务所需的信息。信息融合的基本原理是：充分利用传感器资源，通过对各种传感器及人工观测信息的合理支配与使用，将各种传感器在空间和时间上的互补与冗余信息依据某种优化准则或算法组合起来，产生对观测对象的一致性解释和描述。智能车路

智能车路协同管控 可视化推演平台

协同管控系统需要处理大量的源自路网的各种车载感知信息和路侧感知信息，如果运用数据融合技术对其进行数据级融合、特征级融合、决策级融合，将有利于通过对信息进行优化和组合而从中获得更多的有效信息。

④ 实时数据处理系统。在智能车路协同管控平台中，边缘计算、局部计算和云端计算组成了数据处理系统，可以很好地解决协同和控制问题。该系统主要用于海量交通数据的处理，分析计算道路交通状态、大规模车辆诱导策略、智能交通调度等。

- 通过边缘计算和云计算，综合分析交通与空间、气象与道路等信息及与 GIS 的匹配等，及时发现道路上的交通异常或潜在的交通危险，实现对道路交通状态的实时监测。
- 通过对区域交通数据的综合分析，提出科学合理的交通组织与优化对策，实现对全路网交通的有效组织与疏导。
- 通过对单个车辆运行轨迹和运行参数的分析，由边缘计算单元实现对个别违章车辆的实时预警或对交通事故车辆的实时报警。
- 通过对特定车辆监视及行驶参数的分析，实现最优路径的诱导。
- 通过对气象条件与道路路况信息的综合分析，实现对道路路况条件与恶劣气象条件的提前预警。
- 通过对交通数据的存储、管理、编辑、检索、查询和分析等综合应用，实现各系统间的信息协同、数据共享与互通，提高交通信息的综合利用度。

云计算的应用，一方面可以实现业务的快速部署，在短期内为交通用户提供信息服务；另一方面，平台具有强大的运算能力、最新实时数据和广泛的服务支持，能够对综合交通服务起到强大的支撑作用。云平台可以根据用户的需求及道路交通的实际情况、异常交通因素等，进行大范围的交通数据的分析、计算与规划，从而实现宏观区域的交通组织与优化，并通过服务整合为路网中的车载终端提供更丰富、更有价值的综合交通服务等。

2）交通管控协调系统

交通管控协调系统由安装在道路沿线的信号控制装置、可变信息板和路旁广播等装置组成。该系统能够通过通信装置接收来自智能车路协同管控平台的交通控制信息，实现对道路上车辆交通信号的实时控制；也可接收来自智能车路协同管控平台的交通诱导信息，实现对特定路段或区域交通诱导信息的发布，可将信息发布给特定路段或区域内的群体车辆或指定车辆。该系统的控制与信息发布主要依赖安装在路侧的各种信息发布装置，如信号灯、交通诱导屏等。

① 智能红绿灯预警/红绿灯车速引导系统。基于车路协同技术，当车辆在接近信号交叉口时，接收来自智能 RSU 的信号配时和交叉口地理信息，通过计算车辆行驶速度和加速度，

结合信号配时和交叉口地理信息，判断自车在剩余绿灯时间内能否安全通过交叉口，如果存在违规风险，车辆将收到相应的告警；如果判定可以通过，系统将给出建议车速。

② 特殊车辆信号优先系统。基于车路协同技术，当特殊车辆（如救护车、消防车等）接近信号控制交叉口时，OBU 向交叉口信号控制机发送特殊车辆定位距离和当前车速信息，由智能 RSU 计算出预计到达时间，信号控制机根据当前信号的状态，对相位进行红灯早断、绿灯延时等干预操作，保证特殊车辆的顺利通过。

3）驾驶安全信息服务系统

驾驶安全信息服务系统主要用于对道路交通异常状态、单车运行异常状况、恶劣天气与路况异常变化等情况进行提前预警和实时报警，以便最大限度地减少交通异常所造成的损失。智能车路协同管控平台可根据监测目标的数量采用单屏多窗口或多屏幕显示方式，分别监测不同的目标和区域。一旦发现或预测到可能发生的交通异常或交通危险，则以声光报警的方式发出预报或报警信息，并锁定和显示报警目标，提示工作人员及时处理警情。

① 智能交叉口预警。基于车车通信技术，两辆在不同道路上行驶的车辆接近交叉口时，根据车辆的速度、位置、行驶方向等信息，利用碰撞算法判别，如存在碰撞风险，则向两辆汽车发出告警，提示避让。在交通基础设施不完善或郊区普通道路、公路的交叉口，当车辆在交叉口左转，与对向来车存在碰撞危险时，系统基于无线通信技术对驾驶员进行预警，避免或减轻侧向碰撞，提高交叉口通行安全。

② 智能人车冲突预警。基于车路协同技术，以红外视频、微波等检测器作为行人检测设备，通过深度学习技术判断人车冲突隐患，在路侧通过显示屏和语音提示器，提醒行人注意通行安全，在车内通过车载单元提醒智能网联汽车注意行人。

在车辆行驶过程中，路侧感知单元检测到的行人、非机动车位置与人、车辆基于全球导航卫星系统的信息集中在智能车路协同管控平台融合处理，并实时接收行人过街请求，再通过车路通信，把人行道及其周围环境的行人、自行车的位置信息及行人过街信息发布给车辆，同时也可以向行人、非机动车驾驶员的手机发布安全提示信息，以防止交通事故的发生。

③ 行车超视距服务。将道路前方路侧视频或前车车内视频传输给周边汽车，实现汽车超视距（如 1km）接受前方道路交通信息。车辆在道路上行驶时，与前车保持一定距离，当前车进行紧急制动时，后车将通过无线通信技术收到这一信息，并通过车载终端对驾驶员进行预警。

④ 盲区预警/变道辅助。当车辆准备实施变道操作时（如激活转向灯等），若其相邻车道上有同向行驶的车辆出现在自车的盲区，换道告警应用会对自车进行提醒，避免其与相邻车道上的车辆发生侧向碰撞，保证变道安全。

车辆在道路上行驶时，因借用逆向车道超车而与逆向车道上的车辆存在碰撞危险时，系统会及时对车辆驾驶员进行预警,辅助驾驶员避免或减轻超车过程中产生的碰撞危险,提高逆向超车通行安全。

⑤道路施工预警。基于车路协同技术,智能 RSU 会向特定范围内的车辆发送施工信息预警,提醒车辆注意施工区域及施工人员,适用于可视条件不好的环境。

⑥变/限速提醒。基于车路协同技术,通过智能 RSU,结合天气、交通流量、施工、事故等信息动态调整限速信息或前方道路的弯道限速信息并向周边广播,为车辆提供变/限速提醒。

⑦前向碰撞预警。系统通过 GPS 和无线通信技术实现前向车辆距离过近时的提前预警,以保护人员及车辆安全,主要针对追尾等前向碰撞事故,降低城市道路交通事故率。

⑧异常车辆预警。当感知系统发现有车辆在行驶过程中打开故障报警灯时,边缘计算单元根据车辆状态(静止或慢速)分析其属于异常车辆,并可能影响自车行驶路线,则通过无线通信技术将这一状况发布至 OBU,对驾驶员进行预警。该应用适用于城市及郊区普通道路及公路的交叉口、环岛入口等环境中的异常车辆提醒,帮助驾驶员及时发现前方异常车辆,从而避免或减轻碰撞,提高通行能力。

⑨道路危险状况提示。当车辆行驶到有潜在危险状况(如桥下存在较深的积水、路面有深坑、道路湿滑、前方急转弯等)路段,存在发生事故的风险时,边缘计算单元对周围车辆进行预警,便于驾驶员提前进行处置,提高车辆对危险路况的感知能力,降低驶入该危险区域的车辆发生事故的风险。

⑩紧急车辆提醒。基于车车通信技术,将救援车辆(如救护车、消防车等)的位置和移动方位信息发送给特定范围内的其他汽车,提示其他汽车提前做好让行准备。

⑪闯红灯预警。当车辆经过有信号控制的交叉口或车道时,由于前方有大车遮挡视线或恶劣天气影响视线,或者由于其他原因驾驶员看不清信号灯,系统会检测车辆当前所处位置和速度等,通过计算预测车头经过停车线时信号灯的状态,若系统认定车辆存在不按信号灯规定或指示行驶的风险,就会向驾驶员进行预警。

4)驾驶安全辅助控制系统

对于特定生产或改装的、经过授权控制的特种车辆、公务车辆、公共汽车、营运车辆等,驾驶安全辅助控制系统可以在紧急情况下对车辆进行控制,避免事故的发生。

对车辆的自动控制包括刹车、转向与油门控制。驾驶安全辅助控制系统可以利用 V2X 低时延通信网络,根据需要对车辆采取控制措施,避免因驾驶员反应不及时而引发事故。

5)交通信息服务系统

交通信息服务系统提供以下服务。

①路况交通信息服务。将前方道路拥堵状况、道路危险状况、事故状况、道路施工状

况和车辆故障状况发布给驾驶员，实现提前预警和实时报警，提醒驾驶员避开拥挤道路，以最大限度地减少交通异常造成的损失。

② 精确定位服务。车载终端集成卫星定位模块，可以利用全球卫星定位系统来实现车辆定位。第一，因为通信息服务系统同时集成了卫星定位模块和移动通信模块，所以可通过利用移动通信网络辅助 GPS 来为车辆提供实时定位信息，这样就可以大幅缩短系统搜索定位时间，提高定位精度，同时还可以在卫星信号无法覆盖的区域提供定位服务。第二，通过对定位数据加密后上传至专业服务平台，还可以拓展很多其他服务，如紧急救援服务、智能交通管理、车辆防盗等。特别是智能交通管理，如果可以精确获取一定区域内的车辆实时位置信息，就可以在此基础上对交通流进行有效管理，并结合通信服务等将疏导信息传达到驾驶员，从而解决交通拥堵问题。同时，统一的定位信息也可以为交通管理提供第一手基础数据。

③ 路径导航服务。车载终端可以有选择地接入全球卫星定位系统，从而得到定位数据，当在终端上标注出目的地后，终端便会自动根据车辆当前的位置，依据距离和道路等级为车主设计行车路线。结合智能交通服务，道路上的车辆都将自身的定位数据发送到相关服务器上，导航系统可以综合距离、道路等级和当前实时路况来为用户设计更加优化的路线。路径导航服务依赖地图数据服务商提供的高精度地图数据。

④ 车辆紧急救援求助服务。通过在车辆上安装相关传感器并在车载终端安装相关软件，综合使用卫星通信、移动通信手段，实现紧急情况下的手动或自动报警和救援呼叫，以最大限度地减少道路交通事故中因救援迟缓造成的损失。例如，在发生严重交通事故后，即使驾驶员和乘客失去知觉不能拨打电话，该终端也能够自动拨叫紧急救援电话，并且自动报告事故车辆所处的位置。

⑤ 车辆维护保养信息服务。在车辆运行过程中，感知系统会实时向驾驶员显示或报告车辆运转状况，一旦出现车辆运转异常，系统会及时发出预警或报警信息提醒驾驶员员密切注意车辆运转情况并采取应急措施。感知系统检测车辆运转状态，并通过车载通信模块及其他通信设施，实现综合交通运行指挥中心对车辆各种工况的远程监测，为驾驶员提供目的地或沿途的维护与保养服务网点的信息。

6）车辆安全信用评价系统

根据车辆行驶记录大数据，对车辆行驶安全进行分析和评价，给出车辆行驶安全信用的综合评价，建立车辆安全信用评价数据档案。可对车辆车主进行有针对性的安全教育，重点对安全信用评价不好的大型客、货车进行安全监督。保险公司可以根据车辆驾驶员的安全信用提供有针对性的汽车安全保险服务。

7）无人驾驶辅助系统

目前绝大多数的智能网联汽车技术方案都可以称为"单车智能"，这种技术方案由于自身传感器等的局限，不能达到安全的要求。车路协同技术可以通过大宽带、低时延的无线网将感知到的道路和交通环境实时传递给智能网联汽车，拓展智能网联汽车的感知空间，辅助智能网联汽车达到L5级别的自动驾驶水平。

8）车载终端服务

车载终端应用系统集成了无线通信技术、卫星导航系统、网络通信技术和车载电脑，可以提供以下服务。

① 为过往车辆提供实时的车辆安全信息，提示驾驶员可能疏忽或无法了解的危险，使其及时采取措施，提高驾驶安全性。

② 通过终端接收并查看交通地图、路况介绍、交通信息、安全与治安服务，实时确认当前位置，及时反馈预警与报警。

③ 汽车在行驶过程中出现故障时，通过无线通信连接智能车路协同管控平台进行远程车辆诊断，内置在车辆中的车载感知单元记录汽车主要部件的工作状态，并随时为驾驶员和平台提供准确的故障位置和原因。

④ 可以了解临近停车场的车位状况和娱乐信息服务等，乘客在后排座位可以玩电子游戏、应用网络（如金融、新闻、邮件等）。

智能车路协同管控平台利用LTE/5G V2X宽带、低时延通信技术，实现从终端到路侧边缘端再到云端的瞬时通信，对实时交通大数据进行分析和研判，对车辆安全和高效行驶提供信息服务（甚至远程遥控），解决自主智能网联汽车对周边环境感知不足的问题，可大幅度低成本地提升智能网联汽车的智能水平。

智能车路协同管控平台是政府部门利用政策优势为智能网联汽车行业发展提供的最直接的服务，也是未来城市智慧交通发展的必由之路。

5. C-V2X智能网联汽车与智能网联设施城市级试点示范

当前，全世界智能网联汽车V2X无线通信技术主要存在两大阵营：美国IEEE主导的以短距离无线局域网Wi-Fi为基础的IEEE 802.11p技术和3GPP主导的以公众移动通信技术为基础的C-V2X技术。C-V2X技术包含面向辅助驾驶的LTE-V2X和面向自动驾驶的5G-V2X两种。为了推动我国深度参与的C-V2X技术的快速发展，我国开展了智能网联汽车C-V2X城市级场景应用28个。2018年在深圳市中心区域区域45个交叉口，实现了城市开放道路环境下C-V2X测试应用，实现V2I、V2V相关单体自动驾驶车辆控制典型应用场景测试，验证了C-V2X的端到端关键技术与系统解决方案。

1）C-V2X 端到端系统解决方案设计

智能网联汽车 C-V2X 城市级规模应用，是通过推动智慧交通基础设施构建、联网、信息开放、共享分析，挖掘基于智能网联设施 I2X 信息开放的应用，在提高车辆自动驾驶主体等交通参与者对道路交通网络的预判和通行能力的同时，也可提高交通监管部门对城市交通的管理与控制能力。该系统整体支撑以下四个方面的需求：

① 降低道路交通事故发生率，减少人员伤亡及财产损失；

② 提高通行效率，降低整个社会的交通运输成本和出行成本；

③ 提升车辆与道路交通基础设施的充分联网与信息交换，降低交通监管部门的人力成本，提高管理能力和水平；

④ 通过建立智能车路协同管控平台，为个性化的出行内容服务和信息服务构建更为广阔的应用空间。

2）系统总体结构

智能网联汽车与智能网联设施城市级应用系统总体结构包括应用层、平台层、通信网络层、道路交通基础设施层、外场终端设备层。

3）道路交通网络基础设施

城市道路交通网络基础设施主要包括 RSU、交通信号控制机、路侧智能感知系统（如各类摄像头、激光雷达、毫米波雷达等）、动态交通标志/标线/标牌、电子车牌 RFID 读写器、车位检测器、高精度定位地基增强站、路侧气象感知站等相关设备设施。

① RSU。RSU 是部署在道路交通网络路侧的通信网关，是连接路侧类设备、传感器及车辆开展 C-V2X 智能网联汽车业务的核心单元。它汇聚道路智能感知设备、智能交通基础设施及周边车辆的信息，以有线或无线的方式将信息上传至城市交通信息中心平台，并可将周边交通信息下发至相关车辆。具体来讲，RSU 是将交通信号控制机输出的红绿灯相位与配时信息、车道拥堵排队与平均车速信息、临时交通事件信息（交通管制、交通事故、道路运维、路面遗撒/积水/冻结施工等）及动态交通标志、标线、标牌信息等数据，以无线或有线的通信方式上传至城市交通信息中心基础能力管控平台，同时以 LTE-V2X PC5 接口向周边车辆广播。此时，激光雷达、毫米波雷达、高清摄像头等所采集的道路交通实时数据经 RSU 传送至边缘计算云，由边缘计算云上的路侧感知单元进行实时计算后，转化为 BSM，再通过 RSU 的 LTE-V2X PC5 接口向周边车辆广播发布。

RSU 需要支持 LTE-V2X Uu 和 PC5 两种通信技术并发，且 PC5 端口需要支持 mode4 功能，工作频率满足智能网联汽车直接通信使用 5905~5925MHz 频段管理要求，支持 10MHz 和 20MHz 带宽可调；支持多种 LTE 频段，包括 LTE FDD B3&B8 频段、LTE TDD B39&B41 频段；支持北斗、GPS 的双星 GNSS 定位与授时；支持《合作式智能运输系统专用短程通信》多个部分国际标准，并支持将交通信号控制机输出的信息转化为标准的 V2X 协议消息。

② 交通信号控制机。部署于道路交叉口的交通信号机是道路交通信号控制系统在路测信号控制的末端节点，也是城市道路交通管控信息输出的节点，可以输出的信息主要包括实时道路交叉口通行信号与相位配时信息、信号控制策略信息、交叉口交通状态信息、可变车道控制信息、线路绿波速度信息、实时交管信息等多种 V2I 功能所需的信息数据。因此，交管系统交通信息的实时开放是实现 C-V2X 城市交通协同管控的核心基础。

为了从路侧直接获取道路交通控制信号信息，需要将交通信号控制机进行升级改造，主要包括新增与 RSU 的通信能力、V2I 信息汇聚与数据交互能力等。交通信号控制机数据经 RSU 开放，配合城市交通信息中心平台及 OBU，可以实现交通信号灯提醒、绿波通行、特种车辆优先通信控制等多种 V2I 业务的交互通信控制功能。

③ 智能路侧感知系统。在 C-V2X 智能网联设施业务发展初期，带有 C-V2X 通信能力的智能网联汽车渗透率较低，绝大多数的存量车没有 C-V2X 交互通信能力。此外，受技术与产业成熟度的影响，短期内暂无针对行人、自行车、电动车等弱势交通参与者的专用 C-V2X 终端设备。因此，大量的存量车和弱势交通参与者无法通过 C-V2X 通信技术发送自身的信息并获取邻近交通参与者的信息。要让 V2X 技术发挥作用，需要使 V2X 终端的渗透率达到 60%以上，还需要通过路侧智能感知技术识别未配备 C-V2X 终端的车辆与弱势交通参与者，并将识别后的信息发送给邻近的车辆。

4）终端设备

智能网联汽车终端设备主要包括车载前装 V2X OBU、前装 V2X 智能车机、后装 V2X 智能后视镜、后装 V2X 智能行车记录仪、智能手机 App。各类前装车载终端目前都支持 LTE-V2X 的 Uu 和 PC5 接口以实现 V2V、V2I、V2P 的应用功能，通过 Uu 接口实现 V2N、V2N2I 的应用功能；各类后装终端和手机 App 则主要通过 Uu 接口接收城市交通信息中心平台下发的各类 V2X 消息，以实现 V2N、V2N2I 的应用功能。

终端设备与智能网联汽车城市交通信息中心平台交互的消息主要有以下三种。

① 认证类消息：是指 V2X 终端在设备注册后，先向城市交通信息中心平台发送的认证消息。

② 上报类消息：主要是车辆 BSM。V2X 终端以一定的频率上报包含车速、位置、行驶方向等信息的车辆 BSM 至城市交通信息中心平台。

③ 下发类消息：主要是交通信号灯消息、地图消息、交通事件消息、路侧安全消息。城市交通信息中心平台根据 V2X 终端的位置信息，向 V2X 终端下发这些消息，以支持各类应用场景的实现。

5）通信网络层

通信网络层包括 C-V2X 通信网络、窄带物联网通信网络、边缘计算云、V2X 实时消息网关等。C-V2X 通信网络现阶段为 LTE-V2X 技术，除引入 LTE-V2X PC5 直接通信外，还针对 LTE 网络优化了核心网络传输路由，引入了新的 QCI 参数及上行预调度等特性，以降低 LTE-V2X Uu 接口的端到端时延，满足现阶段辅助驾驶典型业务场景中 V2N2X 端到端时延小于 100ms 的要求。同时，在 V2X 核心功能测试试验区域部署了 5G NR（3GPP R15）网络，以支持特定区域自动驾驶验证和路侧感知信息回传至边缘计算云，边缘计算云为这些对低时延有较高要求的应用功能提供部署环境。未来后续随着 5G-V2X 技术标准与产业的日益成熟，将逐步升级 5G 网络以支持 5G-V2X 技术。窄带物联网通信网络主要用于连接有低功耗需求且对时延不敏感的设备，如路侧设施中的环境监测传感、车位检测器，以及一些非实时变化的交通标志、标线、标牌等。此外，为减少 V2X 消息传输至部署在互联网上的 V2X 基础能力平台所引入的不可控的互联网传输时延，在运营商网络的核心网之后部署 V2X 实时消息网关，以实现时延敏感型 V2X 消息的高速处理、交换、分发，并将非时延敏感型的 V2X 消息转发至 V2X 基础能力平台。

6）平台层

① 总体结构平台层主要包括部署于城市云上的交通局综合交通运行指挥中心平台（详见《新一代综合交通运行指挥中心设计与建设指引》）、公安交警局道路监控指挥中心平台、部署于公有云的数据交换网关、V2X 基础能力平台、多元出行服务平台、测试验证服务平台等系统。

公安交警局道路监控指挥中心平台主要是将来自公安交警各系统的道路交通信息、车辆信息、驾驶员信息、交警信息等各类信息进行汇聚、清洗、整合、去隐私等安全处理后，以一个"出口"向外部系统提供不同层次、不同类型、不同形式的交通信息服务，以满足交通信息一致性、完整性、动态性的要求。同时，该平台也从城市交通信息中心平台等系统获取相关的数据和视频信息，扩大交警部门的信息来源。

V2X 基础能力平台与数据交换网关、V2X 实时消息网关、边缘计算云上的 V2X 边缘计算节点共同构成了多级的城市交通信息中心平台，是平台层的核心，它汇聚来自车辆、路侧设备、公安交警系统及各类应用平台的 V2X 相关信息，并实现各类信息数据的高速计算与实时分发、数据的存储与分析、应用的部署与托管等功能。城市交通信息中心平台通过数据交换网关对接多元出行服务平台、互联网地图服务平台、高精度定位平台、上层应用平台，实现 V2X 数据与出行服务、定位地图导航等应用的深度结合。

多元出行服务平台主要利用 V2X 基础能力平台所发送的各类信息，实现各类出行服务所需的交通安全与效率相关的基础功能；对接急救车、消防车、公交车等特种车辆运行调度平台，对急救车辆、消防车辆、公交车辆等特种车辆进行位置跟踪判别与信号优先，发送特种车辆相关信息至 V2X 基础能力平台，通知附近车辆让行，以实现面向特种车辆、公交等行业车辆优先通行的应用功能。

测试验证服务平台通过与城市交通信息中心平台调用网络层数据与能力，获取 V2X 测试所需的各层协议数据，支持 V2X 网络通信路侧测试、V2X 终端应用功能仿真验证、路测设施急用场景测试验证等功能。

② 城市交通信息中心平台。城市交通信息中心平台作为智能网联汽车 V2X 业务的基础能力平台，需要满足 V2X 业务超高并发、超低时延、高速移动、数据异构等需求。V2X 中心平台主要支撑全网业务，并提供全局管理功能，包括全网业务运营管理、全局数据的分析和管理、多级计算能力调度、多级平台系统管理等，可部署在业务网络的机房中；V2X 平台提供区域管理功能，可根据业务量支撑省级、市级区域交通范围业务，包括区域业务运营管理、区域交通信息中心平台管理及从属的 V2X 边缘节点管理等，区域计算平台可部署在核心网络机房中，服务对低时延要求较高的业务场景；V2X 边缘节点主要支撑边缘范围内低时延、高吞吐 V2X 业务，可部署在接入网络机房或 MEC 移动边缘计算服务器上，服务自动驾驶或辅助驾驶等高实时业务场景。该平台的多级结构网络如图 5-54 所示。

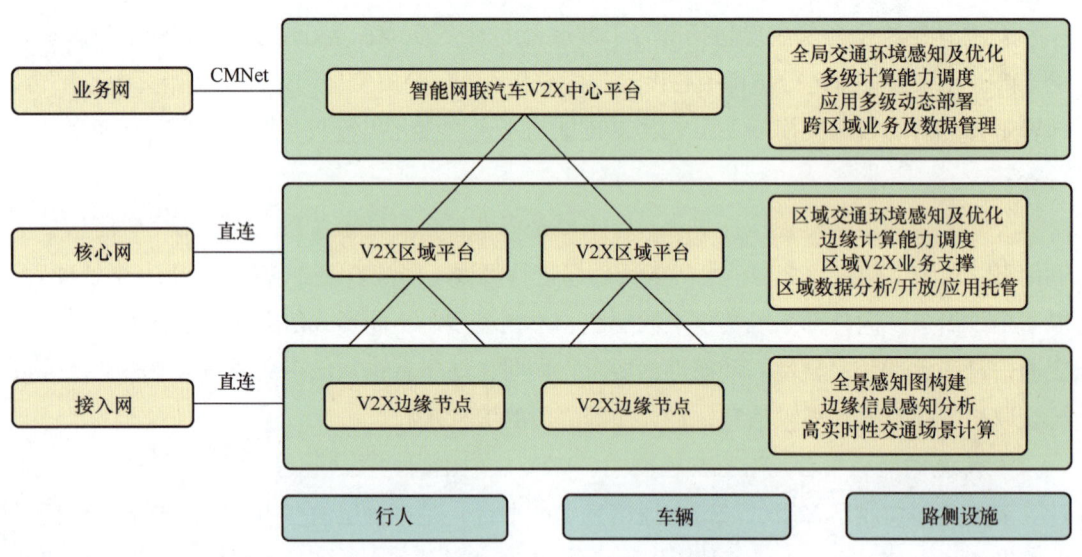

图 5-54　城市交通信息中心平台的多级结构网络

以深圳市为例，深圳市小汽车保有量超过 350 万辆，根据 3GPP 定义的辅助驾驶阶段每辆车每秒发送 10 条 V2X 消息，V2X 中心平台每秒需要处理千万级的数据，单条业务数据端到端处理的时延要求为 20～100ms。因而，需要全新的多级平台架构以应对 V2X 业务在数据接入、数据计算、数据存储、数据推送、数据安全方面带来的极大挑战。

城市交通信息中心平台提供融合感知、实时计算、数据分析、能力开放等多种基础功能，具体结构如图 5-55 所示。

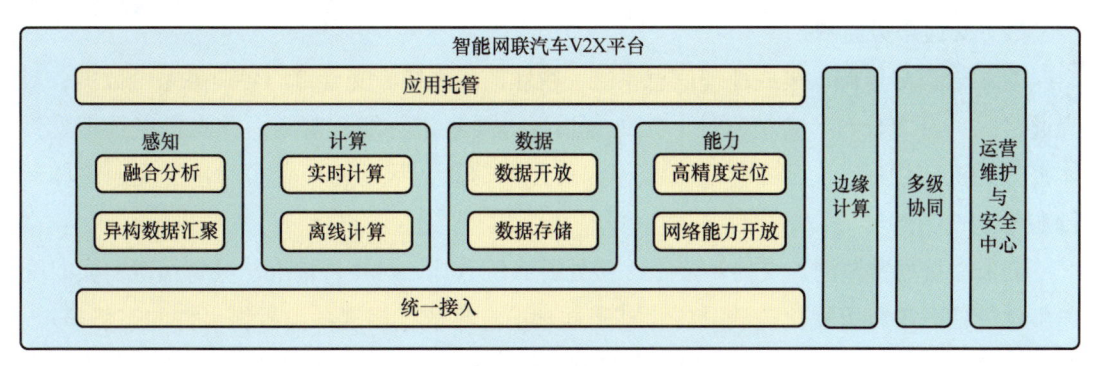

图 5-55 城市交通信息中心平台功能结构

① 统一接入系统提供多种智能网联汽车终端、RSU、外部系统的统一接入、鉴权、协议适配等功能，并支持分布式部署，下沉至核心网络或网络边缘，形成 V2X 实时消息网关。

② 感知系统包括异构数据汇聚和融合分析两大功能模块，异构数据汇聚模块提供车辆、路侧设备、传感器及政府或第三方交通信息平台的数据汇聚，并根据应用场景对处理时延、传输带宽的具体需求，支持分级、分类缓存及分析功能；融合分析模块作为数据分析基础服务平台，集成智能网联汽车基础智能算法、机器学习基础算法等，支撑融合分析能力，并支持第三方算法部署和大规模分布式计算。

③ 计算系统提供车辆终端业务实时计算转发、离线计算能力，包括数据解析、实时计算、消息转发推送、离线计算等。

④ 数据系统提供高实时、大并发数据存储能力，可提供数据脱敏、数据清洗、存储组建管理等主要功能；同时，面向第三方智能网联汽车应用，如车企、地图厂商平台、智能网联汽车应用服务公司等，提供交通大数据开发能力，具体包括数据的实时查询、历史查询、数据订阅与推送、流量监控等。

⑤ 能力系统主要是对外开放城市交通信息中心平台的能力，包括 V2X 网络能力、定位能力等。

⑥ 应用托管系统主要面向第三方提供 V2X 应用托管部署的基础运行环境，包括应用入驻托管、租户隔离、资源调度等功能。

⑦ 边缘计算系统主要支持在接入网络部署边缘节点，提供 V2X 边缘计算侧服务，以支持有高实时、大带宽需求的路侧感知、高级辅助驾驶、自动驾驶等业务。

⑧ 多级协同系统提供 V2X 多级平台各层级间协同管理、数据交互等能力，提供数据同步、协同计算、应用分级部署等功能。

7）应用层

城市交通智能车路协同管控平台主要包括交通态势监测、多维数据感知、应急指挥调度、数据分析研判、成果展示汇报、大屏环境支持六类平台业务，具体内容如下。

（1）交通态势监测

①综合态势监测。集成地理信息系统、视频监控系统、交管部门各业务系统数据，对交通路况、警力分布、警情事件、接处警情况等要素进行综合监测，并支持点选查看具体警力、机动目标、交通事件、监控视频等详细信息，帮助管理者实时掌握交通整体运行态势。

②122接处警监测。支持对接122接处警系统数据，对接警情况、处警情况、实时交通事件等信息进行可视化监测分析。基于地理信息系统，实现各类报警事件的态势显示、快速定位，并标示报警内容。同时可智能化筛选查看周边监控视频和交通警力资源，方便指挥人员对报警地周边情况进行判定和分析，为警情处置提供决策支持。

③重大活动保障。针对重大活动交通保障需求，支持对保障区域内警力、车辆、联动资源的部署情况以及车流量、人流量、路况、交通事件、监控视频等信息进行实时监测，支持保障范围可视化、保障路线可视化、保障流程可视化，有效提升重大活动保障效能。

④重点车辆保障。支持对救护车、消防车、工程救险车等重点车辆的运行位置、运行速度、运行路线进行实时监测，并可综合沿线交通路况、警力分布、监控视频等信息进行可视化分析研判，以便管理部门及时进行信号灯调控、分流等措施，同时可对违法占用应急车道、干扰特种车辆通行等违法违章情况进行监测，为重点车辆通行保障、交通执法工作提供有力支持。

⑤"两客一危"车辆监测。支持集成视频监控、卡口、车辆GPS、RFID等系统数据，对"两客一危"车辆的实时位置、速度、流向、运行轨迹进行实时可视化监测，并可对车辆超速、偏航等异常状态进行可视化告警；支持查询具体车辆的详细信息，如车牌号、车辆类型、所属单位、运单信息（如驾驶员、押运员、货物信息等），实现对"两客一危"车辆的全方位运行监控。

⑥车辆缉查布控监测。支持对布控点位、布控警力等要素的数量、位置、分布等信息进行可视化监测，并可集成卡口、电子警察、移动稽查等业务系统实时采集的数据信息，对假牌、套牌、案件嫌疑等重点监控车辆的实时位置、运行轨迹、车驾档案等信息进行监测分析，为管理部门在案事件侦破、治安防控等方面提供有力支撑。

⑦视频巡检监测。支持集成前端视频巡检系统，有效结合视频智能分析、智能定位、智能研判技术，对道路拥堵点位、隐患点位、事故点位等情况进行可视化监测，实现异常事件的实时告警、快速显示，并可智能化调取异常点位周边监控视频，有效提升接处警效率。

⑧路况态势监测。支持接入交通路况数据，对实时交通指数、拥堵路段、交通事故、监控视频等信息进行监测，并可结合专业的模型算法，对辖区路况态势进行科学评估，为

交通管理指挥提供科学的决策支持。

⑨路口信号灯监测。支持集成路口信号灯、视频监控、卡口等系统数据，对路口交通流量、流速、车辆及道路异常事件、信号灯状态等信息进行实时监测，并可结合专业的模型算法，比对历史最佳通行速度及最佳通行量，对路口交通态势进行可视化分析研判，为信号配时调优和路口交通组织优化提供科学的决策依据，有效提升交通运行效率。

⑩交通基础资源监测。支持对摄像头、卡口设备、流量检测设备、交通信号灯等交通基础资源的数量、空间位置分布、实时状态等信息进行监测和可视化管理，支持设备详细信息查询，支持对未正常工作的设备进行告警，加强管理者对设备状态的监测与感知，提升交通基础设施的运维管理效率。

⑪数据中心运行监测。支持从地理空间分布和层级结构等维度，通过拓扑图、链路图等方式，展示各关联单位数据中心的地理分布及相关单位间数据调取情况、数据实时流转情况等信息，并可对数据访问流量、存储量、数据类型、关联网络、关联部门等信息进行可视化监测分析，对异常情况进行告警，辅助用户掌控跨地域、大范围数据流转态势。

⑫违法违章案件分析。充分整合交管部门现有数据资源，提供多种可视化分析、交互手段，对海量历史违法违章案件数据进行可视化串并分析，深度挖掘案件时空分布规律，为交管部门进行原因分析、主动防范等业务应用提供支持。

⑬车驾管可视分析。支持对接车驾管数据，对机动车、驾驶员、交通违法、交通事故、年检等车驾业务数据进行多维度可视分析，展示城市交通画像，并可对异常数据进行告警，实现交通信息的综合分析研判，辅助用户全面掌握车驾管业务情况，为业务决策提供有力支撑。

（2）多维数据感知

①多类型地图数据融合。支持全球范围多种通用地图数据（如政区图/地形图/卫星图等）接入，还支持警用地理信息系统PGIS、天地图等专用地图数据接入；支持加载超大范围高精度高程数据、各类矢量地理要素数据、倾斜摄影数据、无人机航拍数据等，充分满足用户的应用需求。

②视频监控数据深度集成。支持深度集成海康、大华、宇视、华为等主流视频平台，AI/AR/鹰眼/高点/云台/IVS等视频监控系统应用，可在二/三维态势地图上标注摄像头对象，并关联其视频信号源，可以通过地图上点击、圈选等多种交互方式，调取相应监控视频。并可有效融合视频大数据智能分析、多摄像机协同联动等技术手段，对视频监控区域内目标实现连续追踪、智能预测布控范围，辅助用户提高监控视频应用效能。

③强大的多源数据融合。兼容现行的各类数据源，如SQL Server、Oracle、MySQL、PostgreSQL、Hadoop及仿真引擎等；支持地理信息数据、业务系统数据、视频监控数据接入，实现跨业务系统信息的融合显示，为用户决策研判提供全面、客观的数据支持和

依据。

④各类传感器数据融合。支持集成物联网、红外感知器、激光扫描器、测速仪等各类型移动终端采集的数据，可对重点事件、重点车辆、基础设施、视频数据等要素信息进行态势监测，辅助用户综合掌控大范围交通指挥综合态势。

⑤多业务系统数据融合。支持对接地理信息系统、视频监控系统、应急/消防/医疗等多部门现有业务系统等，可将不同平台系统数据综合汇集于系统之上，进行可视化并行分析，支持高性能实时数据接入、转换、萃取、同步分析显示，为用户决策研判提供全面、客观的数据支持和依据。

（3）应急指挥调度

①情报监测告警。支持整合交管情报数据资源，基于时间、空间、数据等多个维度为各类焦点警情建立阈值告警触发规则，并支持集成视频巡检、电子警察、卡口、移动稽查等系统数据，自动监控各类焦点事件的发展状态，进行可视化自动告警。

②突发事件监测。支持接入交通路况数据，对突发交通事件信息进行可视化监测分析，并基于地理信息系统，进行态势显示、快速定位、标示交通事件内容。同时可智能化筛选查看周边监控视频和交通资源，方便指挥人员对突发事件周边情况进行判定和分析，为事件处置提供决策支持，有效降低突发事件对交通运行带来的影响，提高管理者对突发事件处理效率。

③重点区域监测。支持基于地理信息系统，对交通事故现场、重要交通路段、重大社会活动等重点区域进行实时可视化监测，并可对重点区域的位置、状态、关键指标等信息进行联动分析并标注显示，对重点区域实时态势进行综合监测，辅助管理者精确掌控重点区域状态，提升监测指挥力度。

④应急资源监测。支持整合交通、公安、医疗等多部门数据以及应急指挥所需各类资源，可实时监测应急队伍、车辆、物资、设备等应急保障资源的部署情况，支持跨通信系统一键调度不同处置单位资源，提高多部门协作效率，为突发情况下指挥人员进行大规模交通应急资源管理和调配提供支持。

⑤可视化预案部署。支持将预案的相关要素及指挥过程进行多种方式的可视化呈现与部署，支持对应急管理资源部署、资源分布、行动路线、重点目标等进行展现和动态推演，提高指挥效率、人员对预案的熟悉程度、增强处置突发事件的能力和水平。

⑥可视化通信指挥。支持整合各类交管资源，集成eLTE-PWI融合通信指挥平台，有效整合接处警平台、地理信息系统、视频监控、eLTE集群通信、视频会商等技术平台，实现各业务应用的互联互通，实现调度资源可视、警员状态可视、现场态势可视等功能，并支持一键直呼、协同调度多方交管资源，强化交通管理部门扁平化指挥调度的能力，提升处置突发事件的效率。

(4)数据分析研判

① 数据分析决策驾驶舱。支持对接交管各部门既有海量业务数据，提供统计图表、分布图、关系图、空间统计图、空间分布图、空间关系图等多大类近百种数据可视分析图表，进行多维度分析研判，并支持组合为数据分析驾驶舱进行综合显示，实现多指标数据的并行监测分析，为管理者决策研判提供全面的数据支持。

② 全时空数据查询分析。支持将多源、异构、海量数据进行时空校准，并按照时间/空间/层级结构等维度进行可视化分析，支持数据实时显示、态势历史回溯等功能，辅助交管部门全面掌控数据变化态势、深度挖掘运行数据的时空特征及变化规律。

③ 统计分析决策支持。提供统计图、统计表、单柱图、簇状柱图、堆积柱图、气泡图等多种统计分析视图，支持将海量业务数据的特定指标，按业务需求进行多维度并行分析，并提供上卷、下钻、切片等数据分析支持，可点选查看同一数据指标在不同维度下的分布特征，帮助用户洞悉复杂数据背后的关联关系。

④ 可视分析决策支持。支持接入交管部门既有海量情报数据，基于栅格、聚簇、热图、活动规律等多种可视化分析手段进行可视化分析研判；支持可与交管细分领域的专业分析算法和数据模型相结合，助力用户挖掘数据价值，提高交通管理指挥决策的能力和效率。

⑤ 行业模型算法集成。支持与交通管理细分领域的专业分析算法和数据模型相结合，支持计算结果与其他来源数据的融合可视化分析，将现有信息资源与人工智能计算结果进行串并分析，充分利用已有信息化建设成果，为用户提高交通指挥、决策效率等方面提供智能化决策支持。

(5)智能车路协同管控成果展示

① 工作规划展示。支持对道路交通管理、道路交通组织、道路交通基础设施建设等工作规划进行详尽展示，运用多种可视化展现手段对综合交通态势进行呈现，并对主要规划指标进行可视分析，多角度展示交管各部门规划成果。

② 建设成果展示。支持聚焦交通管理建设各领域，运用影视级的可视化渲染技术，对秩序整治、事故预防、交通违法处理、宣传教育工作等重要指标及建设成果进行全面、清晰、高效地展现，宏观体现建设成果。

③ 重点项目展示。支持突出交通管理重点项目，并对重点项目基本信息、社会效益等重要成果指标进行可视化呈现，再现重点建设项目布局、进展及成果。

④ 重要事件复现。支持重点事件的态势回溯，对事件起因、发展过程、处置结果等信息进行直观展示，辅助交管部门对重要事件进行分析、展示、比较、推理、判断。

(6)城市交通智能车路协同管控平台大屏环境

① 超高清小间距显示大屏。为指挥中心量身打造超高清小间距 LED 大屏显示解决方案，支持无缝、无边框、无限拼接，可自定义整屏尺寸，任意分辨率下，画面显示效果精准完整；

具备低亮高灰技术内核，画质细腻流畅，观看舒适；亮度智能调节，满足多种室内环境应用场合；超宽视角（水平/垂直均160°），任意角度良好显示；超高刷新率，纳米级响应速度；安全低噪、稳定耐用，为用户提供超凡的大屏使用体验。

② 专业操控席位定制。可针对指挥中心复杂场景设计定制，打造结构合理、科学布局、符合人体工程学设计的专业操控席位。支持指挥决策、信号调用、会议室系统切换、音视频播放、灯光环境管控、远程互动等工作的远端集中控制，大幅度提升系统的易用性，为用户提供定制、便捷地交互体验。

③ 大屏超高分辨率输出。支持超高清、无形变、无限分辨率的大屏图像输出，系统输出分辨率与大屏物理分辨率一致，实现超高分辨率点对点（无形变）图像输出；结合产品自有的集群并行渲染机制，支持无限分辨率显示输出和动态扩展。真正发挥大屏硬件显示潜能，构建超高清的大屏综合交通态势监测系统。

④ 大屏矩阵控制集成。深度集成主流大屏控制技术，支持大屏整体显示布局切换、超高分辨率画面无缝切换、多屏联动数据分析、多屏显示内容联动交互控制、单屏显示内容操作控制，充分满足用户的使用需求。

⑤ 一体化交互控制台。原生支持大屏多屏交互联动控制，支持席位、电子沙盘、手持/固定触控终端等多种控制设备，具备单点主控、集群联动的一体化操作模式，通过统一的控制终端，轻松对多屏显示内容集中控制，如主题切换、分析态切换、可视化对象浏览、点选、筛选、圈选、地图平移放缩等功能。

5.2.5 区域交通智能车路协同管控示范

1. 国内外智慧高速车路协同概况

当前，国内外在智慧高速方面主要关注无人驾驶、车路协同、自动化监测、智慧化运营管控和出行诱导服务等方面。世界各国结合新兴技术的发展趋势及发展诉求，积极推进高速公路传统机电系统升级，如开展基于多传感器融合的超视距感知、交通流运行规律挖掘及短时预测、智能主动管控、智能车路协同、长寿命新型道路材料、无线充电等技术研究及试点应用，加快探索智慧高速发展路径，抢占新技术融合应用和智慧高速发展的制高点。

① 美国：以高速公路为载体开展车路协同、自动驾驶新技术探索。美国高速公路管理局预测车联网系统部署能够减少近80%的车辆碰撞事故。为提升高速公路运行安全，美国持续开展了基于5.9GHz DSRC技术的车联网产品研究，尤其是恶劣环境条件下的大载重货物运输车辆防碰撞应用。

美国重点推进专用无线通信带宽设置、RSU及OBU设备、超视距感知协同等技术研究，目前开展车联网设备部署应用的州已超过 50%，并在相关高速公路开展了智能网联汽车测试。作为高速公路车联网重点试点项目之一，怀俄明州交通部针对 I-80 州际高速公路重型卡车流量大、冬季暴雪大风导致碰撞事故高发等问题，开展车车交互、车地通信部署，提供行进前方碰撞警告、道路运行态势感知、事故区域警告、天气影响分析、险情通知五项功能应用，已完成 400 辆高频卡车（包括 150 辆高频重型运营卡车、100 辆交通局车队、150 辆扫雪车及巡逻车）及 75 个路侧节点的布设。

② 日本：依托 ETC 2.0，推进高速公路智能化管理服务。日本围绕智慧公路建设目标，推进车路协同设备有序迭代，逐步构建高速公路智能车路协同体系。在融合道路交通信息通信系统和 ETC 系统功能的基础上，推出世界首款 DSRC 大容量双向通信设备 ITS Spot，提供拥堵预测及路径规划、特殊车辆运行规律及轨迹追溯、动态费率调整、异常驾驶行为识别等智能出行引导及运营管理服务。

日本于 2016 年正式提供 ETC 2.0 服务，计划 2022 年全国实现 ETC 2.0 全覆盖。全国高速公路累计完成 1700 个路侧设备部署。以高速公路动态费率为例，针对城市拥堵问题，通过接入 ETC 车辆轨迹数据分析路网通行态势，主动引导车辆绕行外环高速，并结合拥挤情况提供约 50%的通行费用折扣，有效疏解了城市内部道路拥挤情况。同时，支持高速公路运行规律分析，通过车速变化特征精准识别路网瓶颈节点，为及时有效的应急救援、基础设施优化提供指导。

③ 欧洲：以主动交通管控为基本路径推进智慧高速的建设。欧洲注重出行需求及运行态势的智能发现，面向多国互通的基本特征，强调跨国高速公路信息系统的无缝对接及可持续发展，重点打造欧洲数字交通走廊，聚焦高速公路主动交通管控，积极推进标准化 DSRC 车路通信、综合交通信息服务、新型长寿命道路材料、极端天气预警及智能诱导等技术研究及部署。

建设应用方面，以奥地利高速公路主动管理系统为例，围绕交通流主动式引导，注重对拥堵、事故、天气等异常情况的动态监测与及时响应，基于在线可编辑的全自动控制策略库及高密度部署的可变电子情报板，开展了分车道动态限速、临时路肩使用、基于交通状态的动态绕行引导、拥堵响应处理、动态货车管理、车距保持警示、极端恶劣天气监测预警等智能应用。该系统已覆盖奥地利 800 多千米的高速公路，运行效果显著，使车辆事故减少 35%，受伤公众数量减少 30%。

前沿探索方面，欧洲开展了内嵌 C-ITS 的智能基础设施带研究，创新性地提出了高速公路内智能监测体系，不依赖传统的路侧挂靠设施，通过短程通信及 LTE 蜂窝技术的融合应用，支持基于位置的车载终端与手机端无线交互，集成交通流监测、指引体系及管控信息虚拟化、基础设施健康状态实时感知等功能，集约化理念突出。

④ 中国：以数据链为核心，差异化开展智慧公路示范建设。中国高度重视高速公路智

能化建设工作，2018年2月，交通运输部印发了《关于加快推进新一代国家交通控制网和智慧公路试点的通知》，面向北京、浙江、广东等9个省、市，差异化开展新一代国家交通控制网和智慧公路试点示范，提出基础设施数字化、路运一体化车路协同、北斗高精度定位综合应用、基于大数据的路网综合管理、"互联网+"路网综合服务、新一代国家交通控制网六大试点方向，北京延崇智慧高速、广东广乐智慧高速、江西昌九智慧高速等工程被列为示范项目重点推进。围绕交通强国示范建设和新型基础设施建设部署，全国纷纷以智慧公路作为融合基础设施的重要抓手（如浙江推出杭绍台、杭绍甬智慧高速，江苏推出五峰山高速、沪宁高速，广东推出机荷智慧高速等），大力开展5G、人工智能、云计算等新一代信息技术在高速公路中的深度融合应用。以杭绍台智慧高速为例，基于长期居高的桥隧比、大雾冰雪极端天气易发等基础特征，着重打造准全天候运行、智慧隧道、车路协同及智慧服务区等四类特色应用场景，搭建智慧高速云控平台，支持隧道主动应急救援及自动驾驶，实现高精度驾驶辅助及智能管理。广东广乐智慧高速以控制服务云中心为核心，科学部署边缘计算节点、车路协同、高清视频及毫米波雷达等设备，形成北斗高精度应急指挥、路网综合分析决策、路运一体化车路协同等五类应用。

2. 智慧高速车路协同发展趋势分析

当前，智慧高速依然处于探索阶段，尚未形成标准化定义及功能框架，但"设施数字化、运输自动化、管理主动化、服务个性化"的智慧高速发展理念基本建立并加速迈向成熟阶段，随着新一代无线通信、自动驾驶、人工智能等技术的进一步发展，预计到2025年，智慧高速公路将进入规模化建设阶段，并呈现以下几个发展趋势。

1）由单一的碎片化采集转向全要素、全时空感知

高速公路基本建成较为完整的交通运行、基础设施监测体系，但主要覆盖分合流区、关键桥梁等部分点位，监测区域不足、设备功能单一、信息融合不够等缺陷明显，在支持路网-路段-交叉口多层次监测、人-车-路-环境多要素分析等方面能力不足。通过智能车路协同管控，科学布设高清视频、北斗定位、专用传感器等多类型监测设备，搭建以5G为核心的高速公路通信网络系统，建立基于多源传感耦合、新型通信组网结构的全要素、全时空感知体系，将实现高速公路数据高质量采集、高可靠传输，是推动伴随式信息服务、实时交通管理等应用的关键举措。

2）由被动型事后处置转向主动式精细化管控

高速公路运行环境相对封闭，以事后处置、经验研判为主的管控模式，极易导致异常事件的影响范围扩大、影响程度加深，难以适应新时期高质量出行体验、高效能业务处置的需要。智能车路协同主动管控模式基于高速公路动静态运行数据分析，对宏观和局部运行态势进行多时间尺度预测，精准识别或预判关键匝道、瓶颈路段、主流量通道，将有力

赋能动态匝道控制、路肩控制、车道控制、费率调整等主动控制策略，实现车流提前引导及管控，极大地提升高速公路通行及事件应急处置能力，是高速公路智能决策及控制的基本发展方向。

3）由间断式推送转向基于位置的伴随式个性服务

以静态交通标识、第三方地图平台为主的高速公路信息指引体系，无法满足基于高速公路动态运行形势的车道级实时指引，难以提供贴合公众出行习惯的精准服务。北斗高精度定位、知识图谱、5G 远程控制等信息技术的快速成熟，将有力支持可变信息情报板、广播、手机信息、网络平台等多方式信息的及时发布，进而促进伴随式信息服务加快落地，逐步实现出行前-出行中-出行后全过程精细化引导。例如，结合前方道路事故信息，主动提供车道级行驶方案或引导公众从最近的高速公路出口绕行；利用知识图谱，构建公众驾驶行为、出行路线等个人出行画像，提供车道级动态路线规划、安全驾驶风险提示等伴随式个性服务。

4）由传统机电系统转向新技术集成、新模式探索

以 ETC 为代表的以收费、通信、监测为核心的传统机电系统，对高速公路数字化管理及服务发挥了非常关键的作用，面对新一轮科技革命和产业变革加速演进的发展环境，高速公路信息化在更复杂智能的运行控制、更精准可靠的多元服务等方面仍然存在极大的发展空间。大数据、人工智能、融合感知、自动驾驶、车路协同等新兴技术在高速公路领域的集成应用迅速推进，编队驾驶、远程驾驶、无线充电等新模式探索逐渐落地，将进一步延展高速公路管理及服务内涵，大幅提升高速公路通行能力与安全水平。

5）由单一主体转向多方协同、跨界融合、客货携手

智慧高速建设涉及管理部门、运营单位、运输企业、开发企业、出行公众等多方参与主体，建立智慧高速产业联盟，充分结合多类型用户需求，发挥各方优势，以电子商务平台为依托，实现网上购物与现代物流配送一体化，有效地将客运出行转换为货运服务等，是加速推进有关技术研发及应用的必然趋势。例如，车路协同发展不仅需要布设路侧智能设备，更需要运输企业车辆、出行公众车辆安装必备的车载终端才能完全发挥效能；客货携手跨区域无缝衔接，支持不同运营单位的服务信息融合应用，实现跨路段的智慧高速公路连续服务。

3. 中国高速公路智能车路协同示范

2018 年 2 月，交通运输部发布《关于加快推进新一代国家交通控制网和智慧公路试点的通知》，划定了北京、河北、吉林、江苏、浙江、福建、江西、河南及广东 9 个智慧公路试点地区；基础设施数字化、路运一体化车路协同、北斗高精度定位综合应用、基于大数

据的路网综合管理、"互联网+"路网综合服务、新一代国家交通控制网6个试点主题。

1）北京

① 政策层面。2019年3月25日发布的《2019年北京市交通综合治理行动计划》提出，推进智慧交通建设，将新一代信息技术、人工智能及车路协同等先进技术应用标准纳入道路建设设计标准，提高公路建设和运营的智能化水平；加快推进延崇智慧高速公路车路协同示范工程建设。

② 建设层面。2017年8月，北京交管部门对原有的智能交通管理体系进行重构全面引入大数据、云计算、人工智能等技术，打造新一代智慧交通管理体系。这个智慧交通管理体系包括："一云"即交通管理警务云；"一中心"即 交通管理大数据中心；"三张网"即公安网、互联网、感知网；五大综合应用：交通监测控制应用、指挥调度应用、信息服务应用、分析研判应用、警务综合应用。2018年8月，北京普通公路已经建有大概770套视频设备交通流量的各种各样的设备有微光、激光式的，压电传感式的有936处，还有桥下的水位监测设备，气象设备，可变天花板，外场加起来是2315套。2019年7月，北京大兴新机场高速、大兴机场北线高速正式通车运营，新机场高速公路成为国内首条具备"防冰融雪"功能的高速公路，并通过智慧高速新收费系统、仿真推演与电子沙盘打造智慧管理体系等手段打造成京津冀首条"6+1"智慧高速公路。

2019年12月25日，全长约33.2km的京礼高速（延崇北京段）完成交工验收，这意味着京礼高速北京段已正式建成。与普通高速公路不同，京礼高速被赋予了"智慧的大脑"，可支持车路协同自动驾驶，是北京首条高科技、智慧型高速公路。

2）河北

① 政策层面。2018年4月4日发布的《关于进一步扩大和升级信息消费持续释放内需潜力的实施方案》提出，加快推进国家基于宽带移动互联网的智能汽车与智慧交通应用示范，推动智能汽车和智慧交通在京冀应用，率先在雄安新区开展智能网联汽车试点示范，推动车载感知、自动驾驶、车联网、物联网等技术集成和配套，开展智能驾驶、智能路网、智慧泊车等典型应用示范。

2019年2月1日发布的《河北省人民政府办公厅关于加快推进新型智慧城市建设的指导意见》提出，推动智能化基础设施建设，建设交通诱导、出行信息服务、公共交通、综合客运枢纽等智能系统，推进京津冀一体化智能交通服务。

② 建设层面。2021年4月，河北省交通运输厅表示，北京冬奥会重大交通保障项目之一的延崇高速公路河北段正在开展智慧公路试点建设工作，2021年9月完成调试，进行试运行。2021年5月20日，经过河北高速集团多名专家和领导组成交工验收领导小组评议，京雄高速河北段顺利通过交工验收，具备了通车试运行条件。2021年6月17日，雄安新

区对外骨干路网车路云网一体化智慧高速公路解决方案发布会在西安世界交通运输工程技术论坛（WTC2021）举行。会议指出，京津冀协同发展、雄安新区规划建设以及北京冬奥会筹办为河北交通积聚创新要素、转换增长动能，培育新兴科技产业提供了难得的战略机遇，为交通运输高质量发展和创新突破指明了方向。其中，智慧高速公路建设成为重要支撑。

3）吉林

① 政策层面。2018年4月13日发布的《吉林省人民政府办公厅关于进一步扩大和升级信息消费的实施意见》提出，推进智能网联汽车发展。加快国家智能网联汽车应用（北方）示范区建设，支持一汽集团在智慧路网、宽带移动互联网基础设施环境、智能汽车关键核心技术、核心应用软件等方面开展示范区建设。

② 建设层面。2019年吉林省将依托珲乌高速吉林省全线试点工程和长春龙嘉机场连接线，建设完成新一代国家交通控制网和智慧公路示范项目，2020年将示范成果在全省高速公路推广。2020年7月，《吉林省高速公路智能化示范工程初步设计》通过专家组审查。该示范工程依托珲乌高速公路和吉舒联络线，致力于打造"一条智慧路、一条节能路、一张健康监测网和一个一体化平台"，重点开展基础设施数字化、寒冷地区路运一体化车路协同、北斗高精度定位应用、基于大数据的路网综合管理和"互联网+"路网综合管理五大建设任务。

4）江苏

① 政策层面。2018年9月18日，发布的《智慧江苏建设三年行动计划（2018—2020年）》提出，完善省、市两级交通运输综合数据中心和移动应用等基础平台。建设全面覆盖、泛在互联的智能交通感知网络，加快推广全省交通地理信息云服务平台应用。健全公众出行综合信息服务体系，加快推广掌上公交、公交智能调度系统、出租车管理与服务系统、渡船航行避碰预警导航系统。2021年1月5日，江苏省交通运输厅发布了《江苏省普通国省道智慧公路建设技术指南》（以下简称《指南》）。这也是全国首个普通国省道智慧公路建设技术指南。《指南》在总结342省道等普通国省道智慧公路建设经验、融合先进技术、参考已有标准的基础上编制完成，提出了普通国省道智慧公路的建设目标、建设原则、建设框架和建设内容，聚焦智慧公路感知、管控和服务应用，强调了全路网、全周期和全行业发展理念，提出了"智能感知、智能管控、智能服务、基础支撑"总体架构，满足新基建背景下普通国省道智慧公路设计、建造、养护、运营管理全生命周期建设需求，同时规范了支撑保障等内容要求。

② 建设层面。2018年11月6日，世界首条"三合一"无线充电智慧公路亮相苏州同里。在国际上首创里面光伏发电、动态无线充电、无人驾驶三种先进技术的融合应用，实

现了电力流、交通流、信息流的智慧交融。通过路面光伏电能无线发射和车内无线接收能量，车辆可以边充边跑、无线续航，同时具有智能避障、自动泊车、App 叫车、路面融雪化冰等功能，并设有 LED 智能引导标识、电子斑马线、多功能路灯等智慧交通设备。2019年 3 月 21 日，《江苏"智慧公路"信息化支撑关键技术研究》科技项目中期成果通过评审。《江苏"智慧公路"信息化支撑关键技术研究》项目结合江苏智慧公路建设的总体要求，对其中支撑层所涵盖的公路云、公路大数据、公路数据管理、公路移动应用和公路外场监测设备管控等关键技术开展了深入研究，研究成果对于支撑江苏"智慧公路"信息化建设具有重要指导意义。2019 年 6 月 19 日，智慧公路建设在沪宁高速公路取得新突破。宁沪公司联合江苏中路工程技术研究院、东南大学等单位，依托省交通运输重点科研项目《沪宁高速公路超大流量路段通行保障关键技术研究与工程示范》，将研发的应急车道主动管控、连续式港湾车道和匝道管控等新技术，在无锡硕放-东桥路段进行了成功的应用。特别是2019 年"五一"小长假期间，与 2018 年相比，交通通行量提升 34.5%，拥堵次数降低 65%，平均拥堵距离缩短 33.3%，交通事故数降低 77.3%，取得显著的成效。2020 年 5 月，G524常熟段智慧公路科技示范工程进入验收准备阶段。G524 常熟段是江苏省交通运输厅重点依托开展智慧公路试点工作的两条国省干线之一，课题组旨在通过探索先进信息化技术，推动公路服务管理向"基础设施数字化、基础设施智能化和决策服务敏捷化"发展。

江苏省交通运输厅按照交通强国建设中打造先行区的定位，积极争取在国家新基建中发挥"排头兵"作用，加大与移动、电信、联通、铁塔的合作，研究制定了《江苏省智能交通建设实施方案》，布局了 342 省道无锡段、524 国道常熟段、五峰山高速、沪宁高速等一批智慧公路试点工程。未来，智慧公路还将设置自动驾驶专用车道，支持货车自动驾驶编队行驶，远期可以期待自动驾驶车辆在江苏的智慧公路上全天候自由行驶。

5）浙江

① 政策层面。2018 年 11 月 5 日，发布《浙江省综合交通产业发展实施意见》，要求推进智慧高速公路网建设。

2019 年 6 月 18 日，发布《德清县创建省级自动驾驶与智慧出行示范区实施方案（2019—2020 年）》，力争到 2020 年年底，建成浙江省首个智能基础设施建设先行区、全域城市级自动驾驶测试区、自动驾驶应用示范区、自动驾驶和智慧出行产业集聚区、智能交通与自动驾驶规制创新区。2020 年 4 月 17 日，中共浙江省委浙江省人民政府关于深入贯彻《交通强国建设纲要》建设高水平交通强省的实施意见正式公布，"智慧"成为该省未来交通发展的重点方向之一。意见称，到 2025 年，浙江要在智慧高速公路等方面取得可复制推广经验，到 2035 年，建成引领全球的智慧高速公路体系。2021 年 8 月，浙江省交通运输厅印发《浙江省公路水运工程项目智慧建设三年专项行动实施意见（2021—2023 年）》，更好贯彻落实《交通强国建设纲要》精神，以高质量发展理念和数字化改革撬动交通各领域改革为引领，推进公路水运工程项目建设数字化，打造平安百年品质工程，进一步提升我省公路水运建设管理水平。

②建设层面。2018年3月19日，浙江省交通运输厅在杭州组织召开了《杭州绕城西复线智慧公路试点项目实施方案》评审会。2018年7月3日，杭州板块智慧公路试点示范项目杭州绕城西复线实施方案成功获省交通运输厅批复。2019年4月，杭绍甬智慧高速一工程-跨曹娥江大桥绍兴滨海侧栈桥先行工程此前获批，工程系杭绍甬智慧高速关键性节点工程，此次获批标志着杭绍甬智慧高速先行工程全面启动。杭绍甬智慧高速将力争于杭州2022年亚运会前建成试运行，设计时速预计将突破120km/h，将支持自动驾驶、边通车边无线充电等"未来科技"。

2019年7月，杭州绕城西复线环山互通公路已通过交工验收。环山互通为杭州绕城西复线重要节点工程，位于富阳环山乡。2020年6月28日，杭绍台高速公路先行段通车仪式在浙江绍兴举行。杭绍台高速公路是浙江首条智慧高速公路，此次先行段通车打破了浙江中部地区发展的交通瓶颈，有助于完善长三角一体化交通网络。到2023年，实现两个100%，即浙江全省高速公路、普通国省道公路、大型水运工程项目智慧建设覆盖率达到100%，工程智慧建设管理系统使用率达到100%。

6）江西

①政策层面。2019年2月22日发布的《2019年江西省交通运输工作要点》，提出强化顶层设计，加快推进"一个中心、三大平台"建设，启动交通运输行政执法综合管理信息系统等13个项目建设。以新一代宽带无线移动通信网国家科技重大专项成果（简称"03专项"）转移转化江西试点示范项目为抓手，推动基于北斗高精度定位、4G/5G等技术的推广应用。依托昌九高速公路改扩建，加快实施"面向新一代国家交通控制网的智慧高速公路示范工程"建设。实施高速公路全程视频监控工程。加快推进"交通旅游服务大数据应用试点工程"项目。开展ETC服务专项提升行动，力争实现ETC车载设备免费安装全覆盖。大力推广货车ETC车道建设。

②建设层面。2017年12月，江西省首条智慧高速公路宁定高速公路建成试运营。在高速公路沿线枢纽分布着交调站，可对车流情况进行实时监测。在重点路段的隧道、高边坡等处布设了监测系统，能够准确监测安全运行情况。此外，这条高速公路上还运用北斗卫星技术，整合报警手机定位、路况预判等功能，实现对交通事故的快速处置。

2018年6月9日，江西省新一代国家交通控制网和智慧公路示范工程实施方案暨课题大纲通过评审。截至2018年年底，江西省建成符合国家标准的ETC专用车道760余条；建成覆盖全省市、县、区的全业务代理网点超过1000个，覆盖自营网点、服务区的自助充值终端120多个，赣通卡用户170余万；同时，已在全省高速公路收费站开设移动支付车道1212条，实现支付宝、银联扫码支付，2018年年底实现移动支付全覆盖。2019年5月，依托昌九高速公路改扩建工程，江西省新一代国家交通控制网和智慧公路示范工程——新祺周到永修收费站近10km试验段取得实质性进展。2019年6月，试验测试段正式完成测试。2019年12月，全面完成"千车百道"工程，形成终端产品及标准、云平台和运营管理等成套技术体系。

7）河南

① 政策层面。2017年8月3日发布的《关于加快推进智慧高速公路建设的实施意见》提出，到"十三五"期末，形成信息基础设施完善、资源平台统一、行业应用深入、信息服务快捷、发展环境适宜的智慧高速公路发展局面，使公众服务便捷化、高速公路管理精细化、基础设施智能化、网络安全长效化，实现"互联网+"条件下高速公路的新管理、新服务、新体验。2019年3月12日发布的《2019年度河南省交通运输信息化重点工作任务及责任目标分解的通知》，提出加快推进河南省新一代国家交通控制网和智慧公路试点工程（普通干线公路）前期工作，积极申请部补资金支持，确保6月上旬前项目开工建设；加快推进河南省新一代国家交通控制网和智慧公路试点工程（机西高速公路）建设，积极申请部补资金支持，力争年底前工程基本完工并投入使用。

② 建设层面。2019年7月23日，关于河南省新一代国家交通控制网和智慧公路试点工程（机西高速公路）详细设计的批复，主要建设内容为：建设以基础设施数字化和基于大数据的路网综合管理为重点的"231"（2套数字化体系，3套应用系统，1个云数据中心）智慧高速公路。2019年10月10日，交通运输部"智慧公路"试点工程项目启动会在郑州举行。标志着河南省作为全国唯一普通干线公路智慧公路建设的试点正式进入落地实施阶段。2020年7月2日，作为河南省新一代国家控制网和智慧公路试点工程项目3个试点市之一，济源境内的智慧公路试点项目正式开工。此试点项目主要是把济源境内国道208和国道327共120.8km路段作为"应急示范路"。项目实施中，将综合运用三维可测实景、北斗高精度定位、智能视频识别等新技术，建设完善包括桥梁、隧道、边坡等基础设施和交通运行的基础设施数字化和路网动态监测体系。2020年12月26日，河南省新一代国家控制网和智慧公路试点工程济源干线公路路网运行应急指挥中心试运行。

8）广东

① 政策层面。2019年3月22日发布的《广州市完善促进消费体制机制实施方案（2019—2020年）》提出，加快建设基于宽带移动互联网智能网联汽车与智慧交通应用示范区，重点推动智能网联汽车产业发展；推进"智慧交通"建设，利用信息技术提高道路资源的利用效率。2020年7月，广东省交通运输厅近日印发《推进全省高速公路项目5G网

络覆盖和应用示范工作的实施方案》(以下简称《方案》)。《方案》中,广东全省高速公路推进 5G 网络覆盖和应用示范项目分为智慧公路试点建设依托项目、运营高速公路项目等四大类。

②建设层面。2018 年 6 月 15 日,深圳市交委发布消息,将侨香路作为深圳首条智慧道路,已从 6 月 15 日起封闭部分车道施工,到 2019 年 3 月,主车道路面修缮及杆线布设全部完工。侨香路建设过程中更多地采用了物联网、大数据及人工智能等新技术,完善了道路的感知、管控与服务设施,构建智能化的设施管养和交通治理体系。2020 年 7 月,广东省交通运输厅近日印发《推进全省高速公路项目 5G 网络覆盖和应用示范工作的实施方案》。智慧公路试点建设依托项目,含港珠澳大桥 5G 通信网络目前已全线开通,南沙大桥、乐广高速南段和深圳外环高速,约 117km,要求 2020 年年底前实现智慧公路 5G 网络全线无缝覆盖,基站按照 1km 间距布设,新建或改造基站约 120 座。

9)福建

①政策层面。"十三五"期间,福建在全国率先完成《普通国省道"智慧公路"建设规划(2020—2030 年)》等编制工作,组织完成国省县道 2 万余千米基础设施地理信息采集,建成 1475 个视频监控点,初步形成数据资源目录标准规范和数据分类体系。

②建设层面。福建率先在省级层面对全省高速公路工程建设领域推行建设监管一体化平台,通过采用互联网、客户端、二维码等信息技术,实现统一平台、实时信息共享、实时预警以及建管养一体化。通过现场的传感器、监控设备,实现重要工点、拌和站、工地试验室等数据与视频的实时上传,既保证了数据真实性,又改变了以往必须人工深入现场检查的模式,大大提升了工程建设监管的针对性、有效性和即时性。平台还结合关键工程基础设施的数字化、可视化,实现了对工程质量、安全、进度等方面的智慧管控调度和整个项目施工组织协同。近来,福建省坚持以"互联网+交通管理"发展理念为引领,不断创新管理体制机制,通过实施交通运输数据资源汇聚工程,打通农村公路建管护运各子系统信息互联互通渠道,构建业务协同、信息共享、高效实用的智慧农路管理体系,实现全省农村公路建设管理精准化、养护管理一体化和运营服务智能化,推动了全省农村公路建设向高质量发展。

4. 智能车路协同管控的智慧高速建设与发展

伴随着国家新基建战略的深入推进,《交通运输部关于推动交通运输领域新型基础设施建设的指导意见》提出打造融合高效的智慧交通基础设施。智慧高速车路协同管控作为智慧公路的重要组成部分,加速迈入发展快车道,应坚持顶层设计、创新引领、新旧共融等发展思路,切实有效地引领交通强国建设。

智能车路协同管控 可视化推演平台

1) 智慧高速车路协同管控建设要点

① 开展智慧高速总体规划编制，完善顶层设计。遵循需求导向、适度超前的基本发展理念，在全面分析高速公路交通运行规律、地理环境特征、未来发展需求的基础上，结合新模式、新技术赋能高速公路智慧化提质增效的内在机理，提出各阶段建设目标，明确智慧高速核心功能体系、实施时序、建设重点等顶层设计方案，注重与传统机电系统的融合发展，强调功能当下适用，体系框架兼容未来拓展。

② 开展智慧高速核心技术研究，筑牢核心支撑。针对当前智慧高速技术尚处于探索完善阶段的发展现状，围绕高速公路虚拟平行系统构建、智能决策及主动控制、个性化精准诱导等核心功能，分层次、分类别开展基础理论、软件系统、硬件设备等关键环节的技术研究及应用，包括交通运行态势实时监测及态势推演、基于线网协同的匝道控制、基于在线仿真的应急救援/车路协同/异常驾驶行为识别等，为开展智慧高速建设提供核心技术支持。

③ 开展智慧高速标准规范研究，支持协同共融。在充分开展智慧高速总体功能框架、技术路线、产品性能等核心要素研究的基础上，制定智慧高速标准规范，明确多源感知体系前端设备布设原则、应用系统功能、主动管控策略、车路协同设备性能及安装、数据格式及接口等标准要求，形成覆盖高速公路全息感知、智能决策、综合服务等核心环节的完备功能体系，推动智慧高速公路的复制推广、功能协同。

④ 开展智慧高速试点示范建设，加速智能车路协同应用。智慧高速建设尚无成熟经验可借鉴，智能化应用系统及设备相关技术的成熟度、运行可靠性依然有待进一步验证，应在总体规划的统一部署下，结合高速公路运行管理特征，在预留拓展空间的基础上，优先选择需求较迫切的场景开展智慧高速车路协同管控先行试点布局，验证技术成效及可靠度，再逐步向其他路段、路网推广应用。

⑤ 开展智慧高速建设与运营模式研究，践行集约建设。与高速公路传统机电建设相比，智慧高速涉及的信息基础设施更多、系统架构更复杂、对前沿技术的充分预留要求更高，如何实现集约式建设、功能体系持续可拓展、运营绿色高效，是智慧高速高质量建设运营的关键。

- 研究新建高速智慧应用体系配建方案，推进道路基础设施与信息基础设施同步规划、同步设计、同步建设，提前预留空间布局。
- 研究改扩建高速智慧应用体系新建方案，在充分发挥既有设备功能的基础上，统筹新建设施与既有设施协同共融。
- 创新运营模式，引导市场主体转变角色，推进智慧高速信息化系统建设运营一体化。
- 精细化行业分工及角色，着力培育智慧高速运维领域的专业咨询机构，为打造智慧高速行业产业链闭环提供支撑。

2）高速公路车路协同创新示范创新政策

2018年2月，交通运输部办公厅发布《关于加快推进新一代国家交通控制网和智慧公路试点的通知》，覆盖北京、河北、吉林、江苏、浙江、福建、江西、河南、广东，确定基础设施数字化、路运一体化车路协同、北斗高精度定位综合应用、基于大数据的路网综合管理、"互联网+"路网综合服务、新一代国家交通控制网六大方向。其中，在路运一体化车路协同方向，选取有代表性的高速公路，以及北京冬奥会、雄安新区项目，开展车路信息交互、风险监测及预警、交通流监测分析等，北京、河北、广东重点实施。

2019年7月，交通运输部印发了《数字交通发展规划纲要》，推动交通运输基础设施与信息基础设施一体化建设，促进交通专网与"天网""公网"深度融合，推进车联网、5G、卫星通信信息网络等的部署应用，完善全国高速公路通信信息网络，形成多网融合的交通信息通信网络，提供广覆盖、低时延、高可靠、大带宽的网络通信服务。

2019年9月，中共中央、国务院印发了《交通强国建设纲要》，提到加强智能网联汽车（智能汽车、自动驾驶、车路协同）研发，形成自主可控完整的产业链；大力发展智慧交通，推动大数据、互联网、人工智能、区块链、超级计算等新技术与交通行业深度融合；推进数据资源赋能交通发展，加速交通基础设施网、运输服务网、能源网与信息网络融合发展，构建泛在先进的交通信息基础设施；构建综合交通大数据中心体系，深化交通公共服务和电子政务发展；推进北斗卫星导航系统应用。

2020年3月，由浙江省交通运输厅组织，浙江省交通集团下属浙江省交通设计院主编的《智慧高速公路建设指南（暂行）》正式发布，是国内首部关于智慧高速建设的指导性文件。该指南以浙江省内先行开展的试点项目和既有研究成果为依托，结合智慧高速公路的内涵和发展趋势，在明确智慧高速公路建设的原则、目标和内容基础上，确定了调研工作、基本应用建设、创新应用建设、建设管理等具体要求，并以附录的形式编写了浙江省内营运高速公路智慧化提升改造方案、新建智慧高速公路建设方案和智慧高速公路测试场建设方案。

3）高速公路车路协同创新示范建设内容

高速公路车路协同示范建设内容分布在车端、路端和云端，实现感知、通信、计算三大功能。

① 感知。感知层面包括车端多传感器融合感知和路端全域感知。车端多传感器融合感知主要包括摄像头、毫米波雷达、激光雷达、超声波雷达等设备；路端全域感知包括以摄像头、毫米波雷达、激光雷达、各类环境传感器等实现的信息采集设备（交通流检测设备、交通事件检测设备、气象监测设备等），交通信号灯、交通标识标线标牌等智能交通设施，以及视频、压力、位移、振动、水位传感器等基础设施监测设施。其中，基本路段按照1km

一个的密度在道路两侧分别布设交通流感知设备，特殊位置适当加密，全面感知交通运行状态；基本路段按照约 200m 一个的密度在路段两侧分别布设交通事件检测设备高清固定摄像机；以 10km 左右的间距布设全要素气象检测器，并在易出现团雾、结冰路段布设能见度检测器和路面状态检测器。

②通信。通信层面包括以下内容。

- 4G/5G 公网、有线光纤网络，尤其是随着 5G 网络商用化进程加速，5G 网络部署逐步完善。
- C-V2X 专网，其中包括已经具备商用能力的 LTE-V2X 网络，以及随着标准的逐步完善将开展技术验证的 5G NR-V2X 网络。
- 物联网络，既包括广域低功耗的窄带物联网和 LoRA，也包括各类 RFID 天线设备。
- 支持高精度定位基准站。C-V2X RSU 设备在基本路段按照 200m 一个的密度分别布设在道路两侧，发布交通事件信息和交通环境信息等。

③计算。计算层面包括车载计算单元、路侧边缘计算单元、云计算单元，分别部署在车辆、路侧/区域机房、数据中心。这三个层面的计算能力需要进行有效协同，共同支撑车路协同所需的计算资源。

- 车载计算单元与路侧边缘计算单元需要具备多设备连接能力，接入 OBU、RSU、智能化交通设施（如交通信号灯、标识、标线、标牌、护栏等）、摄像头、毫米波雷达、激光雷达、各类环境感知设备的信息，同时向上连接云平台；需要具备多传感器融合处理能力，如"摄像头+激光雷达+毫米波雷达"融合分析算法；还需要具备 ITS 相关协议处理能力，如针对交叉交叉口防碰撞预警业务，在车辆经过交叉交叉口时，路侧边缘计算单元通过对车辆位置、速度及轨迹进行分析研判，分析出可能存在的碰撞风险，通过 RSU 传输到车辆 OBU，起到预警作用。
- 云计算单元需要实现云控功能，具备接入高速公路全线交通数据的能力，同时应能够接入公安、消防、气象等多源外部数据；具备海量数据存储能力、复杂任务计算处理能力、统一的运行监测和综合管理能力，以及为用户提供信息服务的能力；具备对高速分合流区域、交通事件多发路段及全线不同层级交通运行的精准管理和控制能力；可实现决策支持、车路协同管理、运行监测与预警、综合分析、协调联动、应急指挥调度、综合交通诱导等应用。

4）高速公路车路协同创新示范业务应用

高速公路车路协同创新示范业务应用包括面向 C/B 端和面向 G 端的不同类型场景。

①面向 C/B 端。针对智能网联汽车（前装或后装网联车辆）和普通车辆（通过手机 App 或路侧显示系统，如可变电子信息情报板提供服务），提供主动安全类、提升效率类、

信息服务类业务。

- 主动安全类业务。主动安全类业务包括前方隧道提醒、隧道内情况提醒、车道汇合碰撞预警、道路施工区域提醒、紧急停车带位置提醒、危险品运输车辆提醒、前方车辆故障提醒、特殊车辆提醒、周边紧急车辆提醒、后方车辆超车提醒、侧方车辆碰撞提醒、道路前方障碍物提醒、路段限速提醒、车辆超速提醒、拥堵提醒、道路危险状况提示、变道预警、前向碰撞预警、前方车辆紧急制动预警、车辆近距离危险预警、违章车辆预警、极端天气气象预警、团雾检测、能见度检测与预警、道路结冰检测与预警、落石/抛洒物检测与预警、行人与动物闯入检测、动态可行驶区域检测、护栏间距提醒、驾驶员状态评测与预警、超视距视频感知、可变限速控制、动态诱导及绕行、临时路肩使用等。
- 提升效率类业务。提升效率类业务包括货车编队行驶、应急车道主动管控、匝道智能管控、连续式港湾停车带、施工路段交通组织等。
- 信息服务类业务。信息服务类业务主要包括传统信息娱乐服务类业务、基于 5G 的信息娱乐类业务，以及宏观交通运行状态信息服务业务和微观交通运行状态信息服务业务等。传统信息娱乐服务类业务主要包括车载信息娱乐系统业务、OTA 业务、支付类/保险类/融资租赁等金融类业务、车队管理/新能源车管理等行业应用业务等。基于 5G 的信息娱乐类业务主要包括车载高清视频实时监控、AR 导航、车载 VR 视频通话、动态实时高精度地图、车辆和驾驶实时监控等。宏观交通运行状态信息服务业务可为用户提供高精准的宏观交通流状态信息服务。通过高速公路的浮动车数据、移动终端数据、车路协同数据、全程覆盖的视频数据、雷达检测数据及其他传感器信息，生成近程车道级交通状态信息、中程区域级交通状态信息、远程全路网交通状态信息，通过路侧显示系统，如可变电子信息情报板、车路协同车载终端、手机 App 等方式，向用户发布宏观道路拥堵情况、道路分段运行速度情况、区间旅行时间预测信息等。微观交通运行状态信息服务业务为用户提供高精准的动静态道路状态信息服务。通过高速公路的高精度地图数据、用户实时上报数据、视频及雷达等监测系统数据，实现基于静态道路地图和动态道路检测的道路状态感知，生成静态公路基础设施信息，以及动态公路气象环境信息、交通突发事件信息，通过路侧显示系统，如可变电子信息情报板、车路协同车载终端、手机 App 等方式，向用户发布动静态道路状态信息，并基于感知及预测信息从车道选择上为用户提供微观引导。

② 面向 G 端。监管控制类场景具体包括应急救援、服务区信息服务、区间测速、视频监控、嫌疑车辆追踪、违章车辆上报、交通事件上报等。

5. 高速公路车路协同创新示范未来发展探索

高速公路运行环境相对简单，主体权责清晰，路侧机电设施齐全，具备开展车路协同创新示范良好条件。但高速公路车路协同创新示范依然面临诸多挑战，未来应在技术和业务层面、法律法规和协同机制层面、商业模式和数据开放模式层面不断探索。

1）探索三网融合技术和业务发展

应积极探索智能通信网（面向智慧交通的 5G 和 LTE-V2X 通信网）、智能道路网（应用新型交通出行模式的基础服务承载网）、绿色能源网（支撑新能源汽车应用推广的基础设施网）三张网络融合发展。通过分布在车端、路端和云端的感知、通信、计算三大功能，积极探索面向 C/B/G 端的主动安全类、提升效率类、信息服务类、监管控制类业务融合发展，真正解决高速公路面临的实际问题，如拥堵治理、改扩建施工期间的交通组织、分时分段收费等。

2）探索法律法规和协同机制

积极探索高速公路自动驾驶责任方面的法律法规，保障整个产业有序发展。在非自动驾驶时代，交通事故责任主体是驾驶员员，这一主体认定方式在 L3 以下级别的自动驾驶中可继续使用。但在 L3 及以上级别的自动驾驶中，自动驾驶车辆将主要承担驾驶任务，交通事故责任的判定涉及自动驾驶技术运营方或技术提供方。协同机制方面需要重视与保险行业协同，以及与公安交警管控协同。保险可以帮助分担自动驾驶风险，提高消费者信心，从而促进高速公路自动驾驶产业的发展。高速公路运营管理方是高速公路企业，但交通秩序由高速公路交警负责，如交通违章、事故处理等，因此需要与高速公路交警做好自动驾驶信息协同。

3）探索商业模式和数据开放模式

要实现高速公路车路协同健康发展，未来还需要创新的商业模式和数据开放模式，尤其需要探索高速公路车路系统与管理、金融保险、出行服务、能源等行业的深度融合，以及解决好高速公路车路协同所产生的大量车端和路侧数据的所有权、使用权、经营权问题。

第 6 章

智能车路协同管控平台特性

6.1 技术创新特性

新交通模式下的智能车路协同管控平台是支撑新一代智能交通系统体系构建的基础依托。研究新交通模式下的智能车路协同与研究传统交通系统管控存在很大的不同，这是实现引入新一代信息技术和人工智能技术到传统交通管理与控制学科结合的跨学科、复合型研究的创新突破，在理论方法属性、组织管控氛围、边界划分、适用技术模式，以及在智能车路协同管控体系内部与外部具有创新。

6.1.1 交通系统研究理论方法

传统的交通系统研究交通流理论应用主要包括概率论的应用、排队论的应用、车流波动理论、跟车理论等理论方法。

智能车路协同管控平台开展交通系统研究任务，在新一代信息技术的支持下，所有车辆中的原本在传统交通系统中不显现的特性现在凸显出来，如自组织、网络化、非线性、强耦合、泛随机、异粒度等，如果沿用传统交通流理论方法进行研究，已经不适应，需要突破理论方法属性上的限制和障碍。

6.1.2 交通系统组织管控氛围

随着智能车路协同管控技术的发展，推动智能网联汽车 V2X 技术不断进步。在这个情况下，一部分是完全依靠驾驶员自行决策的，另一部分可以通过网络获得丰富信息，而增加的这部分决策问题，由于自动驾驶技术的引入，特别是智能网联汽车与有人驾驶汽车混合出行交通模式常态化，在长期共存的新交通模式情况下，交通系统的组织管理成分发生变化，对于新交通模式整体的关键技术发生了重大改变，交通模型体系与仿真已经不能像以前那样单纯，新交通模式的组织管控的关键技术更加复杂，城市交通与区域交通的组织管控发生了根本变化，需要重新认识交通组织管控氛围。

6.1.3　交通系统研究边界划分

传统的交通系统的分析研判可以通过人为划分一个界面来研究哪几辆车，智能车路协同管理与控制技术使原有技术不再适用。在研究过程中如果按照传统交通系统的运行结构，交通系统分析研判不再需要设置高速路、快速路、主干路、次干路、支路，智能车路协同领域内研究的汽车对象中，所有的车辆都是平等的，没有统一目标，所有民用车辆全是分散、离散的目标，导致交通系统没有了边界，找不到边界在范围，基于人本需求，只要有人存在的地方就有交通系统，这就是交通系统的复杂性研究问题的根本所在。

6.1.4　交通系统研究问题视角

在智能网联与非网联、无人驾驶与有人驾驶的混合交通模式常态化的今天，混合状态种类较多、较复杂。从自动驾驶和人工驾驶这两者之间的混合状态来看，该状态将持续很长时间，智能网联与人工驾驶汽车发展阶段演变关系如图6-1所示。

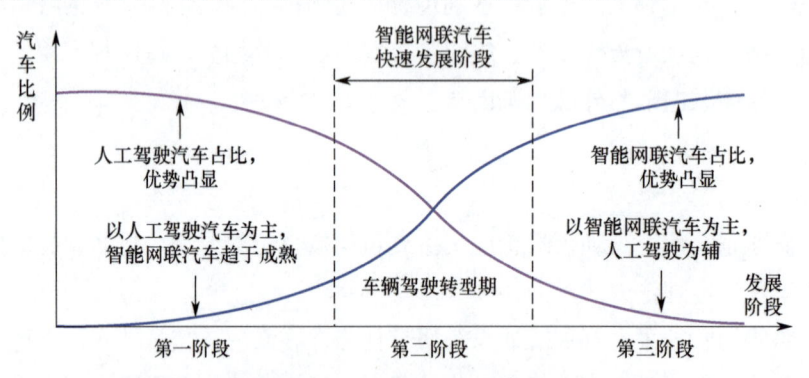

图6-1　智能网联与人工驾驶汽车发展阶段演变关系

智能网联与人工驾驶混合交通模式可分成三个阶段：第一阶段仍然以人工驾驶汽车为主；第二阶段处在转型期，转型期的比例在不断变化，由多变少或由少变多的博弈状态；第三阶段以智能网联汽车为主。若要达到100%全自动驾驶恐怕未来几十年的时间都很难实现。针对这三个阶段，为提升运输效率、保证行驶安全，交通管控所需面临的问题和视角是有些区别的。

①第一个阶段主要的问题有：一是交通事故责任划分。一旦出现交通事故，是厂商还

是驾驶员的责任，当然也有可能受道路、环境的因素影响等；二是自动驾驶汽车的交通行为，自动驾驶汽车数量较少，它的行为应该如何规范；三是突发情况，理论上自动驾驶汽车安全性要高一些，但自动驾驶汽车对突发事件的反应速度还有待提高，在突发的情况下人工驾驶车辆该怎么办？自动驾驶汽车该怎么办？交通管控该如何调整？问题视角很多，研究结论不一。

② 第二个阶段人工驾驶和自动驾驶处在一个比例接近的发展阶段，对该阶段所面临的问题，主要包括路权划分、基础设施建设、交通参与者的行为规范意识和交通管理者经验不足几个方面。

- 路权要不要重新划分，如果要划分该怎么划分，这是值得思考的新问题。
- 要不要为自动驾驶车辆单独设计配套的交通基础设施，如道路、标志标线等的设计规范标准。
- 交通参与者的行为规范意识方面，在自动驾驶车辆占比非常低的情况下，应该以人工驾驶为主，交通基础设施不需要有太大的变化，但是在人工驾驶和自动驾驶车辆占比接近的时候，可能出现人工驾驶车辆的驾驶员和路边行人不清楚自动驾驶车辆的决策流程，或故意干扰其他人工驾驶车辆的驾驶员等问题，这时是否应该考虑培训交通参与者的行为规范意识。
- 从管理者角度出发，由于不同地区经济发展不均衡，部分城市地区基层交通管理者相关管理经验不足，会存在对相关交通事故处罚做出错误的判决，这种情况如何管理，现在的社会还没有做好准备去管理。

③ 第三阶段，情况比较简单，达到了理想的状态，自动驾驶车辆逐渐成为交通构成的主体。作为一个公民，最后的愿景是老龄化的操控、反应能力不能满足人工驾驶汽车的条件，可以选择自动驾驶出行；现行的道路交通安全法是否要彻底调整。

6.1.5　智能车路协同管控平台内部

① 从驾驶意图产生动机、刺激反应和多车博弈过程等多维度解析车路协同环境下人与车的新型耦合关系，揭示驾驶员对车路协同环境的认知机理及反应特性驾驶员是人-车-路闭环系统中保证交通安全的至关重要的一环。已有关于驾驶安全与人因工程的研究充分分析了传统交通环境下具有不同身心状态、年龄、性别、文化背景等的驾驶员的驾驶安全性表现。但是车路协同环境下，交通环境变为人类驾驶、网联驾驶、自主驾驶等多种类型的车辆混行，不同类型的车辆行为特征不同于传统车辆，为驾驶员认知带来了新的影响；同时，驾驶是一项认知负担较重的任务，而先进的车载通信终端提供给驾驶员的信息种类、信息的时空维度、信息量大小等快速增加，进一步改变了驾驶员的认知负荷分布和认知模式。因此，急需对车路协同下的人车新型耦合关系及认知特性进行解析。

智能车路协同管控 可视化推演平台

　　智能车路协同管控平台在体系内部围绕车外与车内、离散与耦合等多种类型的信息输入（离散的交通要素信息、车辆状态信息与车内提示信息、车路耦合效应等），基于驾驶意图产生动机、刺激反应和多车博弈过程等多维度，全方位解析未来交通环境下驾驶员认知机理和行为特性，系统地揭示驾驶员在人、车、路闭环系统中的作用与影响，建立完善的人与车耦合理论体系。

　　② 改变以单车轨迹为核心的微观交通流模型构建方法，从系统平衡的角度构建微观交通系统的车车交互运动关系模型。

　　车辆是道路交通系统最基本的单元，各类交通现象都是车辆交互运动的结果。为理解各类交通现象产生的机理和演化的规律，并提出调控的方法，需要建立模型来描述车辆的交互运动行为。在传统的交通环境中，所有车辆都是人驾驶的，车辆运动是驾驶行为的体现，因此以解析车辆运动行为规律为目标的传统微观交通流模型，大多是以驾驶员为中心，以驾驶员行为分析为基础，并以跟驰、换道、超车、交叉口通行等具体场景为对象，以单车轨迹重构为核心，描述车辆交互运动规律。

　　智能化和网联化颠覆了车辆运动的交互影响模式，建立在传统人工驾驶汽车基础上的车辆运动模型，无法准确描述人工驾驶汽车、网联人工驾驶汽车、非网联自动驾驶汽车和网联自动驾驶汽车混行下的微观交通系统车辆交互运动关系。针对车路协同下车辆间信息交互和协同控制的特征，这里从系统动态平衡的角度来解析微观交通系统内的车辆交互运动关系与演化规律，通过有限抽样下的全样本轨迹重构来建立微观交通系统运行平衡的安全约束，并建立微观交通系统中车辆的交互运动模型；通过系统扰动作用下的再平衡过程重建，提出跟驰、换道、超车、交叉口通行等典型场景下的协同安全优化方法。

　　③ 着眼于从人工驾驶到全网联自动驾驶的过渡阶段，面向混行车路协同环境，构建数据与模型混合驱动的新型网络交通态势演化模型。

　　传统交通流理论面对的主要挑战是不完备的环境感知和人工驾驶行为的随机性。在智能网联环境下，车辆获取信息的模式发生了变化，网联车辆将获得更全面、更精确、超视距的信息，这从根本上改变了驾驶主体（驾驶员或自动驾驶车辆）对交通环境的理解和反应特性。同时，在混行交通流中，除了存在随机性的驾驶行为，还存在可控、可测的规则性网联驾驶行为，这改变了整体交通流微观参数，也打破了传统交通流理论的环境假设。新的交通组成、新的信息交互模式、新的运行机制，需要新的交通理论。

　　智能车路协同管控平台在体系内部针对网联车辆的信息交互特征，通过宏观/微观多粒度交通信息融合刻画混行交通流环境，着眼于人工驾驶到全网联自动驾驶的过渡阶段，构建人工驾驶汽车、网联人工驾驶汽车、非网联自动驾驶汽车和网联自动驾驶汽车混行环境下的网络交通基本图，创新性地模拟交通瓶颈诱发的交通拥塞模式图谱，反推网络上混行交通流拥堵传播的普适速度，并建立拥堵传播的理论计算方法，从交叉口-路段-网络逐层推演混行交通流的演变规律及稳定性。

④ 颠覆单纯以交叉口信号灯为核心的交通调控模式，突破交通设计、信号控制、智能网联车辆控制的原有界限，建立以交通信号灯和网联智能车共同作为执行手段的车道资源-车辆轨迹-交通信号协同调控和合作优化技术体系。

传统交通向智能网联交通的跨越将在实时交通信息获取方式、车辆行为模式、交通控制方式、交通需求与供给博弈等诸多方面产生突破性变革。实时交通检测数据将从路测设备提供的有限固定数据变成网联智能车提供的丰富移动数据；智能网联车辆可以调控行驶方式配合交通信号变化，车辆群体行为将从完全被动响应变成部分主动适应；交通控制优化模式将从单纯基于有限数量交叉口信号灯的集中式变成同时基于信号灯和众多网联自动驾驶车辆的集中-分散式；通过车道资源动态调配，交通需求与供给的互动关系将从刚性合作演进为弹性适配。智能车路协同管控平台在体系内部厘清了传统交通模式和网联自动驾驶交通模式之间的本质差异，并在此基础上充分利用网联自动驾驶带来的信息优势和技术潜力，以交通信号灯和网联智能车共同作为执行器，适时优化车道资源配置，实时控制自动驾驶车辆轨迹，动态调优交通信号配时，实现车道资源-车辆轨迹-交通信号的协同调控和合作优化。

⑤ 系统解析人-车-路-信息多要素交互作用关系，考虑混行系统的多级耦合和车辆运动行为异质性，实现车路协同系统高可信仿真。

人工驾驶汽车、网联人工驾驶汽车、非网联自动驾驶汽车和网联自动驾驶汽车混行环境下，人-车-路-信息多要素交互作用关系更为复杂。传统交通流仿真模型大多基于车道进行建模（如跟驰、换道等），缺少二维平面的同步建模，且较少考虑驾驶员个体特征；而现有的非网联和网联自动驾驶汽车仿真模型主要通过整合传感器模型和车辆动力学模型实现智能车单车仿真。因此，现有仿真系统不能表达混行车路协同中的不同耦合关系，难以满足车路协同高精度仿真的需求。

智能车路协同管控平台在体系内部首先基于驾驶员"感知—决策—操作"认知过程，构建驾驶员模型架构，通过自然驾驶、驾驶模拟器实验等采集驾驶员心理、生理表征参数集并解析参数间的关联关系及耦合机制，进而构建通用驾驶员仿真模型及面向车路协同环境下不同仿真需求的分层驾驶员模型，并确定驾驶员在人工驾驶汽车和网联人工驾驶汽车中的异质性特征；同时突破基于车道的传统仿真方法论，在解析人-车-路多要素交互作用的基础上，基于交互空间理论建立车辆在二维运行空间上的人车单元状态判别-状态决策-状态执行三层仿真模型，将人工驾驶汽车、网联人工驾驶汽车、非网联自动驾驶汽车和网联自动驾驶汽车驾驶行为与交通流进行一体化整合，实现人-车-路-信息的多级耦合及高可信度仿真。

6.1.6 智能车路协同管控平台外部

智能车路协同管控平台在体系外部围绕车路协同环境下复杂混合交通群体智能决策机理与协同控制理论的科学问题，深入开展群体协同控制系统设计与可信交互机制、人车运动态势感知与演化、群体智能决策与协同控制、异构交通主体硬件在环仿真、全息交通状态重构与真实场景测试验证五大研究内容，突破全息交通状态重构、群体运动态势识别、信息安全可信交互、智能决策协同控制、大规模 HIL 仿真和虚实结合集成验证六大关键技术，形成以下四个创新点。

1. 基于交通状态重构的群体运动态势识别与演化分析方法

构建承载人车状态、运动态势和决策预测的多维紧致化交通状态空间，提出基于感知大数据的异构交通主体运动态势识别方法，攻克智能群体决策与控制的超高维状态计算难题。

① 针对传统欧几里得坐标系下交通主体运动状态空间的信息稀疏性与冗余性问题，提出用于描述异构交通群体、基础设施、行车环境等车路协同系统静态属性和运动状态的新型空间构建及优化方法，建立紧致化空间与实体化系统之间的闭环反馈信息交互机制，以服务于群体运动态势的快速识别和预测。

② 应用神经网络和卡尔曼滤波，有机融合多源传感器采集的信息，通过特征提取构建感知信息与地图数据的自适应关联匹配模型，实现对复杂交通场景的准确解析，通过研究交通大数据库的特征聚合与融合技术，提出基于感知大数据的异构交通主体运动态势识别方法。

③ 应用熵和决策场理论提出面向车路协同环境的交通环境群体运动状态表征方法并建立态势演化模型，提出路网状态评价方法，实现复杂混合交通群体运动态势建模与演化分析。

2. 支撑异构交通主体群体智能协同控制的可信交互机制

设计支持多交通主体协同运行的交通信息可信交互机制，实现基于该机制的交通信息交互安全技术，搭建支持多模式信息通信的可信交互平台，以解决混合交通主体协同运行条件下交通信息无法共享、通信可靠性无法保障、通信时延较长的问题。

① 拓展网络信息安全技术，突破传统密钥单次验证可靠性不足和高时延的局限，引入区块链、机器学习等技术，基于车路协同环境下群体智能的交通业务流程与功能，设计支持多交通主体协同运行的交通信息交互机制，克服恶意节点的篡改、重放、窃听、伪造、删除、资源恶意请求等信息安全问题。

② 基于 V2X 身份认证鉴权体系和通信安全协议一致性测试等技术，设计保证网络传

输和边界安全可信的交互方式，实现基于低时延、高移动性信息交互机制和快速可信安全交互技术。

③ 基于交通信息快速可信安全交互技术，搭建支持多模式信息通信的可信交互平台，实现交通信息跨主体、跨模式、跨平台的及时可靠的交互共享，为车辆群体智能决策和协同控制提供信息交互基础。

3. 新型混合交通群体智能决策与协同控制理论

揭示车路协同环境下新型混合交通流协同运行机理与规律，提出混合车辆群体路权分配、路径规划与协同决策优化方法。

① 面向提升通行效率与稳定性的需求，利用常规车辆跟驰特性的逆过程影响并引导常规车辆的驾驶行为，设计多模式车辆混合交通群决策与优化控制算法，建立能够准确刻画车辆间相互作用关系的成本函数和传递函数，并同时考虑车辆动力特性、车辆构成、人工控制等多种因素及优化模型求解的客观限制条件，实现多模式车辆混合车流编队决策规划算法的推理、建模和求解。

② 提出面向新型混合交通的群体智能决策与控制理论，实现不同渗透率和混驾条件下的混合交通群体智能决策与协同控制，建立多模式车辆交通流环境下城市道路小型网络交通主动控制。

③ 揭示信号灯控制、网联车辆诱导控制、自动驾驶车辆自主控制，以及通过网联车辆和自动驾驶车辆间接控制常规车辆四种控制模式的协同机理，以改变以往交通控制系统的开环性与被动性，建立多模式车辆交通流环境下控制系统快慢变量协同理论。

4. 虚实结合的交通群体智能协同行为仿真与集成测试环境

突破交通主体仿真建模、场景构建多维覆盖和仿真资源智能适配等仿真技术，提出复杂混合交通车辆群体协同控制性能复合测试及评估方法，实现大规模异构交通主体群体智能协同行为仿真分析，以及基于虚实场景混合的异构交通群体协同控制集成测试与验证。

① 提出人-车-路环境和感知设备的分类可伸缩描述模型，以方便交通主体仿真建模，通过研究基于信息交互的多车分布式协同决策控制，实现异构交通主体行为的准确描述与协同策略的精确执行。

② 通过研究仿真场景自动化、模块化构建技术，提出仿真加速方法，突破车路协同测试场景构建在规模和效率上的局限；通过研究支持人工、自动混驾的多层级硬件在环实时仿真，实现真实应用场景的"近零现场"仿真环境构建；根据场景要素组合准则与约束关系，提出基于概率分布的随机模拟与强化测试方法以及车辆群体协同控制性能复合测试及评估方法。

③建设具备基础数据采集、测试效果评价、测试技术和装置能力，并能实现规模可扩展、粒度可变化、场景可重构的异构交通主体群体协同控制典型应用智能测试验证平台。

6.2 社会经济效益特性

6.2.1 单体要素耦合机理与协同优化方法

1. 前瞻性地布局车路协同前沿基础理论与关键技术研究

随着车辆信息化、智能化、网联化的快速发展，未来道路交通流将呈现混行状态，交通要素交互关系更加复杂，交通信息来源更加多源异构，传统的交通理论和方法面临巨大的挑战和变革，以车路协同和智能网联为核心的交通管控方法成为未来交通环境下缓解道路拥堵、保障车辆运行安全、提高车辆出行效率的重要手段。

近年来，以美国麻省理工学院、密歇根大学、加州大学伯克利分校、德国宝马汽车、日本丰田汽车为代表的世界著名科研机构和企业，开展了一系列以车路协同为核心的车辆智能控制技术、交叉口智能协同控制等研究。然而，目前的研究主要集中于技术层面，优化车车协同或车路协同，对车路协同系统多要素的耦合机理认识尚不清楚，使现有的技术和方法难以在系统理论层面深入剖析车路协同耦合的内部机理，也限制了车路协同交通控制优化方法的适用范围。

2. 占据车路协同前沿高地，改善交通安全、效能水平及社会/生态效益

目前，城市道路交通供需失衡、矛盾激化，交通拥堵成为困扰交通管理者和出行者的重要问题，同时空气污染、噪声污染也日益加重，严重影响人们的正常生活，制约国民经济的快速发展，阻碍城市的可持续发展，因此，预防和缓解城市路网交通拥堵刻不容缓。

传统的道路交通安全保障技术和交通管理控制理论与方法，以静态的道路-车辆交通流耦合关系为理论基础，通过道路速度控制、交叉口车道约束、交通信号灯控制等方法保障道路交通系统安全。随着不同类型车辆混行环境的到来，道路交通系统的组成要素更加复杂，现有道路交通安全保障技术难以保障混行环境下车路协同系统的安全，改善交通安全、降低交通能耗急需新的理论和方法来指导。

智能车路协同管控平台研究车路协同系统要素耦合机理与协同优化方法，深入剖析人车耦合、车车耦合、车路耦合关系，可以实现多目标环境（如安全优先、能耗最低等）下的路网交通流分布优化，实现道路交通时空资源与智能网联车辆运行的协同调控和合作优化，打破交通设计、信号控制、智能网联车辆控制的原有界限，对"车道资源-车辆轨迹-

交通信号"进行交通协同管控优化，不仅可以防止拥挤扩散，还可保障车车协同安全运行和减少能耗，提高社会、生态效益。

3. 支撑车路协同产业形成与发展，支持智能网联汽车产业升级壮大，提高经济效益

近年来，传统车企如奔驰、宝马、福特、丰田、大众等不断加大对智能网联车辆和人工智能技术的投入，新兴的造车企业如特斯拉、蔚来汽车，互联网巨头如谷歌、百度、阿里巴巴等也加速在智能网联汽车和智慧交通领域布局，逐渐形成千亿元级市场规模，以车路协同、智能网联汽车为核心的协同产业正在逐渐形成和快速发展，智能网联汽车和车路协同的发展成为全世界新型工业革命的重要内容。

要支撑车路协同产业形成与发展，可以在车、路、信息这三个车路协同系统的重要元素上，形成新的产业布局和发展机会。例如，促进智能网联汽车产业的发展，可进一步实现我国汽车产业的跨越式发展；推动智慧道路的发展，可以进一步提升我国城市化和智能化的发展，突破传统城市规划、交通规划的研究边界，实现道路资源、交通流量和交通控制方法在时空上的优化和耦合；推动以 V2X、5G 为核心的通信技术的发展，可以实现我国通信产业的跨越式发展。

6.2.2　群体智能控制理论与测试验证评估

智能车路协同管理与控制体系将在深入开展车路协同环境下面向复杂混合异构交通主体群体协同决策与控制理论研究和关键技术研发的基础上，实现车路协同系统和应用技术的产业化与示范应用，这将对车路协同系统的进一步推广应用和标准化起到至关重要的作用，具有深远的引领与带动作用。

1. 智能车路协同管控平台的预期

① 科学预期。面向异构交通主体协同行为的群体智能决策控制，完善混合交通流理论，量化群体协同决策与控制给通行能力带来的影响，提升新一代混合交通流管控能力，突破人-车-环境-任务复杂混合交通环境下车辆群体协同控制系统的信息安全和功能安全测试问题，从而促进更多创新成果的涌现，为智能网联汽车测试技术和产业发展提供支撑。

② 技术预期。通过聚焦技术创新，综合运用新理论、新方法加速车路协同环境下车辆群体协同控制技术的发展。利用车路协同、大数据等技术对复杂混合交通进行全时空特征提取及重构，克服现有测试场地缺乏通用性的弊端，提出虚实结合的车辆群体协同测试环境集成技术，推进车路协同群体决策控制技术的发展。

③ 产业预期。党的十九大提出了"科技强国""网络强国""交通强国"等战略。智能车路协同管控平台研究聚焦于国家战略部署，研究成果可促进车辆群体协同技术的开发和

智能车路协同管控 可视化推演平台

应用进程，推动国家和行业相关标准的制定，为实现党和国家既定的战略规划提供强有力的技术支撑。智能车路协同管控平台建设的顺利开展，将对车路协同关键技术与系统的产业化应用及相关产品的普适化应用产生至关重要的影响。

2. 智能车路协同管控的价值

研究面向未来车路协同环境下具备群体协同决策控制的交通系统，对车路协同、自动驾驶、智能网联等技术的快速发展具有重大意义。在信息交互方面，研究多模式交通信息可信交互机制，为车路协同系统提供安全可靠的信息交互保障；在数据感知方面，研究人车状态感知与运动态势识别方法，构建全息交通状态信息空间理论，为交通信息决策控制提供丰富、精准的信息来源；在决策控制方面，突破性地将群体智能协同决策与控制理论应用于异构交通环境，为未来车路协同系统的发展提供群体决策理论支撑；在测试验证方面，形成硬件在环、大规模交通仿真、可信交互系统、实车测试集成的测试验证方法，为未来智能交通系统的科学研究提供虚实场景混合的仿真分析与测试验证环境。

3. 智能车路协同管控平台的效益

① 社会效益。智能车路协同管控平台的建设有利于先进的群体智能协同控制方法在交通场景下的广泛应用，提高大规模混合驾驶环境下城市的交通运输能力，为车企仿真测试验证提供环境，为政府测试场的构建提供平台，促进国内车联网与智慧道路管理技术的发展，有利于从根本上解决交通伤亡、城市拥堵和环境污染三大国计民生问题。

② 经济效益。智能车路协同管控平台的成果应用所带来的直接经济效益为：智能车载终端和路侧设施研发、设计、销售所产生的经济效益；促进自主创新的传感器产业发展所带来的经济效益；推动车路协同发展、提高交通效率所带来的经济效益。该平台通过软件仿真、硬件在环、真实环境模拟等完整测试工具链，可缩短开发时间，提高研发效率，加速产业升级。本项目的实施必然带动交通控制、通信设备、汽车电子、系统集成等整个产业链的技术发展与科技创新，促进高端装备制造业的升级转型。

③ 生态效益。大规模异构交通主体协同行为仿真平台构建了面向真实应用场景的"近零现场"仿真环境，通过对虚实结合的规模化异构交通主体行为的深度认知，实现支持人工/自动混驾的多层级硬件在环实时仿真，推动解决道路交通拥堵和传统燃油汽车环境污染等问题，有效降低系统运营能耗，从而达到节约能源、保护生态的目的；同时促进汽车产业绿色健康发展，实现新能源革命，打造人与自然更加和谐的智慧交通、绿色交通。

第 7 章

智能车路协同管控平台产业化发展

7.1 智能车路协同产业化成果

智能车路协同作为贯穿交通强国建设、智能驾驶汽车发展、新基建、数字化转型等多个领域的重要产业，其核心支撑是智能车路协同管控平台。该平台不仅为智慧交通注入了新鲜的活力，还能帮助城市规划者做好城市管理，合理规划道路交通并进行相关统筹，最终让人们享受到便捷、安全、高效的出行服务。

从智能车路协同的关键技术与产业化视角来看，智能网联汽车的 OBU、智能网联设施的 RSU、通信网络、端边云计算、智能车路协同管控平台将迎来新的发展机遇。

① 智能网联汽车的 OBU。未来，车辆自动驾驶技术主要依靠单车感知的自车传感设备进行感知、规划、决策的局面有望改善，"聪明的车+智慧的路"中国路线及 C-V2X 车载终端搭载率将得到进一步提升，并与自动驾驶技术进一步融合。

② 智能网联设施的 RSU。中国智能交通系统设施在感知、认知、诱导、执行层面协同不足，人、车、路、环境四要素之间信息互联互通不畅，这种局面有望被打破。智能路侧全息感知、多基联动、端边云计算、信息交互等设备有望快速投入到智能车路协同试点示范中应用。

③ 通信网络。随着 5G 技术建设的加速，特别是 2020 年 8 月深圳市在全国率先完成了 4.6 万个基站建设，实现城市独立组网的 5G 通信网络建设全覆盖，未来将迎来大流量、高带宽、低时延的信息传输效率，实现实时交互通信服务。

④ 端边云计算。多参与主体下的产业分散局面将得到改善，跨行业合作平台搭建步入

正轨，极大地促进各行业大数据云平台之间的信息开放、共享、互联互通，广泛的数字孪生、数据中台、业务中台、人工智能中台等得到快速推广。

⑤ 智能车路协同管控平台。该平台是新一代智能交通系统体系架构的核心支撑，开展智慧 MaaS、智能网联汽车 V2X、智能网联设施 I2X 一体化关键技术，实现产品研制、系统集成、工程实施与运营服务应用的全产业链场景。

7.1.1 智能车路协同管控平台内部成果

新模式交通系统的来临，使我们面临众多挑战，智能车路协同管控平台必须引入耦合机理与群体控制的理论方法来解决开放的复杂交通系统面临的交通管理与控制问题。

智能路侧设施 I2X 与智能网联汽车 V2X 合作，标志着智能车路协同管控平台关键技术确立了产业化应用突破的起点，把智能车路协同技术在全国推向高潮。智能车路协同于2018年在国内外市场启动，2019 年成为产业化发展风口，智能车路协同的大规模产业化应用和推广已经成为现代道路交通发展的必然选择。

智能车路协同系统通过各种无线通信的方式，在车和车、车和路、近端和远端车、车与人之间构建新的交通出行体系结构。该系统的功能如下：

① 设备性能：多模兼容；
② 环境感知：全息感知；
③ 信息交互：可信交互；
④ 控制机制：动态分层；
⑤ 计算实现：边缘云端；
⑥ 系统功能：升级延展。

智能车路协同管控可视化推演平台项目在体系内部预期取得的成果主要表现在：随着自动驾驶和智能网联技术的逐渐成熟，传统人工驾驶车辆（MV）、网联人工驾驶车辆（CV）、非网联自动驾驶车辆（AV）和网联自动驾驶车辆（CAV）之间的混行将成为常态。实现混行环境下车路协同运行的基础是建立混行环境下人车路系统耦合理论与优化方法，核心是揭示混行状态下驾驶员认知特性、车车运动特征和交通状态演化规律。

1. 智能车路协同管控可视化推演平台在智能车路协同管理与控制体系内部聚焦于四大科学问题

① 驾驶员对混行车路协同环境的风险认知及反应特性；
② 混行条件下的车辆交互运动耦合机理；
③ 混行网络交通流演化特征与运行可靠性演变规律；
④ 混行车路协同环境下交通时空资源和系统状态的协同优化方法。

2. 智能车路协同管控可视化推演平台在智能车路协同管理与控制体系内部重点突破五大关键技术

① 混行车路协同环境下的驾驶意图识别；

② 混行车辆运动状态演化分析与建模；

③ 数据驱动的交通瓶颈识别与系统运行可靠性预测；

④ 车道资源-车辆轨迹-信号控制协同优化；

⑤ 车路环境高可信度模拟与交通流一体化仿真。

以上攻关的四大科学问题与五大关键技术，通过超前布局研究车路协同系统要素耦合机理与协同优化方法，构建具有学术权威性、技术先进性和行业代表性的理论与关键技术体系。

3. 智能车路协同管控可视化推演平台在智能车路协同管理与控制体系内部预期目标及成果

① 建立车路协同环境下驾驶行为感知方法，超车、换道、转向等 28 个典型场景行为驾驶员意图识别准确率≥90%；

② 建立网联与非网联车辆混行耦合运动关系模型，车辆运动轨迹重建误差≤8%；交通系统运行可靠性预测精度≥85%；典型车路协同场景交通延误降低 15%；交通流瓶颈区域和混行区域交通状态仿真精度≥85%；

③ 申请国家发明专利、软件著作权 10 项，发表论文至少 20 篇，出版学术专著 1 部。

7.1.2　智能车路协同管控平台外部成果

在智能车路协同管控平台支撑服务领域，对应的关键技术与产业化分布主要包括终端层、边缘层、通信网络层、云端层。

1. 智能车载

当前，随着信息通信、互联网、大数据、云计算、人工智能等新技术在汽车领域的广泛应用，汽车正在由人工驾驶的机械产品加速向智能化系统控制的智能产品转变。智能网联汽车的 OBU 借助当前主流的 LTE-V2X、新一代 5G-V2X 信息通信技术，实现车与车、车与路、车与行人、车与云端之间的全面信息交互。

智能车载终端属于车联网技术发展的一部分，经过多年的发展，已从早期的车载导航系统发展到以 ADAS 技术为主的辅助驾驶，以智能车路协同为核心，智能化和网联化为基础的智能辅助驾驶、自动驾驶时代正加速到来。

从市场规模来看，自 2018 年 12 月工业和信息化部出台"智能网联汽车产业发展行动计划"以来，道 2020 年智能网联汽车用户渗透率达到 30%以上，新车驾驶辅助系统（L2级）搭载率达到 30%以上，联网车载信息服务终端新车装配率达到 60%以上。

2. 智能路侧

通常，一条智能道路至少需要三个要素：RSU、路侧智能感知一体化设备、MEC 边缘计算。智能路侧系统在智能车路协同体系中，通过部署智能设备来收集路侧信息。其通过智能传感器设备，结合智能车载信息，提供危险驾驶预警、车辆违章预警、道路异常预警、道路拥堵分析、交叉口信号控制、交通协调调度等功能。

3. 通信网络

作为智能车路协同中的连接管道，通信网络主要负责为车与车、车与路之间的实时传输提供信息管道，通过低时延、高可靠、快速接入的网络环境，保障车载端与路侧端的信息实时交互。C-V2X 起步相对较晚，但其基于蜂窝通信技术，可移动性、可靠性强，最重要的是具有兼容性的 5G 演进路线，未来可支持自动驾驶。

智能车路协同的通信技术主要包括车与车通信、车与路通信两个部分。借助 LTE-V2X、5G、DSRC 等技术，将人、车、路、云等交通参与要素紧密联系在一起，满足安全、舒适、节能、高效的出行需求。

当前，5G 通信网络建设也正在顺利推进，多个城市已经实现 5G 网络的重点区域室内外连续覆盖。随着 5G 基站建设数量的剧增和大规模的投资，国内多家通信运营商正在积极布局智能车路协同领域，包括通信芯片、通信模组、通信基站等方面。

4. 云端管控

云端管控是建设在智能车路协同管控产业发展中至关重要的，其承担着"指挥者"的角色，其包括云管控基础平台和云管控应用平台。云管控基础平台为智能汽车及其用户、管理与服务机构等提供车辆运行、基础设施、交通环境、交通管理等动态基础数据，具有高性能信息共享、高实时性云计算、交通大数据分析、信息安全登记处服务机制，是支持智能网联汽车实际应用需求的基础支撑；云管控应用平台搭建能够增强智能网联驾驶服务能力，降低交通事故伤亡概率，减少交通拥堵时间，提高交通效率。目前，通过云管控基础平台的物理构建，已经基本形成车端、边缘云、区域云、中心云四级支撑体系；通过云管控应用平台首先实现协同感知和融合感知，在路侧即可做大规模的信息融合，在上传至边缘端，然后下发至车端做出决策，云管控应用平台还能够作为车辆协同运行调控和安全节能控制服务。

智能车路协同管控可视化推演平台项目在体系外部预期取得的成果主要表现在：智能车路协同管控可视化推演平台在体系外部深入分析的基础上，从基础理论方法、共性关键技术、系统设备研制、应用示范验证四个层次出发，将研究内容分解为群体协同控制系统与可信交互机制设计、人车运动态势感知与演化分析、混合交通群体智能决策与协同控制、大规模异构交通主体行为仿真分析、全息交通状态重构与真实场景实车测试验证五部分，实现研究内容的全覆盖。

5. 群体协同控制系统与可信交互机制设计

① 研究多交通主体协同运行的多模式交通信息可信交互机制；
② 形成多模式可信交通信息交互测试验证系统，支持不少于 3 种无线通信方式。

6. 人车运动态势感知与演化分析

研究复杂交通环境下人车运动态势演化机理。

7. 混合交通群体智能决策与协同控制

① 研究车辆群体协同决策与优化理论；
② 研究基于群体智能的混合交通控制理论与方法。

8. 大规模异构交通主体行为仿真分析

① 研究车路协同环境下异构交通主体的群体行为仿真测试验证方法；
② 建成异构交通主体群体协同行为仿真测试平台；
③ 支持人工驾驶-自主驾驶混合场景下的硬件在环仿真；
④ 实现大于 100 个节点的路网和 1000 个以上交通主体的车路及车辆群体协同仿真分析。

9. 全息交通状态重构与真实场景实车测试验证

① 基于交通大数据的全景交通状态重构方法；
② 研究车路协同环境下异构交通主体的群体行为仿真与智能控制测试验证方法；
③ 建成车路协同环境下异构交通主体智能控制测试验证环境，支持大于 3 类的 20 个以上实体交通主体参与，不少于 15 种安全和效率类交通应用场景的测试验证。

7.2 产业化前景

7.2.1 智能车路协同管控平台市场服务

1. 从单车智能到智能车路协同

智能网联汽车是影响未来汽车产业发展的重要因素。随着自动驾驶技术的成熟和商业

智能车路协同管控 可视化推演平台

化的加速，汽车将不再是从属于个人的驾驶工具，车的核心价值部件由体现动力和操作系统的传动系统转向体现自动驾驶水平的智能软件系统和处理芯片，驾驶员的双手、双脚、双眼将被解放，出行过程中的娱乐、社交、消费场景将被彻底打开，开辟万亿元级市场。

智能网联汽车目前有单车智能自动驾驶（Autonomous Driving，AD）和车路协同自动驾驶（Vehicle-Infrastructure Cooperated Autonomous Driving，VICAD）两种技术路线。AD 主要依靠车辆自身的视觉、毫米波雷达、激光雷达等传感器、计算单元、线控系统进行环境感知、计算决策和控制执行。VICAD 则是在单车智能自动驾驶的基础上，通过车联网将"人-车-路-云"交通参与要素有机地联系在一起，助力自动驾驶车辆在环境感知、计算决策和控制执行等方面的能力升级，加速自动驾驶应用成熟。VICAD 不仅可以提供更安全、更舒适、更节能、更环保的驾驶方式，还是城市智能交通系统的重要环节，也是构建新型智慧城市的核心要素。

① 单车智能的限制。目前，高等级的自动驾驶大规模商业化落地仍然面临许多困难与挑战。

- 智能网联汽车的安全方面依然是影响自动驾驶商业化落地的关键原因。在低等级自动驾驶方面，很多车企都已经商用量产，但很多 ADAS 功能仍然存在特定场景下应对能力不足和失效的风险。如针对恶劣天气、隧道环境、雾霾等，自动驾驶系统都无法完美地解决这些问题，自动驾驶的可靠性和应对这些高挑战性交通场景的能力还有待提升。

- 单车感知长尾问题。感知的长尾问题是当前限制单车智能自动驾驶车辆运行设计的主要原因之一。受车端传感器安装位置、探测距离、视场角、数据吞吐、标定精度、时间同步等限制，车辆在繁忙路口、恶劣天气、小物体感知识别、信号灯识别、逆光等环境条件中行驶时，仍然难以彻底解决准确感知识别和高精度定位问题。这些长尾问题严重制约和影响了自动驾驶的规模商业化落地，而这些感知长尾问题仅靠车端传感器融合感知是难以解决的。

- 自动驾驶的经济性问题还未得到彻底解决。经济性是自动驾驶规模商业化落地必须考虑的现实问题。为了实现高等级自动驾驶，车载传感器的数量需要显著增加，目前 L4 级自动驾驶车辆的硬件设备一般包含：6~12 台摄像头、3~12 台毫米波雷达、5 台以内的激光雷达及 1~2 台 GNSS/IMU 和 1~2 台计算平台，硬件成本过高，难以保证车辆的经济性。另外，为确保自动驾驶安全，会在车端部署冗余传感器系统、高精度地图及相应的软件系统，这也大大增加了自动驾驶车辆的成本。

② 智能车路协同自动驾驶的三个阶段。目前，单车智能所遇到的成本困境，而这时需要从本质上来提升自动驾驶的能力。车路协同自动驾驶通过信息交互协同、协同感知与协同决策控制，可以极大地拓展单车的感知范围、提升感知的能力，引入高维数据为代表的

新智能要素，实现群体智能。可以从本质上解决单车智能自动驾驶遇到的技术瓶颈，提升其自动驾驶能力，从而保证自动驾驶安全 VICAD 是 AD 的高级发展趋势，是一个循序渐进由低到高的发展过程，可以分为三个大的发展阶段：

- 阶段 1：信息交互协同，实现车辆与道路的信息交互与共享；
- 阶段 2：协同感知，在阶段 1 的基础上，发挥路侧的感知定位优势，与车辆进行协同感知定位；
- 阶段 3：在阶段 1 和阶段 2 的基础上，车辆与道路可实现协同决策与控制功能，能够保证车辆在所有道路环境下都能实现高等级自动驾驶。

其中阶段 1 可以实现有条件的协同决策控制：在自动驾驶专用道、封闭园区等环境下实现协同决策控制，或实现 AVP 自主泊车；而阶段 2、阶段 3 可以实现完全协同决策控制：在任何时间、任何道路和交通环境下，都可实现车路全面协同感知、协同决策控制功能。

③ 智能车路协同解决自动驾驶安全问题。智能网联汽车是一种极其复杂的系统，其所处的实际驾驶环境要素繁多、复杂多变，使得自动驾驶车辆在安全方面存在许多不确定性。这种不确定性更多地表现在自动驾驶的感知和预测层面。例如，在感知方面，自动驾驶遇到的主要困难包括极端天气影响激光雷达的反射效果，不利照明条件下的感知错误，遮挡条件下的感知失效等；在预测方面，则包括行人和车辆轨迹预测的不确定性、自动驾驶决策算法的可靠性问题等。

通过协同感知、协同决策、协同控制则可以大大提升自动驾驶的安全性。

- 将不安全场景转换为安全场景。针对原有的"不安全"场景，处理方式有两种：一是提升自动驾驶能力将其转化为安全场景，二是进行触发条件检测并通过限制 ODD 进行排除。智能车路协同的加入，让自动驾驶车辆能够获取更全面的数据，可以更早更远地启动处理，从而为车辆应对不安全场景营造了更好的条件。同时，也支持增强对危险场景的触发检测能力，以便通过 ODD 将其排除。
- 将未知场景转换为已知场景。针对原有"未知"的场景的探索是一个行业难题"你永远不知道不知道什么"，智能车路协同一方面可以通过全息的感知识别完成对未知现象触发和处理，如将未知异常的交通现象转化为触发条件，并提示过往车辆提前做出预判；另一方面通过数据驱动和算法学习，可以将未知数据采集、挖掘、训练提升，发现未知场景，从而完成学习式系统的成长。

我国智能车路协同研究和发展迅速，阶段 1 智能车路协同已在多个城市开展规模性测试验证和先导示范，并逐步开展商业化运营先行先试；阶段 2 在部分城市开展了建设部署和测试试验，道路的协同感知能力得到了充分验证，部分场景下基础设施的协调和控制也得到了探索，但总体而言，阶段 2 目前还不足以支撑高等级自动驾驶规模商业化落地。因此，为尽早实现自动驾驶规模商业化落地，需要针对智能车路协同深度融合系统进一步开

智能车路协同管控 可视化推演平台

展深入研发测试,加快建设部署高等级智能化道路,在保障自动驾驶安全运行和快速规模商业化落地的同时,为智能交通、智慧出行和智慧城市建设提供高维数据,带来更多新智能应用。

2. 从车车耦合到群体管控

智能车路协同管控可视化推演平台的直接社会效益体现在优化了城市交通运输行业与居民出行路径和出行方式,提高了城市交通在城市大型活动中的整体运行效率,提高了依托于城市道路交通的整个城市效率与城市大型活动的效率,提高了城市交通公交规划设计与公交组织分析的可靠度和公共交通设施规划建设的大型活动综合决策管理水平。

① 城市交通综合治理水平提升。

通过城市大型活动公交组织与诱导系统评估更准确地把握和决策支持技术与方法。

② 发布城市交通诱导服务信息。

尽早了解交通形势、发展趋势,做到决策科学合理,并引导公众在活动举办时期做出合理的出行选择。

③ 大型活动公共交通规划设计优化。

建立全面、准确的公共交通规划设计分析评价体系,缩短大型活动公共交通规划设计周期。

④ 大型活动的综合决策支持。

政府重大交通设施的规划、建设、管理一体化交通大数据综合决策支持流程、场景、模式改变。

⑤ 道路交通大型活动的管理。

提高道路交通需求特征和设施合理安排等交通组织和管理水平,发挥交通设施在大型活动的效益和运行水平。

⑥ 城市举办大型活动对能源消耗及环境保护。

及时发布公交交通实况信息及活动事件信息,使人们的出行更加合理化,有效地缓解了交通拥挤,减少了车辆在途中停走状态,减少汽车燃料消耗和交通尾气排放,保护城市公共环境。

⑦ 大型活动交通安全。

向驾驶员发布天气信息、活动事件信息及报警信息,使得驾驶员提前反应,避免恶性交通事故的发生;若发生交通事故,可以尽快发布实时诱导信息,加快救援和减少延误。

⑧ 大型活动举办产业结构发展。

大型活动公共交通信息服务产业,提升高新技术在传统产业结构中的比例,促使城市大型活动产业结构调整。

⑨ 交通基础设施建设预测分析。

为政府大型活动提供交通年报、月报、相关的交通运行统计信息，及时发现城市交通系统中存在的问题，做到科学预测分析。

7.2.2 智能车路协同管控平台技术服务

1. 基于车路协同的群体智能协同控制系统——分析

智能车路协同管控可视化推演平台的关键技术突破，从分析系统的结构与传统的系统有哪些区别开始。首先，控制对象发生了变化，如果是泛在的分布式，在很大的范围内是不变的，但是系统结构太大了，如果大范围去研究它的话就会出现一个很大的问题，即在求优化、求解的过程中是超高维的计算问题，而要解决超高维计算的问题是非常困难的。另外，如果不考虑泛在分布问题，而考虑在智能驾驶场景驱动下集中式的时候，如 100 个对象，这一秒是这 100 个，下一秒变成不是 100 个，怎么在连续过程求最优过程，这是在算法上面的突破。其次，实现途径的问题，即便算法非常好，真正用到解决交通系统实际问题的时候，需要考虑实现途径问题，即路权分配问题、路径优化问题、系统局部协同问题、决策信息协同问题。这其中主要是用协同方法做多功能优化，使目标发生变化问题，在决策过程中近期怎么解决，远期怎么解决，近、远期范围怎么确定。最后，就是实现手段，交通系统是一个逐渐发展的过程，包括智能车路协同、智能网联汽车。

2. 基于车路协同的群体智能控制系统实现——感知

感知方面也会发生非常大的变化，传统的感知都是通过一个或少量传感器对道路交通网络断面进行分析。或者对交通网络状态分析的时候，不只是为了一个目标去研究。在新交通模式的车路协同环境下，信息发生变化以后，可以做协同分析。感知从原来的单一的少量信息融合跨越到协同感知问题，即同样一个目标的感知，要用多辆汽车或者路侧设施设备共同决策感知来完成，这样会大幅度提高仿真推演平台对环境的感知能力。

原来单一车辆的自动驾驶是靠车辆上传感器来判断路上所有物体，而现在，被感知车辆前面有辆汽车，后面有辆汽车，旁边还有一个路侧设备，用三个检测它的设备才能获取更全面的信息。在这种情况下，群体协同行为在感知过程中发生了很多变化。这里还关注智能网联汽车的运动态势问题，传统的交通系统如果是个元函数，运动状态就要做一个运动的变化，运动态势是一阶导数，看决策的预测问题，就是二阶导数。在现实交通系统里通过信息的感知实现这样结果是不容易，这也是另外一个突破点。因此，希望能借助智能车路协同获得交通信息层面上能否对传统的感知升级形成一个协同的感知问题。

3. 基于车路协同的群体智能控制系统实现——控制

在智能车路协同群体控制中，引入新一代信息技术与人工智能技术到交通管理与控制跨学科、复合型交叉结合，对于人、车、路、环境四要素环境整体管控，包含智慧出行及服务 MaaS、智能网联汽车 V2X、智能网联设施 I2X 等，这其中智能车路协同管控可视化推演平台对混合交通系统群体协同决策与优化控制，在理论方法上突破控制手段，就是要解决实际群体控制问题。这里从微观的车辆、中观的车队、宏观的整个区域新模式交通流开展研究，同时结合路权分配问题、路径优化问题、协同优化问题等解决一系列控制问题，在高速公路和城市道路上人工驾驶与自动驾驶、智能驾驶的混合交通出行模式下，形成新的群体协同决策与控制理论及方法体系。

4. 基于车路协同的群体智能控制系统实现——计算

智能车路协同管控可视化推演平台的关键技术突破最后一点，就是实现上述突破点端、边、云计算。解决这个问题的关键是计算结构，就是要把边缘计算和局部计算加云端计算结合起来，在这样的复杂新型交通系统里，才能很好地解决协同和控制问题。边缘主要是车载；局部的是场景中的集中部分，如以路侧设施的信号灯为核心的智能路侧协调系统；云端的就是中心。三者结合形成有机的计算子平台。

通过基于车路协同的群体智能协同控制系统——分析，基于车路协同的群体智能控制系统实现——感知，基于车路协同的群体智能控制系统实现——控制，基于车路协同的群体智能控制系统实现——计算，我们实现了智能车路协同管控可视化推演平台关键技术的四点突破。

参考文献

[1] 中共中央、国务院. 交通强国建设纲要[M]. 北京：人民出版社，2019.

[2] 中共中央、国务院. 粤港澳大湾区发展规划纲要[M]. 北京：人民出版社，2019.

[3] 中共中央、国务院. 关于支持深圳建设中国特色社会主义先行示范区的意见[M]. 北京：人民出版社，2019.

[4] 中华人民共和国国务院. 新一代人工智能国家发展规划[M]. 北京：人民出版社，2017.

[5] 刘腾，于会龙，田滨，等. 智能车的智能指挥与控制：基本方法与系统结构[J]. 指挥与控制学，2018，1：22-31.

[6] 王飞跃. 人工社会、计算实验、平行系统——关于复杂社会经济系统计算研究的讨论[J]. 复杂系统与复杂性科学，2004，1（4）：25-35.

[7] 孙振平. 自主驾驶汽车智能控制系统[D]. 长沙：国防科学技术大学，2004.

[8] 陈慧岩，熊光明，龚建伟，等. 智能网联汽车概论[M]. 北京：北京理工大学出版社，2014.

[9] 刘腾，于会龙，田滨，等. 智能车的智能指挥与控制：基本方法与系统结构[J]. 指挥与控制学，2018，1：22-31.

[10] 孙振平. 自主驾驶汽车智能控制系统[D]. 长沙：国防科学技术大学，2004.

[11] 陈慧岩，熊光明，龚建伟，等. 智能网联汽车概论[M]. 北京：北京理工大学出版社，2014.

[12] 王飞跃. 平行控制：数据驱动的计算控制方法[J]. 自动化学报，2013，39（4）：293-302.

[13] 李力，林懿伦，曹东璞，等. 平行学习——机器学习的一个新型理论框架[J]. 自动化学报，2017，43（1）：1-8.

[14] 王飞跃. 平行系统方法与复杂系统的管理和控制[J]. 控制与决策，2004，19（5）：485-489.

[15] 王坤峰，苟超，王飞跃. 平行视觉：基于ACP的智能视觉计算方法[J]. 自动化学报，2016，42（10）：1490-1500.

[16] 袁勇，王飞跃. 区块链技术发展现状与展望 [J]. 自动化学报，2016，42（4）：481-494.

[17] 袁勇，王飞跃. 平行区块链：概念、方法与内涵解析[J]. 自动化学报，2017，43（10）：1703-1712.

[18] 袁勇，周涛，周傲英，等. 区块链技术：从数据智能到知识自动化[J]. 自动化学报，2017，43（9）：1485-1490.

[19] COTTRILL C, PEREIRA F, ZHAO F, et al. Future mobility survey-experience in developing a smartphone-based TRAVEL survey in Singapore[J]. Transportation Research Record, 2013, 2354: 59-67.

[20] WANG F Y. Artificial intelligence and intelligent transportation: driving into the 3rd axial age with ITS [J]. IEEE Intelligent Transportation System Magazine, 2017, 9(4): 6-9.

[21] WANG F Y. The Emergence of Intelligent Enterprises: From CPS to CPSS [J]. IEEE Intelligent System, 2010, 25(4): 85-88.

[22] LI Q, CHEN L, LI M, et al. A sensor-fusion drivable-region and lane-detection system for autonomous vehicle navigation in challenging road scenarios[J]. IEEE Transactions on Vehicular Technology, 2014, 63(2): 540-555.

反侵权盗版声明

电子工业出版社依法对本作品享有专有出版权。任何未经权利人书面许可，复制、销售或通过信息网络传播本作品的行为；歪曲、篡改、剽窃本作品的行为，均违反《中华人民共和国著作权法》，其行为人应承担相应的民事责任和行政责任，构成犯罪的，将被依法追究刑事责任。

为了维护市场秩序，保护权利人的合法权益，我社将依法查处和打击侵权盗版的单位和个人。欢迎社会各界人士积极举报侵权盗版行为，本社将奖励举报有功人员，并保证举报人的信息不被泄露。

举报电话：（010）88254396；（010）88258888
传　　真：（010）88254397
E-mail：dbqq@phei.com.cn
通信地址：北京市万寿路173信箱
　　　　　电子工业出版社总编办公室
邮　　编：100036